Berichtigung

Seite 165, 7. Zeile von oben, muß es heißen:
. . . können. Eine derartige Fragestellung geht weit über das hinaus, was Adam Smith . . .

Seite 228, 1. Absatz, letzte Zeile, heißt es richtig:
. . . gefeierten . . .

Seite 39, Fußnote ***, 1. Zeile, muß es lauten:
. . . Ruchlosigkeit . . .

6051 Smith-Festschrift

Adam Smith gestern und heute

200 Jahre „Reichtum der Nationen"

Herausgegeben im Auftrage
des Zentralinstituts für Wirtschaftswissenschaften
der Akademie der Wissenschaften der DDR

Adam Smith gestern und heute

200 Jahre „Reichtum der Nationen“

herausgegeben von Peter Thal

unter Mitwirkung von
V. S. Afanasev · A. V. Anikin · G. Kohlmey · H. Lehmann
und anderen

Akademie-Verlag · Berlin
1976

Erschienen im Akademie-Verlag, 108 Berlin, Leipziger Str. 3–4

Lizenznummer: 202 · 100/43/76
Einbandgestaltung: Karl Salzbrunn
Gesamtherstellung: VEB Druckerei „Thomas Müntzer", 582 Bad Langensalza
Bestellnummer: 752238 3 (6051) · LSV 0305
Printed in GDR
DDR 25,— M

Inhaltsverzeichnis

Autoren

AFANASEV, Vladilen S. (Akademie für Gesellschaftswissenschaften beim ZK der KPdSU, Moskau)
Autor der Abschnitte 2.2 und 3.3
Mitarbeit am Abschnitt 3.1

ANIKIN, Andrej V. (Institut für Weltwirtschaft und Internationale Beziehungen, Moskau)
Autor des Abschnitts 1.5

KOHLMEY, Gunther (Akademie der Wissenschaften der DDR, Berlin)
Autor des Abschnitts 4.2

LEHMANN, Hermann (Akademie der Wissenschaften der DDR, Berlin)
Autor des Abschnitts 3.1
Mitautor des Abschnitts 1.4

MEISSNER, Herbert (Akademie der Wissenschaften der DDR, Berlin)
Mitarbeit am Abschnitt 4.1

NAGELS, Jacques (Université Libre des Bruxelles)
Mitautor des Abschnitts 4.3

SCHÄFER, Klaus (Martin-Luther-Universität Halle-Wittenberg, Halle)
Mitautor des Abschnitts 4.3

STOLLBERG, Rudhard, (Martin-Luther-Universität Halle-Wittenberg, Halle)
Mitautor des Abschnitts 1.3

THAL, Peter (Martin-Luther-Universität Halle-Wittenberg, Halle)
Autor der Abschnitte 1.1, 1.2, 2.1, 3.2, 4.1
Mitautor der Abschnitte 1.3, 1.4
Mitarbeit am Abschnitt 3.1

TOEPEL, Achim (Martin-Luther-Universität Halle-Wittenberg, Halle)
Mitautor des Abschnitts 1.3

Die Abschnitte 1.5., 2.2. und 3.3. wurden aus dem Russischen von Erzsebet STRÖVER und ein Manuskript für Abschnitt 4.2. aus dem Französischen von Achim TOEPEL übersetzt.

Vorwort

Dieses Buch ist Adam Smith und seinem vor 200 Jahren erschienenen ökonomischen Hauptwerk gewidmet, und zwar in dem Sinn, in dem Brecht das Gedenken an Lenin in seinem Gedicht „Die Teppichweber von Kujan-Bulak" beschrieben hat: Wir ehren einen der Großen unserer Wissenschaft, indem wir uns nützen! Wir wollen dem Leser Adam Smith vom Standpunkt des Heute, vom Standpunkt des Marxismus-Leninismus und des Sozialismus nahebringen, natürlich *ohne* in gewaltsame Aktualisierungen zu verfallen, da dies ein wissenschaftlich fragwürdiges, ja unzulässiges Unterfangen wäre.

Daß der Beitrag von Adam Smith zur ökonomischen Wissenschaft und das Schicksal seiner Lehren in der Geschichte der politischen Ökonomie von akutem Interesse sind, zeigen die wissenschaftlichen und wissenschaftspolitischen Aktivitäten in vielen Ländern anläßlich des 200jährigen Jubiläums des „Reichtums der Nationen". Verwiesen sei in diesem Zusammenhang unter anderem auf die Edition seines Gesamtwerkes in Großbritannien sowie auf die von der Universität Glasgow initiierten, in Vorbereitung befindlichen „Essays on Adam Smith" (Oxford University Press), die ein weites Feld von Themen erfassen. Ferner wird in diesem Jahr eine Reihe internationaler Smith-Konferenzen, so in der Sowjetunion, in Jugoslawien und Polen, aber auch in Großbritannien, den USA und Japan, stattfinden und das Bedürfnis nach Theoriegeschichte unterstreichen.

Es war kein Zufall, daß im Ergebnis der Abstimmung zwischen den Akademien der sozialistischen Staaten der Reigen dieser Tagungen im Herbst vorigen Jahres in einem sozialistischen Land, in der Deutschen Demokratischen Republik, eröffnet wurde, fühlen sich doch gerade die Marxisten den großen wissenschaftlichen Erkenntnissen von Adam Smith zutiefst verpflichtet. Das gemeinsam von der Martin-Luther-Universität Halle-Wittenberg und der Akademie der Wissenschaften der DDR in Halle veranstaltete wissenschaftliche Kolloquium über den „Reichtum der Nationen" fand eine rege internationale Beteiligung.

Die interessanten Diskussionen erstreckten sich vorwiegend auf jene Themenkreise, die auch in dem vorliegenden Buch im Mittelpunkt stehen, und bestätigten im wesentlichen die hier dargelegten Auffassungen, worauf an gegebener Stelle zurückzukommen ist. Auf jeden Fall bewies der Gedankenaustausch, daß in erster Linie die marxistisch-leninistische politische Ökonomie dazu berufen ist, das Erbe des großen Schotten zu bewahren. Wir halten nichts von selbstgenügsamer Exegese, von vermeintlich apolitischer Dogmengeschichtsschreibung oder „zeitlosen" Interpretationen des bürgerlichen Klassikers, da sie seinem Werk nicht gerecht werden. Diesem nicht unwichtigen Resultat des Halleschen Kolloquiums wird sich die bürgerliche Beschäftigung mit Adam Smith zu stellen haben.

Herausgeber und Autoren dieses Buches begreifen ihren Beitrag zum Jubiläum des „Reichtums der Nationen" als Teil der theoretischen und ideologischen Offensive des Marxismus-Leninismus. So wie das Interesse an der marxistisch-leninistischen Theorie allerorts wächst — wobei die diesem Trend zugrunde liegenden Motive hier dahingestellt sein mögen —, nimmt auch das wissenschaftlich legitime Bestreben zu, die Quellen des Marxismus weiter aufzuhellen und in ihren Beziehungen zum Werk von Marx, Engels und Lenin sowie zur heutigen proletarischen Weltanschauung und Theorie überhaupt zu verstehen.

Um diesem Anliegen am besten entsprechen zu können, wurde unser Buch auf dem bewährten Weg der Gemeinschaftsarbeit geschrieben. Zehn Autoren waren (wie das Verzeichnis ausweist, nicht alle in gleichem Umfang) entsprechend ihrer durch Forschungsarbeit untermauerten Sachkenntnis daran beteiligt. Besonders erfreulich für uns war es, daß zwei international ausgewiesene Wissenschaftler der Sowjetunion, die Professoren Dr. V. S. *Afanasev* und A. V. *Anikin*, für die Mitarbeit gewonnen werden konnten. Des weiteren möchten wir den Beitrag des belgischen Marxisten Prof. Dr. J. *Nagels* an dieser Stelle gesondert hervorheben.

Es war das Bestreben aller Beteiligten, keinen losen Sammelband, wie das sonst bei Festschriften häufig der Fall zu sein pflegt, sondern eine Monographie nach einem gemeinsam beratenen Plan vorzulegen. Der Herausgeber ist den Autoren für die bei einem derartigen Vorgehen unerläßliche Disziplin zu Dank verpflichtet. Desgleichen gilt der Dank Prof. Dr. Günter *Fabiunke* (Leipzig) für seine vielen kritischen Hinweise zur Verbesserung des Manuskripts. Inwieweit hinsichtlich der inneren Geschlossenheit unseres Buches oder anderweitig Wünsche offen bleiben, möge der Leser entscheiden. Für Kritiken, Hinweise und Anregungen sind die Verfasser jederzeit dankbar.

Peter Thal

1. Adam Smith — der bedeutendste Kristallisationspunkt in der Geschichte der bürgerlichen politischen Ökonomie

Die Smith' „Reichtum der Nationen" kommentierende Literatur ist kaum noch überschaubar.[1] Neben verdienstvollen Schriften, die sich durch Materialreichtum und wissenschaftliche Akribie auszeichnen, stehen zweit- und drittklassige Bücher, Pamphlete oder Artikel, in denen Smith einseitig interpretiert oder entstellt wird. Die bürgerliche Smith-Literatur hat es bis heute nicht vermocht, ein wissenschaftlich gültiges Urteil über die Stellung von Adam Smith in der Geschichte der politischen Ökonomie zu erarbeiten. Quantität verdeckt mangelnde Qualität. Man scheut davor zurück, sein Werk in den *gesetzmäßigen* Ablauf der ökonomischen, sozialen, politischen und Wissenschaftsgeschichte einzuordnen.

So ist hier einleitend erneut auf die Bestimmung der wissenschaftshistorischen Position von Adam Smith einzugehen. Ein bestimmter Aspekt muß dabei im Vordergrund stehen: der Charakter seiner Theorie, in der Geschichte der politischen Ökonomie sozusagen als Prisma gewirkt zu haben. Smith wurde als „zusammenfassender politischer Ökonom der Manufakturperiode" zum „Grundleger der politischen Ökonomie", wie Marx es ausdrückte.[2] In einer besonderen historischen Situation — sowohl der Entwicklung des Kapitalismus als auch der Theoriegeschichte — bündeln sich im ökonomischen Hauptwerk von Smith viele bislang entstandene politökonomische Auffassungen und werden zu einem wissenschaftlichen, wenn auch nicht widerspruchsfreien System verarbeitet. Die politische Ökonomie wächst bei ihm endgültig in eine eigenständige Wissenschaft hinüber, und zwar auf einer relativ breiten sozialen Basis, in der die Bourgeoisie mit ihren Interessen noch weitgehend die Interessen aller antifeudalen Schichten des „Dritten Standes" repräsentiert. Die Klarstellung dieser Zusammenhänge ist unabdingbare Voraussetzung für das Begreifen der wissenschaftlich so bemerkenswerten Tatsache, daß Smith bis in die Gegenwart hinein von ganz unterschiedlichen politökonomischen Strömungen mit einer gewissen Berechtigung als Ausgangspunkt in Anspruch genommen wird.

[1] Allein für die Zeit von 1876 bis 1950 nennen Franklin/Cordasco 446 Buchtitel, die sich ausführlich mit Adam Smith befassen. Vgl. B. Franklin/F. Cordasco, Adam Smith: A Bibliografical Checklist, New York 1950.

[2] Vgl. K. Marx, Das Kapital, Erster Band, in: Karl Marx/Friedrich Engels, Werke (im folgenden MEW), Bd. 23, Berlin 1962, S. 369, Fußn., und das von Marx stammende X. Kapitel in F. Engels, Herrn Eugen Dührings Umwälzung der Wissenschaft (Anti-Dühring), in: MEW, Bd. 20, Berlin 1962, S. 217.

1.1. Zum historischen Hintergrund des Wirkens von Adam Smith

Ebensowenig wie die Geschichte der menschlichen Gesellschaft im allgemeinen ist die Theoriegeschichte das Resultat autonomer Ideen großer Persönlichkeiten. Gerade ein Komplex von gesellschaftswissenschaftlichen Anschauungen, wie ihn Adam Smith in seinem „Reichtum der Nationen" niedergelegt hat, kann nur in der aktiven Auseinandersetzung mit den realen Prozessen des gesellschaftlichen Lebens entstehen. Der Genius des echten Wissenschaftlers äußert sich letztlich darin, daß er besser und klarer als seine Zeitgenossen die Phänomene seiner Umwelt erfaßt. Dies gilt uneingeschränkt für die Smithsche politische Ökonomie. Es ist daher unumgänglich, einige markante sozialökonomische Erscheinungen und Prozesse — jene, die dem Werk von Adam Smith ihren Stempel aufgeprägt haben — an dieser Stelle zu erwähnen. Wir werden das in gebotener Kürze tun, zumal hierzu wie auch zum Leben des britischen Klassikers eine ganze Reihe marxistischer Publikationen jüngeren Datums zugänglich sind.[1]

Als Adam Smith 1723 in dem schottischen Hafenstädtchen Kirkcaldy geboren wurde, hatte der englische Manufakturkapitalismus bereits sein Blütestadium erreicht. Auch in Schottland waren nach der Vereinigung mit England im Jahre 1707 Handel und Gewerbe in einer Reihe von Städten aufgeblüht. Das schottische Hochland blieb allerdings weiterhin einer der ärmsten Landstriche Europas. Der Aufschwung Schottlands, die schnelle Zerstörung der alten feudalen Verhältnisse haben ein günstiges Klima für gesellschafts- und naturwissenschaftliche sowie literarische Leistungen geschaffen. Gleich Adam Smith waren viele berühmte britische Denker des 18. Jahrhunderts gebürtige Schotten. Verwiesen sei hier auf David Hume, James Stuart, Adam Ferguson, James Watt oder die Dichter Robert Burns und Walter Scott. Die neuere Forschung spricht sogar von einem eigenständigen schottischen Beitrag zur Methodologie der historischen Wissenschaften.[2] Bemerkenswert sind ferner die engen Bindungen Schottlands zur liberal gesinnten holländischen Geisteswelt in Fragen des Kampfes gegen die klerikale Orthodoxie wie auch zur französischen Aufklärung gewesen. Edinburgh galt damals als das Athen des Nordens. Die schottischen Universitäten genossen im 18. Jahrhundert einen überaus guten Ruf wegen der Solidität ihrer Ausbildung.

[1] Vgl. P. Thal, Einleitung zu Adam Smith, Eine Untersuchung über das Wesen und die Ursachen des Reichtums der Nationen, Bd. I, Berlin 1963, S. IXff.; vgl. J. Kuczynski, Darstellung der Lage der Arbeiter in England, von 1640 bis 1760, Berlin 1964, Kap. III; vgl. J. Kuczynski, Zur politökonomischen Ideologie in England und andere Studien, Berlin 1965, Abschn. II, Kap. I; vgl. A. W. Anikin, Ökonomen aus drei Jahrhunderten, Berlin 1974, Kap. 9 und 10.

[2] Vgl. R. Pascal, Property and Society, The Scottish Historical School of the Eighteenth Century, in: The Modern Quarterly, Vol. I, 1938, S. 167—179; vgl. A. Skinner, Economics and History — The Scottish Enlightment, in: Scottish Journal of Political Economy, Vol. XII, 1965, S. 1—22.

Adam Smith studierte in Glasgow und Oxford – neben Sprachen und schöner Literatur vor allem die damaligen philosophischen und politischen Wissenschaften. Nach Abschluß seiner Studien bot sich ihm dann bereits mit 25 Jahren die Gelegenheit, in Edinburgh, der schottischen Metropole, Vorträge zu halten. Seit Herbst 1749 hat er in diesen Vorlesungen nachweisbar auch ökonomische Fragen behandelt. Leider sind nur noch spärliche Reste der Manuskripte aus dieser Zeit erhalten geblieben. Sie wurden erst zu Beginn der dreißiger Jahre von W. R. Scott gefunden und zum ersten Mal 1937 im Faksimile publiziert.[3] Obwohl der Vergleich nur fragmentarisch ausfallen kann, zeigt er, daß die von Smith in seinen Edinburgher Vorlesungen geäußerten Gedanken in einigen Punkten nach Form und Inhalt mit seinem ökonomischen Hauptwerk übereinstimmen. Dies gilt insbesondere für seine Lehre über die Arbeitsteilung. So ist in diesem frühen Manuskript bereits die Rede davon, daß die Unterschiede zwischen einem Philosophen und einem Lastträger nicht Ursache, sondern Folge der Arbeitsteilung sind. Auch daß die Arbeitsteilung für Smith ein Ergebnis der Ausdehnung des Marktes ist, wird hier schon erörtert.[4]

Adam Smith ist durch seine Vorlesungen offenbar schnell bekannt geworden. So erhielt er 1751 eine Berufung als Professor nach Glasgow. Hier wirkte er bis 1763. Er vertrat das Fach Moralphilosophie in der gleichen Systematik wie sein Lehrer Francis Hutcheson, also unter Einschluß der Jurisprudenz, die bei der Erörterung des natürlichen Rechts wiederum Fragen nach den Regeln und der Regelung der Wirtschaft zum Gegenstand hatte, das heißt die politische Ökonomie mit umfaßte.

Über den Teil seiner Vorlesungen, der sich mit dem sittlichen Verhalten des Menschen beschäftigte, legte Smith 1759 der Öffentlichkeit sein Buch „Theorie der moralischen Gefühle" vor.[5] Auch über seine politökonomischen Auffassungen, wie er sie damals in den Vorlesungen vertreten hat, sind wir heute verhältnismäßig gut informiert. Edwin Cannan hat Ende des vorigen Jahrhunderts eine Nachschrift der Vorlesungen von Adam Smith gefunden und 1896 unter dem Titel „Lectures on Justice, Police, Revenue and Arms delivered in the University of Glasgow by Adam Smith reported by a Student in 1763" veröffentlicht.[6] Inzwischen hat Ronald Meek eine weitere derartige Skripte ausgegraben, die mit der durch Cannan herausgegebenen weitgehend übereinstimmen soll, aber bisher noch nicht publiziert wurde. Außerdem existiert ein 48seitiges unvollendetes Manuskript von Adam Smith, das offenbar eine überarbeitete,

[3] W. R. Scott, Adam Smith as Student and Professor, Glasgow 1937, S. 379–385.

[4] Vgl. A. Smith, Edinburgh-Lectures, in: W. R. Scott, a. a. O., S. 279f. und A. Smith, Eine Untersuchung über das Wesen und die Ursachen des Reichtums der Nationen, Bd. I, Berlin 1963, S. 23 und 25ff.

[5] Deutsche Ausgabe: A. Smitl, Theorie der ethischen Gefühle, eingel. und übers. von Walter Eckstein, Leipzig 1926.

[6] Deutsche Ausgabe: A. Smith, Vorlesungen über Rechts-, Polizei-, Steuer- und Heereswesen, Halberstadt 1928.

eventuell sogar zum Druck bestimmte Fassung seiner ökonomischen Vorlesungen darstellt und etwa aus dem Jahre 1763 stammt. Es wurde erst von W. R. Scott aufgefunden und in dessen bereits erwähntem Buch veröffentlicht.[7]

Ein Vergleich der „Vorlesungen" und des „Entwurfs" zeigt zweierlei: Erstens deckt sich die grundsätzliche Konzeption der ökonomischen Theorie von Adam Smith in beiden Fällen, so insbesondere seine Auffassungen von der Naturgegebenheit (Objektivität) der ökonomischen Erscheinungen und Prozesse (Gesetze), der wirtschaftlichen Freiheit, der Arbeit als Quelle des gesellschaftlichen Reichtums, der Rolle der Arbeitsteilung usw. Zweitens weisen seine ökonomischen Erkenntnisse im „Entwurf" einen zum Teil beträchtlich höheren theoretischen Reifegrad als in den „Vorlesungen" auf, speziell was die Fragen der Distribution, der Erklärung von Profit und Rente, der Unterscheidung zwischen produktiver und unproduktiver Arbeit betrifft.

Sowohl die prinzipiellen Gemeinsamkeiten als auch die Weiterentwicklung seiner Erkenntnis bestimmter Kategorien beweisen eindeutig, daß Smith schon in Glasgow im Widerspruch zum Merkantilismus stand und die politische Ökonomie, unabhängig von vielen späteren Verbesserungen, weit über jenes Niveau hinausgetrieben hatte, das von seinen ideengeschichtlichen Vorläufern in England erreicht worden war. Smith erweist sich in seinen Glasgower Arbeiten unbedingt als wissenschaftlicher Repräsentant des fortschrittlichen britischen Bürgertums.

Der hohe Stand, durch den sich die Smithsche politische Ökonomie schon in den fünfziger Jahren des 18. Jahrhunderts auszeichnet, findet seine primäre Erklärung in den zu dieser Zeit herrschenden sozialökonomischen Verhältnissen Großbritanniens. Smith war darüber durch seine intensiven Studien auf das beste informiert. Auch an der Debatte über aktuelle wirtschaftspolitische Fragen hat er beispielsweise innerhalb der Edinburgher „Gesellschaft zur Beförderung der Künste und Wissenschaften, der Gewerbe und der Landwirtschaft in Schottland" regen Anteil genommen. Das Sitzungsprogramm dieser Gesellschaft weist sehr viele ökonomische Themen aus: die Wirkung von Getreideexportprämien, Vor- und Nachteile der Weidewirtschaft und des Getreideanbaus, die zweckmäßigsten Formen und die Höhe der Pachtzahlung, Armenunterstützungen, der Einfluß von Banken auf den Wohlstand des Landes, Steuerprobleme usw. Smith hat hier sicher sehr viele Anregungen zur Verbesserung seiner Vorlesungstätigkeit und zum tieferen Durchdenken seiner wirtschaftstheoretischen Auffassungen geschöpft.

Studium und praktische Einsichten ließen Adam Smith berechtigterweise zu der Meinung gelangen, daß Großbritannien um die Mitte des 18. Jahrhunderts zum gesellschaftlich am weitesten entwickelten Land der Welt ge-

[7] A. Smith, A Draft of the Wealth of Nations, in: W. R. Scott, a. a. O., S. 322—356.

worden war. Im Gefolge der bürgerlichen Revolution von 1640 hatten die feudalen Klassen die politische Macht weitgehend verloren, und der Kapitalismus — ungeachtet aller möglichen Hemmnisse politischer oder auch ökonomischer Natur — eine relativ kontinuierliche Entwicklung erfahren. Zu Lebzeiten Adam Smith' beherrschten eine kapitalistisch betriebene Landwirtschaft und kapitalistische Manufakturen eindeutig das wirtschaftliche Feld.

Im Ergebnis der ursprünglichen Akkumulation war die typisch kapitalistische Klassenstruktur auf dem Lande entstanden: Grundeigentümer (*landlord*), Pächter (*farmer*) und Landarbeiter. Jetzt gewann die eigentliche kapitalistische Mehrwert*produktion* in der Landwirtschaft zunehmend an Gewicht, auch wenn der gesetzlich sanktionierte Raub von Bauern- und Gemeindeländereien weiter anhielt. Das Vordringen des Kapitalismus in der Landwirtschaft bedingte gleichzeitig eine Verbesserung der agrarischen Produktionsmethoden. So ergab sich infolge der Vergrößerung der bebauten Flächen, eines geregelten Futteranbaus, der Düngung des Bodens sowie der Erfindung und Anwendung neuer landwirtschaftlicher Geräte eine beträchtliche Erhöhung der Arbeitsproduktivität und des Produktionsausstoßes, die wieder dem allgemeinen kapitalistischen Aufschwung Großbritanniens zugute kamen.

Landwirtschaftliche Rohstoffe, insbesondere Wolle, bildeten die Grundlage der englischen Textilmanufakturen. In Form des Verlagssystems oder der zerstreuten Manufaktur zersetzte der Kapitalismus mittelalterliche Zünfte oder konkurrierte sie unter Umgehung der Zunftbestimmungen nieder.* Neben der Textilindustrie setzte sich das Kapital sehr schnell im Kohlebergbau, in der Eisenindustrie und anderen Bereichen fest.

Auf der Grundlage der Manufakturen begann die britische Bourgeoisie, die Produktion um des Profites willen zu organisieren, und löste sie von ihrer patriarchalisch-handwerklichen Basis. Beide Seiten des Grundwiderspruchs der kapitalistischen Produktionsweise, also der gesellschaftliche Charakter der Produktion und die private Aneignung, erfuhren ihre erste verhältnismäßig deutliche Ausprägung, indem die unmittelbaren Produzenten des gesellschaftlichen Reichtums zu bloßen Anhängseln des Kapitals, zu Ausbeutungsobjekten und Mehrwertlieferanten degradiert wurden.

Was die Entwicklung der Produktivkräfte des Kapitalismus in dieser Periode anbetrifft, so wird vor allem die Basis für die spätere industrielle Revolution gelegt. Die Arbeitsteilung als typische gesellschaftliche Produktivkraft der Manufaktur schafft erst die Voraussetzung zur Mechanisierung von Teilen

* James Watt errichtete im Jahre 1756 seine Werkstatt bezeichnenderweise mit Unterstützung der Universität Glasgow auf deren eigenem Gelände, nachdem ihm die städtischen Zünfte die Niederlassung verwehrt hatten. Adam Smith soll Watt häufig in der Werkstatt besucht und sich gerne mit ihm über technische Probleme unterhalten haben.

des Produktionsprozesses, da sie die Arbeit vereinfacht und den qualifizierten Handwerker weitgehend überflüssig macht. Gleichzeitig führt sie natürlich zu einer Steigerung der Arbeitsproduktivität in den Manufakturen selbst und damit zur Ausdehnung der Produktion. „Jedoch bringt es die eigentliche Manufakturperiode zu keiner radikalen Umgestaltung“[8], sagt Marx. Engels spricht sogar von einem „schläfrigen Entwicklungsgang der Manufakturzeit“, der erst durch die industrielle Revolution „in eine wahre Sturm- und Drangperiode der Produktion“ verwandelt wird.[9] Adam Smith erlebte nur die ersten Anfänge dieser Sturm- und Drangperiode und konnte sie zweifellos theoretisch noch nicht verarbeiten. Ihm drängten sich die Phänomene des Manufakturkapitalismus als die typischen für die ökonomischen Zustände Großbritanniens auf.

Das in der Produktion liegende und begründete Wesen der kapitalistischen Manufakturperiode zu erkennen war für die zeitgenössische ökonomische Theorie sicher nicht einfach; denn die „normale“ Akkumulation stand quantitativ noch im Schatten der ursprünglichen Akkumulation und des Handelskapitals. Auf den verschiedensten Wegen — so über die Vertreibung der Bauern vom Grund und Boden, die Unterwerfung anderer Völker unter das britische Kolonialregime, den nichtäquivalenten Außenhandel sowie vielfältige finanzpolitische Ausplünderungsmethoden — häufte die englische Bourgeoisie noch das gesamte 18. Jahrhundert hindurch unermeßliche Reichtümer zum Zwecke ihrer Verwertung als Kapital auf. Vor allem der mit der Ausplünderung der Kolonien eng verknüpfte Außenhandel hat einen entscheidenden Einfluß auf die britische Wirtschaftsentwicklung ausgeübt. Die Profite waren märchenhaft hoch. Dem entsprachen auch die erbitterten kriegerischen Auseinandersetzungen mit Frankreich oder Holland und Spanien um die Vorherrschaft in den Kolonien und auf dem Meer.

Diese in aller Kürze skizzierten Verhältnisse bilden den realen Hintergrund jener Ideen, die Smith in Glasgow gelehrt und schriftlich niedergelegt hat. Die durch die ursprüngliche Akkumulation und den Aufschwung des Kapitalismus in Gewerbe wie Landwirtschaft hervorgerufene Stärkung der Bourgeoisie als Klasse war zu seiner Zeit so weit gediehen, daß er — aufbauend auf den antifeudalen Lehren philosophischer und ökonomischer Natur, die die bürgerliche Ideologie schon hervorgebracht hatte — mit alten, überholten Vorstellungen endgültig zu brechen in der Lage war, wobei er sich eben nicht vom äußerlich überwiegenden Schein (so von der ursprünglichen Akkumulation) leiten ließ, sondern das Wesen der kapitalistischen Ordnung in der Produktion aufspürte. Daher auch seine betonte Gegnerschaft zum Merkantilismus und dessen restlose Überwindung, die in theoretischer Hinsicht auf der in den Grundzügen bereits in Glasgow erfolgten Konzipierung seines klassischen bürgerlichen Systems der politischen Ökonomie fußten.

[8] K. Marx, Das Kapital, Erster Band, a. a. O., S. 776.

[9] Vgl. F. Engels, Herrn Eugen Dührings Umwälzung der Wissenschaft (Anti-Dühring), a. a. O., S. 243.

Von 1764 bis 1766 hielt sich Smith in Frankreich auf. Er kam hier in enge Berührung mit jenen philosophischen und politökonomischen Auffassungen, die als direkte ideologische Vorbereitung der bürgerlichen Revolution von 1789 zu werten sind. Er besuchte Voltaire, traf des öfteren mit den französischen Materialisten Helvétius und d'Alembert zusammen und pflegte den Kontakt zu den führenden Vertretern des Physiokratismus Quesnay und Turgot. Die physiokratischen Forderungen nach Schutz des Privateigentums, nach persönlicher und wirtschaftlicher Freiheit bestärkten Adam Smith in seiner bereits in Glasgow gewonnenen Überzeugung, daß sich die kapitalistische Wirtschaft am besten von selbst durch die ihr innewohnenden ökonomischen Kräfte reguliert. Doch die Akzente sind bei ihm anders gesetzt. Der Kampf der Physiokraten galt dem in England im Prinzip bereits überwundenen Feudalismus, während sich die von Smith entwickelten Prinzipien der wirtschaftlichen Freiheit aus der dem Kapitalismus eigenen Dynamik ergeben hatten. Für die Untersuchung einzelner politökonomischer Kategorien hat Smith viele Anregungen bei den Physiokraten erhalten. Wie uns sein erster Biograph, Dugald Stewart, mitteilt, trug er sich auch mit dem Gedanken, den „Reichtum der Nationen" François Quesnay zu widmen.[10]

In Frankreich wuchs auch sein bereits früher gefaßter Entschluß, ein grundlegendes politökonomisches Werk zu schreiben. Am 5. 7. 1764 teilt er seinem Freund David Hume in einem Brief mit: „Ich habe begonnen, ein Buch zu schreiben, um mir die Zeit zu vertreiben."[11] Vier Jahre nach seiner Rückkehr aus Frankreich ist der Entwurf des Buches allem Anschein nach soweit fertiggestellt, daß er zum ersten Mal an dessen Veröffentlichung denken konnte. Smith muß auch diesen Entschluß Hume mitgeteilt haben, denn dieser antwortet ihm, aus seiner schottischen Abneigung gegen England keinen Hehl machend, am 7. 2. 1770: „Was soll das heißen, daß Sie nach London gehen wollen, ohne mir auf der Durchreise ein paar Tage zu schenken? Und wie können Sie daran denken, für dieses verfluchte Narrenvolk ein mit Vernunft und nützlichem Wissensstoff angefülltes Buch zu veröffentlichen?"[12] Doch erst im Frühjahr 1773 begab sich Smith dann mit dem fertigen Manuskript nach London, um dessen Veröffentlichung zu besorgen. Und wieder verschob er den Termin. Über drei Jahre hielt er sich in London auf und überarbeitete das Buch aufgrund neuer theoretischer und praktischer Einsichten oder Anregungen, die ihm in der Hauptstadt des britischen Weltreichs in besonders

[10] Vgl. D. Stewart, Account of the Life and Writings of Adam Smith, in: A. Smith, Essays on philosophical subjects, London 1795, S. LVII.
Auch die Vermutung von W. R. Scott liegt nahe, daß sich Smith bei der Wendung „wealth of nations" von dem französischen „richesse de gens" (gens = alter Plural von gent = Volk, Nation) leiten ließ, denn in den Glasgower Jahren gebraucht er für den zu beschreibenden Sachverhalt immer den Begriff „public opulence".

[11] Zitiert bei C. R. Fay, Adam Smith and the Scotland of his Day, Cambridge 1956, S. 150.

[12] Zitiert bei K. Jentsch, Adam Smith, Berlin 1905, S. 57.

reichem Maße aus dem regen Verkehr mit Geschäftsleuten, Politikern und Wissenschaftlern zuflossen.*

Am 9. März 1776 erschien Adam Smith' Werk über den „Reichtum der Nationen" schließlich in zwei Bänden zum Preis von 1 £ 16 sh in einer uns nicht mehr bekannten Auflagenhöhe. Sechs Monate später war die erste Auflage vergriffen.

Das Buch wurde von der britischen Öffentlichkeit positiv aufgenommen. Davon zeugen beispielsweise mehrere wohlwollende Rezensionen, die in führenden literaturkritischen Zeitschriften noch 1776 und in den folgenden beiden Jahren erschienen.[14] David Hume zollte ihm höchstes Lob. In der wirtschaftspolitischen Literatur der damaligen Zeit wurde es sehr schnell zur Regel, Adam Smith zu zitieren, zumeist im wohlwollenden Sinne: Kritische Vorbehalte blieben die Ausnahme und beschränkten sich zunächst auf praktische Fragen.

Bekannt ist auch, daß sich viele Politiker Großbritanniens gern auf Adam Smith berufen haben,** gleichgültig ob sie der Tory- oder der Whig-Partei angehörten. So erwähnte Fox den „Reichtum der Nationen" im November 1783 zum ersten Mal im Parlament, wobei er sich auf den berühmten Satz bezog, daß sowohl die Nation als auch das Individuum nur von dem erarbeiteten Einkommen leben können und zur Vermehrung des Wohlstands mehr gespart, das heißt akkumuliert, werden muß. In ähnlicher Weise äußert sich auch der Antipode von Fox, William Pitt d. J., in der Budget-Debatte vom Dezember 1792: „Es gibt noch einen weiteren Grund für das Wachsen des nationalen Reichtums — die beständige Kapitalakkumulation; sie darf allerdings nicht durch eine öffentliche Notlage oder durch eine fehlerhafte bzw. schädliche Politik behindert werden. ... Ich glaube, daß dieser einfache und offensichtliche Grundsatz von niemandem so vollständig entwickelt und so ausreichend erklärt worden ist wie von einem Schriftsteller unserer Tage, der leider nicht mehr unter uns weilt; ich meine den Verfasser der gefeierten Abhandlung über den ‚Reichtum der Nationen'. Seine ausgedehnte Sachkenntnis und die Tiefe seines wissenschaftlichen Forschens statten uns, so glaube ich, mit der besten Lö-

* Unter anderem war Smith in London des öfteren mit Benjamin Franklin, einem der großen Männer der amerikanischen Unabhängigkeitsbewegung, zusammengetroffen. Franklin hat aus der Erinnerung später berichtet, „daß der berühmte Adam Smith, der gerade an seinem ‚Wealth of Nations' arbeitete, Kapitel für Kapitel zu ihm und zu anderen Autoritäten gebracht, ihre Bemerkungen und Kritiken geduldig angehört, mit ihnen darüber diskutiert und dann manchmal ganze Kapitel umgeschrieben habe"[13].

** Einer Anekdote zufolge soll sich Adam Smith beim Besuch einer Versammlung von Kaufleuten und Regierungsbeamten in London einmal verspätet haben. Als er eintraf, erhoben sich die Anwesenden ihm zu Ehren von ihren Sitzen. Seiner Aufforderung, Platz zu behalten, entgegnete William Pitt d. J.: „Nein, wir werden stehen bleiben, bis Sie sich gesetzt haben, denn wir sind alle Ihre Schüler."

[13] Zitiert ebenda, S. 61.

[14] Annual Register, 1776: The Critical Review, Vol. XLI; The Monthly Review, Vol. LIV und LV.

sung für jede Frage aus, die mit der Geschichte des Handels und mit dem System der politischen Ökonomie zusammenhängt."[15]

Smith wurde von seinen Zeitgenossen, wie man hier am Beispiel der Kapitalakkumulation sieht, durchaus richtig verstanden und interpretiert. Das schließt Differenzen zu seinen Prinzipien in der praktischen Handels- und Zollgesetzgebung oder Steuer- und Haushaltspolitik keineswegs aus. In seinem Werk hatte er das bürgerliche Gesamtinteresse reflektiert, sozusagen dessen objektiv gesetzte strategische Ziele für die Periode der vollständigen Verwirklichung des Kapitalismus der freien Konkurrenz. Daß demgegenüber in der Tagespolitik partielle Interessen und taktisches Manövrieren dominieren, liegt auf der Hand. Trotz der Lobeshymnen auf Adam Smith blieb daher unter Premierminister W. Pitt d. J. die britische Zollgesetzgebung streng prohibitiv, und auch die Reglementierung des Getreidehandels wurde beibehalten.

Wenn also von der Praxiswirksamkeit des „Reichtums der Nationen" die Rede ist, muß in erster Linie auf den Beitrag dieses Buches zur Formung des „Zeitgeistes" verwiesen werden. Adam Smith hat der Bourgeoisie zum Selbstbewußtsein und Selbstverständnis über ihre eigene kapitalistische Welt und deren Gesetze verholfen. Diese ideologiebildende Wirkung ist in ihrem historischen Wert unvergleichlich höher zu veranschlagen als der Umstand, daß einzelne wirtschaftspolitische Forderungen von Adam Smith entweder erst viel später oder überhaupt nicht in die Wirklichkeit umgesetzt worden sind.

War Smith schon vor dem Erscheinen seines ökonomischen Hauptwerkes eine bekannte Gestalt des britischen Geisteslebens gewesen, so wurde er nunmehr zu einer erstrangigen Berühmtheit und Autorität. Neben seiner Arbeit als Zollkommissar von Schottland, die seine materielle Lage auf das beste sicherte, widmete er sich hauptsächlich seiner 3000 Bände umfassenden Bibliothek, bereitete Neuauflagen seiner beiden Werke vor, erstattete der Regierung mehrere Gutachten zu finanz- und kolonialpolitischen Fragen und bestritt eine ausgiebige Korrespondenz mit befreundeten Wissenschaftlern und Politikern. 1790 verstarb er in Edinburgh im Alter von 67 Jahren.

Doch sein Werk, das nunmehr 200 Jahre alt geworden ist, blieb ein lebendiges Zeugnis seines genialen Beitrags zur Wissenschaftsgeschichte der politischen Ökonomie.

[15] Zitiert bei C. R. Fay, a. a. O., S.38.

1.2. Die neue Qualität der politischen Ökonomie bei Adam Smith

Letzten Endes hat allein der Marxismus das klassische politökonomische Gesamtsystem von Adam Smith in seinen Stärken und Schwächen richtig gewürdigt. Diese Würdigung enthält auch den Schlüssel für die Beantwortung der Frage, warum Adam Smith immer noch aktuell ist, warum die Auseinandersetzungen um ihn und über ihn ständig weitergehen. Smith hat einen qualitativen Sprung in der Geschichte der politischen Ökonomie eingeleitet. Außer Ricardo hat sich kein anderer bürgerlicher Ökonom so viele Verdienste um die Entwicklung dieser Wissenschaft erworben wie Adam Smith, wobei zu beachten ist, daß er den richtigen Weg erst suchen mußte, den Ricardo eben durch Smith bereits vorgezeichnet fand.

Die Totalität des Reproduktionsprozesses

Wie schon erwähnt, hat Marx zur näheren Charakterisierung von Adam Smith unter anderem den Terminus „zusammenfassender politischer Ökonom der Manufakturperiode" geprägt. In der ihm eigenen Prägnanz seiner Formulierungen macht Marx damit auf die dialektische Beziehung zwischen Smith und seiner ökonomischen Basis einerseits und seinen Vorgängern andererseits aufmerksam.

Smith konnte sich auf eine außerordentlich glückliche Konstellation der Verhältnisse stützen, die praktisch einmalig war und die objektive Quelle seines Ruhmes bildet. Zu seiner Zeit war der Reifegrad sowohl der kapitalistischen ökonomischen Basis als auch der bürgerlichen politischen Ökonomie weit genug fortgeschritten, um die Entwicklung einer Theorie zu gestatten, die alles bislang auf diesem Gebiet Erreichte in den Schatten zu stellen vermochte. Und Adam Smith hat diese Gelegenheit konsequent genutzt. 50 Jahre früher oder später wäre Adam Smith nicht jener wissenschaftshistorisch so bedeutende Adam Smith geworden. Das schmälert nicht im geringsten seine Genialität als Wissenschaftler, denn die objektiven Voraussetzungen waren für alle seine englischen Zeitgenossen gleich.

Wie weit er diese überragte, wird im Vergleich zu James Steuart vielleicht besonders deutlich. In seiner „Untersuchung über die Grundsätze der politischen Ökonomie" — 1767, also nur neun Jahre vor Erscheinen des „Reichtums der Nationen", veröffentlicht — vertritt Steuart in den ökonomischen Grundfragen noch völlig merkantilistische Ansichten. Zwar versucht auch er schon eine Gesamtschau des Wirtschaftslebens zu geben und kommt in verschiedenen Details zu positiven Erkenntnissen, allein bis zum Wesen der kapitalistischen Produktionsweise dringt er nicht vor. Bei ihm stehen Handel und staatliche Wirtschaftspolitik im Mittelpunkt des Interesses, während die manufakturmäßige Produktion in absoluter Verkennung ihrer realen Bedeutung eine völlig untergeordnete Rolle spielt. Für Steuart sind die Manufakturen „mehr zum Schmuck als zum Nutzen" entstanden.[1]

[1] Vgl. J. Steuart, Untersuchung über die Grundsätze der politischen Ökonomie, 1. Bd., Jena 1913, S. 246.

Seine in der herkömmlichen merkantilistischen Tradition befangene Denkweise gestattet ihm nicht, den über diese Tradition hinaus weisenden fruchtbaren Gedanken in den Werken der englischen Ökonomen des 17. und 18. Jahrhunderts die gebührende Aufmerksamkeit zu schenken. Das tat erst Adam Smith.

Die politische Ökonomie, die nach einem Wort von Marx „als eigene Wissenschaft erst in der Manufakturperiode aufkommt“[2], ist bereits vor Adam Smith durch eine ganze Reihe von hervorragenden Denkern in ihrem wissenschaftlichen Erkenntnisprozeß vorangetrieben worden. Zum Teil in engster Verbindung zur Philosophie, haben schon im 17. Jahrhundert insbesondere Petty, Locke und North geniale Ideen zur Analyse des Kapitalismus und der ihm innewohnenden ökonomischen Gesetze geäußert — Ideen, die mit Fug und Recht zu den Anfängen der klassischen politischen Ökonomie des Bürgertums gezählt werden müssen. Was jedoch die Quantität der ökonomischen Schriften jener Zeit anbetrifft, so stehen merkantilistische Gedankengänge bei weitem noch an der Spitze. Erst im 18. Jahrhundert reifen die materiellen sowie unter dem Einfluß von Cantillon, Mandeville, Vanderlint, Massie, Hume, Tucker und anderen auch die theoretischen Bedingungen heran, um den Merkantilismus und die mit ihm verbundene Einstellung zur politischen Ökonomie endgültig zu überwinden.

In wissenschaftlicher Hinsicht läuft das auf die Aufgabe hinaus, die politische Ökonomie nicht mehr schlechthin als Rezeptlieferant für irgendwelche praktischen Belange, als Interessenvertreter der East India Company oder eines anderen fest umrissenen Kreises von Kaufleuten, Bankiers usw. aufzufassen, sondern sie zum Erkenntnisinstrument des inneren Zusammenhanges der bürgerlichen Produktionsweise im Interesse der eigentlichen Kapitalistenklasse, der Manufaktur- bzw. Industriebourgeoisie, auszubauen. In dem Bestreben, das in vielen Einzelfragen aufgehäufte Wissen systematisch darzustellen, gibt es seitens der genannten Ökonomen des 18. Jahrhunderts viele Versuche, die neuen Gedanken zu sammeln, weiterzuentwickeln, allgemeine Definitionen zu finden usw. Allmählich formiert sich auf diese Weise die politische Ökonomie als Wissenschaft von der kapitalistischen Wirtschaft und ihren Gesetzen.

Am weitesten vorgedrungen in dieser Richtung sind vor Adam Smith in England David Hume und in Frankreich die Physiokraten. Sowohl Hume als auch die Physiokraten haben sich bemüht, wenn auch mit unterschiedlichem Erfolg, den Kapitalismus als Ganzes wissenschaftlich zu erfassen.

Humes neun ökonomische Essays in seinen „Politischen Diskursen“ (1752) stehen zum Teil nur in loser Verbindung zueinander. Sie sind schon von ihrer äußeren Form her nicht der inneren Geschlossenheit des „Reichtums der Nationen“ vergleichbar. Vor allem aber tragen sie noch immer den Stempel merkantilistischer Traditionen des Denkens. Gewiß, Hume tritt gegen primitive wirtschaftliche Maßregeln despotischer Fürsten auf, kritisiert die Lehre von der positiven Handelsbilanz, behandelt alle relevanten ökonomischen Fragen unter dem Aspekt der

[2] K. Marx, Das Kapital, Erster Band, in: MEW, Bd. 23, Berlin 1962, S. 386.

wirtschaftlichen Freiheit, doch sein zentrales Anliegen ist nach wie vor der aus dem Handel abgeleitete Profit. Das innere Wesen der kapitalistischen *Produktions*weise erfaßt Hume nicht. Hume bleibt über weite Strecken an der Oberfläche, wenn er die ökonomische und damit vor allem militärische Macht des Staates für den Kriegsfall als Ziel und in gewisser Weise als Kriterium der wirtschaftlichen Tätigkeit eines Volkes hinstellt. Wohlstand, Handel, Geld, Zins usw., auch „*industry*" — verstanden als Produktionskraft, wie Tanaka nachgewiesen hat[3] — sind für ihn Fragen von eminentem öffentlichen und wissenschaftlichem Interesse, über die es sich nachzudenken lohnt, die theoretisch geklärt werden müssen, aber Hume fehlte die kapitalistische Produktion von Mehrwert als Leitidee, um die sich alles andere gruppieren würde. Daher rührt auch, daß die Arbeitswerttheorie, der Hume durchaus positiv gegenüberstand, nicht zu einer tragenden Säule seiner Ansichten wurde. Aus alldem ergibt sich, daß Hume die vor den Ökonomen am Ende der Manufakturperiode stehende Aufgabe, die bisherigen klassischen politökonomischen Erkenntnisse in einem geschlossenen System zu vereinigen, nicht erfüllt hat.

Die Physiokraten hingegen — „die ersten systematischen Dolmetscher des Kapitals", wie Marx sie genannt hat[4] — entwickeln ein derartiges politökonomisches System. Es enthält bedeutsame wissenschaftliche Aussagen, die von unvergänglichem Wert für die politische Ökonomie sind und auch von Adam Smith nicht übertroffen werden. Allerdings leidet ihr System unter der Einseitigkeit, daß sie ihre im Prinzip richtige Auffassung von der produktiven als der Mehrwert hervorbringenden Arbeit auf die Landwirtschaft beschränken. Diese Erkenntnisgrenze wird von Adam Smith prinzipiell überwunden. Er verdankt andererseits den Physiokraten sehr viel, insbesondere in der Kapital- und Reproduktionstheorie. Doch der physiokratische Beitrag zur Smithschen Lehre darf auch nicht überschätzt werden. Wie W. R. Scott richtig schreibt, „ist es höchst unwahrscheinlich, daß er mit irgendeiner der charakteristischen Schriften der Physiokraten bekannt war, bevor er nach Frankreich ging"[5]. Smith hat das prinzipielle Gerüst und die wichtigsten theoretischen Aussagen seines Systems unabhängig von den Physiokraten bereits in seinen Glasgower Jahren geschaffen.

Das unsterbliche Verdienst, welches Adam Smith dabei erworben hat, besteht darin, daß er als erster, und zwar von Anfang an ohne die physiokratische Einseitigkeit, den kapitalistischen Reproduktionsprozeß in seiner gesellschaftlichen Totalität begriff. Bei ihm werden Kapital, Wert und Preis, Lohn, Profit, Zins und Rente, Geld und Geldumlauf, Kredit, Steuern, Innen- und Außenhandel usw. nicht als isolierte, voneinander unabhängige Erscheinungen untersucht, sondern als echte politökonomische Kategorien aus dem großen Gesamtzusammenhang Produktion — Distributation — Zirkulation — Konsumtion abgeleitet. Auf die-

[3] Vgl. T. Tanaka, David Hume as an Economist, in: Kwansei Gakuin University Annual Studies, Vol. XIII, Nov. 1964, S. 115 ff.

[4] Vgl. K. Marx, Das Kapital, Dritter Band, in: MEW Bd. 25, Berlin 1964, S. 792.

[5] Vgl. W. R. Scott, Adam Smith as Student and Professor, Glasgow 1937, S. 124.

ser Basis klärt er sein Hauptanliegen: Was ist Reichtum, und wie kann er vermehrt werden? Indem er die Antwort auf diese Frage in der Produktion sucht und findet, nicht nur in der agrikolen Produktion oder gar im Handel, gelangt er erstmals in der Geschichte der politischen Ökonomie zu einer *umfassenden* und im Prinzip richtigen Einschätzung der Rolle, welche die menschliche Arbeit und die Steigerung ihrer produktiven Kräfte in der kapitalistischen Wirtschaft spielen.

Adam Smith ist sich der historischen Bedingtheit seiner Aussagen nicht bewußt. Er glaubt eine Analyse der wirtschaftlichen Tätigkeit der menschlichen Gesellschaft schlechthin zu geben. Tatsächlich untersucht er jedoch die bürgerliche Form allgemeiner ökonomischer Zusammenhänge. Seine Größe beruht nicht zuletzt darauf, daß er mit den richtigen analytischen Werkzeugen — so insbesondere mit der Arbeitswerttheorie — die Anatomie der bürgerlichen Produktionsweise bloßlegt.

Natürlich ist das Werk von Adam Smith nicht frei von Irrtümern, Fehlern, Widersprüchen, wie noch zu zeigen sein wird. Dies zu behaupten wäre falsch verstandenes Wohlwollen, und es zu verlangen liefe auf eine völlige Unterschätzung der Schwierigkeiten hinaus, vor denen er gestanden hat.

Das Bedeutende seiner wissenschaftlichen Leistungen kann nicht mit dem Maßstab eines die richtigen und falschen Rechenergebnisse seiner Schüler abhakenden Lehrers begriffen werden. In letzter Konsequenz sind es nicht die *einzelnen* Theorien, seien sie nun mehr oder weniger vollkommen, die Adam Smith zum überragenden Denker machen, sondern seine ökonomische Theorie *als Ganzes*, seine Weite des Blicks, seine geniale Konzeption, das innere Wesen der kapitalistischen Gesellschaft in seiner Totalität — nicht nur in einem oder mehreren Teilbereichen — zu enthüllen.

Von dieser Position aus muß auch die Beziehung zwischen Adam Smith und seinen ideengeschichtlichen Quellen, deren es eine ganze Menge gibt, herangezogen werden. Zahlreiche bürgerliche Ökonomen haben sich darin gefallen, in mühevoller Kleinarbeit für fast jeden Satz von Smith eine entsprechende Belegstelle bei älteren Ökonomen auszugraben. Diese Bestrebungen arteten zeitweilig in einer direkten Manie aus, wobei sich die deutsche Historische Schule den zweifelhaften Ruhm erworben hat, die meisten Mosaiksteine dieser Art zutage gefördert zu haben. Es soll nicht geleugnet werden, daß in einigen dieser Arbeiten interessante Details aufgedeckt worden sind. Tatsächlich hat Smith viele wichtige und richtige politökonomische Gedanken einer Vielzahl von Ökonomen in sein Hauptwerk übernommen, teilweise sogar „mit kleinlicher Sorgfalt die Quellen verheimlicht, denen er das Wenige verdankt, woraus er in der Tat viel macht", wie Marx bemerkt.[6] Smith ist keineswegs „*der* große Eklektiker", zu dem ihn Jacob Viner herabwürdigt.[7]

[6] K. Marx, Zur Kritik der politischen Ökonomie, in: MEW, Bd. 13, Berlin 1961, S. 142.

[7] Vgl. J. Viner, Adam Smith and Laissez-Faire, in: Journal of Political Economy, Bd. 35/1927, in deutscher Übersetzung (gekürzt) abgedruckt in: H. C. Recktenwald (Hg.), Geschichte der politischen Ökonomie, Stuttgart 1971, S. 74.

Smith hat nicht *alle* Theorien, Überlegungen und Ansichten seiner Vorgänger eklektisch miteinander vermengt, gewissermaßen sich gegenseitig widersprechende Meinungen auf einen Nenner gebracht. Denn bei allen Verdiensten, die sich seine Vorgänger in unterschiedlichem Grade erworben hatten, darf nicht außer acht gelassen werden, daß sie entweder überhaupt kein System oder — wie insbesondere im Falle Steuarts oder der Physiokraten — nur ein der kapitalistischen Wirklichkeit nicht adäquates System konzipiert und vertreten haben. Bei ihnen bleiben die richtigen politökonomischen Erkenntnisse Bruchstücke, die noch vom Ballast traditioneller Anhängsel befreit und vor allem zu einem geschlossenen mit der kapitalistischen Realität übereinstimmenden theoretischen Gebäude zusammengefügt werden müssen. Diese Aufgabe hat Adam Smith gemeistert. Er hat die Einseitigkeit oder Vieldeutigkeit seiner Vorgänger überwunden und die bei diesen oftmals nur verstreut zu findenden richtigen Gedanken in seinem System ihrer Bedeutung gemäß sozusagen an die richtige Stelle gerückt. Vor ihm war niemand darauf verfallen, gerade jene Ideen, die er hervorgehoben hat, als die entscheidenden anzusehen.*

Deshalb ist es im Grunde zumindest eine zweitrangige Frage, durch minutiöse Textvergleiche nachzuweisen, von wem und wann zu einem Einzelproblem zum ersten Mal eine richtige Formulierung verwendet worden ist. So verdienstvoll richtige Einzelfeststellungen auch sein mögen, die höhere Wertigkeit besitzt eine theoretische Aussage zweifellos dann, wenn sie im richtigen Gesamtzusammenhang steht, wenn sie der logische Teil einer Theorie ist, die als Ganzes in ihrer grundlegenden Konzeption das innere Wesen der Wirklichkeit mit ihren vielfältigen konkreten Erscheinungsformen erklären kann.

Da Adam Smith diesen Totalitätsgedanken in seinem System als erster konsequent und umfassend in die Tat umsetzt, gebührt ihm mit vollem Recht das Prädikat „Grundleger der politischen Ökonomie". Seit Petty hatten sich die Ökonomen an dieses Ziel herangetastet. Adam Smith stellt den Endpunkt dieser Entwicklung dar. Zugleich bildet er den Ausgangspunkt für die Weiterentwicklung der politischen Ökonomie auf einer höheren Stufe. Bei ihm wächst die politische Ökonomie aus ihrem Jugendalter in das Mannesalter hinüber.

Das „doppelte Geschäft"

Über die Methode, die Smith angewendet hat, um zu seinen theoretischen Resultaten zu gelangen, ist in der bürgerlichen Ökonomie viel herumgerätselt worden.

* Zur näheren Charakterisierung dessen, was wir hier meinen, sei auf Goethe verwiesen: „Die originalsten Autoren der neuesten Zeit sind es nicht deswegen, weil sie etwas Neues hervorbringen, sondern allein, weil sie fähig sind, dergleichen Dinge zu sagen, als wenn sie vorher niemals wären gesagt gewesen. Daher ist es das schönste Zeichen der Originalität, wenn man einen empfangenen Gedanken dergestalt fruchtbar zu entwickeln weiß, daß niemand leicht, wieviel in ihm verborgen liege, gefunden hätte."

8 J. W. Goethe, Maximen und Reflexionen, Leipzig 1953, S. 134.

Die deutsche Nationalökonomie warf ihm sehr zeitig eine Vernachlässigung des „ethischen Prinzips" vor, bestritt die Allgemeingültigkeit seiner Erkenntnisse oder — so die Historische Schule — verwarf überhaupt die Suche nach objektiven ökonomischen Gesetzen als fruchtlosen Abstraktionismus. Für die Grenznutzenschule war Smith hingegen zu empirisch, zu historisch. Nach Bülow hat Smith eine kausaltheoretische Methode verwendet.[9] Für Scott besitzt die Deduktion bei Smith das Primat, sie wird aber von der Induktion ergänzt.[10] Ammonn hingegen behauptet, Smith wäre in einer empirisch-kausalen Methode steckengeblieben.[11] Gepackt wird das Problem in der bürgerlichen Literatur kaum.

Es ist einzig und allein Marx zu danken, wenn wir heute über eine fundierte wissenschaftliche Beurteilung der Smithschen Methode verfügen. Marx begnügt sich nicht mit der Oberfläche, mit einzelnen Zitaten aus dem „Reichtum der Nationen", sondern dringt im wahrsten Sinne des Wortes bis zu den allgemeinen Wurzeln der Theorie von Smith vor, indem er ihn als Exponenten einer ganz bestimmten Situation in der Geschichte der politischen Ökonomie mit einer ganz bestimmten Aufgabe erfaßt. Marx unterscheidet bei Smith eine esoterische und eine exoterische Vorgehensweise. In dem einen Fall geht es um das Eindringen in die Physiologie der bürgerlichen Produktionsverhältnisse, im anderen darum, die äußeren Erscheinungen zu beschreiben und begrifflich zu fassen. Daraus ergibt sich ein fortwährender Widerspruch in der Smithschen politischen Ökonomie. Marx ist nun weit davon entfernt, diesen Widerspruch aus irgendwelchen formalen Denkfehlern bei Adam Amith abzuleiten. Ganz im Gegenteil, er bestätigt Smith: „Bei ihm ist dies gerechtfertigt. . ., da sein Geschäft in der Tat ein doppeltes war."[12]

Zum vollen Verständnis des „doppelten Geschäfts" von Adam Smith und der daraus resultierenden zwiespältigen Forschungsmethode muß man sich vor allem — das sei nochmals hervorgehoben — das zur damaligen Zeit noch jugendliche Alter der politischen Ökonomie vergegenwärtigen. Jetzt erst, nachdem die Vorgänger von Smith eine Masse an wertvollem Erkenntnisstoff aufgehäuft hatten und der Kapitalismus den Höhepunkt seiner Manufakturentwicklung erreicht hatte, ergab sich für die bürgerliche Ökonomie objektiv die Aufgabe, die wesentlichen Erscheinungen der herrschenden ökonomischen Basis sowohl allseitig zu beschreiben, zu klassifizieren und in ein System zu bringen als auch ihre innere Natur zu ergründen. Vor dem ausgehenden 18. Jahrhundert hatten sich weder die sozialökonomischen Verhältnisse noch die politische Ökonomie so weit entwickelt, daß eine derartig umfassende Zielstellung möglich gewesen wäre. Demzufolge betrat Smith in dieser Beziehung Neuland, und es ist nicht nur nicht verwunderlich,

9 Vgl. F. Bülow, Vorwort zu A. Smith, Natur und Ursache des Volkswohlstandes (gekürzt), Leipzig 1933, S. XXX.

10 Vgl. W. R. Scott, a. a. O., S. 113 f.

11 Vgl. A. Ammonn, Adam Smith und die Grundprobleme der Nationalökonomie, in: Zeitschrift für die gesamte Staatswissenschaft, 80. Jg., Heft 4, 1925/26, S. 582f.

12 K. Marx, Theorien über den Mehrwert, Zweiter Teil, in: MEW, Bd. 26/2, Berlin 1967, S. 162.

sondern geradezu zwangsläufig, daß er bei der Lösung dieser erstmals in der Geschichte der politischen Ökonomie auftauchenden Aufgabe eine widerspruchsvolle Methode anwendet, daß zwischen den beiden Seiten seines „doppelten Geschäfts" keine organische Einheit besteht.

Bei einer näheren Analyse der zwiespältigen Forschungsmethode von Smith stellt sich heraus, daß auch dort, wo sie zu Fehlern führt, zumeist echte wissenschaftliche Probleme aufgegriffen werden. Zweifellos bedingt sie Widersprüche in der Theorie dieses bürgerlichen Klassikers, zweifellos liegt hier die Ursache für die Entwicklung unterschiedlicher Ansichten über ein und dieselbe politökonomische Kategorie. Smith bietet seinem Leser nicht nur eine Werttheorie, sondern zumindest drei an, desgleichen enthält sein Werk mehrere voneinander verschiedene Theorien über den Lohn, die Rente, den Mehrwert bzw. Profit, die produktive Arbeit usw. Doch eine isolierte Betrachtung dieser Tatsache führt zu einer absoluten falschen Einschätzung von Smith. Marx hat Smith auch in dieser Beziehung volle Gerechtigkeit widerfahren lassen, wenn er sagt: „Die Widersprüche Adam Smith haben das Bedeutende, daß sie Probleme enthalten, die er zwar nicht löst, aber dadurch ausspricht, daß er sich widerspricht."[13] Und an anderer Stelle äußert sich Marx sogar dahingehend, daß der gleichzeitige Versuch, sowohl den inneren Zusammenhang zu erforschen als auch dem äußeren Schein Rechnung zu tragen, dem Smithschen Werk seinen „großen Reiz" verleiht.[14]

In bezug auf die grobe Systematik seiner Gedankenführung geht Smith logisch und folgerichtig vor. Das erste Buch des „Reichtums der Nationen" enthält eine vollständige Theorie der Produktion und Distribution. Darauf aufbauend, entwickelt Smith im zweiten Buch seine Kapitaltheorie. Im dritten Buch betrachtet er den Einfluß der Wirtschaftspolitik auf den natürlichen Fortschritt zum Reichtum anhand der Geschichte der ökonomischen Entwicklung, während im vierten Buch die Wirtschaftspolitik unter dem Aspekt ihrer theoretischen Begründung durch das Merkantilsystem bzw. die Physiokraten analysiert wird. Das fünfte Buch schließlich hat die Ausgaben des Staates, die zweckmäßigste Form ihrer Aufbringung und Verwendung zum Gegenstand. Der totale Blickwinkel, unter dem Adam Smith die politische Ökonomie darlegt, ist durchaus in sich geschlossen.

Für den Gesamtaufbau seines Werkes besitzen die Erkenntnisse des ersten Buches in theoretischer Hinsicht die größte Bedeutung. Die aus der Analyse der Produktion gewonnenen Schlußfolgerungen dienen ihm als Kriterium der Beurteilung praktischer wirtschaftspolitischer Maßnahmen und theoretischer Vorstellungen zu seiner Zeit und der Vergangenheit. So kehrt der unter dem dominierenden Einfluß des Kapitalinteresses stehende Zusammenhang Arbeitsteilung — Kapitalakkumulation — Reichtum immer wieder. Methodisch gesehen, geht Smith in dieser Beziehung, was die große Linie betrifft, deduktiv vor.

Die Beantwortung der Frage, wie Smith methodisch zu seinem theoretischen

13 Ebenda, Erster Teil, in: MEW, Bd. 26/1, Berlin 1965, S. 121.

14 Vgl. ebenda, Zweiter Teil, a. a. O., S. 217.

Ausgangspunkt im ersten Buch gelangt ist, erweist sich als sehr kompliziert und läßt sich nicht mit einem methodologischen Schlagwort erledigen. Hier machen sich die erkenntnistheoretischen Vorstellungen, unter deren Einfluß Adam Smith stand, deutlich bemerkbar. Das Primat besitzt für ihn die praktische Beobachtung der Tatsachen. Insofern ist er treuer Schüler des englischen Empirismus. Aber dort, wo er die Physiologie der bürgerlichen Produktionsweise und ihrer wesentlichen Zusammenhänge zu enthüllen sucht (Wert, Mehrwert, Funktionsmechanismus), fühlt er mehr oder weniger unbewußt, daß die Methode der reinen Empirie auf einer bestimmten Stufe der Erkenntnis versagt und dann der Methode des abstrahierenden theoretischen Denkens, der „analytischen Methode", wie Marx sie nennt[15], Platz machen muß. Einmal abstrahiert Smith dabei von den Äußerlichkeiten der konkreten Erscheinungen und reduziert sie auf das ihnen allen gemeinsame Wesen. Er konnte das tun, weil die Praxis und die Theorie weit genug fortgeschritten waren, um derartige allgemeine Erkenntnisse zu ermöglichen. Marx schreibt zu dieser Problematik: „So entstehen die allgemeinsten Abstraktionen überhaupt nur bei der reichsten konkreten Entwicklung, wo eines vielen gemeinsam erscheint, allen gemein."[16] Zum anderen überwindet Smith die methaphysische Vereinzelung, die bisher bei der Betrachtung der verschiedenen ökonomischen Erscheinungen Regel war, und erforscht deren wechselseitigen bzw. kausalen Zusammenhänge. Adam Smith kombiniert also die von der kapitalistischen Praxis ausgehende Analyse mit der Synthese, wodurch er die kapitalistische Praxis selbst wiederum in ihrer Totalität umfassender zu erkennen imstande ist.

Dabei vermeidet Smith alles, was irgendwie den Anschein abstrakter Spekulation erwecken könnte. Ständig ist er bemüht, seine Ansichten durch Erfahrungstatsachen zu belegen. Dieser empirische Zug seines Systems läßt ihn mit der noch von Hume ausgiebig gehandhabten Praxis brechen, alle möglichen unverbindlichen Meditationen über ökonomische Kategorien anzustellen. Außerdem schützt ihn sein Drang zur praktischen Realität im Gegensatz zu den Physiokraten weitgehend vor einer gewissen deduktiven Einseitigkeit. So sind seine Darlegungen sehr oft mit historischen und praktischen Beispielen aller Art durchsetzt. Die Auswertung statistischer Daten, ihre Verdichtung zu Durchschnittsgrößen, ja überhaupt die Herausarbeitung und das Ausgehen von durchschnittlichen Bedingungen, der Vergleich ähnlicher Situationen usw. bilden für ihn ein laufend gehandhabtes methodisches Instrumentarium.

Zuweilen tut er des Guten zuviel. Bevor er zu einer endgültigen Aussage gelangt, beleuchtet er das jeweils zur Debatte stehende Problem bis zur Weitschweifigkeit. Verbindliche Aussagen trifft er nur sehr vorsichtig. Wendungen wie „beim gewöhnlichen Lauf der Dinge", „normalerweise", „es scheint", „in der Regel" usw. haben für ihn tatsächlich den Sinn, Ausnahmen aufgrund besonderer Verhältnisse nicht von vornherein auszuschließen. Smith ist kein prinzipieller Relativist. Dazu

[15] Vgl. ebenda, Dritter Teil, in: MEW, Bd. 26/3, Berlin 1968, S. 491.

[16] K. Marx, Einleitung zur Kritik der Politischen Ökonomie, in: MEW, Bd. 13, Berlin 1961, S. 635.

ist er von der Richtigkeit seiner hauptsächlichen Erkenntnisse und von den Möglichkeiten der Wissenschaft viel zu sehr überzeugt. Aber in Grenzfällen ist auch er bereit, die Allgemeingültigkeit seiner Theorie einzuschränken. Das ständige Bemühen, die konkrete Realität nicht zu vergewaltigen, veranlaßt ihn an mancher Stelle, theoretische Schlußfolgerungen zu ziehen, die seinen esoterischen Einsichten widersprechen.

Dabei ist Adam Smith inkonsequent im Erfassen des inneren Zusammenhangs einer Erscheinung. Oft verwechselt er die Form mit dem Inhalt. Dem Problem, daß zwischen Wesen und Erscheinung ein dialektischer Widerspruch besteht, und den hiervon ausgehenden Schwierigkeiten der Erkenntnis des Wesens kann kein Denker ausweichen. Die Frage ist nur, wieweit seine Klassenbasis und der Entwicklungsstand der gesellschaftlichen Verhältnisse ihm gestatten, dieser Schwierigkeit Herr zu werden. Bei Smith — und nicht nur bei ihm — wirken sich beide Faktoren dahingehend aus, daß er zuweilen das Wesen aufgibt und sich an die Erscheinung klammert. Marx spricht deshalb auch im wissenschaftlichen Sinne des Wortes von „Vulgärvorstellungen, die in A. Smith durchlaufen", worunter er die „bloße Reproduktion der Erscheinung als Vorstellung von derselben"[17] versteht. Dies ist nicht *der* grundlegende Charakterzug der Smithschen Theorie. Aber es ist ein für die damalige bürgerliche politische Ökonomie historisch berechtigter, ja notwendiger Bestandteil, eben eine Seite des „doppelten Geschäfts" von Adam Smith.

Dieser Drang, die ökonomischen Erscheinungen als plausible Vorstellung zu erfassen, ist nicht zu verwechseln mit den durchaus gerechtfertigten Anstrengungen Adam Smith', seine Ansichten auf empirische Fakten und nicht irgendwelche blutleeren Thesen zu gründen. Der methodische Fehler betrifft solche Ausführungen im „Reichtum der Nationen", in denen er sich ausschließlich auf Oberflächenerscheinungen konzentriert und Schlußfolgerungen daraus ableitet, die ebenfalls an der Oberfläche bleiben. An diesen Stellen widmet Smith der theoretischen Abstraktion nicht genügend Aufmerksamkeit. „Wie bei ihm", sagt daher Marx, „so bleibt bei allen späteren bürgerlichen Ökonomen der Mangel an theoretischem Sinn für Auffassung der Formunterschiede der ökonomischen Verhältnisse Regel, im groben Zugreifen nach und Interesse für den empirisch vorliegenden Stoff."[18] Gerade hierdurch wird Smith die Erkenntnis bestimmter, zwischen der Erscheinung und ihrem Wesen liegender Mittelglieder versperrt, was ihn wiederum dazu zwingt, den Weg der tiefgründigen Analyse zu verlassen und sich mit dem äußeren Schein zu begnügen.

Vom Standpunkt der Forschungsmethode ist weiterhin von Bedeutung, welche Rolle Smith den Widersprüchen innerhalb der kapitalistischen Gesellschaft beimißt. Er vertuscht diese Widersprüche keineswegs, er erkennt Gegensätze zwischen Bourgeoisie und Proletariat, Manufakturbourgeoisie und Landaristo-

17 K. Marx, Theorien über den Mehrwert, Dritter Teil; a. a. O., S. 491.

18 Ebenda, Erster Teil, a. a. O., S. 63 f.

kratie, dem Entwicklungsstand der Produktionskräfte und alten Einrichtungen des Überbaus usw. ausdrücklich an. Er trägt sogar manchen Baustein zu ihrer wissenschaftlichen Erforschung bei. Das alles ist nicht an letzter Stelle zu erwähnen, wenn vom Wert seines Werkes die Rede ist. Doch da die damaligen erkenntnistheoretischen Methoden in Abhängigkeit von dem verhältnismäßig niedrigen Entwicklungsniveau der Widersprüche des Kapitalismus und unter dem Eindruck eines vorherrschenden mechanischen Weltbildes die Dialektik des Widerspruches weitgehend außer acht ließen, konnte Smith den Widersprüchen nicht die überragende Bedeutung beimessen, die ihnen tatsächlich zukommt. Die Klassenwidersprüche und der Kampf zwischen den Klassen sind für ihn etwas Naturgegebenes, aber nicht das treibende Motiv der gesellschaftlichen Entwicklung. Auch für die unbedingt notwendige innere Widersprüchlichkeit *aller* ökonomischen Erscheinungen und Prozesse der kapitalistischen Produktionsweise fehlte ihm das Verständnis. Ware, Wert, Geld, Kapital usw. sind für Smith weder begrifflich noch in sich selbst, noch untereinander widerspruchsvolle ökonomische Kategorien.

Insgesamt ergeben sich die methodologischen Mängel des Smithschen Werkes, die zu theoretischen Fehlern im Begreifen der Sache führen, objektiv aus den sozialökonomischen Verhältnissen sowie aus seiner Klassengrundlage und nicht aus seinem subjektiven Unvermögen. Ferner darf bei der Beurteilung der Widersprüchlichkeit seiner Auffassungen nie vergessen werden, daß er bei dem damals gegebenen Erkenntnisstand der politischen Ökonomie „mit einem erst sich gestaltenden Ideenchaos ringt" und notwendigerweise „tasten und experimentieren" mußte, wie Marx einmal feststellte.[19] Die „närrischen Schnitzer"[20], „nichtssagenden Allgemeinplätze und Tautologien"[21], oder „Halbheiten und Böcke"[22] werden insgesamt von den wissenschaftlichen Verdiensten des esoterischen Smith in den Schatten gestellt.

Daran kann auch die Tatsache nichts ändern, daß Adam Smith als bürgerlicher Ökonom die politökonomischen Kategorien nicht als Resultat der Entwicklung begriffen hat. In methodischer Hinsicht wird die Smithsche ökonomische Theorie, abgesehen von wenigen Ausnahmen, vom Ahistorismus charakterisiert. Marx schreibt aus diesem Grunde: „A. Smith identifiziert Warenproduktion überhaupt mit kapitalistischer Warenproduktion; die Produktionsmittel sind von vornherein ‚Kapital', die Arbeit von vornherein Lohnarbeit . . . Mit einem Wort, die verschiedenen Faktoren des Arbeitsprozesses — gegenständliche und persönliche — erscheinen von vornherein in den Charaktermasken der kapitalistischen Produktionsperiode."[23]

19 Vgl. K. Marx, 10. Kapitel, in: F. Engels, Herrn Eugen Dührings Umwälzung der Wissenschaft (Anti-Dühring), in: MEW, Bd. 20, Berlin 1962, S. 217.

20 Vgl. K. Marx, Das Kapital, Zweiter Band, in: MEW, Bd. 24, Berlin 1963, S. 372.

21 Vgl. K. Marx, Theorien über den Mehrwert, Erster Teil, a. a. O., S. 68.

22 Vgl. ebenda, S. 74.

23 K. Marx, Das Kapital, Zweiter Band, a. a. O., S. 387 f.

Der methodische Ahistorismus bei Adam Smith hat nichts damit zu tun, daß er bei der Betrachtung der historischen Entwicklung der menschlichen Gesellschaft und ihrer politischen Institutionen in gewisser Weise einer elementaren materialistischen Geschichtsauffassung zuneigt. Doch er zieht nirgends über den Kapitalismus hinausgehende Schlußfolgerungen und konnte das zu seiner Zeit auch noch nicht tun. Die Entwicklung wird materialistisch, aber mit den Augen des Bourgeois interpretiert. Praktisch ist für Smith bereits der urgesellschaftliche Jäger ein bürgerlich isoliertes Individuum, das private Arbeit leistet, schließlich zu privatem Eigentum gelangt und über den Austausch der von ihm produzierten Ware seine Arbeit und sein Eigentum realisiert. Und ähnlich ist es mit den anderen Stadien der gesellschaftlichen Entwicklung, dem Hirtenleben, dem Ackerbau und dem Handel. Die Menschen agieren nach Smith immer als auf ihren eigenen Vorteil bedachte Wesen, und wenn sie in diesem natürlichen Streben behindert werden, so war und ist dies zu allen Zeiten eine Verfälschung des natürlichen Laufs der Dinge. Der Sklave und der leibeigene Bauer konnten nur entstehen, weil die „Herren" einer Fehlkalkulation in bezug auf den ihrem Selbstinteresse am besten entsprechenden Zustand gefolgt sind. Auf evolutionärem Wege stellt sich die Natur der Dinge mit dem Übergang zur handeltreibenden, auf der Manufakturproduktion beruhenden Gesellschaft aber von selbst ein. In diesem Sinne dienen die umfangreichen historischen Ausführungen im „Reichtum der Nationen" meist nur der bloßen Illustration bestimmter Lehrsätze. Smith versucht, mittels historischer Betrachtungen die Schädlichkeit wirtschaftsgesetzlicher Maßnahmen des Staates nachzuweisen, ohne deren zeitabhängige Notwendigkeit zu begreifen. Er stützt sich hierbei überall auf den Maßstab des bürgerlichen Klasseninteresses am Ende der Manufakturperiode und Beginn der industriellen Revolution in England.

Smith verhält sich zu dem Problem seiner Zeit durchaus bewußt. Gerade hieraus erklärt sich ja seine Betonung der Arbeitsteilung als typischer Produktivkraft der Manufakturperiode. Ebenso muß seine Ablehnung der merkantilistischen Politik, die sich überlebt hatte, nachdem die ursprüngliche Akkumulation in zunehmendem Maße von der „normalen" kapitalistischen Akkumulation in der Produktion ersetzt wurde, aus den Forderungen der Zeit abgeleitet werden. Auch die im ausgehenden 18. Jahrhundert auf der Tagesordnung stehende Neuorientierung der Politik gegenüber den Kolonien ist Smith bewußt gewesen. Das Beispiel der amerikanischen Unabhängigkeitsbewegung vor Augen, fordert er die Beseitigung des korrupten Systems der Handelskompanien, ohne natürlich einen generellen Verzicht auf Kolonien zu predigen. Das alles zeigt den Sinn von Adam Smith für die historischen Belange seiner Zeit, der stärker ausgeprägt ist als beispielsweise bei Ricardo. Andererseits ist Smith' historischer Sinn nicht scharf genug entwickelt, um als bewußt angewandtes methodisches Prinzip in der *Theorie* der politischen Ökonomie angewandt zu werden. An den wenigen Stellen, wo er im Zusammenhang mit der Entwicklung bestimmter theoretischer Ansichten echte historische Verschiedenheiten der gesellschaftlichen Qualität herausarbeitet, zum Beispiel beim Übergang von seiner ersten zur zweiten Werttheorie, stößt er sofort auf wichtige Probleme. Aber das bleibt bei ihm Ausnahme. So unterscheidet er zum Beispiel nicht zwischen „unabhängigen Produzenten" und „Kapitalisten" oder zwischen „Produzenten" und „Arbeitern" oder zwischen „Arbeitslohn" und „Arbeitsergebnis" usw. Derartige mangelhafte begriffliche Abgrenzungen sind letzten Endes auf das Fehlen genauer historischer Untersuchungen zurückzuführen. Zuweilen beachtet Adam Smith noch nicht einmal die Unterschiede zwischen Kapitalismus und Feudalismus, so wenn er den unscharfen Begriff „zivilisierte Gesellschaft" gebraucht, obwohl er diese Unterschiede selbst an anderer Stelle entwickelt und betont.

Trotz des methodischen Ahistorismus und der Beschränktheit seiner Forschungsmethode überhaupt bleibt Adam Smith natürlich der große Wissenschaftler. Als Vertreter einer zur damaligen Zeit fortschrittlichen Ausbeuterklasse mußte Smith unhistorisch vorgehen und davon überzeugt sein, daß die Gebrechen der gesellschaftlichen Ordnung, wie sie in der Vergangenheit bestanden hatten, in seiner Gegenwart auf natürlichem Wege überwunden werden. Man kann keinen Vorwurf gegen ihn daraus ableiten, daß er die zukünftige Entwicklung des Kapitalismus, die vom Kampf zwischen Bourgeoisie und Proletariat beherrscht werden sollte, nicht voraussah.

Der nüchterne Verstand Adam Smith' ist völlig zeitgebunden. Gerade dadurch gelangt er zu wissenschaftlichen Erkenntnissen, die den Kapitalismus als Ganzes und seine einzelnen ökonomischen Erscheinungen in hohem Grade richtig erklären. Die Forschungsmethode, deren er sich bei der theoretischen Durchdringung der kapitalistischen Wirtschaft bedient, ist zwiespältig, nicht aber in irgendeinem elementaren Sinn falsch. Ihren Ausgangspunkt bildet in jedem Fall die praktische Anschauung. Zum Teil reproduziert Smith jedoch den sogenannten gesunden (das heißt alltäglichen und damals natürlich bürgerlichen) Menschenverstand als vermeintlich wahres Abbild der Wirklichkeit. Genaugenommen spiegelt er hierbei nicht die Realität selbst in seiner Theorie wider, sondern lediglich die Vorstellung im Kopf des Bourgeois von dieser Realität. Außerdem bzw. gleichzeitig geht Smith weiter, indem er die Praxis von vornherein oder im Verlauf der Analyse durch die Abstraktion von unwesentlichen Begleitumständen als verallgemeinerte theoretische Wahrheit umfassender widerspiegelt, als es durch die einfache Beobachtung möglich wäre. Dieser esoterische Smith ist es vor allem, der ganz bedeutende wissenschaftliche Leistungen auf dem Gebiete der politischen Ökonomie vollbracht hat, der die Physiologie des Kapitalismus enthüllt, auch wenn er glaubt die Natur der gesellschaftlichen Wirtschaft schlechthin zu behandeln.

Die wirtschaftliche Freiheit

Auch in seiner Doktrin des ökonomischen Liberalismus war Adam Smith davon überzeugt, daß es sich hierbei um eine Naturgesetzlichkeit handele, die dem Menschsein a priori anhafte. Seine Auffassung vom automatischen Funktionieren der kapitalistischen Produktionsweise ist eine fundamentale Säule seiner Wirtschaftstheorie. Das Wirtschaftsleben soll sich frei von staatlicher Bevormundung entfalten können. Wie wenig „natürlich", sondern vielmehr historisch eine derartige Forderung ist, hat sich Adam Smith nie vergegenwärtigt. Dabei war sie noch zu seinen Lebzeiten im Prinzip etwas unerhört Neues, gar nicht Selbstverständliches.

Aus diesem Grunde ist es eigentlich müßig zu versuchen, die Quellen des Smithschen ökonomischen Liberalismus weit im Mittelalter, insbesondere im Naturrecht, aufzuspüren; darum hat sich die spätere bürgerliche Dogmengeschichte häufig bemüht.[24] Das Naturrecht enthält zwar eine frühbürgerliche Befürwortung des Privateigentums, ist jedoch keineswegs mit der Forderung nach wirtschaftlicher Freiheit automatisch verbunden, wie sich aus der Befürwortung der aktiven Rolle des Staates bei Grotius, Hobbes, Gassendi, Spinoza oder Pufendorf leicht ablesen läßt. Die Idee des ökonomischen Liberalismus wurde keineswegs auf rein deduktivem Wege aus bestimmten Prämissen des Naturrechts gewonnen.

Vielmehr war es der praktische Kapitalist der Levante-Handelsgesellschaft, Dudley North, der zum ersten Mal in der Geschichte der politischen Ökonomie radikal mit der herkömmlichen merkantilistischen Tradition brach, daß der Staat spezielle wirtschaftspolitische Aufgaben zu erfüllen habe. Er vollzog die Trennung zwischen Wirtschaft und Staat, die das Naturrecht nie konsequent erreicht hatte. Primär aufgrund ökonomisch-theoretischer Überlegungen entwirft North das Bild eines freien Wirtschaftslebens. Ihm gebührt das Verdienst, darauf verwiesen zu haben, daß die objektiven Entwicklungstendenzen in der Wirtschaft aus sich in einer Richtung bewegenden menschlichen Handlungen resultieren. Nicht die abstrakte Konstruktion natürlicher Gesetze bildet für ihn den Ausgangspunkt, sondern das rational, auf den eigenen Vorteil bedachte Reagieren der Menschen auf gegebene Umstände. Dadurch entsteht nach North ein selbsttätiger Mechanismus, der allen ökonomischen Prozessen zugrunde liegt. Dieser Mechanismus ist für ihn gleichbedeutend mit dem natürlichen Fortschritt zu Reichtum und Wohlstand.

In seinen „Diskursen über den Handel" (1691) schreibt North: „Kein Volk kann jemals durch die Politik reich werden. Es sind vielmehr Frieden, Gewerbefleiß und Freiheit, die Handel und Wohlstand mit sich bringen, und nichts anderes."[25] North war seiner Zeit mit dieser Forderung voraus. Seine „Diskurse" standen völlig im Schatten der merkantilistischen Schriften Childs und sollen sogar unterdrückt worden sein. Kaum ein Schriftsteller nahm Notiz von ihm. Die Einstellung zum Staat und zu dessen Wirtschaftspolitik wandelt sich erst dann

24 Vgl. hierzu W. Hasbach, Untersuchungen über Adam Smith und die Entwicklung der politischen Ökonomie, Leipzig 1891, z. B. S. 166 oder S. 397.

25 Zitiert bei W. Letwin, The Origins of Scientific Economics, London 1963, S. 270.

allmählich. Die erste Hälfte des 18. Jahrhunderts ist in dieser Beziehung eine Zeit großer Auseinandersetzungen. Es wäre auf jeden Fall falsch anzunehmen, daß die Hinwendung der englischen Ökonomen zum Freihandel, der im Mittelpunkt dieser Auseinandersetzungen stand, ein reibungsloser Prozeß gewesen wäre.

Einen besonderen Beitrag hat in diesem Zusammenhang Bernhard de Mandeville geleistet. Er kann als echter Vorläufer von Adam Smith bezeichnet werden. Zunächst greift er den von Hobbes stammenden Gedanken vom Menschen als einem zutiefst egoistischen Wesen wieder auf, zieht aber daraus die entgegengesetzte Schlußfolgerung: Durch die Befriedigung der selbstsüchtigen Triebe des Individuums wird die Wohlfahrt des Gemeinwesens am besten gesichert. Ähnlich wie North fordert er vorbehaltlos die wirtschaftliche Freiheit, indem er feststellt, daß es Narrheit wäre, „wenn man in irgendeinem Handelszweig die Zahl der Geschäfte über das notwendige Maß hinaus vergrößern wollte . . . Die richtigen Zahlenverhältnisse bilden sich in jedem Gewerbe von allein heraus und erhalten sich am besten, wenn sich niemand einmischt und sie niemand stört."[26]

Zu Smith' Zeiten waren, bezogen auf England, der Kapitalismus und die Bourgeoisie als Klasse so weit erstarkt, daß die allseitige Reglementierung des Wirtschaftslebens — teils durch rudimentäre feudale Interessen, teils durch fiskalische Gründe und teils durch frühbürgerliche Schutzmaßnahmen bedingt — sich als Hemmnis für die ungestörte Kapitalverwertung herauszustellen begann. Die Bourgeoisie als Klasse begriff allmählich, daß sich ihre langfristigen Interessen am besten durch die Verwirklichung der freien Konkurrenz realisieren würden. Es blieb Adam Smith vorbehalten, diese strategische Zielstellung sehr zeitig zu erkennen und wissenschaftlich zu fundieren. Etwas Ähnliches — unabhängig von Adam Smith und dieser unabhängig von ihnen — haben die Physiokraten getan, bedingt durch die geringer entwickelten ökonomischen Verhältnisse, nicht in der allgemeingültigen Form wie ihr englischer Zeitgenosse, doch für das vorrevolutionäre Frankreich nicht weniger wirkungsvoll, vor allem was ihre Forderung „laissez-faire, laissez-aller" anbetrifft.

Die erste erhalten gebliebene Formulierung des Prinzips der wirtschaftlichen Freiheit durch Adam Smith stammt aus einem Manuskript, das er im Jahre 1755 bei einer Gesellschaft hinterlegt hat, um seinen Prioritätsanspruch auf die darin geäußerten Ansichten zu sichern. Leider ist die Abhandlung nicht gefunden worden. Dougald Stewart befand sich jedoch 1795 in ihrem Besitz. Um nicht „die Erinnerung an private Differenzen zu beleben", hat er sie nicht in vollem Umfang veröffentlicht. Er zitiert lediglich den Adam Smith' Meinung über die wirtschaftliche Freiheit betreffenden Teil, der als authentisch angesehen werden kann. Smith sagt dort unter anderem: „Projektemacher (worunter er nicht zuletzt Staatsmänner versteht — d. V.) stören die Natur im Ablauf ihrer Wirkungen auf die menschlichen Einrichtungen. Doch sie fordert nicht mehr, als sie allein

[26] B. Mandeville, Die Bienenfabel (1705, 1714, 1723), Berlin 1957, S. 267.

zu lassen und ihr ein faires Spiel zu gewähren ... Es ist wenig anderes erforderlich, um einen Staat vom niedrigsten barbarischen zum höchsten Grad an Wohlstand zu bringen, als Frieden, leichte Steuern und eine vernünftige Verwaltung des Rechts. Alles übrige wird durch den natürlichen Lauf der Dinge hervorgebracht."[27]

Völlig vom Geist der zitierten Sätze sind auch seine Glasgower Vorlesungen durchdrungen. Hier noch unbeeinflußt von den Physiokraten, stellt er sich das gleiche Ziel wie in seinem späteren Hauptwerk. Es geht ihm um „den geeignetsten Weg zur Beschaffung von Wohlstand und Überfluß"[28]. Im Gegensatz zum Monetarismus, dem Muttersystem des Merkantilismus, besteht „der Reichtum eines Volkes ... nicht in der Menge der Münze, sondern in dem Überfluß an Gütern, die den Lebensbedarf bilden, und alles, was diese Güter vermehrt, vermehrt den Reichtum eines Landes"[29]. Das Hauptmittel zur Erhöhung der konsumierbaren Warenmasse erblickt Smith in der Produktion, genauer in der Steigerung der produktiven Kräfte der Arbeit durch die Arbeitsteilung. Er stellt fest: „Die Arbeitsteilung erhöht den Wohlstand eines Landes."[30] Alles, was der Vertiefung und Erweiterung der Arbeitsteilung dient, ist von positivem Wert für die Gesellschaft. Hierzu zählt Smith als Hauptfaktoren die Ausdehnung des Marktes und die Akkumulation von Kapital.

Welche Rolle soll nun der Staat und seine Wirtschaftspolitik bei der Reichtumsvermehrung spielen? Smith' Antwort lautet: „Im ganzen ist es deshalb bei weitem die beste Politik, den Dingen ihren natürlichen Lauf zu lassen."[31] Die Begründung dieser These läuft auf folgendes hinaus: Jede staatliche Maßnahme beeinflußt das Abweichen der Marktpreise vom natürlichen Preis. Hohe Marktpreise führen infolge des größeren Anreizes normalerweise zu einem steigenden Angebot, wodurch der Marktpreis auf den natürlichen Preis reduziert wird. Wenn umgekehrt der Marktpreis sehr niedrig ist, das heißt unter dem natürlichen Preis steht, wird beim natürlichen Lauf der Dinge die Produktion eingeschränkt, und der Marktpreis steigt wieder. So wird die Produktion selbsttätig über den Preis und das Spiel von Angebot und Nachfrage reguliert. Eine Politik, die diesen natürlichen Lauf der Dinge stört, vermindert den Wohlstand des Volkes. Das können sein: Steuern, die den Preis erhöhen und den Verbrauch einschränken; Monopole, die den Wettbewerb und die Preise hochhalten; Zunftprivilegien mit der gleichen Wirkung; Ausfuhrprämien, die eine Steigerung der Produktion bewirken, die nicht im Verhältnis zum natürlichen

[27] D. Stewart, Account of the Life and the Writings of the Author, in: Adam Smith, Essays on philosophical Subjects, London 1795, S. LXXXI.

[28] A. Smith, Vorlesungen über Rechts-, Polizei-, Steuer- und Heereswesen (1763), Halberstadt 1928, S. 115.

[29] Ebenda, S. 137.

[30] Ebenda, S. 118.

[31] Ebenda, S. 131.

Umfang der Nachfrage steht. Handelsbeschränkungen verhindern die Marktausdehnung und damit die Vertiefung der Arbeitsteilung. Sie entmutigen ganz allgemein den heimischen Gewerbefleiß. Schließlich stellt Smith fest: „Es ist für den Gewerbefleiß ein großer Ansporn, daß die Menschen es in ihrer Gewalt haben, die Erzeugnisse ihrer Arbeit nach Belieben auszutauschen, und überall, wo in dieser Hinsicht eine Beschränkung besteht, werden die Menschen nicht so tatkräftig ihre Gewerbe fördern."[32]

Ähnliche Zitate ließen sich auch aus dem „Entwurf" des ökonomischen Hauptwerkes von Adam Smith anführen.[33] Sie würden keine neuen Gesichtspunkte ergeben. Auch für Zitate aus dem „Reichtum der Nationen" wollen wir uns Beschränkungen auferlegen. Es sind im Prinzip die gleichen Überlegungen wie in den „Vorlesungen".

Smith verwendet zwar nirgends den Ausdruck „ökonomisches Gesetz", aber praktisch erklärt er, wie auf gesetzmäßigem Wege Produktion und Verteilung durch einen selbsttätigen Mechanismus im Kapitalismus geregelt werden. Alle ökonomischen Erscheinungen entstehen und funktionieren nicht nach einem gewollten Plan, sondern spontan. Das Zentralproblem bildet dabei in klarer Erkenntnis der tatsächlichen kapitalistischen Verhältnisse die Konkurrenz zwischen den Produzenten um die größtmögliche Verwertung ihres Kapitals. Der Wert–Preis–Profit-Mechanismus führt nach Smith zur bestmöglichen Verteilung des Kapitals und der Arbeitskräfte auf die verschiedenen Produktionszweige entsprechend der effektiven Nachfrage.

Durch die systematische Analyse dieser Problematik gelangt Adam Smith zu der Feststellung, daß „jedes System, das entweder durch außerordentliche Begünstigung einer einzelnen Art von Gewerbefleiß einen größeren Anteil von dem Gesellschaftskapital zuwenden will, als ihm von selbst zufließen würde, oder das durch außerordentliche Beschränkungen einer einzelnen Art von Gewerbefleiß einen Teil des Kapitals gewaltsam entzieht, der sonst darauf verwendet worden wäre, in der Tat dem Hauptzweck selbst entgegenwirkt, den es erreichen will. Es hemmt den Fortschritt der Gesellschaft zu wirklichem Wohlstand und wirklicher Größe, statt ihn zu beschleunigen, und vermindert den wirklichen Wert des jährlichen Produktes seines Bodens und seiner Arbeit, statt ihn zu vermehren."[34]

Adam Smith hat mit dieser Lehre den Klasseninteressen der Bourgeoisie Ausdruck verliehen und zugleich tiefe Einsichten in die Zusammenhänge der kapitalistischen Produktionsweise gewonnen. Die stärksten Impulse zur Entwicklung seiner freiheitlich gesinnten Wirtschaftstheorie hat Adam Smith zweifellos von der Praxis seiner Umgebung empfangen, ohne damit die Anregun-

[32] Ebenda, S. 145.

[33] Vgl. A. Smith, An early draft of the „Wealth of Nations", in: W. R. Scott. a. a. O., S. 346, 349.

[34] Adam Smith, Eine Untersuchung über Natur und Wesen des Volkswohlstandes, 2. Bd., Jena 1923, S. 555.

gen von North, Mandeville usw. unterschätzen zu wollen. Glasgow hatte sich zu einer blühenden Handelsstadt entwickelt. Smith konnte den rapiden wirtschaftlichen Aufschwung und dessen Folgen unmittelbar beobachten. Zwischen den Handelskreisen der Stadt und der Universität bestanden sehr enge Bindungen. Insbesondere die zahlreichen Klubs, deren Bedeutung in Großbritannien nicht mit deutschen Maßstäben zu messen ist, dienten der Herstellung intensiver Beziehungen zwischen den „gehobenen" gesellschaftlichen Schichten, wozu vor allem natürlich die Kaufleute und die Universitätsprofessoren zählten. Speziell der Klub der Kaufleute in Glasgow, dessen Mitglied Adam Smith war, muß für die damalige Zeit als bedeutsame Einrichtung betrachtet werden. Der Klub entfaltete eine starke Aktivität und widmete sich der Diskussion vieler ökonomischer Fragen, insbesondere der Handelsprinzipien, in einer sehr gründlichen Art und Weise, indem zum Beispiel die Schriften der offiziellen Autoritäten wie Petty oder Child herangezogen wurden.

Smith hat von seiner dortigen Tätigkeit sehr viele praktische Anregungen erhalten; auch in seiner Begründung der Prinzipien des wirtschaftlichen Liberalismus geht er in der Regel von praktischen Beobachtungen aus. Er versucht, durch die Gegenüberstellung der Vor- und Nachteile irgendwelcher wirtschaftsbeeinflussender Maßnahmen ihre letztliche Schädlichkeit nachzuweisen. Erst danach und dadurch kommt er zur Analyse und zur Befürwortung des „natürlichen Laufs der Dinge", des „natürlichen Systems der Freiheit". Doch unterderhand verwandelt sich diese Schlußfolgerung in eine Prämisse. Mit anderen Worten: Die wirtschaftliche Freiheit ist für Adam Smith ein Prinzip der Natur und zugleich normative Regel, die es zur Verwirklichung des natürlichen Laufs der Dinge durchzusetzen gilt. Beide Seiten laufen bei Smith durcheinander.

Diese eigentümliche Vermengung von zwei unterschiedlichen Positionen ist letztlich dem Klassenstandpunkt Adam Smith' geschuldet. Einerseits wird mit der Behauptung, das System der natürlichen Freiheit sei a priori gegeben, der Ewigkeitsanspruch für die Existenz des Kapitalismus formuliert, denn die nähere Beschreibung dieses Naturzustandes zeigt ja nichts anderes als die sozialökonomischen Zustände der bürgerlichen Produktionsweise. Zum anderen und zugleich spricht Smith mit seinen Prinzipien die antifeudale, bürgerliche Forderung aus, den natürlichen Lauf der Dinge in seiner Vollkommenheit überhaupt erst herbeizuführen. Letzteres war zweifellos gesellschaftlich progressiv, während die erstgenannte Komponente des Smithschen Standpunktes schon zu diesem frühen Zeitpunkt bürgerlicher Gesellschaftsentwicklung ein gewisses konservatives Element enthält.

Dieses die Kapitalherrschaft in einen Naturzustand ummünzende und deshalb konservativ-bewahrende Moment jedweder bürgerlicher Ideologie ist jedoch bei Adam Smith weit davon entfernt, apologetischer Natur zu sein. Es ist auch völlig absurd, ihm irgendwelche überirdischen Konstruktionen zur Rechtfertigung des Kapitalismus zu unterstellen.[35] Zwar hat Adam Smith die Formel verwendet, daß die Menschen von einer „unsichtbaren Hand“ bei ihren Aktivitäten geleitet werden. Doch dieser Terminus entbehrt jeder Mystik. Im Prinzip will Smith damit nichts anderes, als den objektiven Zusammenhang zwischen individuellen Einzelhandlungen der Menschen und dem sich gesetzmäßig ergebenden gesellschaftlichen Gesamtresultat ihres Tuns charakterisieren.

Adam Smith hat an vielen Stellen davon gesprochen, daß es eine natürliche Eigenschaft des Menschen sei, bestrebt zu sein, seine Lage zu verbessern. Dieses Bestreben faßt er als Ausdruck des Selbsterhaltungstriebes auf. Darin sieht er das tragende Prinzip und Motiv menschlichen Verhaltens. Die sich hieraus ableitenden millionenfachen Einzelhandlungen führen nun naturgemäß zu einem gesellschaftlichen Resultat, das überhaupt nicht beabsichtigt war. Er schreibt: „Jeder einzelne Mensch strengt sich ständig an, die vorteilhafteste Verwendung für welches Kapital auch immer, über das er verfügt, ausfindig zu machen. Es ist tatsächlich sein eigener Vorteil und nicht der der Gesellschaft, den er im Auge hat. Doch das Bedachtsein auf den eigenen Vorteil führt ihn von Natur aus oder vielmehr notwendigerweise zur Bevorzugung jener Beschäftigung, die für die Gesellschaft am vorteilhaftesten ist.“[36]

Indem nämlich jeder Kapitalist den besten Profitaussichten nachjagt, fließen Produktionsmittel und Arbeitskräfte den einzelnen Wirtschaftszweigen in einem Verhältnis zu, daß die Gesamtproduktion der Gesellschaft wertmäßig maximiert wird. Das geschieht automatisch, denn der einzelne Mensch strebt, wie Smith meint, „weder danach, das öffentliche Interesse zu fördern, noch weiß er, in welchem Maße er es fördert. ... Indem er diese Gewerbetätigkeit in solch einer Weise lenkt, daß ihr Produkt den höchsten Wert erlangen kann, hat er lediglich seinen eigenen Gewinn im Auge. Er wird hierbei wie in vielen anderen Fällen durch eine *unsichtbare Hand* geleitet, einen Endzweck zu fördern, der keinen Teil seiner Zielstellung ausgemacht hatte. ... Indem er sein Interesse verfolgt, fördert er häufig jenes der Gesellschaft wirksamer, als wenn er dessen Förderung wirklich beabsichtigt.“[37]

Die wirtschaftliche Entwicklung ist also weder Ergebnis der allmächtigen Lenkung durch ein überirdisches Wesen noch das der rationalen Wahl zwischen verschiedenen prinzipiellen Varianten durch menschliche Weisheit, sondern die natürliche, gesetzmäßige Folge des materiell bedingten Strebens der Menschen, ihren Wohlstand zu erhöhen. Mit dem Nachweis, daß durch die Vielzahl der vernunftgemäß motivierten Einzelhandlungen ein ungewolltes Gesamtresultat

35 Vgl. zu derartigen Versuchen zum Beispiel Gide/Rist, Geschichte der volkswirtschaftlichen Lehrmeinungen, Jena 1923, S. 97; kürzlich wiederholt von H. C. Recktenwald, Würdigung des Werkes, in: Adam Smith, Wohlstand der Nationen, München 1974, S. XLII u. LXII.

36 A. Smith, Eine Untersuchung über das Wesen und die Ursachen des Reichtums der Nationen, 2. Bd., Berlin 1975, S. 213.

37 Ebenda, S. 216 (Hervorhebung — d. V.).

auf natürliche Weise zustande kommt, nähert sich Smith in bestimmten Grenzen sogar einer dialektischen Betrachtung der innerhalb der kapitalistischen Produktionsweise wirkenden ökonomischen Gesetzmäßigkeiten. Bekanntlich hat auch Friedrich Engels in bezug auf die die gesellschaftliche Entwicklung determinierenden Gesetze gesagt, daß sie das ungewollte Resultat einer Vielzahl von Einzelwillen und Einzelhandlungen sind.[38]

Allerdings erkennt Adam Smith nicht — das übersteigt den Klassenhorizont eines bürgerlichen Ökonomen generell — daß der wirtschaftliche Egoismus, das Bestreben des Menschen, seine Lage zu verbessern, wie Adam Smith es nennt, nicht der Natur schlechthin, sondern der kapitalistischen Natur der Produktionsverhältnisse seiner Zeit entspringt. Er sieht ganz richtig die Abhängigkeit der individuellen Beweggründe des menschlichen Handelns von den objektiven Gegebenheiten. Der Kapitalist muß Profit machen, wenn er nicht ruiniert werden will. Der Arbeiter muß um seinen Lohn kämpfen, wenn er nicht verhungern will. Alle Mitglieder der Gesellschaft werden in ihrem ökonomischen Verhalten durch die Verhältnisse grundsätzlich zu Egoisten erzogen. Andere Beweggründe treten demgegeüber in den Hintergrund.

Die Smithsche Auffassung von der Existenz objektiver ökonomischer Gesetze ist vom Standpunkt der Geschichte des ökonomischen Denkens unbedingt positiv einzuschätzen. Sie enthält aber andererseits klassenbedingte Fehler und Unvollkommenheiten hinsichtlich ihrer Begründung. Der aufgeklärte Eigennutz des Individuums als allgemeinmenschliche Eigenschaft ist für Smith zu allen Zeiten die Triebkraft der Entwicklung und Ursache dafür, daß sich im Wirtschaftsprozeß ständig Handlungen in einer bestimmten Art wiederholen. Infolgedessen faßt er die ökonomischen Gesetze als ewige Naturgesetze auf, die aus dem Wesen des Menschen an sich abzuleiten wären. Allerdings entkleidet er sie nicht ihres sozialen Inhalts, wie es später in der bürgerlichen Ökonomie gang und gäbe wird. Die angeblichen ewigen Naturgesetze der Wirtschaft sind bei ihm eindeutig kapitalistische Gesetze. Aber mit dem Problem, daß die ökonomischen Gesetze nicht das Produkt des menschlichen Bewußtseins sind — und sei es in der Form eines a priori gegebenen menschlichen Egoismus —, wird Smith nicht richtig fertig.

Für ihn sind die Gesetze objektiv, weil das Handeln der Menschen immer vom Selbstinteresse diktiert werden soll. In Wirklichkeit spielt die subjektive Einstellung des einzelnen, sei er nun Egoist oder Philanthrop, in dieser Beziehung gar keine Rolle. Die ökonomische Tätigkeit des Menschen vollzieht sich unter historisch gewachsenen und in einem gegebenen Moment existierenden Produktionsverhältnissen. Diese bestimmen die ökonomischen Beziehungen der Menschen untereinander, das heißt, sie regeln objektiv die Richtung der menschlichen Handlungen in Produktion, Distribution, Zirkulation und auch Konsum-

38 Vgl. F. Engels, Ludwig Feuerbach und der Ausgang der klassischen deutschen Philosophie, in: MEW, Bd. 21, Berlin 1962, S. 297.

tion. Sie zwingen zur ständigen Wiederholung der für die betreffende Produktionsweise typischen Handlungen. Durch den Charakter der Produktionsverhältnisse, insbesondere die Eigentumsverhältnisse, ist von vornherein das Ziel gegeben, welchem die Menschen mit ihrer ökonomischen Aktivität zusteuern, und zugleich gestatten diese Produktionsverhältnisse auch nur eine ganz bestimmte Art und Weise ökonomischer Aktivitäten, mit denen das Ziel erreicht wird. Was die Menschen denken und fühlen, ist für das gesellschaftliche Resultat des Produktionsprozesses völlig irrelevant. Wenn Smith das Selbstinteresse zur zentralen Kategorie bei der allgemeinen Begründung der ökonomischen Gesetze erhebt, so bringt er damit lediglich den Zwang zum Ausdruck, den die kapitalistischen Produktionsverhältnisse auf die Menschen ausüben.

Hinsichtlich des Ewigkeitswertes dieses Zustandes mußte Smith irren. Er irrt auch, wenn er zu beweisen versucht, daß zwischen der vom Selbstinteresse diktierten Einzelhandlung und dem gesellschaftlichen Interesse, das heißt für ihn Maximieren des Wertes der Produktion, grundsätzlich eine Harmonie besteht. Doch aus ihrer Zeit heraus beurteilt, ist diese These durchaus bürgerlich-progressiv gewesen.

Schon in seinem philosophischen Werk hatte Smith geschrieben: „Ein fleißiger Schurke bebaut den Boden, ein guter, aber nachlässiger Mensch läßt ihn unbebaut. ... Wer von beiden soll in Not und wer in Fülle leben? Der natürliche Lauf der Dinge entscheidet zugunsten des Schurken, die Empfindungen der Menschen naturgemäß zugunsten des Tugenhaften."[39] Daher hätten die Menschen stets gewollt, daß die staatliche Gesetzgebung im Sinne des moralischen Urteils geändert wird. Smith verneint dieses Anliegen kategorisch, denn die Natur „teilt jeder Tugend und jedem Laster genau denjenigen Lohn oder diejenige Strafe zu, die am besten geeignet sind, die eine zu ermutigen, das andere zurückzuhalten"[40]. Das ist genau der Standpunkt von Mandevilles „Bienenfabel" oder der La Rochefoucaulds*, Montaignes** und Voltaires***.

* „Der Eigennutz setzt alle Tugenden und Laster in Bewegung."[41]

** „„Wir sind nicht für unsere Einzelinteressen, sondern für die Allgemeinheit da'; dieser Spruch klingt sehr schön; Ehrgeiz und Habsucht decken damit ihre Blöße; aber wir wollen uns zunächst einmal die genau ansehen, die ihn in der Praxis umsetzen. Diese mögen sich auf Herz und Nieren prüfen, ob nicht, im Gegensatz zu dem Sinn des schönen Spruchs, Stellung, Amt und berufliche Plackerei hauptsächlich erstrebt wird, um aus dem Dienst an der Allgemeinheit einen privaten Nutzen zu ziehen. Die üblichen Mittel, die heutzutage angewendet werden, um Karriere zu machen, beweisen geradezu, daß keine ehrlichen Absichten dahinterstehen."[42]

*** „Eigenliebe hat nichts mit Ruhelosigkeit zu tun, sie ist ein allen Menschen natürlich innewohnendes Gefühl ... Diejenigen, die gesagt haben, die Eigenliebe sei die Grundlage all unseres Fühlens und Handelns, haben also ... durchaus recht gehabt ... Diese Eigenliebe dient unserer Selbsterhaltung. Insofern gleicht sie dem Fortpflanzungsorgan. Auch dieses ist unentbehrlich, ist uns lieb und wert, bereitet uns Freude — und wir müssen es verstecken."[43]

Im Grunde versuchen Smith und die anderen bürgerlichen Ideologen des 18. Jahrhunderts, das bürgerliche „Geldverdienen“ vom Odium des Unanständigen zu befreien. Deshalb ihr Bemühen, den Egoismus zu rehabilitieren, indem sie ihn zu einer Natureigenschaft des Menschen machen. Letztlich handelt es sich um die ideologische Begleitmusik für jenen Prozeß, den Marx und Engels so beschrieben haben: „Die Bourgeoisie, wo sie zur Herrschaft gekommen, hat alle feudalen, patriarchalischen, idyllischen Verhältnisse zerstört. Sie hat die buntscheckigen Feudalbande, die den Menschen an seinen natürlichen Vorgesetzten knüpften, unbarmherzig zerrissen und kein anderes Band zwischen Mensch und Mensch übriggelassen, als das nackte Interesse, die gefühllose ‚bare Zahlung‘. Sie hat die heiligen Schauer der frommen Schwärmerei, der ritterlichen Begeisterung, der spießbürgerlichen Wehmut in dem eiskalten Wasser egoistischer Berechung ertränkt. Sie hat die persönliche Würde in den Tauschwert aufgelöst und an die Stelle der zahllosen verbrieften und wohlerworbenen Freiheiten die *eine* gewissenlose Handelsfreiheit gesetzt.“[44]

Wenn wir hier den ideologischen Gehalt des Smithschen ökonomischen Liberalismus betonen, so dürfen daraus keine falschen Schlüsse gezogen werden. Die behauptete Übereinstimmung zwischen individuellen und gesellschaftlichen Interessen ist bei Smith nicht etwa ein taktisches Problem der Argumentation, wie etwa im Merkantilismus, in dem sehr oft versucht wurde, die Belange einzelner Handelsgesellschaften als im Interesse der gesamten Nation hinzustellen. Die Beteuerung der eigenen Uninteressiertheit diente in diesen Fällen zur Erhöhung der Glaubwürdigkeit, denn die Menschen begegneten dem Handel unter dem noch vorhandenen Einfluß der Kirche und der allgemein feindlichen Einstellung des Feudalismus zum Geld mit Mißtrauen. Das ganze 17. Jahrhundert hinduch kämpft die Bourgeoisie gegen dieses Mißtrauen und gegen die verbreitete Auffassung, daß die Beschäftigung mit Handels- und Gelddingen weniger ehrenhaft als der Besitz von Grund und Boden sei. Der Adel des Reichtums wird durch die Bourgeoisie dem Adel von Geburt bewußt gegenübergestellt und im Prinzip höher bewertet, da er der Nation stärker zum (bürgerlichen) Nutzen gereicht.

Dieser bürgerliche *Klassen*standpunkt wurde in der Regel in Form konkreter *Sonder*interessen einzelner Kapitalistengruppen zum Ausdruck gebracht. In der Auseinandersetzung um praktische ökonomische Fragen konnten sich deshalb die Vertreter der verschiedenen Handelskompagnien mit einer gewissen Berechtigung gegenseitig Voreingenommenheit und persönliche Interessiertheit vorwerfen. Um

39 A. Smith, Theorie der ethischen Gefühle, Bd. 1, Leipzig 1926, S. 254.

40 Ebenda.

41 La Rochefoucauld, Maximen und Reflexionen, Leipzig o. J., S. 37.

42 Montaigne, Die Essais, Leipzig 1953, S. 97.

43 Voltaire, Philosophisches Wörterbuch, Leipzig o. J., S. 90 f.

44 K. Marx/F. Engels, Manifest der Kommunistischen Partei, in: MEW, Bd. 4, Berlin 1959, S.464 f.

dem zu entgehen, flüchteten sie sich oft in die Anonymität — daher die große Zahl anonymer Schriften in dieser Zeit — und/oder wendeten die oben angeführte Methode an, den Gegensatz zwischen gesellschaftlichen und privaten Interessen einfach zu leugnen.

Bei Smith sieht das anders aus. Ein Vertreter von Sonderinteressen einzelner Kapitalistengruppen kann er keineswegs genannt werden. Die praktischen Belange ganz konkreter ökonomischer Probleme, wie sie von einem ganz bestimmten Unternehmen gelöst werden müssen, treten in seiner Lehre zugunsten des allgemeinen bürgerlichen Klasseninteresses in den Hintergrund. Insofern kann Smith sowohl die feudalen Vorbehalte gegen den „unehrenhaften" Handel als auch merkantilistische, zünftlerische, monopolistische und andere Sonderinteressen bekämpfen. Bei ihm manifestiert sich die bürgerliche Parteilichkeit gewissermaßen in ihrer höchstmöglichen Entwicklungsstufe, im wahrsten Sinne des Wortes als bürgerliches Klasseninteresse. Erst dadurch gelangt er zu wissenschaftlichen Erkenntnissen, die tatsächlich das allgemeine Wesen der kapitalistischen Produktionsweise erklären.

Als großer Realist erkennt Smith darüber hinaus, daß es durchaus notwendig sein kann, durch den Staat „gewisse öffentliche Werke und Anstalten zu errichten und zu unterhalten, deren Errichtung und Unterhaltung niemals in dem Interesse eines Privatmannes oder einer kleinen Zahl von Privatleuten liegen kann, weil der Profit daraus niemals einem Privatmanne oder einer kleinen Zahl von Privatleuten die Auslagen ersetzen würde, obgleich er in einer großen Gesellschaft oft mehr als die Auslagen ersetzen würde"[45].

Das Selbstinteresse versagt also als Triebkraft der Entwicklung an ganz bestimmten Stellen. Das sind für Smith insbesondere Erleichterungen des Handelsverkehrs (Straßen, Brücken, Kanäle), das Rechtswesen und die gesamte Volksbildung. Wenn die Gesellschaft gedeihen soll, muß die Lösung dieser Aufgabe in Angriff genommen werden. Das kann und darf man nicht der Privatinitiative überlassen, sondern es gehört in den Aufgabenbereich des Staates. Trotz des praktischen Aspektes, der bei Smith hier eine Rolle spielt, indem er damit die Notwendigkeit von Steuern und Finanzzöllen rechtfertigt, durch die Mittel aus der Verfügungsgewalt des einzelnen in die der Gesellschaft gelangen, ist diese Meinung vom Prinzip her als eine bemerkenswerte Einsicht in die Unvollkommenheit des Kapitalismus zu beurteilen. Praktisch demonstriert Smith hier, daß der Profit beziehungsweise der Mehrwert als das, was die bürgerliche Ordnung letzten Endes zusammenhält, nicht in der Lage ist, eine zufriedenstellende Entwicklung der menschlichen Gesellschaft *auf allen Gebieten* zu garantieren. Im ganzen gesehen, bleiben solche besonderen Aufgaben des Staates auf rein ökonomischem Gebiet für Adam Smith Ausnahme aufgrund ganz spezieller Umstände.

Typisch ist für ihn die Überzeugung, daß das Selbstinteresse des Individuums

45 A. Smith, Eine Untersuchung über Natur und Wesen des Volkswohlstands, 2. Bd., Jena 1923, S. 556.

und das gesellschaftliche Interesse — verstanden als *bürgerliches* Gesamtinteresse — sich nicht widersprechen. Im natürlichen System der Freiheit hat jeder, der Kapitalist, der Grundeigentümer, der Pächter und der Lohnarbeiter, eine bestimmte gesellschaftliche Aufgabe zu erfüllen, und er erfüllt sie auch, wenn er seinem Selbstinteresse ungestört nachgehen kann und nicht durch eine falsche Politik daran gehindert wird.

Selbstverständlich stößt der Liberalismus auf die fundamentale Kritik vom modernen marxistisch-leninistischen Stand der Erkenntnis. Das gesellschaftliche Wohlstandsmaximum kann nicht einfach, nicht nur und nicht hauptsächlich als Summation des individuellen Wohlstands aufgefaßt werden, da die Gesellschaft nicht schlechthin die quantitative Zusammenfassung vieler Individuen darstellt, sondern eine eigene Qualität. Die materielle Lage des einzelnen Menschen, ja überhaupt seine prinzipielle Stellung innerhalb der Gesellschaft hängen selbst vom Charakter der Produktionsverhältnisse und dem Entwicklungsstand der Produktivkräfte, das heißt von der konkreten historischen Form der *gesellschaftlichen* Produktion ab. Dem ist mit der letztlich individualistischen Konstruktion einer natürlichen Harmonie zwischen Individuum und Gesellschaft nicht beizukommen. Wir wissen heute, daß der Kapitalismus und seine ökonomischen Gesetze *nicht* den natürlichen Zustand der Gesellschaft ausmachen, daß diese Auffassung eine bürgerliche Fiktion ist.

Es würde jedoch auf eine historische Absurdität hinauslaufen, wollte man gegen Adam Smith diese und andere Argumente ins Feld führen. Das hieße, ihn in unzulässiger Weise mit unseren heutigen Maßstäben messen. Der Kapitalismus befand sich noch in seiner aufsteigenden Phase, und der Liberalismus war eine zeitgemäße Waffe gegen überlieferte Beschränkungen des Fortschritts der bürgerlichen Produktionstätigkeit. Erst wenn sich die kapitalistischen Verhältnisse zu überleben beginnen, wird der ökonomische Liberalismus in zunehmendem Maße reaktionär. Was Smith über den Zusammenhang Selbstinteresse — spontane, objektive Entwicklung — wirtschaftliche Freiheit gesagt hat, ist zwar bürgerlich, entspricht aber andererseits im Prinzip den im Kapitalismus der freien Konkurrenz existenten typischen Zusammenhängen. Zu deren Klärung auch mit seiner Lehre von der wirtschaftlichen Freiheit beigetragen zu haben, muß als eines der großen Verdienste von Adam Smith gewürdigt werden.

Arbeit — Wert — Profit

Bei seiner wissenschaftlichen Suche nach dem inneren Wesen der kapitalistischen Produktionsweise bleibt Adam Smith nicht bei mehr oder weniger allgemeinen Reflexionen über die Natur des Menschen, den natürlichen Lauf der Dinge usw. stehen. Seine Überzeugung von der Existenz objektiver ökonomischer Gesetze, die ihn zur Ablehnung feudaler oder merkantilistischer Wirtschaftspraktiken und zur Begründung des ökonomischen Liberalismus führt, beruht nicht zuletzt auf der exakten Durchleuchtung der unmittelbaren ökonomischen Beziehungen zwischen den Menschen.

Viel klarer als seine Zeitgenossen und Vorgänger beurteilt Adam Smith den Markt als Sphäre, die den arbeitsteilig organisierten Reproduktionsprozeß der Gesellschaft vermittelt. Die Warenzirkulation besitzt für ihn in voller Übereinstimmung mit der kapitalistischen Realität eine entscheidende Funktion, um das Chaos zwischen den voneinander isolierten Privatproduzenten zu regeln. Indem er die Betonung auf den Waren*austausch* legt, öffnet er sich von vornherein den Weg zur Erkenntnis der gesellschaftlichen Zusammenhänge, die unter der dinglichen Hülle der Ware verborgen sind. Aus diesem Grunde kommt Adam Smith überhaupt nicht auf die Idee, die zentrale Kategorie des Marktes, den Preis, aus dem Verhältnis Mensch — Sache abzuleiten. Der Austausch von Waren zu bestimmten Preisen ist in Wahrheit ein Austausch von Tätigkeiten verschiedener Produzenten in bestimmten quantitativen Relationen. Es ist nur ein folgerichtiges Resultat seines konsequenten Festhaltens an der Produktion als Ausgangspunkt jedes menschlichen Seins, wenn Smith auf diese Weise den „natürlichen Preis", den „Realpreis", den Wert auf die Arbeit zurückführt.

Die Smithsche Arbeitswerttheorie ist in diesem Sinne als fundamentale Erkenntnis und methodisches Prinzip zur materialistischen Erklärung des menschlichen Zusammenlebens in der kapitalistischen Gesellschaft zu verstehen. Roland Meek würdigt diese ihre umfassende Bedeutung folgendermaßen: „Die Arbeitswerttheorie ist in ihrer Substanz ein Ausdruck der Idee, daß die fundamentalen Beziehungen, die die Menschen untereinander auf dem Gebiet der Produktion eingehen, letztlich die Beziehungen determinieren, in die sie auf dem Gebiet des Austausches treten."[46]

Auch wenn die Suche nach einem relativ fixen Schwankungszentrum der Marktpreise praktischer Anlaß zur Entwicklung der Arbeitswerttheorie für Smith gewesen sein mag, dadurch, daß er die Beantwortung dieser Frage in die relevanten gesellschaftlichen Zusammenhänge stellt und die Arbeit in den Mittelpunkt der Betrachtung rückt, liefert er mehr als nur eine bloße Begründung der Preishöhe. Smith konnte sich hierbei auf die erstmals von Petty geäußerten arbeitswerttheoretischen Überlegungen zum natürlichen Preis stützen.[47] Doch in den inzwischen verstrichenen 100 Jahren hatte sich die Ansicht, daß die relativen Arbeitsmengen die Ursache für die Bestimmung der Wertgröße verschiedener Waren sind, immer noch nicht generell und gar nicht mit der notwendigen eindeutigen Klarheit durchgesetzt. Bei James Steuart laufen Arbeitsmenge, Wert der Lebensmittel, Wert der Materialien und Veräußerungsprofit in der Wertgrößenbestimmung kunterbunt durcheinander. Hume sagt zwar, daß „alles in der Welt mit Arbeit gekauft wird"[48],

[46] R. L. Meek, Studies in the labour theory of value, London 1956, S. 79.

[47] Vgl. zu den werttheoretischen Ansichten Pettys: K. Marx, Theorien über den Mehrwert, Erster Teil, in: MEW, Bd. 26/1, Berlin 1965, S. 331f.

[48] D. Hume, Essays, Moral, Political and Litterary, Bd. I, London 1889, S. 293.

aber im Grunde bleibt diese These für ihn ohne ökonomisch-theoretische Konsequenzen. Die Physiokraten haben mit ihrer teils stofflichen, teils kostenmäßigen Wertauffassung zur theoretischen Klärung des Wertproblems kaum beigetragen. Adam Smith' Verdienst ist also auch unter diesem Aspekt nicht hoch genug einzuschätzen.

Andererseits bieten gerade die werttheoretischen Überlegungen von Smith Gelegenheit, gewissermaßen an einem Musterbeispiel die Folgen seiner zwiespältigen Forschungsmethode zu demonstrieren. Hier finden sein „doppeltes Geschäft" und die sich daraus ergebenden Widersprüche einschließlich ihrer theoretischen Bedeutung ihren vielleicht prägnantesten Ausdruck.

Da wir im Zusammenhang mit den theoretischen Auseinandersetzungen zwischen Marx und Smith auf diese Problematik noch einmal zurückkommen. verzichten wir hier auf eine breite Darstellung und beschränken uns auf die Schlußfolgerungen.

In seiner richtigen Werttheorie, derzufolge die jeweils zwischen zwei Produzenten ausgetauschte Warenmenge als gegenseitiger Ersatz des zeitmäßigen Arbeitsaufwandes gilt, wird die qualitative Seite des Wertes, nämlich Produktionsbeziehung zwischen den Produzenten zu sein, mit der quantitativen Seite, also der Wertgrößenbestimmung, verknüpft. Smith führt damit seine Theorie bis dicht an die Erkenntnis der Kategorie Wertsubstanz heran, ohne diese jedoch begrifflich klar herauszuarbeiten beziehungsweise von der Wertgröße zu trennen. In der Hauptsache wird sein Interesse von der objektiven Bestimmungsursache für die Höhe des Realpreises absorbiert. Marktschwankungen und Konkurrenz zwischen den Marktbeteiligten streben einen objektiv determinierten Punkt an, den Wert. Auf die Dauer kann sich der Marktpreis nicht von seiner Basis lösen, ganz im Gegenteil, die Konkurrenz führt ihn letzten Endes stets darauf zurück.

Mit dieser Werttheorie hat Adam Smith die Grenzen bürgerlicher Erkenntnisfähigkeit erreicht. Selbst Ricardo gelangt nicht wesentlich über ihn hinaus, auch wenn seine Darlegungen frei von den noch zu erörternden Widersprüchlichkeiten sind, die bei Adam Smith in der weiteren Behandlung des Wertproblems auftauchen. Ein Grundmangel der klassischen bürgerlichen Arbeitswerttheorie wird von beiden Denkern nicht überwunden; das Fehlen einer Analyse der Wertform, die historisch charakterisiert ist und unter der Voraussetzung, daß die bürgerliche mit der natürlichen Form der Produktion schlechthin gleichgesetzt wird, zwangsläufig aus dem Blickfeld der theoretischen Forschung rückt.

Ungeachtet dieser notwendigen Einschränkung hinsichtlich ihrer wissenschaftlichen Tiefe, zwingen seine richtigen Gedanken über den Wert Adam Smith zu bemerkenswerten theoretischen Einsichten in die Anatomie der bürgerlichen Gesellschaft. Insbesondere bei der Analyse des Mehrwertproblems hält er an seiner richtigen Bestimmung des Tauschwertes der Waren fest. Das führt ihn zu der klaren Erkenntnis, daß Profit und Rente nicht der Zirkulation oder der Natur entspringen, sondern einzig und allein der Arbeit geschuldet sind. Wenn die Ware ihren Wert als Ganzes von der zu ihrer Herstellung notwendigen Arbeitsmenge bezieht, müssen Profit und Rente, die dem Kapitalisten beziehungsweise Grundherrn kraft ihres Eigentums und nicht aufgrund von eigener Arbeit zufallen, notwendigerweise dem Arbeiter nicht bezahlte Wertteile sein, mit Smith' Worten „Abzüge vom Produkt des Arbeiters"[49].

Marx zollt der klaren Aufdeckung dieses ökonomischen Zusammenhanges durch Smith als einer großen wissenschaftlichen Leistung höchstes Lob und sagt von ihm: „Er hat damit den wahren Ursprung des Mehrwerts erkannt."[50]

Smith scheidet noch nicht die abstrakte Kategorie des Mehrwerts begrifflich von den konkreten Erscheinungsformen, in die er sich aufspaltet. Infolgedessen gelingt es ihm nicht, Profit und Mehrwert beziehungsweise Produktionspreis und Wert auseinanderzuhalten. Oft werden einzelne Bemerkungen von ihm dadurch theoretisch falsch, daß er meint, die Gesetze des Wertes zu erläutern, während er tatsächlich den Produktionspreis untersucht. Gleiches trifft sinngemäß auch auf die Beziehung zwischen Mehrwert und Durchschnittsprofit zu. An dieser Stelle bleibt die gesamte klassische bürgerliche Ökonomie stecken. Das stufenweise Vordringen vom Wert zum Produktionspreis, die dialektische Ableitung des letzteren aus der im Prinzip richtig formulierten Werttheorie ist ein Problem, an dem Smith ebenso wie später Ricardo scheitert.

Diese Tatsache hindert Adam Smith jedoch nicht, viele kluge und heute noch lesenswerte Überlegungen über die Erscheinungsformen des Mehrwertes anzustellen. Seine Ausführungen über Profit, Zins und Rente sowie ihr Verhältnis zum Arbeitslohn sind oft von einer geradezu bewunderungswürdigen Einsicht in die kapitalistischen Produktionsverhältnisse und die bürgerliche Klassenstruktur getragen. Smith lehnt beispielsweise mit aller Entschiedenheit die vulgäre Identifizierung von Profit und Lohn ab und betont, daß die Revenue des Kapitalisten in keinem Verhältnis zu seiner Arbeitsleistung steht, geschweige denn durch die Reproduktionskosten der Arbeit — der Bestimmungsursache für die Höhe des Arbeitslohnes — reguliert wird. Desgleichen dringt Adam Smith tief in das Wesen der verschiedenen Formen der Grundrente ein, selbst wenn seine Ansichten nicht frei von rudimentären physiokratischen Irrtümern sind. Überall gilt für Smith' ausführliche Darlegungen zu den Formen, in denen der Mehrwert im Kapitalismus an die Oberfläche tritt, das, was bereits im Zusammenhang mit der allgemeinen Einschätzung seiner Methode gesagt wurde: Unzulänglichkeiten und sogar sich widersprechende Ansichten durchkreuzen zuweilen absolut richtige theoretische Urteile. Smith holt bei der Entwicklung seiner Ideen zum Teil sehr weit aus und verquickt die Ableitung und den Beweis theoretischer Thesen mit umfangreichen praktischen Beobachtungen, historischen Schilderungen usw. Von ihrer Anlage her dienen diese Erörterungen eigentlich nur der Illustration, sie provozieren ihn

49 Vgl. A. Smith, Eine Untersuchung über das Wesen und die Ursachen des Reichtums der Nationen, Bd. I, Berlin 1963, S. 84 ff.

50 K. Marx, Theorien über den Mehrwert, Erster Teil, a. a. O., S. 51.

aber an mancher Stelle zu theoretischen Schlüssen, bei denen er seine esoterischen Erkenntnisse vergißt.

Die Würdigung der Arbeitswerttheorie, wie sie von Smith entwickelt wurde, ist auch noch einmal unter dem Aspekt der sozialökonomischen Begründung des Liberalismus hervorzuheben. Der Preis-Profit-Mechanismus, in dem er die praktisch-objektive Basis und das theoretische Hauptargument für das automatische, und zwar volkswirtschaftlich rationale Funktionieren der kapitalistischen Produktionsweise erblickt, erhält erst durch die Arbeitswerttheorie ein wissenschaftliches Fundament. Für Smith spielt sich die Konkurrenz nicht einfach in der „begriffslosen Sphäre der Zirkulation" (Marx) ab, sie dreht sich vielmehr um ökonomische Erscheinungen, wie den Preis, den Profit, den Lohn usw., die durch die Produktion — letzten Endes den Arbeitswert — von vornherein objektiv determiniert sind. Der Markt, insbesondere die Nachfrage, ist demzufolge im Normalfall gezwungen, sich auf die so gegebene „natürliche Rate" des Preises einer Ware einzustellen. Selbstverständlich kann eine konkrete Marktkonstellation bewirken, daß der Preis und damit der Profit vorübergehend ihr „natürlich", das heißt wertmäßig bedingtes Ausmaß überschreiten. Aber infolge der Existenz einer objektiven, in der Produktion verankerten Grundlage setzt sich der Wert im Endergebnis doch durch. Dauerhafte Entwicklungstendenzen des Marktes beruhen bei Smith auf Veränderungen im gesellschaftlich notwendigen Arbeitsaufwand. Da sich eine Ware auf dem Markt in der Tendenz also nur zu ihrem Wert realisieren kann und das für alle Waren gleichermaßen zutrifft, muß zwangsläufig auch die Masse an zu verkaufenden Waren einer bestimmten Art, das heißt im Grunde ihre Produktion, durch den Arbeitswert geregelt sein. Werden beispielsweise im Verhältnis zu der einem bestimmten Wert entsprechenden kaufkräftigen Nachfrage zuviel Waren einer bestimmten Branche produziert, läßt sich das darauf verwendete Arbeitsquantum im Austausch nicht ersetzen. Löhne und Profite sinken unter ihre natürliche Rate und bedingen eine Umverlagerung von Produktionskräften in andere Zweige. Der Markt ist lediglich der Indikator, der diese Notwendigkeit zum Ausdruck bringt. Die Verteilung der Produktionsmittel und Arbeitskräfte auf die verschiedenen Zweige ist demnach mehr ein Resultat der Durchsetzung des Wertgesetzes als Gesetz der Produktion denn als Gesetz der Zirkulation. Adam Smith durchdringt diese Problematik nicht mit der gleichen Tiefgründigkeit wie Marx, weil er die Dialektik des Widerspruchs zwischen privater und gesellschaftlicher Arbeit nicht kennt, aber es ist unbestreitbar bereits ein großartiges Verdienst, überhaupt den Versuch gemacht zu haben, die Struktur der volkswirtschaftlichen Produktion in erster Linie produktionsseitig zu bestimmen und die Marktregulierung der kapitalistischen Wirtschaft auf der Basis seiner Werttheorie zu erklären.

Die wissenschaftlichen Verdienste von Adam Smith um die Arbeitswerttheorie werden auch dadurch nicht aufgehoben, daß er bei dem Versuch, Wesen und Erscheinung gleichermaßen gerecht zu werden beziehungsweise beide miteinander in Einklang zu bringen, in der Werttheorie des öfteren schwankt und zu oberflächlichen Erklärungen Zuflucht nimmt. Sogar in diesen Fällen bleibt er im

Grunde Klassiker und sinkt nicht zum Vulgärökonomen herab — zumindest was die hierbei aufgeworfenen theoretischen Probleme anbetrifft.

Die richtige Werttheorie gilt für Adam Smith nur bei Existenz der einfachen Warenproduktion, die bei ihm gleichbedeutend mit dem Urzustand der Gesellschaft ist, wo der unmittelbare Produzent auch das volle Eigentum an den von ihm produzierten Gegenständen genießt. Nachdem sich kapitalistische Produktionsverhältnisse durchsetzen, wird Smith an seiner ursprünglichen Werttheorie irre. Jetzt wird der Wert einer Ware nicht mehr durch *die* Arbeit bestimmt, die in der betreffenden Ware selbst steckt, sondern durch *die* Arbeit, die im Austausch für diese Ware auf dem Markt erhältlich ist und damit kommandiert werden kann.

Warum gelangt Smith zu dieser oberflächlichen, genaugenommen falschen Auffassung, mit der die Wertbestimmung faktisch von der Produktions- in die Zirkulationssphäre verlagert wird? Er gelangt dazu, weil er fühlt, daß beim Übergang von der einfachen Warenproduktion zum Kapitalismus ein qualitativer Sprung eintritt. Nur die Dialektik dieses Prozesses vermag er sich nicht richtig zu erklären.

Beim Kauf und Verkauf der Ware Arbeitskraft *scheint* ein Widerspruch zur Arbeitswerttheorie einzutreten. Denn hier tauschen sich die zur Erhaltung der Existenz des Arbeiters notwendigen Lebensmittel gegen mehr Arbeit aus, als sie selbst enthalten. Smith konnte den Austausch zwischen Kapital und Arbeit wissenschaftlich nicht klären, da er immer — wie alle Ökonomen seit Petty bis Ricardo — vom „Wert der Arbeit" spricht, anstatt das Arbeitsvermögen, die Ware Arbeitskraft, dem Kapital gegenüberzustellen.

Die nähere Untersuchung der Wurzeln, die Smith veranlaßt haben, diese zweite Wertauffassung zu entwickeln, zeigt, daß er auch dort, wo er Fehler macht, der große Forscher bleibt. Marx bezeichnet es in diesem Zusammenhang ausdrücklich als großes Verdienst und genial von Smith, „daß er hervorhebt und es ihn förmlich irr macht, daß mit der Akkumulation des Kapitals und dem Grundeigentum — also mit der Verselbständigung der Arbeitsbedingungen gegenüber der Arbeit selbst — eine neue Wendung, scheinbar (und faktisch das Resultat) ein Umschlag des Gesetzes des Werts in sein Gegenteil stattfindet"[51].

Gelöst hat Smith diesen Widerspruch nicht, aber die Feststellung ist kaum übertrieben, daß er allein durch dessen Formulierung zur Weiterentwicklung der wissenschaftlichen politischen Ökonomie beigetragen hat. Marx konnte in dieser Frage nur an Adam Smith anknüpfen, denn selbst Ricardo umging den ganzen für Theorie und Praxis gleichermaßen bedeutungsvollen Komplex der spezifischen Wirkungsweise des Wertgesetzes unter den Bedingungen des Austausches zwischen Kapital und Arbeit.

Wie schon erwähnt, analysiert Smith, in welche Teile sich der vom Arbeiter geschaffene Wert auflöst, wobei er zu durchaus wertvollen Erkenntnissen über den Profit, die Rente und den Arbeitslohn gelangt. Doch unterderhand verwandeln sich diese Bestandteile des Werts und Revenuequellen bei ihm in Quellen des Wer-

[51] Ebenda, S. 59.

tes selbst, „was — nach Marx — dem empirischen Schein und der gewöhnlichen Vorstellung näher lag"[52]. Marx bezeichnet den berühmt-berüchtigten Satz von Smith — „Lohn, Profit und Rente sind die drei ursprünglichen Quellen allen Einkommens ebenso wie allen Tauschwerts"[53] — als „närrischen Schnitzer", während die bürgerliche Vulgärökonomie bis in unsere Tage daraus eine Art wissenschaftliches Glaubensbekenntnis gemacht hat. Smith' zwiespältige Forschungsmethode führt hier direkt zu einer rein exoterischen Werttheorie, die in verschiedenen Teilen seines Werkes vorherrscht. Sein „wissenschaftlicher Instinkt" läßt ihn andererseits an der Richtigkeit dieser Auffassung zweifeln, da offensichtlich der konstante Kapitalteil hierbei im Wert nicht berücksichtigt wird. Smith bietet uns keine richtige Lösung, sondern reitet sich in „Quer- und Kreuzzügen" fest, aber durch seine Formulierung zeigt er, daß hier ein wissenschaftliches Problem steckt.[54] So fehlerhaft diese Werttheorie auch ist, dadurch, daß Smith im Zusammenhang mit ihrer Entwicklung eine gründliche Darstellung der kapitalistischen Klassenverhältnisse verbindet, erweist er sich den bürgerlichen Apologeten, die sich häufig auf ihn in diesem Punkt berufen, tausendfach überlegen.

Die wert- und mehrwerttheoretischen Vorstellungen Adam Smith' in ihrer Gesamtheit — mit Ausnahme der exoterischen dritten Werttheorie — zeigen, daß er der menschlichen Arbeit erstmals einen Platz in der politischen Ökonomie zugewiesen hat, der ihrer Bedeutung entspricht. Neben den ideengeschichtlichen Wurzeln, die bis auf Petty zurückreichen, ist dieser wissenschaftliche Fortschritt den ökonomischen Verhältnissen am Ende der Manufakturperiode geschuldet. Besonders ein Phänomen dieser Entwicklungsphase des Kapitalismus zwang den theoretischen Betrachter dazu, der Arbeit eine erhöhte Aufmerksamkeit zu widmen: die Arbeitsteilung.

Arbeitsteilung — Akkumulation — Fortschritt

Daß Adam Smith sein Werk mit einer „Apotheose der Arbeitsteilung" eröffnet, wie Marx bemerkt[55], und damit diese typische Produktivkraft der Manufakturperiode zu einem Angelpunkt seiner theoretischen Untersuchungen macht, ist für seine Zeit durchaus gerechtfertigt. Auf diese Weise verlagert er in Großbritannien konsequent und endgültig den Forschungsgegenstand der politischen Ökonomie von vornherein von der Zirkulation auf die Produktion. Neben dieser allgemeinen Bedeutung besitzt die Smithsche Arbeitsteilungstheorie aber auch einen spezifischen Erklärungswert für eine bestimmte Entwicklungsstufe der Produktivkräfte und der kapitalistischen Produktionsweise.

52 Ebenda, S. 68.

53 A. Smith, Eine Untersuchung über das Wesen und die Ursachen des Reichtums der Nationen, Bd. I, Berlin 1963, S. 68.

54 Vgl. K. Marx, Das Kapital, Zweiter Band, a. a. O., S. 372 ff.

55 Vgl. ebenda, Erster Band, a. a. O., S. 137, Fußn.

Am meisten wird Adam Smith' Interesse von der durch die Arbeitsteilung zu erreichenden Produktivitätssteigerung absorbiert. Die Kooperation verschiedener Teilprozesse bei der Herstellung eines Produkts, die Reduzierung der von einem Arbeiter zu leistenden Handgriffe bedingen erhebliche Vorteile der manufakturmäßigen gegenüber der handwerklichen Produktion. Die erhöhte Geschicklichkeit des Arbeiters, der Wegfall des unproduktiven Wechsels von einer Arbeitsart zur anderen und die Vervollkommnung der Werkzeuge, die nur noch eine einzige Funktion zu erfüllen haben, führen zu der Möglichkeit, das Produkt mit einem geringeren Zeitaufwand als bei nichtarbeitsteilig organisierter Produktion herzustellen. Das hat selbstverständlich wertmäßige Auswirkungen, die Smith an verschiedenen Stellen seines Werkes völlig richtig entwickelt. Gleichzeitig hebt er den materiellen Effekt der gestiegenen Arbeitsproduktivität immer wieder hervor, also die wachsende Gebrauchswertmasse. Die Gesellschaft erhöht ihren Wohlstand durch die Arbeitsteilung, ohne dafür eine größere Arbeitsmenge verausgaben zu müssen. Smith untersucht diese Vorteile vor allem für die Produktion innerhalb einer bestimmten Manufaktur. Verschiedentlich betrachtet er auch die gesellschaftliche Arbeitsteilung zwischen verschiedenen Berufen, zwischen Stadt und Land usw., unterscheidet allerdings die betriebliche, manufakturmäßige Arbeitsteilung von der gesellschaftlichen nur unter dem subjektiven Gesichtspunkt ihrer Überschaubarkeit. Im ersten Fall ließe sie sich leicht registrieren, da viele Arbeiter in einem Raum zusammengefaßt sind, während in bezug auf die gesellschaftliche Arbeitsteilung die gegenseitige Ergänzung der verschiedenen Berufe dem Beobachter nicht auf den ersten Blick zugänglich wäre. Smith erkennt nicht, daß die Verbindung der arbeitsteiligen Produzenten innerhalb der Manufaktur durch die Produktionsorganisation hergestellt wird und das jeweilige Teilprodukt seinem Wesen nach keineswegs mit dem als Ware gegen andere Waren auszutauschenden Endprodukt eines Betriebes identisch ist. Mit anderen Worten, Smith sieht nicht die qualitative Verschiedenheit zwischen der betrieblichen und der gesellschaftlichen Arbeitsteilung.

Das Problem, warum die Arbeitsteilung sich überhaupt herausbildet, bereitet Adam Smith großes Kopfzerbrechen. Er weiß sich nicht anders zu helfen, als sie auf eine ominöse „Neigung der menschlichen Natur . . . zum Tauschen und zum Tauschhandel bzw. zum wechselseitigen Austausch von Gegenständen" zurückzuführen.[56] Es wird ihm nicht richtig klar, daß letzten Endes die allgemeine Wechselwirkung zwischen gesellschaftlicher Produktion und gesellschaftlichem Bedürfnis, die in jeder historisch gegebenen Gesellschaftsordnung ihren konkreten Niederschlag in ganz bestimmten Klasseninteressen — insbesondere denen der jeweiligen Ausbeuterklasse am Mehrprodukt — findet, die objektive Wurzel für die Entwicklung der Produktivkräfte und damit auch der Arbeitsteilung bildet.

Damit ist jedoch keine Selbsttäuschung Adam Smith' über den kapitalistischen

[56] A. Smith, Eine Untersuchung über das Wesen und die Ursachen des Reichtums der Nationen, Bd. I, a. a. O., S. 20.

Charakter der Arbeitsteilung seiner Zeit verbunden. Zunächst ist es für ihn selbstverständlich, daß die arbeitsteilige, manufakturmäßige Produktion nur kapitalistisch betrieben werden kann. Dem individuellen Handwerker fehlt es überhaupt an der Möglichkeit, sich die Vorteile der Arbeitsteilung zunutze zu machen. Dazu ist die Zusammenfassung einer mehr oder weniger großen Anzahl von Arbeitskräften in einer Werkstatt unter dem Kommando eines Unternehmers erforderlich. Diese technische Notwendigkeit schlägt sich in der Verwandlung der Lebensmittel und Produktionsmittel in Kapital nieder. Der Kapitalist muß den Arbeitern Rohstoffe und Lebensmittel vorschießen und beansprucht damit einen Anteil am Produkt, den Profit. Weil die Vertiefung der Arbeitsteilung die weitere Aufgliederung des Produktionsprozesses in einzelne Handgriffe und dann ständig eine Vergrößerung der Zahl der Arbeitskräfte nötig macht, steigt auch die Kapitalmenge, die erforderlich ist, um eine neue Produktion beginnen zu können. Diese Tatsache wird von Smith einmal empirisch festgestellt. Andererseits begründet er auf diese Weise auch die Notwendigkeit einer erhöhten Kapitalakkumulation. So schreibt er: „Weil die Akkumulation von Kapital der Natur der Dinge nach der Arbeitsteilung vorausgehen muß, deshalb kann die Arbeit nur in dem Maße immer weiter unterteilt werden, in dem vorher Kapital mehr und mehr akkumuliert wird. ... Wenn die Arbeitsteilung fortschreitet, muß also zuvor — um derselben Zahl an Arbeitern eine konstante Beschäftigung zu geben — ein gleicher Vorrat an Lebensmitteln und ein größerer an Rohstoffen und Werkzeugen akkumuliert werden, als es bei einem niedrigeren Stand der Dinge nötig wäre."[57]

Wir sehen hier deutlich, daß Smith nicht die Arbeitsteilung schlechthin, sondern die kapitalistische Arbeitsteilung im Auge hat. Er scheut sich auch nicht, die dieser kapitalistischen Arbeitsteilung entspringenden verheerenden Folgen für den Arbeiter auszusprechen. Der Fortschritt in der Produktivkraft der Arbeit muß mit dem Verlust einer allseitigen Entwicklung der Fähigkeiten des unmittelbaren Produzenten bezahlt werden. Einige Hauptgedanken seien hier zitiert: „Je weiter die Teilung der Arbeit fortschreitet, um so mehr kommt es darin, daß die Beschäftigung ... der großen Masse des Volkes auf einige wenige sehr einfache Verrichtungen ... beschränkt wird. ... Ein Mensch, der sein ganzes Leben lang damit hinbringt, ein paar einfache Operationen zu vollziehen, ... hat keine Gelegenheit, seinen Verstand zu üben oder seine Erfindungskraft anzustrengen ... Er verliert also natürlich die Fähigkeit zu solchen Übungen und wird am Ende so unwissend und dumm, als es nur immer ein menschliches Wesen werden kann. ... Seine Geschicklichkeit in dem ihm eigenen Gewerbe scheint also auf Kosten seiner geistigen, geselligen und kriegerischen Fähigkeiten erworben zu sein. Dies ist aber der Zustand, in welchen in jeder zivilisierten Gesellschaft die arbeitenden Armen, d. h. die Masse des Volkes, notwendigerweise fallen müssen ..."[58]

Im Zusammenhang mit der Untersuchung der Arbeitsteilung kommt Smith

57 A. Smith, ebenda, Bd. II, Berlin 1975, S. 4.

58 A. Smith, ebenda, Bd. III, Jena 1923, S. 122 ff.

verschiedentlich darauf zu sprechen, daß hierdurch die Erfindung von Maschinen begünstigt wird, die die Arbeit erleichtern und verkürzen. Doch seine Darlegungen zu diesem Problem gehen nicht über die Vorstellungswelt der Manufakturperiode hinaus. Ohne ihm daraus einen Vorwurf zu machen, ist festzuhalten, daß er überhaupt keinen richtigen Begriff vom Wesen einer Maschine besitzt. Sie unterscheidet sich für ihn qualitativ nicht von einfachen Handwerkzeugen. Verbesserungen an Werkzeugen und ihre Spezialisierung setzt er der Erfindung von Maschinen gleich. Insgesamt weist er der Maschinerie eine Nebenrolle zu, und das zu Unrecht, denn „die spezifische Maschinerie der Manufakturperiode bleibt der aus vielen Teilarbeitern kombinierte Gesamtarbeiter selbst"[59].

Die damalige moderne technische Entwicklung hat Smith in ihrer Bedeutung zweifellos unterschätzt. Mühle, Segelschiff oder Handwebestuhl erscheinen ihm schon als höchste Stufe der Maschinenentwicklung. Von der Dampfmaschine ist er beispielsweise kaum beeindruckt.[60] Bezüglich des führenden Produktionszweiges im England des 18. Jahrhunderts, der Textilmanufaktur, hat es Smith bis zu seinem Tode nicht für notwendig erachtet, in den Nachauflagen des „Reichtums der Nationen" die „spinning jenny", die seit 1764 die Umwandlung der Manufakturen in Fabrikbetriebe einleitete, überhaupt zu erwähnen. Smith konzentriert seine Aufmerksamkeit vornehmlich auf die Wollmanufaktur und hebt hier als großartige Maschinenerfindung das Spinnrad, Garnwindegeräte und die Walkmühle hervor.[61] Den zeitgenössischen Vormarsch der Baumwollverarbeitung, bei der die Einführung der neuen Arbeitsmaschinen ihren Anfang nahm, scheint er nicht wahrgenommen zu haben.

Zur Erklärung dessen, daß Adam Smith die zu seiner Zeit im Beginn begriffene industrielle Revolution faktisch nicht in den Kreis seiner Untersuchungen einbezieht, lassen sich mehrere Gründe geltend machen — in erster Linie natürlich die verhältnismäßig unausgereifte praktische gesellschaftliche Wirkung der neuen technischen Erfindungen. Um zu erkennen, daß es sich hierbei um eine grundlegende Revolutionierung der herkömmlichen Produktionsmethoden handelte, war Smith zu sehr Zeitgenosse dieses Prozesses, besaß er nicht den notwendigen Abstand zu den Ereignissen. Erst Ricardo war imstande, die historische Tragweite der industriellen Revolution einigermaßen zu überschauen und theoretisch zu verarbeiten.

Ferner ist in diesem Zusammenhang zu bedenken, daß die Möglichkeiten der Produktionssteigerung, die Vertiefung der Arbeitsteilung, zu Smith' Zeiten nicht so sehr auf technische, sondern primär auf gesellschaftliche Hindernisse stießen: Zunftbestimmungen, Produktions- und Handelsprivilegien, Hemmnisse in der freien Verfügung des Kapitals über die Arbeitskräfte usw. Indem Smith die Vorteile zeigt, die sich bei der Verwirklichung der freien Konkurrenz schon allein aus

[59] Karl Marx, Das Kapital, Erster Band, a. a. O., S. 369.

[60] Vgl. A. Smith, a. a. O., Bd. I, Berlin 1963, S. 16.

[61] Vgl. ebenda, S. 321 f.

einer besseren Ausnutzung der vorhandenen Produktivkräfte und einer durchgängig manufakturmäßig organisierten Produktion ergeben würden, drängte er die technische Entwicklung notwendigerweise an den Rand der Betrachtung. Hier lag für ihn nicht die Hauptschwierigkeit.

Schließlich ist an dieser Stelle zu erwähnen: Für die kapitalistische Entwicklung ist die Erweiterung der Absatzmöglichkeiten eine Lebensfrage. Smith widmete ihr breite Teile seines Werkes durch die Darstellung des Zusammenhangs Arbeitsteilung — Markt. Er schreibt: „Da die Arbeitsteilung von der Möglichkeit zum Austausch bewirkt wird, muß das Ausmaß dieser Teilung immer ... durch die Ausdehnung des Marktes begrenzt sein."[62] Bei seiner Analyse der Möglichkeiten, wie der Markt ausgedehnt werden kann, stößt Smith auf: Verbesserung der Transportwege und -mittel, Stärkung der Aufnahmefähigkeit des inneren Marktes durch Erhöhung des Nationaleinkommens im Gefolge der freien Konkurrenz, Beseitigung der Handelshemmnisse und Monopole aller Art, Überwindung der Beengtheit des heimischen Marktes durch freien Außenhandel, territoriale Ausdehnung des Marktes durch eine liberale Kolonialpolitik usw. Smith' Forderungen waren für die damalige Zeit höchst aktuell und richtig.

In theoretischer Hinsicht macht er allerdings einen Fehler, wenn er die tatsächliche Wechselwirkung zwischen Produktion und Markt in einen einseitigen Kausalzusammenhang umprägt. Seiner Meinung nach hängt die Tiefe der Arbeitsteilung und damit das Produktionsvolumen von der einmal gegebenen Ausdehnung des Marktes ab. Er sieht nicht, daß die kapitalistische Produktion sich selbst ihren Markt schafft.

Die Fragen der Arbeitsproduktivität, ihre Erhöhung durch die Arbeitsteilung in Abhängigkeit von der Markterweiterung stehen bei Smith im engsten Zusammenhang mit der Kapitalakkumulation. Je mehr produktive Arbeit geleistet wird, das heißt Arbeit, die sich gegen Kapital tauscht[63], desto größer ist auch das gesellschaftliche Gesamtprodukt. Hieraus erklärt sich logischerweise Smith' ablehnende Haltung gegenüber der unproduktiven Verschwendung von Arbeit. Die Nation kann nur reich werden, wenn sie die unproduktiv Beschäftigten, die weder ein Produkt noch ein Mehrprodukt erzeugen und von der Arbeit anderer mitversorgt werden müssen, in kapitalistische Lohnarbeiter verwandelt.

Smith wendet sich mit dieser These gegen den luxuriösen Aufwand, der insbesondere vom Staat und von den Grundbesitzern betrieben wird. Sie bezahlen Bedienstete aller Art zur Verrichtung überflüssiger Arbeiten beziehungsweise zu ihrem persönlichen Vergnügen. Würden sie diese Leute als Lohnarbeiter des Kapitals beschäftigen, könnten sie das Produkt, was sie mit dem verdienten Geld verzehren, nicht nur selbst reproduzieren, sondern darüber hinaus sogar noch ein Mehr zum Nutzen der Nation — das heißt des Kapitals — erzeugen. Marx sagt, daß Smith mit dieser Theorie „den offenherzig brutalen bourgeois

62 Ebenda, S. 25.

63 Zur Theorie der produktiven Arbeit bei Smith und Marx vgl. Abschnitt 4.3. dieses Buches.

parvenu auslegte"[64], und an anderer Stelle hebt er den hierbei zum Ausdruck kommenden Haß von Smith gegen das „unproduktive government" und gegen die Pfaffen hervor.[65]

Danach liegt die Beantwortung der Frage auf der Hand, welche Möglichkeiten existieren, mehr produktive Arbeit auf Kosten der unproduktiven Arbeit einzusetzen. Smith erweist sich hier zum wiederholten Male als Interessenvertreter der kapitalistischen Produktionsagenten. Er fordert die Verwendung aller zur Verfügung stehenden Fonds als Kapital, das heißt zum Ankauf von Produktionsmitteln und Arbeitskräften. Ist ein bestimmter Teil des Jahresproduktes einer Nation erst mal als Kapital gebraucht worden, macht dessen Rückverwandlung in einen unproduktiv zu nutzenden Fonds große Schwierigkeiten beziehungsweise ist ganz und gar unmöglich. Der Gedankengang von Smith ist bemerkenswert. Das Produkt, das mit Hilfe des Kapitals hergestellt wird, teilt sich in zwei prinzipielle Teile, in den Ersatz des vorgeschossenen Kapitals und den Mehrwert (Profit und Rente). Wenn die Produktion nun auf mindestens gleicher Stufenleiter fortgesetzt werden soll, woran der Kapitalist aus Gründen der Profiterzielung interessiert ist, muß das zurückgeflossene Kapital wieder zur Beschäftigung produktiver Arbeiter angelegt werden. Der Mehrwert hingegen kann entweder zum Kauf weiterer produktiver Arbeiter oder zur Beschäftigung von Dienern usw. verausgabt werden. Bedauernd fügt Smith hinzu, daß im allgemeinen eine Vorliebe für die unproduktive Verwendungsart zu bestehen scheint. Mit anderen Worten heißt das: Kapitalakkumulation führt zur steigenden Anwendung produktiver Arbeiter. Diese Forderung charakterisiert Adam Smith erneut als progressiven Ökonomen, der die Entwicklung der kapitalistischen Produktion zu seinem Anliegen gemacht hat.

„Kapitale werden durch Sparsamkeit vermehrt", ruft Smith aus, „und durch Verschwendung sowie Mißwirtschaft vermindert."[66] Hiervon hängt der Reichtum einer Nation primär ab. Verallgemeinernd drückt Marx das so aus: „Also spart, spart, das heißt rückverwandelt möglichst große Teile des Mehrwerts oder Mehrprodukts in Kapital! Akkumulation um der Akkumulation, Produktion um der Produktion willen, in dieser Formel sprach die klassische Ökonomie den historischen Beruf der Bourgeoisieperiode aus."[67]

Die Vergrößerung der Zahl der produktiven Arbeit ist im Smithschen System der eine Faktor, welcher die Kapitalakkumulation notwendig macht und gleichzeitig das Produktionsvolumen steigert. Von derselben doppelten Bestimmtheit wird die Erhöhung der Produktivkraft der Arbeit charakterisiert. Sie bildet den anderen Hauptweg zur Ausdehnung der Produktion. Auch hierfür ist ein zu-

[64] K. Marx, Theorien über den Mehrwert, Erster Teil, a. a. O., S. 260.

[65] Vgl. ebenda, S. 272.

[66] A. Smith, Eine Untersuchung über das Wesen und die Ursachen des Reichtums der Nationen, Bd. II, Berlin 1975, S. 81.

[67] K. Marx, Das Kapital, Erster Band, a. a. O., S. 621.

sätzliches Kapital erforderlich, denn eine weitere Teilung der Arbeit sowie die Ausstattung des Arbeiters mit verbesserten Werkzeugen und Maschinen sind an eine größere Kapitalanlage gebunden.

Schematisch könnte man den Gedanken über das wirtschaftliche Wachstum im Rahmen der Smithschen Theorie wie folgt darstellen:

1. Die Akkumulation von Kapital erhöht den Einsatz von produktiver Arbeit. Infolgedessen steigt das Mehrprodukt.

2. Die Akkumulation von Kapital führt zu einem größeren Bedarf an Arbeitskräften und damit zu einer *tendenziellen* Reallohnsteigerung. Auch wenn die Profitrate hierdurch fällt, stärken die zunehmende Bevölkerungszahl, die sich ausdehnende Beschäftigung und der größere Wohlstand den inneren Markt, sie verbessern die Absatzmöglichkeiten, und die Profitmasse steigt wieder.

3. Die Akkumulation von Kapital schafft Voraussetzungen für die Vertiefung der Arbeitsteilung, für die Verbesserung von Werkzeugen und Maschinen, mit anderen Worten für die Erhöhung der Arbeitsproduktivität. Steigende Arbeitsproduktivität ist mit steigendem Produktionsumfang gekoppelt. Außerdem bedingt sie sinkende Warenwerte und damit die Möglichkeit, die vergrößerte Produktion auch abzusetzen. Die bei einer progressiven Produktionsentwicklung fallende Profitrate wird durch die infolge der Marktausdehnung wachsende Profitmasse zumindest aufgewogen.

Im Ergebnis dieser Überlegungen, die von Smith noch um den Komplex der Ausdehnung des äußeren Marktes (Freihandel) ergänzt werden, kommt es in jedem Fall zu einer wachsenden Profitmasse, auch wenn die Profitrate fällt. Die zum Unterhalt von produktiver Arbeit bestimmten Fonds wachsen. Im Resultat ist die Voraussetzung des Entwicklungsgangs, die Akkumulation, also wiederhergestellt. Schon die grobe Skizzierung dieser Theorie, die natürlich nicht in dieser kompakten Form bei Smith selbst anzutreffen ist, zeigt, daß hier für die damalige englische Wirtschaft höchst aktuelle Feststellungen getroffen worden sind. Vieles von dem, was Smith zu diesem Thema gesagt hat, besitzt in mancher Hinsicht sogar heute noch Gültigkeit. Gewiß hat er die Schwierigkeiten unterschätzt, die bei der Lösung des Entwicklungsproblems unter den Bedingungen des Kapitalismus der freien Konkurrenz für ein armes Land auftauchen. Daß der Kapitalmangel zu einem ernsten Hindernis des wirtschaftlichen Aufschwunges werden kann, wofür der Kapitalismus keine automatische Lösung bietet, daß die spontane Verteilung der Produktivkräfte nicht zwangsläufig die effektivste Variante der volkswirtschaftlichen Proportionierung herbeiführt und daß die beschränkte Massenkaufkraft die kapitalistische Entwicklung von vornherein beschneidet beziehungsweise auf unproduktive Abwege drängt, das alles hat Smith nicht gesehen. Doch die tragenden Säulen seiner Wachstumsüberlegungen, die produktive Arbeit, die Kapitalakkumulation, die Arbeitsproduktivität, die Ausdehnung des inneren und äußeren Marktes, haben nichts von ihrer Bedeutung eingebüßt.

Was Smith zu den Bedingungen gesagt hat, die gegeben sein müssen, damit eine

Nation zu Wohlstand und Reichtum fortschreiten kann, gehört zur Aktivseite seiner wissenschaftlichen Bilanz. Vielleicht entsprach er gerade hiermit den progressiven Zeiterfordernissen am besten und brachte „die Essenz des ‚Wealth of Nations'" am deutlichsten zum Ausdruck, die nach Marx darin besteht, „daß die kapitalistische Produktionsweise die produktivste ist (was sie unbedingt ist im Vergleich mit den früheren Formen)"[68].

Überblicken wir die Ausführungen dieses Abschnittes, so dürfte die Feststellung erhärtet worden sein, daß das ökonomische Hauptwerk von Adam Smith einen hohen erkenntnistheoretischen Wert besitzt. Zugleich muß seine Theorie als praktisch-ideologische Unterstützung des weiteren Fortschreitens der kapitalistischen Produktionsweise im allgemeinen und speziellen, in strategischer und taktischer Hinsicht aufgefaßt werden, denn sie bestätigte und vermittelte der Bourgeoisie jene Vorstellungen, mit denen sie als herrschende Klasse den Kapitalismus der freien Konkurrenz begreifen und regieren konnte. Sowohl der theoretische als auch der praktische Wert des „Reichtums der Nationen" finden ihren klarsten Ausdruck in der Tatsache, daß in der weiteren historischen Entwicklung der politischen Ökonomie und der kapitalistischen Produktionsweise in der ersten Hälfte des 19. Jahrhunderts niemand an Adam Smith vorbeigehen konnte.

[68] K. Marx, Theorien über den Mehrwert, Erster Teil, a. a. O., S. 169.

1.3. Adam Smith — theoretische Quelle für alle politökonomischen Lehren im ersten Drittel des 19. Jahrhunderts

Adam Smith hat die Erkenntnisse einer mehrhundertjährigen Entwicklung des ökonomischen Denkens kritisch und positiv verarbeitet, was sich schematisch (vereinfacht) in Abbildung 1 so darstellen läßt:

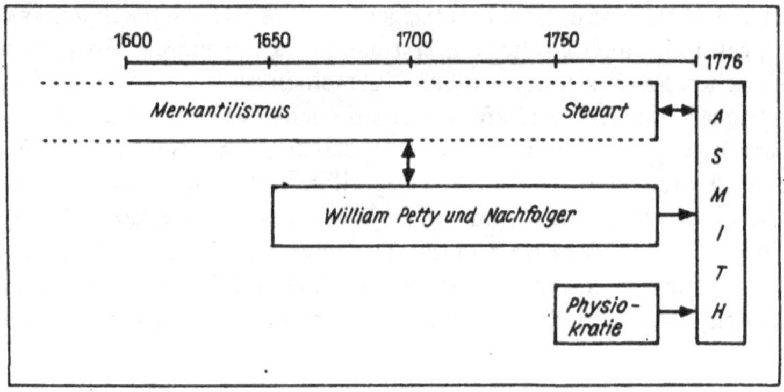

Abb. 1

Wie wir es oben bezeichnet haben, wirkte Smith jedoch nicht nur in bezug auf seine Vorläufer wie ein Prisma in der Geschichte der politischen Ökonomie. Gleichermaßen gehen von ihm alle entscheidenden Entwicklungslinien des ökonomischen Denkens im beginnenden 19. Jahrhundert aus, nachdem sich seine Theorie im Verlauf des letzten Viertels des 18. Jahrhunderts international weitgehend durchgesetzt hatte (vgl. Abbildung 2).

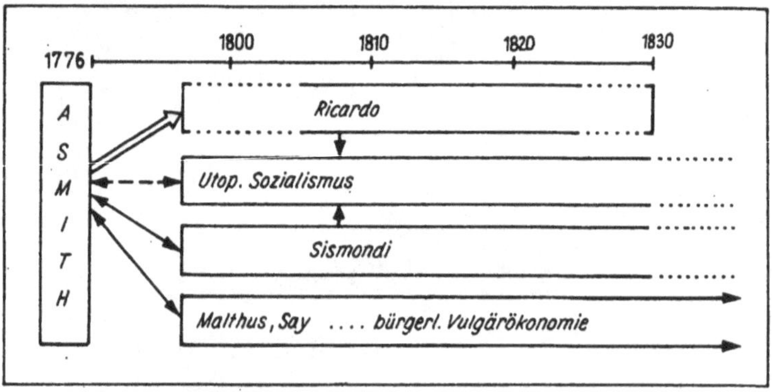

Abb. 2

Für den Manufakturkapitalismus hatte Smith alles gesagt, was vom Standpunkt der Bourgeoisie zu sagen war. Solange die materiellen und klassenmäßigen Bedingungen im wesentlichen gleichblieben, bestand keine gesellschaftliche Notwendigkeit zu einer qualitativen Weiterentwicklung der politischen Ökonomie. Diese Situation änderte sich mit dem Übergang zum 19. Jahrhundert.

Unter dem Eindruck der industriellen Revolution und im Gefolge der Französischen Revolution differenzierten sich die politischen, ökonomischen, sozialen und ideologischen Bedingungen in Europa und führten im ersten Drittel des 19. Jahrhunderts zu ebenso vielschichtigen Strömungen im ökonomischen Denken, was Marx, bezogen auf England, zu der Anmerkung veranlaßte, daß hier die „große metaphysische Zeit" der politischen Ökonomie herrschte.[1] Jedenfalls war jetzt der relativ ungehemmte Vormarsch der Smithschen Lehre in ihrer ursprünglichen Gestalt vorbei. Wir werden uns dieser Entwicklung für Deutschland und Rußland noch gesondert annehmen. Hier soll zunächst näher auf England und Frankreich, die damaligen Hauptländer des Kapitals, eingegangen werden.

David Ricardo — die klassische Vollendung

Mit der Jahrhundertwende zeichneten sich die Folgen der industriellen Revolution in England schon deutlicher ab, als sie Smith bemerken konnte. Der Widerspruch zwischen Industriebourgeoisie und den Landlords verschärfte sich in dem Maße, in dem das Kapital aufgrund seiner zunehmenden ökonomischen Stärke den politischen Einfluß der zwar auch bürgerlichen, aber noch mit halbfeudalen Gewohnheiten behafteten sowie verschiedenartigen Privilegien ausgestatteten Grundbesitzerschicht zurückzudrängen suchte. Das erste Viertel des 19. Jahrhunderts wird in England von diesem Gegensatz und Kampf zwischen den beiden hauptsächlichen Fraktionen der Ausbeuterklasse beherrscht. Dann erst überschattet der Klassenkampf zwischen dem nunmehr zum eigenen Bewußtsein erwachsenden Proletariat und der Bourgeoisie den internen Streit, bis er diesen schließlich völlig in den Hintergrund drückt. Seine zwangsläufige Ergänzung findet dieser Prozeß in einer Aufspaltung der ökonomischen Theorie und Ideologie. Charakteristisch für diese Differenzierung in der politischen Ökonomie Englands sind drei Namen, die jeder ein bestimmtes ideologisches Programm verkörpern: David Ricardo, Robert Owen und Thomas Robert Malthus. Gehen wir hier zunächst auf den Klassiker Ricardo ein.

Ricardo erhob das Interesse der immer noch progressiven Industriebourgeoisie zu seinem wissenschaftlichen Anliegen und bekämpfte wie kein anderer bürgerlicher Ökonom vor oder nach ihm die zweite englische Ausbeuterschicht, die

1 Vgl. Karl Marx, Theorien über den Mehrwert, Dritter Teil, in: MEW, Bd. 26/3, Berlin 1968, S. 16.

Landlords. Er besaß einen hervorragenden Anteil am Sieg über die Reaktion, indem er mit wissenschaftlicher Akribie die Argumente des Gegners zerpflückte und damit den Industriellen in den ideologisch-theoretischen und politischen Auseinandersetzungen den Rücken stärkte. Er tat dies auch als Abgeordneter des britischen Unterhauses, aber vor allem mit seiner klassischen ökonomischen Theorie.

Wie schon Adam Smith liegt Ricardo die Vermehrung des gesellschaftlichen Reichtums im Interesse der Bourgeoisie als Klasse, das heißt in ihrem Profitinteresse, am Herzen. Die Frage nach den Faktoren, wie der gesellschaftliche Reichtum zu mehren ist, durchzieht wie ein roter Faden seine Theorie. Sie ist das Kriterium zur Beurteilung wirtschaftspolitischer Konsequenzen seiner Theorie. Entsprechend der weiterentwickelten ökonomischen Basis wird die Entwicklung der Produktivkräfte als entscheidendes Moment zur Ausdehnung der Produktion und damit zur Steigerung des Profits bei Ricardo nicht mehr vornehmlich in der Arbeitsteilung gesehen, sondern in der Entwicklung der Maschinerie und großen Industrie.

Besonders beschäftigt Ricardo die Frage, wie die verschiedenen Klassen der Gesellschaft an der Reichtumsvermehrung infolge der Entwicklung der Produktivkräfte partizipieren. Als echter Wissenschaftler sucht er die Lösung für Phänomene der Distribution im Produktionsprozeß. Dabei stößt er auf die Smithschen Werttheorien und setzt sich mit ihnen kritisch auseinander. Das Resultat ist die Überwindung der bei Smith anzutreffenden Widersprüchlichkeit. Marx schätzt dieses Verdienst Ricardos außerordentlich hoch ein, wenn er sagt: „Die Grundlage, der Ausgangspunkt der Physiologie des bürgerlichen Systems — des Begreifens seines innren organischen Zusammenhangs und Lebensprozesses — ist die Bestimmung des Werts durch die Arbeitszeit. Davon geht Ricardo aus und zwingt nun die Wissenschaft, ihren bisherigen Schlendrian zu verlassen und sich Rechenschaft darüber abzulegen, wie weit die übrigen von ihr entwickelten, dargestellten Kategorien — Produktions- und Verkehrsverhältnisse —, Formen dieser Grundlage, dem Ausgangspunkt entsprechen oder widersprechen, . . . Mit diesem wissenschaftlichen Verdienst hängt eng zusammen, daß Ricardo den ökonomischen Gegensatz der Klassen — wie ihn der innre Zusammenhang zeigt — aufdeckt, ausspricht und daher in der Ökonomie der geschichtliche Kampf und Entwicklungsprozeß in seiner Wurzel aufgefaßt wird, entdeckt wird."[2]

In Anknüpfung an die klassische Arbeitswerttheorie von Adam Smith und in Polemik mit dessen zweiter Wertauffassung schreibt Ricardo: „Der Wert einer Ware oder die Quantität einer anderen Ware, gegen die sie ausgetauscht wird, hängt ab von der verhältnismäßigen Menge an Arbeit, die zu ihrer Produktion notwendig ist, nicht aber von dem höheren oder geringeren Ent-

2 Ebenda, S. 163.

gelt, das für diese Arbeit gezahlt wird."[3] Für Smith gilt diese Werttheorie nur im „Urzustand der Gesellschaft". Bei Ricardo ist diese Einschränkung nicht möglich, da für ihn die Gesetze der bürgerlichen Ordnung von Anbeginn an gelten. Der Wert ist für Ricardo eine ewige Kategorie. Er treibt den schon bei Smith registrierten methodischen Ahistorismus bis zur Konsequenz, weshalb auch für ihn die Entwicklung der Wertformen kein Problem für die politische Ökonomie darstellt, woraus sich wiederum die Unmöglichkeit ableitet, die Geldform und die Kapitalform theoretisch zu erfassen.

Obwohl Ricardos Interesse ebenso wie das Adam Smith' von der Wertgröße absorbiert wird, also genaugenommen nicht der Wert an sich, sondern der Tauschwert untersucht wird, so daß die Qualität des Wertes, die Wertsubstanz, die abstrakt menschliche Arbeit nicht erkannt werden kann, ist es doch ein großer Fortschritt, daß er Smith gegenüber nachweist, wie falsch es ist, die in der Produktion aufgewendete Arbeit und die auf dem Markt einzutauschende Arbeit als gleichrangige Begriffe aufzufassen. Doch zugleich deckt er mit seiner diesbezüglichen Kritik an Adam Smith das sich bei diesem verbergende Problem zu, nämlich den ungleichen Austausch zwischen Kapital und Arbeit erklären zu wollen. Ricardo kann diese Frage auf der Basis seiner Werttheorie nicht lösen und umgeht sie deshalb. Wie wir noch sehen werden, blieb es Marx vorbehalten, für dieses Problem eine wissenschaftlich gültige Lösung zu finden.

Von besonderem Nutzen für die Ricardosche politische Ökonomie erweist es sich, daß er an seiner Arbeitswerttheorie in allen wichtigen Fragen festhält. Sie ist gewissermaßen der Prüfstein für seine anderen politökonomischen Erkenntnisse. Das gilt uneingeschränkt für seine Erklärung der Erscheinungsformen des Mehrwertes, d. h. des Profits und der Rente. Beide entspringen der Arbeit, was nur logisch ist, da der gesamte Wert der Arbeit geschuldet ist. Seine Profittheorie leidet unter der fehlenden begrifflichen Abgrenzung von der Kategorie des Mehrwertes. Ricardo spricht nicht nur dann vom Profit, wenn er tatsächlich den Profit im Auge hat, sondern auch dann, wenn er Mehrwert sagen müßte. Das ist letzten Endes auf sein Unverständnis für die Unterscheidung zwischen konstantem und variablem Kapital zurückzuführen. Ricardo unterstellt, daß gleichgroße Kapitale auch gleichgroße Profite abwerfen, was unbedingt der Realität des Industriekapitalismus entspricht. Aber die dialektische Beziehung zwischen Wert und Produktionspreis beziehungsweise zwischen Mehrwert — Profit — Durchschnittsprofit vermag Ricardo nicht aufzuhellen, da ihm dafür die theoretischen Zwischenglieder fehlen.

Unabhängig von dieser Einschränkung ist es natürlich für den bürgerlichen Ökonomen Ricardo bemerkenswert, wenn er von den Fabrikanten feststellt: „Der gesamte Wert ihrer Waren (der Ricardos Theorie zufolge der Arbeit des

[3] D. Ricardo, Über die Grundsätze der politischen Ökonomie und Besteuerung, Berlin 1959, S. 9.

Arbeiters geschuldet ist — d. V.) spaltet sich nur in zwei Teile: der eine bildet den Kapitalprofit, der andere den Arbeitslohn"[4]. Das ist die gleiche wissenschaftliche Sprache, die wir schon bei Adam Smith kennengelernt hatten.

Viel mehr als die Ursache des Profits interessiert Ricardo die Bestimmung von dessen Größe. Er leitet diese aus dem quantitativen Verhältnis zwischen Profit und Arbeitslohn ab. Hier ist er klarer als Adam Smith. Die Arbeitslöhne werden objektiv durch die Preissumme der zur Reproduktion des Arbeiters und seiner Familie erforderlichen Lebensmittel festgelegt. Steigen die Preise der Lebensmittel, muß notwendigerweise auch der Lohn steigen. Da der Wert der Waren durch den Arbeitsaufwand fixiert ist, ergibt sich folgende Schlußfolgerung: „Der etwa als Lohn bezahlte Anteil ist von größter Bedeutung für die Frage des Profits, denn es muß sofort einleuchten, daß die Profite genau in dem Verhältnis hoch oder niedrig sind, wie die Löhne niedrig oder hoch sind."[5]

Für die Arbeiterklasse ändert sich infolge schwankender Lebensmittelpreise bei Lohnänderungen materiell überhaupt nichts. Aber der Profit wird in Mitleidenschaft gezogen, wenn deren Preis steigt, umgekehrt — umgekehrt. Damit hat Ricardo in einer Art elementarer Dialektik den objektiven sozialen Widerspruch zwischen Lohn und Profit beziehungsweise Proletariat und Bourgeoisie aufgedeckt. Dies ist die äußerste Grenze bürgerlicher Erkenntnisfähigkeit. Sie konnte nur auf der Grundlage von Ricardos wissenschaftlicher Ehrlichkeit und Unbefangenheit erreicht werden[6], die ihre objektive Basis darin besitzt, daß es zu seiner Zeit noch möglich gewesen ist, die Klassenantagonismen als Naturgegebenheit zu interpretieren, über die es keinerlei moralische Skrupel zu geben braucht. Als Repräsentanten der Industriebourgeoisie liegt natürlich Ricardo an der Erhöhung des Profits, mit anderen Worten, an der Senkung des Lohnes. Dies ist aber nur möglich, wenn der Preis der Lebensmittel auf Kosten der Rente erniedrigt wird, wofür wiederum eine Erhöhung der Produktivität der Arbeit die Voraussetzung ist. Die Entwicklung der Produktivkräfte, hauptsächlich durch die Einführung neuer Maschinen, wird damit zum Eckpfeiler der Ricardoschen politökonomischen Theorie.

Die nichtproduktive Verwendung von Mehrwertbestandteilen in Form der Rente durch die Landaristokratie ist Ricardo ein Dorn im Auge. Er hat den Interessenkonflikt zwischen Industriellen und Landlords theoretisch fundiert und auf dieser Basis den Kampf um den Freihandel sowie die Abschaffung der Kornzölle auf eine prinzipielle theoretische Ebene gehoben.[7]

So vollendet Ricardo in theoretischer Hinsicht die klassische bürgerliche

[4] Ebenda, S. 95.

[5] Ebenda, S. 25.

[6] Vgl. hierzu Gerhard Bondi, Vorwort zu Ricardo, a. a. O., S. IXXf.

[7] Vgl. P. Thal, Ricardos Theorie der komparativen Außenhandelsvorteile, in Jahrbuch für Wirtschaftsgeschichte, 1972/1, S. 21—39.

politische Ökonomie in England, indem er sich auf die esoterischen Erkenntnisse Adam Smith' stützt. Zugleich erweisen sich die praktisch-politischen Konsequenzen seiner Theorie, die aus ihr logischerweise hervorgewachsen, und die von ihm selbst zum Teil offen ausgesprochenen Orientierungen als ideologische Schützenhilfe einer noch progressiven Bourgeoisie. Nicht zuletzt an dieser Übereinstimmung von Theorie, ökonomischer Praxis und fortschrittlichen sozialen Interessen zeigt sich die Größe der Leistung Ricardos. Mit ihm erreicht die bürgerliche politische Ökonomie in England ihren Abschluß. Was auf ihn folgt, sind zweitrangige Epigonen, zum Beispiel James Mill und George Ramsay, oder Repräsentanten des Verfalls der bürgerlichen Ökonomie, die von MacCulloch und Senior über John Stuart Mill bis zu Cairnes reichen.

Nach Ricardo war die Bourgeoisie nicht mehr imstande, die wissenschaftliche politische Ökonomie als Lehre von den objektiven Gesetzen der ökonomischen Beziehungen zwischen den Menschen der kapitalistischen Gesellschaft weiterzuentwickeln. Insofern hat sich die bürgerliche Ökonomie des Erbes von Ricardo nicht als würdig erwiesen, ebensowenig wie man dem esoterischen Smith gerecht geworden ist. Für die marxistische politische Ökonomie bilden diese beiden bürgerlichen Klassiker jedoch die wichtigste theoriehistorische Quelle.

Auch schon der vormarxsche utopische Sozialismus hat in der hier zu betrachtenden Zeit versucht, sich mit den Lehren der klassischen bürgerlichen politischen Ökonomie auseinanderzusetzen. Allerdings sind bei ihm die Akzente ganz anders als bei Marx gesetzt.

Der utopische Sozialismus — die antikapitalistische Negation bzw. Umdeutung der Smith-Ricardoschen politischen Ökonomie

In der Geschichte der sozialistischen Ideen spielt Adam Smith eine mittelbare Rolle. Seine Theorie wurde gemeinsam mit der Ricardos im Marxschen System dialektisch aufgehoben, und so, wie die politische Ökonomie ein integrierter Teil des einheitlichen Marxismus ist, kann man auch seine Lehre als konstitutives Element des modernen sozialökonomischen Denkens der Arbeiterklasse auffassen. Aber Smith' Lehren — um es negativ zu formulieren — sind heute nicht mehr in ihrer ursprünglichen Gestalt Axiom der sozialistischen Theorie und Ideologie.

Die Haltung des utopischen Sozialismus zu Adam Smith, zumindest was dessen französische Variante anbetrifft, ist viel weniger differenziert als die des Marxismus. Saint-Simon und Fourier lassen ihn im allgemeinen in der anonymen Gruppe der „Ökonomen" verschwinden, die sie im Grunde mit ihren auf die Bejahung der bürgerlichen Gesellschaft zugeschnittenen Lehren ablehnen.

Der Gegensatz der utopischen Sozialisten zu Adam Smith und zu den

Systemen der zeitgenössischen Ökonomen überhaupt ergibt sich aus ihrer grundsätzlich unterschiedlichen Haltung zur kapitalistischen Gesellschaft. Während Smith in den kapitalistischen Produktionsverhältnissen die einzig effektiven und möglichen sieht, zeichnen die utopischen Sozialisten von der „einzig möglichen" Welt ein gänzlich anderes Bild. Während Smith die Widersprüche des Kapitalismus zwar sieht und zum Teil sogar theoretisch begründet, aber andererseits ihre gesellschaftliche Tragweite nicht erkennt, was zu seiner Zeit vollkommen berechtigt war, machen die utopischen Sozialisten diese Widersprüche zum Ausgangspunkt und Kernproblem ihrer Analyse. Während Smith ganz im Sinne des Optimismus der jungen Bourgeoisie davon ausging, daß die Entwicklung der Produktion nicht nur dem Kapitalisten hohe Profite, sondern auch dem Arbeiter höhere Löhne bringen könne, führen die utopischen Sozialisten diese These anhand der inzwischen offenbar gewordenen Tatsachen ad absurdum. Während Smith aus seinen ökonomischen und sozialphilosophischen Ansichten das liberalistische Prinzip des „laissez-faire" ableitet, vertreten die utopischen Sozialisten das Prinzip der vernünftigen Organisation gesellschaftlicher und ökonomischer Prozesse, ja das Prinzip der radikalen Umgestaltung der bestehenden Gesellschaft.

In dieser allgemeinen Form gilt die Ablehnung von Smith und seinen Lehren für alle utopischen Sozialisten. Dennoch sind die Gegensätze im Detail unterschiedlich ausgeprägt, sowohl zwischen den Vertretern des utopischen Sozialismus in Frankreich und England infolge der in beiden Ländern vorhandenen unterschiedlichen sozial- und wissenschaftsgeschichtlichen Bedingungen als auch zwischen den einzelnen utopisch-sozialistischen Autoren infolge von gewissen Differenzierungen in ihren wissenschaftlichen Überzeugungen. So waren in England die Prozesse der industriellen Revolution weiter fortgeschritten als in Frankreich, was eine reifere politische Ökonomie in Gestalt Ricardos bedingte. In Frankreich wiederum lagen die Erfahrungen der nicht verwirklichten Losung der bürgerlichen Revolution nach Freiheit, Gleichheit, Brüderlichkeit in frischester Erinnerung vor. So stand hier die leidenschaftliche sozialphilosophische Polemik in höherem Kurs als in England, wo die nüchterne ökonomische Analyse größere Chancen besaß.

Charles Fourier ist zweifellos der ausgeprägteste Gegner der „Ökonomen" gewesen und hat wohl im einzelnen auch wenig Notiz von ihren Lehren genommen. Er verwirft die gesamte Wissenschaft seiner Zeit in Bausch und Bogen: „Welche Verdorbenheit in der philosophischen Welt! Die Literatur ist eine Prostituierte, die nur studiert, wie sie sich mit dem Laster aufs beste stellen kann; sie malt alles in den schönsten Farben, damit die Theaterkasse ihre gute Einnahme hat. Die Moral ist eine in Mißkredit geratene Schwätzerin, die nicht mehr wagt, gegen straflose Verbrechen, wie den Bankrott, zu deklamieren; sie speichelleckert allen Klassen von Dieben. Und der Ökonomismus, der nichts zu entdecken versteht, sucht die zutage liegenden Laster als unschuldige hinzustellen, sind es doch die Laster seiner Favoriten, der Handelstreibenden. So denkt keine Wissenschaft daran, ihre Aufgabe, die Analyse der Übel der Zivilisation und das Suchen nach einem Heilmittel, zu erfüllen."[8]

Fourier spürt hier ganz deutlich den prokapitalistischen Charakter der bürgerlichen Wissenschaft auf, und er setzt sich schroff in Gegensatz zu ihr. Sein sozialistisches Modell kann auf die Hilfe der Ökonomen verzichten, die eben gerade dafür „nichts zu entdecken verstehen".

Besonders scharf wendet sich Fourier gegen die Thesen des ökonomischen Liberalismus, die von Adam Smith und seinen Nachfolgern vertreten wurden. Seiner Meinung nach beweisen die praktischen Erfahrungen die Unrichtigkeit der Behauptung, daß die Verwirklichung egoistischer wirtschaftlicher Ziele auch dem allgemeinen Besten diene. Von solcher Harmonie kann in der Wirklichkeit nicht die Rede sein. „Was die soziale Bewegung betrifft, so sieht man jede interessierte Klasse das Böse wünschen, überall setzt sich das persönliche Interesse in Gegensatz zu dem Allgemeininteresse. Der Arzt wünscht, daß seine Mitbürger recht viele Krankheiten bekommen, denn er würde zugrunde gerichtet sein, wenn alle Welt ohne Krankheit stürbe; dasselbe geschähe den Advokaten, wenn jeder Streit schiedsrichterlich auszugleichen wäre. Der Geistliche ist interessiert, daß es viele Tote gibt, und zwar viele reiche Tote, Beerdigungen á 1000 Franken. Der Richter ersehnt jährlich wenigsten 45000 Verbrechen, damit die Gerichtshöfe stets beschäftigt, also notwendig sind. Der Wucherer wünscht Hungersnot, der Weinhändler Hagel, Architekten und Baumeister ersehnen Feuersbrünste. So handeln in diesem lächerlichen Mechanismus der Zivilisation die Teile gegen das Ganze und jeder einzelne gegen alle."[9] Fourier strebt demgegenüber eine gänzlich neue Gesellschaft an, in der durch eine vollkommen veränderte Organisation jeder das Gesamtwohl und damit auch sein eigenes Wohl gewährleistet findet. Seine Absage an den ökonomischen Liberalismus von Smith ist folgerichtig.

Differenzierter ist die Einstellung Saint-Simons zu den Lehren der „Ökonomen". Saint-Simon maß ihnen zwar keine übermäßige Bedeutung zu, aber er hat Smith gut gekannt und sich des öfteren wohlwollend auf ihn bezogen. Die Möglichkeit einer größeren Nähe der Ideen Saint-Simons zu Smith (und Say) resultiert daraus, daß sich Saint-Simon auf andere Weise als Fourier gegen den Kapitalismus wendet. Der von ihm postulierte Hauptgegensatz in der Gesellschaft ist ein Gegensatz zwischen Tätigen und Müßigen, nicht zwischen Arbeit und Kapital. Arbeit und Kapital haben gleichermaßen einen Platz in seinem System des „Industrialismus", das ganz auf die Rationalisierung der Produktion ausgerichtet ist. Hier muß auch nicht unbedingt das Profitstreben dem allgemeinen Wohl widersprechen. Um das „materielle Wohlergehen" der Gesellschaft zu fördern, hat der „Köder persönlicher Vorteile" durchaus einen Platz in der industriellen Ordnung Saint-Simons.[10] Er schreibt auch: „Die

8 Zitiert nach: A. Bebel, Charles Fourier — sein Leben und seine Theorien, Stuttgart 1907, S. 219.

9 Ebenda, S. 54.

10 Vgl. H. Saint-Simon, Ausgewählte Texte, Berlin 1957, S. 155.

industrielle Gleichheit besteht darin, daß jeder aus der Gesellschaft genau die Vorteile zieht, die mit seinem sozialen Einsatz im Verhältnis stehen, d. h. mit seiner positiven Fähigkeit, mit der Verwendung, die er von seinen Mitteln macht, zu denen wohlverstanden auch seine Kapitalien zu rechnen sind."[11]

Daher ist auch das Prinzip des „laissez-faire" nicht unter jedwie gearteten Umständen falsch. „Man hat erkannt", schreibt Saint-Simon, „daß fast alle Maßnahmen, durch die sie (die Regierungen) vorgaben, auf den sozialen Wohlstand Einfluß auszuüben, kein anderes wirkliches Ergebnis gezeitigt haben, als ihm Abbruch zu tun; aus dieser Tatsache ist der Ausdruck entstanden, daß Regierungen nichts Besseres für das Wohl der Gesellschaft tun können, als sich nicht damit zu befassen. Wenn auch diese Ansicht richtig ist, solange man sie vom Standpunkt des bestehenden politischen Systems betrachtet, so ist sie doch selbstverständlich falsch, sobald man sie im absoluten Sinne auffaßt; sie kann in dieser Weise nur bestehenbleiben, solange man nicht zu der Idee eines anderen politischen Systems gelangt ist."[12]

Aber gerade zu dieser Idee ist Saint-Simon gelangt, zur Idee einer Gesellschaftsordnung, in der die Müßiggänger aller Schattierungen einschließlich der größtenteils überflüssigen Staatsbeamten verschwunden sind, in der „die Interessen des Lebens und des Wohlstandes" an der Spitze stehen und die Regierung von Menschen durch die Verwaltung von Sachen ersetzt wird. Das schließt aber Ordnung und Organisation ein, gründet sich auf eine wirtschaftliche Leitung des Gemeinwesens, die mit dem Liberalismus unverträglich ist.[13]

Es darf nicht unerwähnt bleiben, daß Saint-Simon sich in diesem Zusammenhang auch klar von der unhistorischen Betrachtungsweise Adam Smith' und seiner Nachfolger löst. Mit vielen seiner von den Klassikern des Marxismus hervorgehobenen Einsichten in historische Entwicklungsprozesse bereitete er nicht nur dem wissenschaftlichen Sozialismus Bahn, sondern schuf auch die Voraussetzungen für die Überwindung der Beschränktheit der klassischen bürgerlichen Ökonomie.[14]

Robert Owen und die anderen britischen sozialistischen Ricardianer wie Thompson, Bray oder Gray haben zur klassischen bürgerlichen ökonomischen Theorie eine intensivere Beziehung als die Franzosen. Owen nennt zwar Smith nicht ausdrücklich, wenn er von der „neuen Schule der Nationalökonomen" spricht, zu der er vor allem Ricardo, Mill, Torrens und Malthus rechnet[15], aber zweifellos hat er den „Reichtum der Nationen" gekannt. Es

[11] H. Saint-Simon, Système Industrielle (1821), zitiert nach Gide/Rist, Geschichte der volkswirtschaftlichen Lehrmeinungen, Jena 1923, S. 225.

[12] H. Saint-Simon, L'Organisateur (1819/20), zitiert ebenda, S. 226.

[13] Vgl. hierzu auch R. P. Fehlbaum, Saint-Simon und die Saint-Simonisten. Vom Laissez-Faire zur Wirtschaftsplanung, Tübingen/Basel 1970.

[14] Vgl. A. W. Anikin, Ökonomen aus drei Jahrhunderten, Berlin 1974, S. 346.

[15] Vgl. H. Simon, Owen und der Sozialismus (Ausgewählte Schriften), Berlin 1919, S. 50.

ist daher richtig, wenn Roll feststellt: „Die englischen Sozialisten stehen in einem höchst engen Kontakt zur klassischen politischen Ökonomie und sind daher die klarsten Repräsentanten der kritischen Auswertung der klassischen Analyse des kapitalistischen Systems."[16] Sicher spielen hierbei Momente des allgemeinen hohen theoretischen Niveaus des britischen ökonomischen Denkens eine Rolle oder die große theoretische Aufgeschlossenheit und Belesenheit Robert Owens. Vor allem aber zwang ihre praktisch-ökonomische Tätigkeit die englischen Utopisten zu einer gewissen Hinwendung zur Theorie Smith' und Ricardos. Sie haben die „Ökonomen" niemals verachtet oder gehaßt, wie das bei Fourier der Fall ist.

Angesichts der Widersprüche des Kapitalismus, insbesondere der fortschreitenden Verelendung des britischen Proletariats, sagen sich jedoch Owen und seine Anhänger konsequent vom Bekenntnis zur bürgerlichen Gesellschaft los. „Die schnelle Akkumulation von Reichtum durch das rasche Anwachsen der mechanischen Kraft", schrieb Owen für das Jahr 1815, „schuf Kapitalisten, die zu den unwissendsten und schädlichsten Mitgliedern der Gesellschaft. gehörten; der vom Fleiß des Volkes geschaffene Reichtum häufte sich in den Händen der ‚Geldklasse', die mit der Herrschaft über die neuen Maschinen, ohne daß sie etwas anderes leistete, als die Arbeit der Unbemittelten zu verzehren, diese zu Sklaven der neuen Produktionsweise machte."[17]

Hier ist nichts mehr zu spüren von dem unbekümmerten Bekenntnis Adam Smith' und Ricardos zur kapitalistischen Akkumulation als einem Mittel des Fortschritts. Owen begründet die Notwendigkeit der Gestaltung eines völlig neuen sozialen Systems, ohne aber — im Gegensatz zu den Franzosen — auf eine „solide politökonomische Unterbauung" zu verzichten, wie Kuczynski feststellt.[18]

Das bemerkenswerte Resultat der Anwendung der klassischen politischen Ökonomie auf die Idee des Sozialismus gipfelt in Owens sogenannter Arbeitsbörse. Er knüpft dabei nicht an Smith unmittelbar, sondern an Ricardo an. Schon in einer 1820 veröffentlichten Denkschrift vertrat er die Ansicht, daß der Wert einer Ware durch die Arbeit bestimmt wird, die zu ihrer Produktion notwendig ist. Weiterhin sei erwiesen, daß die Produktionsfähigkeit eines Arbeiters größer ist als die Kosten seines Unterhaltes, das heißt, daß ein Arbeiter mehr erzeugt, als er in Form des Arbeitslohnes tatsächlich erhält. Dieser Umstand müsse, meint Owen, eigentlich zu einem ständigen Wachstum der Gesellschaft führen, und dieser Reichtum müßte umso größer sein, je schneller die Bevölkerung sich vermehre. In der Parxis sei jedoch das Wachstum der Produktivkräfte mit Wirtschaftskrisen und steigendem Elend der arbeitenden

[16] E. Roll, A History of Economic Thought, New York 1959, p. 234.

[17] Zitiert nach H. Simon, a. a. O., S. 50.

[18] Vgl. J. Kuczynski, Zur politökonomischen Ideologie in England und andere Studien (Die Geschichte der Arbeiter unter dem Kapitalismus, Bd. 26), Berlin 1965, S. 181.

Schichten verbunden. Diese Tatsache führt Owen auf die kapitalistischen Verteilungsverhältnisse und insbesondere auf das Geld zurück. Durch das Geld kommt es zu einer Übervorteilung der Produzenten (Arbeiter) durch Kapitalisten und Händler, da die ersteren ihre Arbeit unter dem Wert verkaufen müssen. Diesem Übel könne man abhelfen, wenn man das Arbeitswertprinzip unmittelbar in der Praxis wirksam werden läßt, so daß jeder Arbeiter den vollen Gegenwert seiner Arbeit erhält.

Hier setzt sich, wie man sieht, das Unvermögen von Smith und Ricardo fort, das Wertgesetz auf den Austausch zwischen Kapital und Arbeit anzuwenden. Formal wird hierdurch für Owen die Überlegung möglich, daß man die Arbeiter-Produzenten unmittelbar in Kontakt treten und ihre Produkte austauschen lassen solle. Auf diese Weise könne die Produktion wirklich der Befriedigung der Bedürfnisse der Bevölkerung dienen, und die Gesellschaft würde den Stempel der Profitwirtschaft verlieren.

Im Jahre 1832 gründete Owen in London eine Arbeitsbörse, die dieses Prinzip verwirklichen sollte und Arbeitszertifikate gegen Produkte eintauschte. Sie brach jedoch schon zwei Jahre später wieder zusammen, aus einer Vielzahl von Gründen, die hier nicht analysiert werden können.[19] So brachte Owen der Versuch, eine sozialistische Idee unmittelbar auf der Grundlage der Arbeitswerttheorie der bürgerlichen klassischen Ökonomie zu verwirklichen, einen Mißerfolg ein.

Überblicken wir die Beziehungen zwischen Adam Smith und den utopischen Sozialisten im ganzen, so ist festzuhalten, daß an seiner Gesamtlehre polemisch angeknüpft wird. Im Prinzip wird sie als dem Kapitalismus verhaftet abgelehnt. Dies ist durchaus im Sinn progressiver gesellschaftlicher Weiterentwicklungen zu verstehen.

In Frankreich fanden bei den Utopisten auch einzelne Elemente der Smithschen ökonomischen Ansichten kaum einen nenenswerten Widerhall. Demgegenüber diente seine Arbeitswerttheorie — vermittelt durch Ricardo — einem zwar genialen, aber zum Scheitern verurteilten utopischen Experiment. Trotzdem wird in theoretischer Hinsicht an dieser Stelle keimhaft der Weg vorgezeichnet, den der Sozialismus in seiner Bewertung der klassischen bürgerlichen Ökonomie zu gehen hatte: nicht totale, sondern dialektische Negation.

Dies wurde in einer späteren Etappe von Marx und Engels vollzogen. Sie legten an die Ideen der bürgerlichen Klassiker nicht den Maßstab eines konstruierten gesellschaftspolitischen Ideals wie die Utopisten an, sondern entwickelten aus der Analyse der praktischen Bewegung des Klassenkampfes und

[19] Zu der theoretischen Problematik des „Arbeitsgeldes" vgl. die Auseinandersetzung mit John Gray bei K. Marx, Zur Kritik der politischen Ökonomie, in: MEW, Bd. 13, Berlin 1961, S. 66 ff.; zu Owens Arbeitsbörse vgl. H. Simon, Robert Owen. Sein Leben und seine Bedeutung für die Gegenwart, Jena 1925, S. 219 ff.

der sozialökonomischen Realität eine wissenschaftliche Basis für die Neuorientierung der Gesellschaft.

Sismondi — die kleinbürgerliche Abkehr

Bei der Darstellung des Einflusses von Adam Smith auf die politische Ökonomie im ersten Drittel des 19. Jahrhunderts muß auch Sismondi, der sich selbst zu wiederholten Malen als Schüler von Smith bezeichnet hat, Erwähnung finden. Bekanntlich qualifiziert Marx Sismondi als einen Denker, der am Ende der klassischen politischen Ökonomie steht, den Abschluß der Klassik bildet, diese Klassik aber ergänzt durch die Darstellung ihres Zweifels an sich selbst.[20] Dieses Urteil von Marx ergänzt Lenin, der Sismondi als ökonomischen Romantiker bezeichnet.[21]

Wie ist nun im Lichte dieser grundsätzlichen Charakteristik die Beziehung Smith-Sismondi zu beurteilen? Um das Wichtigste vorwegzunehmen, Sismondi verdankt Adam Smith im Hinblick auf die ökonomische Theorie alles, was ein Schüler seinem Lehrer nur verdanken kann. Das gilt für die Darstellung der ökonomischen Kategorien wie auch für die wirtschaftspolitischen Schlußfolgerungen. Sismondi erblickt in Smith, selbst noch unter dem frischen Eindruck der revolutionären Ereignisse der neunziger Jahre des 18. Jahrhunderts in Frankreich stehend, den hervorragenden geistigen Repräsentanten aller bürgerlichen Bestrebungen in ökonomischer Hinsicht.

Wie sehr Sismondi anfänglich für die Ideen des ökonomischen Liberalismus und Grundsätze der Smithschen Theorie eingenommen ist, kommt vor allem in seinem ersten umfangreicheren und bedeutungsvolleren ökonomischen Werk „Vom kommerziellen Reichtum“ (1803) zum Ausdruck. Mit dieser Schrift beabsichtigt er, wie er offen eingesteht, nichts weiter, als die Theorien seines englischen Meisters auch in Frankreich und darüber hinaus auf dem ganzen europäischen Kontinent bekannt zu machen. Doch das Buch blieb in einer für ihn deprimierenden Weise unbeachtet, während der gleichzeitig erschienenen „Abhandlung über die politische Ökonomie“ von J. B. Say ein großer Erfolg beschieden war. Den Beifall des Publikums schöpfte allein Say ab. Welche Gründe sind dafür geltend zu machen?

Sismondi war im Gegensatz zu Say ein wahrhaft getreuer Schüler von Smith und keineswegs sein Vulgarisator, wie es auch schon behauptet worden ist.[22] Aus diesem Grunde fehlte seiner Smith-Darstellung die apologetische Note, die

20 Vgl. K. Marx, Zur Kritik der politischen Ökonomie, a. a. O., S. 46, und derselbe, Das Kapital, Erster Band, in: MEW, Bd. 23, Berlin 1962, S. 20.

21 Vgl. W. I. Lenin, Zur Charakteristik der ökonomischen Romantik, in: Werke, Bd. 2, Berlin 1961.

22 Vgl. A. Aftalion, L'oeuvre économique de Sismonde de Sismondi, Paris 1899, S. 25.

die Saysche Smith-Verbreitung bzw. „Verflachung“ kennzeichnet, worauf wir noch gesondert eingehen werden. An dieser Stelle sind jedoch die sozialökonomischen und ideologischen Umstände hervorzuheben, die den Vorsprung von Say gegenüber Sismondi beim Wettlauf um die Popularität entschieden haben.

Zu Beginn des 19. Jahrhunderts war in Frankreich gerade die Modifizierung, ja Vulgarisierung der Theorien von Smith ein objektives gesellschaftliches Bedürfnis geworden. Zwischen dem Erscheinungsdatum der Werke von Sismondi und Say und dem Ende der siegreichen bürgerlichen Revolution lag bereits nahezu ein ganzes Dezennium tiefgreifender ökonomischer und politischer Entwicklung. Der dritte Stand hatte seine relative Einheitlichkeit verloren. Ein Gegensatz, der für Smith im Jahre 1776 noch untergeordnet schien, der Gegensatz von Bourgeoisie und Proletariat, hing jetzt bereits drohend über der französischen Gesellschaft, und die bürgerliche Furcht vor dem allmählich erstarkenden Proletariat spielt nunmehr in der Ideologie eine wachsende Rolle. Hinzu kommt, daß der gerade erst durch Napoleon überwundene Radikalismus des Jakobinertums der jetzt herrschenden Großbourgeoisie noch spürbar in den Gliedern steckte. Im Ergebnis all dessen treten zu dieser Zeit bereits die utopischen Sozialisten mit ihren den Kapitalismus angreifenden Forderungen auf. Natürlich trug die zu Beginn des 19. Jahrhunderts in Frankreich einsetzende industrielle Entwicklung mit ihren entsetzlichen sozialen Folgeerscheinungen wesentlich zur Zuspitzung der sozialökonomischen Gegensätze bei, ja war letzten Endes deren ausschlaggebende Basis. Tumulte und Hungerrevolten des Pariser Volkes waren an der Tagesordnung.

Kurz gesagt, in dem Augenblick, als in Frankreich die Bourgeoisie zur Macht gelangt war, mußte sie alle Kräfte zur Absicherung dieser Macht gegenüber revolutionären Strömungen anspannen. Dazu war die bloße Reproduktion der ökonomischen Theorie des Manufakturkapitalismus durch Sismondi wenig geeignet. Hingegen lieferte Say mit seiner verflachenden Entstellung von Smith der Bourgeoisie das geistige Rüstzeug für den Kampf gegen das aufkommende Proletariat. Sismondi war mit seinem Anliegen, eine korrekte Smith-Darstellung zu geben, historisch gesehen einfach zu spät gekommen.

Eineinhalb Jahrzehnte später wandelt sich das Bild. In seinem ökonomischen Hauptwerk „Neue Grundsätze der Politischen Ökonomie“ (1819) bekennt sich Sismondi zwar grundsätzlich, in der Theorie, weiterhin zu Smith, aber er löst sich entschieden von dessen wirtschaftspolitischer Doktrin des Liberalismus. So schreibt er: „Die Lehre von Adam Smith ist die unsrige; wir verdanken Smith das Licht, das sein genialer Geist in die Wissenschaft trug . . .“[23] Doch dann schränkt er ein, „daß die praktischen Ergebnisse aus der Lehre, die wir von ihm entlehnen, oft gerade das Gegenteil jener zu sein scheinen, die er selbst daraus gezogen hat“[24].

[23] S. Sismondi, Neue Grundsätze der politischen Ökonomie, 1. Bd., Berlin 1971, S. 58.
[24] Ebenda, S. 59.

Wenig später erläutert Sismondi seine Anerkennung und Ablehnung von Smith so: „Mit Adam Smith lehren wir, daß die Arbeit die einzige Quelle des Reichtums ist, daß die Sparsamkeit die einzige Möglichkeit darstellt, den Reichtum anzuhäufen; ... Adam Smith, der ... sah, daß alle diejenigen, die Reichtum besitzen, daran interessiert sind, ihn zu vermehren, schlußfolgerte, daß diese Vermehrung am besten gefördert werden könnte, indem man den persönlichen Interessen freien Lauf ließe. ... Wir haben gesehen, daß die Reichen ihre Reichtümer vermehren konnten, sei es durch die Herstellung von neuen Waren oder sei es durch die Aneignung eines Teils des Reichtums, der früher Armen vorbehalten war. Um aber diese Verteilung nach bestimmten Gesetzen und gerecht vornehmen zu können, berufen wir uns fast ständig auf das Eingreifen des Staates, das Adam Smith verwarf."[25] Sismondi wandelt sich also von einem begeisterten Befürworter des Liberalismus zum erbitterten Gegner dieser wirtschaftspolitischen Maxime. Er bietet alle Beredsamkeit auf, um die schädlichen Auswirkungen des Prinzips des „Laissez-faire, laissez-passer" darzustellen. Prüft man die Umstände dieser Kehrtwendung, so stößt man auf die sozialökonomische Situation des Kleinbürgers nach zwei Jahrzehnten Kapitalismus zu Beginn des 19. Jahrhunderts und die Tatsache, daß Sismondi dessen Lage theoretisch-ideologisch reflektiert.

Sismondi hatte sich zwischen den Jahren 1803 und 1819 nahezu ausschließlich mit historischen Studien beschäftigt. Von Redakteuren der „Enzyklopädie von Edinburgh" gebeten, einen Artikel über die politische Ökonomie zu schreiben, beabsichtigte er ursprünglich, lediglich die bereits in „Vom kommerziellen Reichtum" entwickelten Doktrin kurz zusammenzufassen. Dabei sollte allerdings der besonderen Lage in England, der vorangeschrittenen ökonomischen Entwicklung (Aufschwung der Industrie, Verschwinden der Zunftordnung, Konzentration und Zentralisation, verbreitete Anwendung neuer Maschinen, Ausweitung der Konkurrenz, neuer sozialer Erscheinungen) Rechnung getragen werden. Als er an die Ausarbeitung des Artikels ging, mußte er feststellen, daß sich die neuen Verhältnisse unter gar keinen Umständen mehr mit jenen theoretischen Grundsätzen in Übereinstimmung bringen ließen, die eigentlich schon am Anfang des Jahrhunderts in bestimmten Teilen überholt gewesen waren. Die industrielle Entwicklung hatte als unmittelbare Folgen Überproduktion und Pauperismus nach sich gezogen. Wenn Sismondi auch, wie er selbst eingesteht, in den zurückliegenden 15 Jahren nur wenige ökonomische Bücher gelesen hatte, so war er doch stets um das Studium der Tatsachen bemüht gewesen. Diese Tatsachen ließen keinen Optimismus bei ihm aufkommen.

Er erweist sich als ideologischer Vertreter des Kleinbürgertums, das von den Folgen der industriellen Entwicklung und von der damit verbundenen Polarisierung der bürgerlichen Gesellschaft in die beiden Hauptklassen besonders berührt

[25] Ebenda, S. 59 f.

worden war. Unter diesem Blickwinkel beleuchtet er die neuen ökonomischen und sozialen Probleme. So bekundet er große Bestürzung über Erscheinungen der Überproduktion, über den offenbaren Widerspruch zwischen industriellem Fortschritt einerseits und sich ausbreitender Massenarmut andererseits, über die stets wachsende Kluft zwischen Arbeitern und Kapitalisten, über die Verschlechterung der sozialen Verhältnisse der Arbeiterklasse usw. Aus dem ursprünglich geplanten Enzyklopädie-Artikel erwuchs angesichts dieser neuen Eindrücke ein umfangreiches ökonomisches Werk, das ökonomische Hauptwerk Sismondis schlechthin. In den „Neuen Grundsätzen", die vor allem ein kritisches Werk sind, klagt Sismondi das herrschende kapitalistische System unbarmherzig an, welchem er früher seinen enthusiastischen Glauben geschenkt und auf das er seine ganze Hoffnung bezüglich des gesellschaftlichen Fortschritts gegründet hatte. Nur 15 Jahre waren inzwischen vergangen. Diese wenigen Jahre hatten aber ausgereicht, um die Blütenträume des Kleinbürgertums vom Aufstieg in die „richtige" Bourgeoisie in ein Nichts zerfließen zu lassen. Auch in bezug auf die ökonomische Theorie geht das Kleinbürgertum daher für die ihm historisch zugemessene kurze Zeit eigene, selbständige Wege.

Sismondi richtet sein Augenmerk nunmehr ausschließlich auf die Kehrseite des von Smith und auch Ricardo mit gesunder bourgeoiser Rücksichtslosigkeit geforderten industriellen Fortschritts. Er wird zum theoretischen Fürsprecher der Benachteiligten dieses Prozesses und brandmarkt die gesellschaftlichen Mißstände. Ihre Ursache sieht er in den Widersprüchen der modernen Gesellschaft, in den kapitalistischen Produktionsverhältnissen. Die Analyse dieser Widersprüche tritt bei Sismondi an die allererste Stelle. Daher auch seine Abkehr vom ökonomischen Liberalismus.

Die Tatsachen gaben Sismondi recht. Als er sieben Jahre nach dem ersten Erscheinen seiner „Neuen Grundsätze" eine zweite Auflage herausgibt, kann er darauf mit Genugtuung aufmerksam machen. Es sei erwiesen, schreibt er, „daß die Gelehrten, von denen ich mich losgesagt hatte, einer falschen Prosperität nachjagten, daß ihre Theorien dort, wo sie in die Praxis umgesetzt wurden, sehr wohl den materiellen Reichtum vermehren konnten, andererseits aber die vielen Genüsse, die jedem Menschen zustehen, herabminderten"[26]. Die Reichen seien zwar noch reicher, die vielen Armen aber noch ärmer geworden und zu größerer Abhängigkeit und Bedürftigkeit verurteilt. Natürlich entbrannten angesichts derartiger Feststellungen und der Kritik an vermeintlich naturgegebenen ökonomischen Grundsätzen heftige Auseinandersetzungen, unter anderem mit den Vertretern der sogenannten Ricardo-Schule um das Problem der Realisierung. Zum besseren Verständnis dieses Problems muß etwas weiter ausgeholt werden.

Wir wissen, daß die eigentliche wissenschaftsgeschichtliche Bedeutung Sismondis in seiner Krisentheorie liegt, in der mutigen und scharfsinnigen Darlegung der

[26] Ebenda, S. 4.

Widersprüche des Kapitalismus. Das ist es, was Marx, Engels und Lenin an Sismondi besonders geschätzt haben. Im Gegensatz zu dem unhistorischen Denken der englischen Klassiker erhoffte Sismondi Veränderungen im Charakter der kapitalistischen Produktionsweise. Entscheidend hierfür war, daß er als Vertreter des von der weiteren Entwicklung des Kapitalismus so sehr betroffenen Kleinbürgertums an die Analyse der kapitalistischen Gesellschaft heranging. Dieser kleinbürgerliche Standpunkt bewirkte gleichzeitig aber auch einen rückwärtsgerichteten Blick, wodurch Sismondi zum Begründer der ökonomischen Romantik wurde.

Die abstrakte, ökonomisch-theoretische Deduktion ist nie die Stärke Sismondis gewesen. Er kritisierte ganz bewußt Ricardo für die Methode der Abstraktion und verwirft sie als praxisferne Spekulation, die man bekämpfen müsse.[27] Er selbst verläßt sich ganz auf sein empirisches Talent und seine gute Beobachtungsgabe.

Doch die politische Ökonomie bleibt unbeschadet ihrer engen Bindung an Praxis und Empirie eine theoretische Wissenschaft, die Gesetzmäßigkeiten aufzudecken hat. Und so sieht sich auch Sismondi vor die Notwendigkeit gestellt, eine richtig beobachtete Erscheinung, die Krisen, theoretisch zu begründen. Um das zu erreichen, nimmt er bei seinem Lehrmeister Smith Zuflucht, allerdings bei dessen „närrischem Schnitzer", dem zufolge der Wert unter Vernachlässigung des übertragenen konstanten Kapitals nur aus Lohn, Profit und Rente gebildet werden soll, wodurch sich die Realisierung des Gesamtwertes nicht mehr theoretisch befriedigend klären läßt. Wie wir wissen, blieb die endgültige, prinzipielle theoretische Lösung des Krisenproblems Marx vorbehalten. Sismondi fehlten zur Klärung dieser überaus verwickelten Frage wissenschaftliche Voraussetzungen. Er registriert zwar diese neue Erscheinung der kapitalistischen Wirtschaft, scheitert aber restlos bei dem Versuch ihrer theoretischen Erklärung. Hier fällt er auf die Smithschen Irrtümer zurück, mit denen Ricardo rigoros aufgeräumt hatte. Hingegen fanden die Krisen bei Ricardo keine Beachtung. So ergibt sich das eigenartige Phänomen, daß bei Sismondi in ein und derselben Frage neben dem theoretischen Rückschritt ein wissenschaftlicher Fortschritt der politischen Ökonomie steht. Er ist weit vom theoretischen Niveau Ricardos entfernt und doch in der Erfassung einer wichtigen Erscheinung der kapitalistischen Wirklichkeit realistischer als dieser.

Im Lichte dieser Feststellung wird auch verständlich, daß der von den Kontrahenten, Sismondi einerseits und Ricardo, McCulloch, Say andererseits, erbittert geführte Streit um die Frage der Realisierung der Waren im Kapitalismus unentschieden bleiben mußte. Eine Verständigung zwischen ihnen war jedenfalls nicht möglich, denn beide Parteien befanden sich zugleich teilweise im Recht und teilweise im Unrecht. Vom Standpunkt abstrakt-theoretischer Überlegungen aus ist eine Realisierung sämtlicher Waren zunächst möglich. Natürlich hatte

[27] Vgl. ebenda, S. 62 f.

Ricardo gute Gründe zu behaupten, daß jede Produktion von Waren auch die Möglichkeit ihres Absatzes in sich einschließt. Ist eine Ware produziert worden, enthält sie im gesellschaftlich anerkannten Maße den verbrauchten konstanten Kapitalteil sowie den Neuwert in Gestalt des variablen Kapitals und des Mehrwerts ($c + v + m$), und unterstellt man die gesellschaftliche Anerkennung bei allen Waren — was eben gerade unzulässig ist —, dann bedeutet es keine Schwierigkeit sich vorzustellen, daß jeder Wertteil als Nachfrage zur Realisierung des ihm entsprechenden materiellen Gegenstückes des gesellschaftlichen Gesamtproduktes auftritt, womit das Problem abstrakt, modellhaft gelöst ist.

Dem hatte Sismondi keine zugkräftigen Argumente entgegenzusetzen. Wenn er sich aber trotzdem auf die hartnäckige Behauptung versteift, daß Krisen im Kapitalismus mit gesetzmäßiger Notwendigkeit auftreten müssen, so konnte er sich bereits bei der zweiten Auflage seines Werkes auf die wirklichen Verhältnisse, auf die Tatsachen berufen.

In der Folgezeit können wir beobachten, daß der Ricardosche Standpunkt bei seinen Anhängern immer mehr in einen wirklichkeitsfremden, fruchtlosen Abstraktionismus ausartet und daß sich schließlich die Sismondische Richtung (Villeneuve-Bargemont und Buret) in einen groben Empirismus verläuft, der erst recht nicht zum Erfassen einer theoretischen Problemstellung taugt und noch viel weniger zur Klärung eines theoretischen Sachverhaltes dienen kann.

So zeigt auch die Beleuchtung der Beziehung zwischen Smith und Sismondi, daß sich im Laufe der praktischen Entwicklung des Kapitalismus die klassischen Ansätze zur wirklichkeitsadäquaten Analyse erschöpfen. Was der Bourgeoisie bleibt, ist letztlich nur noch das Verlassen des Weges, den Smith und Ricardo bis zur letzten vom bürgerlichen Standpunkt möglichen wissenschaftlichen Konsequenz verfolgt haben.

Say und Malthus — die bürgerliche Vulgarisierung

Die gleiche historische Situation, die in England die Basis für Ricardo und Owen sowie in Frankreich für Sismondi oder Fourier und Saint-Simon abgegeben hatte, bringt schließlich auch die ersten apologetischen Vulgärökonomen des Bürgertums hervor. Bleiben wir zunächst in Frankreich.

Hier, wo sich die Kritik am Kapitalismus sowohl in ihrer utopisch-sozialistischen als auch kleinbürgerlich-romantischen Variante besonders stark ausgeprägt hatte, ergibt sich auch mit aller Schärfe die historische Notwendigkeit, das bestehende kapitalistische System konservativ-bewahrend auf dem Gebiet der politischen Ökonomie zu verteidigen. Die Bourgeoisie hatte unter Napoleon die ökonomische und in gewisser Weise auch die politische Macht erobert. Dieser Zustand mußte vor dem Rest des dritten Standes, der ja durch seine Massenaktionen die Französische Revolution getragen hatte, gerechtfertigt werden. Die französische Bourgeoisie konnte unter diesen Bedingungen zugespitzter gesellschaftlicher Widersprüche klassenmäßiger und ideologischer Natur keinen klassischen Ökonomen mehr hervorbringen. Ihr entstand mit Jean Baptiste Say ein Vulgärökonom reinsten Wassers.

Says „Abhandlung über die politische Ökonomie" erschien in der ersten Auflage 1803. Sie fand international eine weite Verbreitung und gehörte in der ersten Hälfte des vorigen Jahrhunderts zweifellos zu den am meisten gelesenen Büchern ökonomischen Inhalts. Say gilt in der bürgerlichen Literatur als der große Systematiker der Smithschen Theorie. Marx nennt ihn hingegen den „faden Say" und einen „Jammermenschen"[28]. Über die Beziehung zu Smith stellt Marx fest, daß Say „seine fade Oberflächlichkeit darunter zu verstecken sucht, daß er die Halbheiten und Böcke A. Smith' in absolutallgemeine Phrasen auflöst"[29]. Say hat mit Smith „Geschäfte gemacht", wie Marx feststellt, und sich dabei nur ein Verdienst erworben, nämlich eine „gewisse formelle Ordnung" in Smith' Theorie gebracht zu haben, wobei er sich „hin und wieder . . . , außer seinen Mißverständnissen, auch theoretische Skrupel erlaubte"[30].

Say versuchte, Smith vom Standpunkt des weiterentwickelten Industriekapitalismus zu revidieren. Etwas Ähnliches hatte in England Ricardo getan. Aber mit welchem unterschiedlichen Resultat! Say kritisiert Smith für seine klassische Arbeitswerttheorie: „Ausschließlich der menschlichen Arbeit legt er die Fähigkeit bei, Werte zu produzieren. Dies ist ein Irrtum. Eine genauere Auseinandersetzung beweist . . . , daß diese Werte eine Geburt der Arbeit oder vielmehr der Industrie des Menschen sind, in deren Vermählung mit der Wirkung aller Triebkräfte, welche ihm die Natur leiht, und mit der Wirkung der Kapitale. Smith machte sich also keine vollständige Idee von dem großen Phänomen der Produktion; und dies verleitete ihn zu mehreren falschen Konsequenzen, wie wenn er zum Beispiel der Teilung der Arbeit oder vielmehr der Zertrennung der Geschäftszweige einen riesenhaften Einfluß zuschreibt: Nicht als wäre dieser Einfluß Null oder bloß mittelmäßig; aber die höchsten Wunder in diesem Gebiete verdankt man nicht der Arbeitseinrichtung, sondern der Anwendung, welche man von den Naturkräften gemacht hat. Das Verkennen dieses Prinzips hindert ihn, die wahre Theorie der Maschinen im Verhältnis zur Reichtumsproduktion aufzustellen."[31] Das historische Unverständnis, mit dem Say an die Beurteilung von Smith herangeht, springt in die Augen.

Theoriehistorisch von besonderer Bedeutung ist die Ersetzung der Arbeitswert-

[28] Vgl. K. Marx, Theorien über den Mehrwert, Zweiter Teil, in: MEW, Bd. 26/2, Berlin 1967, S. 493.

[29] Ebenda, Erster Teil, in: MEW, Bd. 26/1, Berlin 1965, S. 74.

[30] Ebenda, Dritter Teil, in: MEW, Bd. 26/3, Berlin 1968, S. 171.

[31] J. B. Say, Darstellung der Nationalökonomie oder der Staatswirtschaft, Bd. 1, Heidelberg 1818, S. 59 f.

theorie durch die Produktionsfaktorentheorie. Für Say tragen die industriellen Produktionsmittel, die er einfach mit dem Begriff des Kapitals gleichsetzt, sowie der Boden ebenso wie die Arbeit zur *Werte*schaffung bei. Er schreibt: „Man leihe nun Industrie oder ein Kapital oder ein liegendes Gut aus, so hat der Gebrauch dieser Dinge, weil sie zur Werterschaffung beitragen, einen Wert und wird in der Regel bezahlt.“[32] Für diese Auffassung wird er bereits von Ricardo kritisiert, was Marx lobend erwähnt. Ricardo schreibt: „Say beschuldigt Dr. Smith, den Wert übersehen zu haben, der den Waren durch natürliche Faktoren und Maschinerie hinzugefügt wird, weil er den Wert aller Dinge als aus der menschlichen Arbeit entspringend betrachtet. Mir scheint es jedoch nicht, daß diese Beschuldigung gerechtfertigt ist, da Adam Smith nirgends die Dienste, die Naturkräfte und Maschinerie uns leisten, unterschätzt, aber er unterscheidet sehr richtig die Natur des Wertes, den sie den Waren zusetzen. Sie sind uns dienstbar durch die Vermehrung der Menge der Produkte, dadurch, daß sie die Menschen reicher machen, daß sie den Gebrauchswert vermehren; aber da sie ihre Arbeit kostenlos tun, da nichts für den Gebrauch der Luft, der Wärme und des Wassers bezahlt wird, setzt ihr uns geleisteter Beistand dem Tauschwert nichts zu.“[33]

Mit Says Vermengung von Arbeitsprozeß und Wertbildungsprozeß wird jeder Ansatz ausgelöscht, um den Verwertungsprozeß des Kapitals wissenschaftlich zu erklären. Anstelle dessen ist die Basis gelegt für eine oberflächliche, vulgäre, dem Kapital genehme Ableitung der Einkommen aus den Elementen des Arbeitsprozesses. Marx schreibt hierzu: „Rente, Profit, Arbeitslohn, scheinen so aus der Rolle herauszuwachsen, die die Erde, die produzierten Produktionsmittel und die Arbeit im einfachen Arbeitsprozeß spielen, ... abgesehen von jeder geschichtlichen Bestimmtheit ...“[34] Weiter hebt Marx hervor, daß mit dieser Trinitarischen Formel „die Mystifikation der kapitalistischen Produktionsweise, die Verdinglichkeit der gesellschaftlichen Verhältnisse, das unmittelbare Zusammenwachsen der stofflichen Produktionsverhältnisse mit ihrer geschichtlich-sozialen Bestimmtheit vollendet“[35] werden. Während die klassische Ökonomie diesem falschen Schein mit der Arbeitswerttheorie entgegentrat, indem sie die Produktion als soziales Phänomen zu ergründen suchte, fühlt sich die Vulgärökonomie bis auf den heutigen Tag in diesen „Alltagsvorstellungen“ der „bürgerlichen Produktionsagenten“ zu Hause und erhebt sie zur „naturgemäßen und über allen Zweifel erhabenen Basis ihrer seichten Wichtigtuerei“.[36] Und warum? Marx gibt die Antwort: „Diese Formel entspricht zugleich dem Interesse der

32 Ebenda, S. 137.

33 D. Ricardo, Über die Grundsätze der politischen Ökonomie und Besteuerung, Berlin 1959, S. 278; vgl. auch K. Marx, Theorien über den Mehrwert, Dritter Teil, a. a. O., S. 181.

34 K. Marx, Das Kapital, Dritter Band, in: MEW, Bd. 25, Berlin 1964, S. 834.

35 Ebenda, S. 838.

36 Ebenda, S. 838 f.

herrschenden Klassen, indem sie die Naturnotwendigkeit und ewige Berechtigung ihrer Einnahmequellen proklamiert und zu einem Dogma erhebt."[37]

Die Theorie der Produktionsfaktoren erfreut sich auch in der heutigen bürgerlichen Ökonomie noch großer Beliebtheit. In Gestalt der Grenzproduktivitätstheorie ist sie nach wie vor die wichtigste theoretische Basis der bürgerlichen Einkommenslehren. Auch in anderen Bereichen hat die Produktionsfaktorentheorie ihre „Nützlichkeit" für das bürgerliche ökonomische Denken unter Beweis gestellt, so beispielsweise in der neoklassischen Wachstumstheorie oder bestimmten Varianten der Kreislauftheorie. Sofern sich bürgerliche Theoretiker heute nicht überhaupt darüber erhaben dünken, etwas über den Wert auszusagen, und sich auf eine reine Preislehre beschränken, nehmen sie in der Regel zur Produktionsfaktorentheorie Zuflucht. Und dies alles, obwohl schon Ricardo, ganz zu schweigen von der unübertroffenen kritischen Analyse der Trinitarischen Formel durch Marx, die Flachheit und theoretische Unhaltbarkeit dieser Konstruktion aufgedeckt hat. Im Grunde spricht sich die bürgerliche Ökonomie selbst ihr wissenschaftliches Todesurteil, wenn sie an dieser Verballhornung von Adam Smith durch Say festhält. Sie betätigt damit ihre soziale Interessengebundenheit und Parteilichkeit für das Kapital.

Say ist der erste in der Geschichte der politischen Ökonomie, der „die Abscheidung der Vulgärvorstellungen, die in A. Smith durchlaufen, als eigene Kristallisation daneben festgesetzt" hat, wie Marx feststellt.[38] Er eröffnet damit einen Weg, den die bürgerliche Ökonomie in methodischer Hinsicht bis auf den heutigen Tag fortgesetzt hat. Nicht die Analyse des Wesens steht im Vordergrund, sondern die Beschreibung der Erscheinung selbst und eine Darstellung, die dem oberflächlichen Zusammenhang den Charakter einer vermeintlich tiefgründigen Wahrheit verleiht.

Was Say in Frankreich vom Standpunkt der Industriebourgeoisie getan hat, wird in England vor dem sozialen Hintergrund der Landlords, die um ihre Privilegien bangen, von Thomas Robert Malthus besorgt. Malthus ist in der Geschichte der politischen Ökonomie vor allem wegen seiner berühmt-berüchtigten Bevölkerungstheorie bekannt, die zum ersten Mal 1798 in einer Broschüre veröffentlicht wurde und mit der er versucht hat, das Elend der Werktätigen, wie es sich im Prozeß der industriellen Revolution ergeben hatte, auf „natürlichem Wege" zu erklären. Diese Lehre charakterisiert ihn eindeutig und vordergründig als apologetischen Verteidiger des Kapitalismus. Doch auch in den theoretisch subtileren Fragen des Wertes, die er in seinem ökonomischen Hauptwerk „Grundsätze der politischen Ökonomie" (1820) niedergelegt hat, zeigt sich der Verflachungs- und Vulgarisierungsprozeß der bürgerlichen politischen Ökonomie.

Malthus knüpft an die Tauschwertkonzeption von Adam Smith an. Wie wir

[37] Ebenda, S. 839.

[38] K. Marx, Theorien über den Mehrwert, Dritter Teil, a. a. O., S. 491.

gesehen haben, war der Anlaß für Smith, von seiner richtigen Werttheorie auf diese Lehre überzuwechseln, das Problem des ungleichen Austausches zwischen Kapital und Arbeit. Auch Malthus mißt dieser Fragestellung ein bedeutendes Gewicht bei, worin nach Marx sein „eigentliches Verdienst" besteht.[39] Doch die Erklärung, die Malthus für dieses Phänomen versucht, verläßt den Boden der klassischen Theorie. Er schreibt: „Was sind die Produktionskosten? . . . die Menge an Arbeit, die zur Herstellung der Waren notwendigerweise aufgewandt wird und in den bei ihrer Produktion konsumierten Werkzeugen und Materialien enthalten ist, vermehrt um eine solche zusätzliche Menge, die dem gewöhnlichen Profit auf den Vorschuß für die Zeit des Vorschusses entspricht." Und an anderer Stelle: „Es ist dem Wesen nach falsch zu sagen, daß die Werte bestimmt werden durch die Qualität Arbeit und Kapital, die notwendig ist, sie zu reproduzieren, es ist dem Wesen nach richtig zu sagen, daß sie durch die Quantität Arbeit und Profit reguliert werden, die notwendig ist, sie zu produzieren."[40]

Die Aufnahme der zweiten Smithschen Werttheorie, der zufolge der Wert der Ware durch die Arbeit bestimmt wird, die man damit kommandieren kann, wird bei Malthus reaktionär, da sie sich gegen die richtige Ricardosche Werttheorie wendet.[41] Nach Malthus muß für eine Ware auf dem Markt mehr Arbeit hingegeben werden, als in ihr steckt. In Analogie zu Adam Smith kommandiert also eine Ware mehr Arbeit, als sie selbst enthält. Doch unterderhand verwandelt sich diese Auffassung bei Malthus in eine Rechtfertigung des Profits. Der Käufer muß dem Verkäufer auch den Profit bezahlen, der über die in der Ware enthaltene Arbeitsmenge hinausgeht. Bei jeder Tauschoperation werden faktisch ungleiche Arbeitsmengen ausgetauscht, und der Profit entspringt dem ungleichen Austausch. Dies ist im Prinzip die merkantilistische Profiterklärung.

Malthus ist natürlich klug genug, um zu wissen, daß bei einer Ableitung des Profits aus der Zirkulation sich normalerweise Gewinn und Verlust ausgleichen, das heißt, was der eine durch Prellerei gewinnt, muß der andere logischerweise verlieren. Lediglich bei den Arbeitern ist das anders. Sie sind nur Käufer und haben selbst keine produzierten Waren auf dem Markt anzubieten. Nach Malthus eignen sich die Unternehmer den Profit dadurch an, daß sie den Arbeitern die Produkte zu einem größeren Wert verkaufen, als sie an Arbeit enthalten. Die Arbeiter müssen die Produkte zu einem Preis erstehen, der neben der Arbeitsmenge auch noch den Profit enthält. Sie können sich auf der anderen Seite nicht schadlos halten, weil sie selbst keine Produkte zu verkaufen haben.

Da nun die Arbeiterklasse faktisch die Waren über ihren Wert bezahlt, kann sie auch nicht die Gesamtheit der produzierten Waren kaufen. Ihre Kaufkraft reicht nicht aus, um alle Waren aufzunehmen. Damit erscheinen aber die

[39] Vgl. ebenda, S. 8 und 10.

[40] Thomas Robert Malthus, zitiert nach K. Marx, ebenda, S. 24.

[41] Vgl. K. Marx, Theorien über den Mehrwert, Erster Teil, a. a. O., S. 59.

Realisierung des Profits und der Absatz der Waren nicht mehr möglich zu sein. Es muß ein Rest an unabsetzbaren Gütern zurückbleiben.

Eine ähnliche Überlegung hatte Sismondi angestellt, wenn auch unter ganz anderen Vorzeichen. Hieran · knüpft Malthus an: Seine darauf aufbauende Konstruktion versucht, die „Notwendigkeit stets wachsender unproduktiver Konsumtion" zu begründen.[42] Um den Absatz zu garantieren, muß es neben der Arbeiterklasse andere Leute geben, die Waren kaufen, aber keine Produzenten und auch keine Verkäufer von Waren sind. „Diese Klasse der unproduktiven Konsumenten ist es", wie Marx feststellt, die bei Malthus die Kollision löst."[43] Und dann bemerkt Marx: „Malthus' Konsequenzen sind ganz richtig aus seiner Grundtheorie vom Wert gezogen; aber diese Theorie ihrerseits paßte merkwürdig für seinen Zweck, die Apologetik der bestehenden englischen Zustände, landlordism, ‚state and church', pensioners, taxgatherers, tenths, national debt, stockjobbers, beadler, parsons and menial servants . . ., die von den Ricardians als ebenso viele nutzlose und . . . (als) nuisances bekämpft wurden."[44]

Die Verteidigung der unproduktiven Schichten offenbart den spezifischen Klassencharakter der Ansichten von Malthus. Er repräsentiert speziell die Landaristokratie, so wie Ricardo der Herold der Industriebourgeoisie war. Das prägt auch die Qualität ihrer theoretischen Auffassungen. Marx bezeichnet die Malthusschen als „kindisch schwach, trivial und nichtssagend", denn er stützt sich „auf die schwache Seite A. Smith'" und versucht, „eine Gegentheorie aufzubauen . . . gegen die Theorie, die Ricardo auf die starken Seiten A. Smith' aufgebaut hatte".[45]

Malthus leitete in England den Verfall der bürgerlichen Ökonomie zur Vulgärökonomie und Apologetik ein. Seine Vulgarisierung der Smithschen Theorie bringt die besonderen Interessen der Landlords und anderer unproduktiver Schichten zum Ausdruck. Zugleich spielt bei ihm auch die Furcht der Bourgeoisie als Klasse vor der allmählich einsetzenden Zuspitzung des Gegensatzes zum Proletariat eine Rolle. Ricardo hatte sich darüber in seiner Rigorosität und wissenschaftlichen Unbefangenheit hinweggesetzt, Malthus nicht.

Wie wir gesehen haben, ist Adam Smith tatsächlich so etwas wie ein Prisma oder Kristallisationspunkt in der Geschichte der politischen Ökonomie gewesen. Seine Nachfolger konnten ihn stets „als ihre Unterlage betrachten, sei es nun, daß sie an den esoterischen oder exoterischen Teilen seines Werkes anknüpfen oder, was fast immer der Fall, beides durcheinander werfen"[46]. Ricardo ist der einzige, der konsequent den esoterischen gegen den exoterischen Smith behauptet. Über ihn führt der Weg von Smith zu Karl Marx.

[42] Vgl. ebenda, Dritter Teil, a. a. O., S. 35.

[43] Ebenda, S. 44.

[44] Ebenda, S. 46.

[45] Ebenda, S. 47.

[46] Ebenda, Zweiter Teil, in: MEW, Bd. 26/2, S. 163.

Zusammenfassend sei hier also festgehalten: Die Smithschen Ideen herrschen in England im letzten Viertel des 19. Jahrhunderts nahezu uneingeschränkt. In Frankreich verdrängen sie in dieser Zeit den Physiokratismus. Die Differenzierung der sozialökonomischen und politischen Verhältnisse in diesen beiden Hauptländern des damaligen Kapitalismus führt am Anfang des 19. Jahrhunderts zu einer widerspruchsvollen Entwicklung verschiedenartiger politökonomischer Strömungen, die zwar alle mehr oder weniger von Adam Smith ausgehen, aber zu theoretisch sowie wirtschafts- und sozialpolitisch divergenten Schlußfolgerungen gelangen. Dieser Prozeß setzt sich bis in die Mitte des vorigen Jahrhunderts fort. Sein relativer Abschluß ist gekennzeichnet durch die endgültige Versandung der klassischen bürgerlichen Ökonomie und die „Vollendung“ der bürgerlichen Vulgärökonomie. Es überleben sich in seinem Verlauf die Bedingungen für eine historisch gerechtfertigte Existenz utopisch-sozialistischer und kleinbürgerlicher ökonomischer Lehrmeinungen, was Versuche, diese auch später wieder zu entwickeln und zu verbreiten, nicht ausschließt. Um die Mitte des vorigen Jahrhunderts entsteht dann mit dem aufkommenden Marxismus die politische Ökonomie des Proletariats, womit die bürgerliche Ökonomie in eine qualitativ neuartige Defensivposition mit anderen Erscheinungsformen der Apologetik und des Vulgarismus gezwungen wird.

Wie sieht nun während der gleichen Zeitspanne die Resonanz aus, die Adam Smith in den beiden anderen wichtigsten europäischen Ländern, in Deutschland und Rußland, gefunden hat?

1.4. Die Smith-Rezeption in Deutschland am Ende des 18. und in der ersten Hälfte des 19. Jahrhunderts

In Deutschland herrschten zur Zeit des Erscheinens des ökonomischen Hauptwerkes von Adam Smith ganz andere politische und sozialökonomische Zustände als in England; ja selbst im Vergleich zum vorrevolutionären Frankreich befand sich das feudalabsolutistische Regime bzw. dessen Nachahmung in einer Vielzahl von Klein- und Zwergstaaten auf einem jämmerlichen Niveau. Auch die hegemoniale Machtpolitik Preußens und Österreichs hatte es nicht vermocht, die alte Ordnung lebenstüchtig zu gestalten. Diese politischen Verhältnisse beeinträchtigten den Manufakturkapitalismus maßgeblich, obwohl er sich in bestimmten Regionen, zum Beispiel in Preußen oder Sachsen, im Verlauf des 18. Jahrhunderts durchaus in gewissen Grenzen entwickelt hatte. Hierin lag auch die Ursache für das Maß des Verständnisses und der Aufnahmebereitschaft, mit denen deutsche Ökonomen der klassischen politischen Ökonomie des Manufakturkapitalismus eines Adam Smith begegneten.

Bescheidene Anfänge

Quantitativ überwogen in den deutschen Staaten sowohl in der Theorie, das heißt an den Universitäten, als auch in der wirtschaftspolitischen Praxis kameralistische Auffassungen. Die Vormachtstellung des feudalen Staates zur Förderung oder Reglementierung von Landwirtschaft, Zunfthandwerk, Handel und gegebenenfalls Manufakturen im wohlverstandenen Interesse der Einnahmen des jeweiligen Landesherrn war in diesem Rahmen eine nahezu unbestrittene Doktrin. Erst seit Mitte des 18. Jahrhunderts begann das Bürgertum, die Kritik an der Allmacht des feudalen Staates, die sich zunächst rein philosophisch bei Kant artikulierte, als eine in seinem ureigensten Interesse liegende Emanzipationsbestrebung zu begreifen. Allerdings war es ob seiner untergeordneten gesellschaftlichen Position nicht imstande, der bürgerlichen Ideologie die erforderliche soziale Massenbasis zu schaffen, geschweige denn revolutionäre Forderungen praktisch durchzusetzen.

Auf dem Gebiet der politischen Ökonomie gab es nur wenige fortschrittliche Denker, die in Deutschland den aufklärerischen Gedanken von der Freiheit des Individuums auf die Freiheit der Wirtschaft übertrugen. Zu nennen ist hier vor allem Johann August Schlettwein, der mit seinem 1772 erschienenen Hauptwerk und seinem Wirken im Dienst Karl Friedrichs von Baden versucht hat, den französischen Physiokratismus der kapitalischen Pächter zu einer deutschen physiokratischen Wirtschaftslehre der freien Bauernschaft umzuwandeln. Seine Schriften lenkten die Diskussion auf für die Entwicklung des Kapitalismus grundlegende Fragen.

Einen besonderen Einfluß auf die Abkehr von kameralistischen Grundsätzen übte in der zweiten Hälfte des 18. Jahrhunderts auch die Universität Göttingen aus. Zum Kurfürstentum Hannover gehörig, das durch Personalunion mit dem englischen Könighaus in Verbindung stand, war hier die Verbreiterung britischer Ideen naturgemäß stärker als beispielsweise in Preußen. Achenwall lehrte in Göttingen Statistik nach dem Muster der englischen politischen Arithmetik, und A. L. v. Schlözer vertrat in seinen Schriften und Vorlesungen Hume und Smith verwandte sozial- und staatsphilosophische Grundsätze. Bemerkenswerterweise haben viele deutsche Schüler von Adam Smith in Göttingen studiert oder dort später eine Professur innegehabt.

Kurze Zeit nach dem Erscheinen des englischen Originals wurde Smith' Werk in den Jahren 1776/78 (noch vor der ersten französischen Ausgabe) dem deutschen Leser in einer Übersetzung von J. Fr. Schiller, einem in England lebenden Vetter des Dichters Friedrich Schiller, vorgelegt. Die Resonanz, die das Buch hervorrief, muß man bescheiden nennen. Der Göttinger Philosophieprofessor G. H. Feder veröffentlichte in den „Göttingischen Anzeigen von gelehrten Sachen" 1777 eine wohlwollende Würdigung, und auch seine zweite Rezension in der gleichen Zeitschrift aus dem Jahr 1779 lobt Smith für die Gediegenheit seines Urteils und seine freiheitlichen Ideale. J. Mauvillon bezog sich 1780 in seinen „Physiokratischen Briefen an Prof. Dohm" ebenfalls im positiven Sinn, wenn auch nicht ohne Vorbehalte, auf Smith' Buch. Doch etwa 20 Jahre lang bleibt diesem der große Erfolg in Deutschland versagt.

Dazu dürfte nicht unmaßgeblich die Ablehnung bzw. das Stillschweigen beigetragen haben, auf die Smith bei der offiziellen Kameralwissenschaft stieß. Es ist keineswegs so, daß das Buch hier eine Welle der Empörung ausgelöst hätte. Selbst dazu vermochte sich offenbar die bornierte Selbstgefälligkeit alter Denkungsart nicht aufzuraffen. Man begriff wahrscheinlich nur im Ausnahmefall, welcher bürgerliche Zündstoff in der Smithschen Theorie, insbesondere seiner Lehre von der wirtschaftlichen Freiheit, steckte. Daher sind auch Stellungnahmen wie die folgende in dieser Zeit selten. „Die unumschränkte Handlungsfreiheit", meint der preußische Kameralist J. Fr. v. Pfeiffer, „die Smith als Hauptgrundsatz verlangt, ist weder jemals in der Welt gewesen noch in der Natur gegründet."[1] An anderer Stelle läßt sich der gleiche Autor zu der bemerkenswerten Feststellung hinreißen: „Eine allgemeine Handlungsfreiheit ist ein noch größeres Hirngespinst als die Einführung einer Universalmonarchie oder eines allgemeinen Tribunals, vor welchem alle Nationen der Entscheidung durch das Schwert entsagen und ihre Zwistigkeiten mit Feder und Tinte ausmachen sollen."[2] Doch, wie gesagt, derart extreme Kritiken an Adam Smith sind für die *erste* Etappe der Aufnahme des britischen Klassikers in Deutschland nicht typisch. Es überwiegen Unverständnis und Stillschweigen, angesichts der reaktionären politischen Verhältnisse, der

[1] J. Fr. Pfeiffer, Berichtigungen berühmter Staats-, Finanz-, Polizey-, Kamerals- und ökonomischer Schriften dieses Jahrhunderts, Bd. 3, Frankfurt 1782, S. 151.
[2] Ebenda, S. 109.

dadurch bedingten Hemmung der Entwicklung des Kapitalismus und der wiederum hierdurch verursachten Schwäche der deutschen Bourgeoisie durchaus erklärbar.

Die Blütezeit des deutschen Smithianismus

Etwa in der Mitte des letzten Jahrzehntes des 18. Jahrhunderts wechselt dieses Bild. Die deutsche Smith-Rezeption tritt in ihre *zweite* Phase ein, die ungefähr eineinhalb Jahrzehnte andauert und den Höhepunkt im Wirken klassischer Ideen innerhalb eines bestimmten Kreises progressiver deutscher Ökonomen markiert. Eingeleitet wird dieser Prozeß durch die zweite deutsche Übersetzung von 1794/96.[3] Garve, einer der Übersetzer, glaubt, daß der schlechte Stil der ersten Übertragung „viele von dem Gebrauche dieses Werkes abgeschreckt haben (muß). Denn in der That es in Deutschland das Glück nicht gemacht, welches sein Werth ihm versprechen konnte, und welches in allen Theilen Europas, wo es im Original oder in guten Übersetzungen hingedrungen ist, gefunden hat."[4] Den Hauptgrund für die fast 20 Jahre währende Abneigung, die natürlich auch jetzt nicht mit einem Schlag überwunden wird, hat Garve damit sicher nicht erfaßt. Auch seine Übersetzung ist schwerfällig und wird dem englischen Original stilistisch keineswegs gerecht. Und doch erlebt sie bis 1810 drei Auflagen bzw. insgesamt vier Ausgaben.

Wo liegen die Ursachen für die nun einsetzende Blüte Smithscher Ideen in Deutschland? Hauptsächlich in den Auswirkungen der französischen Revolution, die Bürgertum und Volk gegenüber feudaler Unterdrückung und Willkür ermutigten sowie die Überlebtheit des „ancien régime" auf allen Gebieten gründlicher als je offenbarten. Die kapitalistischen Elemente der Wirtschaft stärkten sich quantitativ und qualitativ gerade in dieser Periode in Deutschland rascher als zuvor.[5] Schließlich fällt in diese Zeit die militärische Niederlage der preußischen Armee bei Jena und Auerstedt, die zugleich eine schwerwiegende politische Niederlage des feudalabsolutistischen Systems vor dem Ansturm der bürgerlichen Ordnung war.

In den „Göttingischen Anzeigen" vom 29. 11. 1794 wird die Aufforderung ausgesprochen, die politische Ökonomie endlich auf der Basis von Adam Smith neu zu durchdenken. Wörtlich heißt es dort: „Smiths Grundsätze müssen mehr

[3] Diese deutsche Ausgabe beruht auf einer Übersetzung von A. Dörrien (Leipzig) und Chr. Garve (Breslau). Sie erschien erstmals in vier Bänden in Breslau (1794/96); danach in Frankfurt und Leipzig (1796/99) sowie in drei Bänden in 2. und 3. Auflage (1799 und 1810) in Breslau und Leipzig.

[4] A. Smith, Untersuchung über die Natur und die Ursachen des Nationalreichtums, 1. Bd., Frankfurt—Leipzig 1796, Vorrede, S. IV.

[5] Vgl. Klassenkampf — Tradition — Sozialismus. Von den Anfängen der Gestaltung der entwickelten sozialistischen Gesellschaft in der DDR. Grundriß, Berlin 1974, S. 194.

verbreitet werden ... Auf Veränderung der Doktrin der Staatswirtschaft in unserem Vaterlande hat er noch gar keinen Einfluß gehabt ..."[6] Dieses Mal verhallt der Appell aus Göttingen nicht ungehört. Vor allem die Smithsche Befürwortung der freien Konkurrenz hatte einer Reihe von aufgeklärten Köpfen in der deutschen ökonomischen Szenerie etwas zu sagen. Im ökonomischen Liberalismus liegt geradezu das Zentralproblem der Smith-Rezeption in Deutschland. Zumindest in der Theorie wurde dieses Prinzip zunächst weitgehend akzeptiert. Die Praxis folgte als Teil der preußischen Reformen erst später, und auch das nur in einer der kompromißlerischen Haltung der deutschen Bourgeoisie entsprechenden Form.

Die Hauptvertreter eines insgesamt orthodoxen Smithianismus in Deutschland waren Universitätsprofessoren. 1791 begann Christian Jacob Kraus seine ökonomischen Vorlesungen in Königsberg auf der Grundlage der Smithschen Theorie; veröffentlicht wurden sie erst 1808 und 1811 nach seinem Tode. Georg Sartorius hielt ebenfalls seit 1791, und zwar in Göttingen, auf der Basis des „Reichtums der Nationen" Vorlesungen; sein „Handbuch der Staatswirtschaft, zum Gebrauche bey akademischen Vorlesungen nach Adam Smith's Grundsätzen ausgearbeitet" erschien 1796. August Ferdinand Lueder, Professor in Göttingen, Braunschweig und Jena, veröffentlichte in den Jahren 1800 bis 1804 drei Bände unter dem Titel: „Über Nationalindustrie und Staatswirtschaft. Nach Adam Smith bearbeitet." Schließlich hatte in Halle Ludwig Heinrich Jacob seit 1799 Vorlesungen unter Zugrundelegung Smithscher Ideen gehalten, auf die er durch Sartorius aufmerksam gemacht worden war; seine „Grundsätze der National-Oekonomie oder National-Wirtschaftslehre" wurden 1805 publiziert. Eine detaillierte Würdigung des Wirkens dieser Männer und ihrer Schriften muß einer Spezialstudie vorbehalten bleiben.[7] Hier kann nur auf einige herausragende Aspekte der deutschen Smith-Rezeption verwiesen werden.

Kraus war ein glühender Anhänger von Adam Smith. In einem Brief aus dem Jahre 1796 schrieb er: „Ein wichtigeres Buch als das von Adam Smith hat die Welt noch nicht gesehen, gewiß hat seit den Zeiten des Neuen Testaments keine Schrift wohltätigere Folgen gehabt, als diese haben wird, wenn sie erst in aller Köpfe, die mit Staatswirtschaftssachen zu tun haben, mehr verbreitet und tiefer eingedrungen sein wird ..."[8] Indem sich Kraus in seinem Wirken von dieser Bewunderung für Smith leiten ließ, gebührt ihm tatsächlich der Ruhm, speziell in Preußen als erster das Totschweigen des „Reichtums der Nationen" durchbrochen zu haben. Er ist wahrscheinlich derjenige deutsche Smith-Anhänger mit der größten

6 Zitiert bei A. Nahrgang, Die Aufnahme der wirtschaftspolitischen Ideen von Adam Smith in Deutschland zu Beginn des XIX. Jahrhunderts, Diss., Frankfurt/Main 1933/34, S. 30.

7 Vgl. hierzu die in Kürze erscheinende Monographie von Lehmann/Krause/Rudolph/Sommerfeld, Von den frühen ökonomischen Erkenntnissen zur klassischen politischen Ökonomie des Bürgertums, Kap. VIII.

8 Zitiert bei Hugo Graul, Das Eindringen der Smithschen Nationalökonomie in Deutschland und ihre Weiterentwicklung bis zu Hermann, Diss., Halle 1928, S. 5.

gesellschaftlichen Wirksamkeit gewesen. Einer zeitgenössischen Darstellung zufolge hat er „die Lehre Adam Smith' für den preußischen Staat gleichsam lebendig gemacht und kräftig mitgewirkt, ihr bei den Verwaltungsbehörden Eingang zu verschaffen"[9]. Hervorzuheben ist in diesem Zusammenhang nicht zuletzt die persönliche Beziehung Kraus' zu den preußischen Reformern.

Wenn Kraus und seinen Kollegen im Zusammenhang mit den am Anfang des 19. Jahrhunderts in Deutschland einsetzenden Veränderungen in den gesellschaftspolitischen Verhältnissen ein Verdienst gebührt, dann dieses: Sie haben als Universitätslehrer den Nachwuchs für den Staatsapparat mit liberalen Ideen infiziert. Verursacht haben sie jene jedoch nicht. Das ist kein Vorwurf, sondern soll lediglich die später oft geäußerte Meinung, so zum Beispiel von Roscher oder Mombert, relativieren, daß nämlich die preußischen Reformen eine direkte Folgeerscheinung der deutschen Smith-Rezeption gewesen seien.[10] In Wirklichkeit waren diese Reformen Ergebnis des politischen, militärischen, finanziellen und moralischen Drucks der Napoleonischen Herrschaft in weiten Gebieten Deutschlands. Vor dem Zusammenbruch von 1806 wurde in dieser Beziehung nichts Tatsächliches zustande gebracht, obwohl sich die deutschen Smith-Schüler zweifellos darum bemüht haben.

In theoretischer Hinsicht folgt Kraus mit Verständnis den Smithschen Auffassungen, was bis zur Textübereinstimmung reicht, so daß sein Buch streckenweise wie eine Übersetzung des „Reichtums der Nationen" wirkt. Dabei ist nicht zu übersehen, daß die Wirkungsstätte von Kraus, Königsberg als Hauptstadt der Provinz Preußen und bedeutender Hafen, durchaus günstige Bedingungen für das Aufgreifen der klassischen politischen Ökonomie des Manufakturkapitalismus bot. Zum einen waren die Interessen der Bourgeoisie und der Getreide exportierenden Junker in dieser Provinz an der Handelsfreiheit ein guter Nährboden für die Verbreitung liberaler Ideen, als deren bester ökonomischer Vertreter Smith völlig zu Recht galt.

Zum anderen suchte Kraus ähnlich wie Adam Smith gesamtbürgerliche Klasseninteressen der Manufakturperiode zu vertreten. Dies befähigte ihn nicht nur zum Kampf gegen den Feudalismus, sondern bewahrte ihn auch davor, partielle Interessen einzelner Schichten gesondert zu verfolgen. Wie wir das schon bei Adam Smith selbst erörtert haben, besteht hierin eine wesentliche Voraussetzung für die Erfassung des Wesens des Manufakturkapitalismus. Da Smith die Erkenntnismöglichkeiten für die politische Ökonomie im Manufakturstadium des Kapitalismus ausgeschöpft hatte, war es grundsätzlich unmöglich, die ökonomische

9 Wahrscheinlich von dem preußischen Staatsrat Hoffmann stammende Bemerkung in einem Artikel der „Berliner Abendblätter", Jg. 1910, Zitiert bei J. Baxa, Der Streit um Adam Smith in den „Berliner Abendblättern", in: Nationalwirtschaft — Blätter für organischen Wirtschaftsaufbau, 1. Jg., 1928/6, S. 764.

10 Vgl. W. Roscher, Geschichte der Nationalökonomik in Deutschland, München 1874, S. 703 ff.; vgl. P. Mombert, Geschichte der Nationalökonomie, Jena 1927, S. 278 ff.

Wissenschaft unter vorindustriellen Verhältnissen weiterzuführen. Was nach Smith und vor Ricardo für die Pflege der ökonomischen Wissenschaft in Deutschland getan werden konnte, das hat Kraus in seinen Vorlesungen, Gutachten, Artikeln und im Briefwechsel ausgeschöpft. Die anderen Autoren deutscher Lehrbücher, die von Smith ausgingen, blieben dagegen zumeist einem engeren Gesichtskreis verhaftet. Dadurch waren sie nicht imstande, Smith' Theorie mit dem gleichen Verständnis wie Kraus und auf dem gleichen theoretischen Niveau aufzunehmen.

Unsere insgesamt angebrachte Wertschätzung für die Leistung von Kraus darf andererseits nicht darüber hinwegtäuschen, daß er verschiedentlich genötigt ist, sich in der „Sklavensprache der Zeit" auszudrücken. das heißt Illusionen in die Weisheit und das Wohlwollen des feudalen Landesherrschers zu nähren. Auch terminologisch ist er zuweilen weit weniger klar als sein Lehrmeister, so wenn er das englische „capital" oder „stock" prinzipiell mit „Verlag" wiedergibt. In bezug auf die Smithsche Arbeitswerttheorie verwendet er viel Mühe darauf, die illustrativen Beispiele des Originals breit auszuwalzen, ohne daß die Dinge hierdurch klarer würden.

In wirtschaftspolitischer Hinsicht tritt Kraus mit den gleichen Formulierungen wie Smith für „das klare und einfache System der natürlichen Gewerbefreiheit" ein.[11] Der Landesherr ist der Pflicht entbunden, über den Gewerbefleiß von Privatpersonen Aufsicht zu führen. Er hat lediglich den Schutz des Volkes nach außen und den inneren Rechtsschutz zu gewährleisten sowie öffentliche Werke zu unterhalten.[12] Zu letzteren zählt Kraus auf keinen Fall fürsteneigene Fabriken oder Monopolgesellschaften.[13] Doch selbst in Fragen der Gewerbefreiheit ist Kraus zuweilen widersprüchlich und inkonsequent. Die Aufhebung der Zunftprivilegien will er mit Vorsicht gehandhabt wissen. Seiner Meinung nach darf man nämlich den Zunftgenossen nicht „ihr wohlerworbenes Recht durch eigenmächtige Anordnungen entreißen. Nur mit ihrer Einwilligung, auf die sich in mehr denn einem Fall rechnen läßt, und nur gegen Ersatz für das, was ihre Abtretungen wirklich werth sind, dürfen ihre Ausschließungsrechte, . . ., dem allgemeinen Nationalinteresse zugut aufgehoben werden."[14] Insgesamt kann man den ökonomischen Liberalismus in der Krausschen Fassung am ehesten mit den Begriffen antifeudal, reformerisch-prokapitalistisch kennzeichnen. Angesichts der damaligen Verhältnisse in Preußen sind seine von Smith übernommenen Ansichten ein Fortschritt gewesen.

Sartorius gab mit seinem erwähnten „Handbuch" die erste gedruckte Bearbeitung der Smithschen Lehre für Deutschland heraus. Es ist nach Aufbau und Inhalt eine gekürzte Fassung des „Reichtums der Nationen", die die zahlreichen wirt-

11 Christian Jacob Kraus, Staatswirthschaft, Königsberg 1808, Bd. II, Teil 4, S. 349.

12 Vgl. ebenda, S. 350.

13 Vgl. ebenda, Bd. III, Teil 5, S. 195.

14 Ebenda, Bd. I, Teil 2, S. 72.

schaftsgeschichtlichen und wirtschaftspolitischen Exkurse des Originals ausspart, aber die klassische Lehre unverfälscht, soweit sie von Sartorius verstanden wurde, wiedergibt. Sozial vertrat Sartorius die durch die Entwicklung des Kapitalismus bedrohte Handwerkerschicht. Dies erklärt auch, warum er in seinem zweiten Werk, „Abhandlungen, die Elemente des National-Reichthums und die Staatswirthschaft betreffend" (1806), bedeutende Abstriche von der Befürwortung liberaler Wirtschaftsprinzipien macht. Er empfindet Angst vor den Folgen der Konkurrenz. Gegen seinen Gedanken, daß in ihrem Resultat die Kleinen ruiniert werden und die Großen schließlich despotische Macht erwerben können, läßt sich nichts einwenden. Deshalb setzt er seine ganze — kleinbürgerlich-illusionäre — Hoffnung in den Staat, der einzugreifen habe, wenn „das Streben der einzelnen nach Wohlstand, nach eigenem Vortheile allen Übrigen oder den meisten Anderen nachtheilig wird"[15].

Formal nicht zu Unrecht bezieht er sich dabei direkt auf Smith, denn dieser selbst habe „ganz siegreich dargethan, daß der Capitalist, indem er nur nach höheren zu machenden Gewinsten strebe, nicht nur um die Fortschritte des Volks zum National-Reichtume wenig bekümmert, vielmehr in den meisten Fällen geradezu damit in Widerstreit sey"[16]. Sartorius spricht hier zum ersten Mal eine Smith-Interpretation aus, die später immer wieder in bürgerlichen dogmengeschichtlichen Untersuchungen neu belebt wird: Einzelne kritische Äußerungen Smith' über die eigensüchtigen Motive der Kapitalisten werden verabsolutiert, so daß der bürgerlich-kapitalistische Charakter seiner Theorie als Ganzes verlorengeht.[17] In der Substanz dreht es sich bei Smith aber gerade darum — und das übersehen der Kleinbürger Sartorius und viele seiner Nachbeter —, daß trotz oder gerade infolge der egoistischen Motive der Kapitalisten seiner Theorie zufolge das Gemeinwohl besser als durch jedes andere Regulierungssystem der Wirtschaft gefördert wird.

Sartorius hingegen versucht, weder Fisch noch Fleisch, weder Bourgeois noch Feudaler zu sein. Einerseits sagt er: „Die Passion der Regierungen, alles zu leiten und zu regulieren, ist freylich oft höchst verderblich dem Volke geworden, sie hat bei den beßten Gesinnungen der Regenten die verderblichsten Maßregeln hervorgebracht." Doch dieser Smithschen Sprache folgt sogleich die Einschränkung: „Allein die unbedingte Freyheit würde fürwahr auch nicht ohne manche nachtheilige Folgen seyn."[18] Oder an einer anderen Stelle die gleiche kleinbürgerliche Inkonsequenz: „Die möglichst freye Concurrenz ist nicht ohne alle Gebrechen, die Unglücklichen, die ein Opfer derselben, ohne ihre Schuld, werden, verdienen Unterstützung; alle zu ergreifenden Palliative, ohne daß dadurch das Uebel ver-

[15] G. Sartorius, Abhandlungen, die Elemente des National-Reichthums und die Staatswirthschaft betreffend, Göttingen 1806, S. 221.

[16] Ebenda, S. 213.

[17] Vgl. hierzu Abschnitt 2.3.

[18] G. Sartorius, a. a. O., S. 212.

mehrt wird, sind zu empfehlen, wenn gleich sie im Allgemeinen nicht genau angegeben werden können, aber jene Freyheit bleibt in Bezug auf die Consumenten, in Bezug selbst auf die, welche unter einander concurrieren, das beßte Hülfsmittel, ihren Wohlstand dauernd zu fördern, und das beßte Mittel, der Regel nach, um der National-Industrie aufzuhelfen, den National-Reichthum zu vermehren."[19] Diese Sowohl-als-auch-Position ist zweifellos auf den geschärften Blick Sartorius' für die Interessengegensätze der bürgerlichen Gesellschaft zurückzuführen, der sich ihm als Repräsentanten des Kleinbürgertums notwendigerweise aufdrängte. Auch Smith hatte diese sozialen Widersprüche keineswegs übersehen, ja im Gegenteil vieles zu ihrer wissenschaftlichen Analyse beigetragen. Doch bei Sartorius tritt gerade diese Analyse der Realität mit ihren Zwangsläufigkeiten in den Hintergrund zugunsten von Wunschdenken und kompromißhaften Vorschlägen.

In der Werttheorie löst sich Sartorius von Adam Smith. Dessen „Lehre scheint in dieser Hinsicht theils dunkel, theils mangelhaft zu seyn"[20], meint er. Selbst entwickelt er drei Komponenten des Wertbegriffs: erstens den Gebrauchs- oder Bedürfniswert, der subjektiv nach der Genußfähigkeit eines Produkts bestimmt wird, zweitens den Wert oder Produktionswert, der sich aus den Kosten zusammensetzt; drittens den Tauschwert, der von dem im Austausch erzielbaren Warenquantum abhängt und letztlich von Angebot und Nachfrage determiniert ist. Der Bedürfnis- und der Produktionswert wirken zwar auf den Tauschwert ein, aber die Tauschwertbestimmung selbst bleibt nach Meinung Sartorius' eine völlig eigenständige Angelegenheit. Auf dieser Grundlage räsoniert er gegen Smith, daß das allgemeine Maß des Wertes in der Arbeit zu suchen sei, denn gemeine und edle Arbeit — zum Beispiel die eines Tagelöhners und die Raphaels — wären zu unterschiedlich, um die genannten drei Wertbeziehungen für alle Menschen gleichermaßen zum Ausdruck zu bringen. Dabei übersieht Sartorius, daß die Arbeit für Adam Smith nur deshalb Wert*maß* sein kann, weil sie in seiner richtigen Werttheorie auch einzige *Quelle* von Wert ist. Mit diesen Auffassungen leitet Sartorius den Vulgarisierungsprozeß in der Wert- und Mehrwerttheorie der deutschen Nationalökonomie ein, der die kurze Periode der Übernahme der klassischen Smithschen Lehren um die Wende vom 18. zum 19. Jahrhundert schnell in Vergessenheit geraten läßt.

An der Umdeutung der Smithschen Werttheorie hat sich auch Lueder, vor allem Exponent des schwachen deutschen Manufakturbürgertums, an führender Stelle beteiligt. In seiner „National-Industrie" konzentriert er sich völlig auf die für eine Ware im Austausch zu erlangende Arbeit. Indem er so Smith' Werttheorie durch dessen Tauschwerttheorie ersetzt, kommt in seiner Darstellung auch der Riß zwischen vorkapitalistischer und kapitalistischer Warenproduktion nicht zur Sprache. Profit und Rente erscheinen nicht als unentgeltlicher Abzug vom Produkt des Arbeiters. Lueder verzichtet also auf die für die klassische politische

19 Ebenda, S. 492 f.

20 Ebenda, S. 1.

Ökonomie grundlegende Mehrwerttheorie. Noch deutlicher wird dies in seinem Buch „National-Oekonomie oder Volkswirtschaftslehre", das zwar erst postum im Jahre 1820 veröffentlicht, aber etwa 10 Jahre früher geschrieben wurde. Dort unterscheidet Lueder zwischen positivem und verglichenem, unmittelbarem sowie Gebrauchs- und Tauschwert.[21] Alle diese Werte sind für ihn etwas rein Ideelles. Sie entziehen sich einer tatsächlichen Messung, denn sie richten sich nach der von verschiedenen Standpunkten aus geschätzten Brauchbarkeit eines Gutes. Die Arbeit ist demzufolge nicht Maß und nicht Ursache des Wertes.

Zwar löst sich Lueder in seiner Smith-Bearbeitung in einigen „Grundbegriffen der Volkswirtschaftslehre" von der englischen Vorlage, möchte deren „Fehler verbessern" und „Lücken auffüllen"[22], aber in seiner vehementen Kritik der überholten kameralistischen Praktiken des feudalen Staates erlegt er sich — immer unter Berufung auf Adam Smith — kaum Zurückhaltung auf. Den Fürsten wirft er vor, daß sie „der Natur geradezu entgegen (arbeiten), wenn sie unmittelbar für die Industrie wirken und Wohlhabenheit und Kultur herbeiführen wollen"[23]. Nicht ohne Beredsamkeit verwirft Lueder die von der feudalen Staatsmacht aufgetürmten Hemmnisse der wirtschaftlichen Bewegungsfreiheit. Die Herrscher von Rußland, Österreich und Preußen hätten mit ihrer Bevormundung jeder wirtschaftlichen Handlung den Wohlstand des Volkes nicht herbeizuführen vermocht, jenes Privatwohl, „das durch Gewalt nicht nur nicht geschaffen werden kann, sondern vermindert und vernichtet wird, das ganz auf freier Tätigkeit beruht"[24]. Überall habe das Kapital „bloß durch die Sparsamkeit und den klug angewandten Fleiß der Privatleute . . . langsam und im stillen zugenommen"[25]. Soweit Lueders wirtschaftlicher Liberalismus, der sich der Smithschen Argumente, bezogen auf die eigene Erfahrungs- und Umwelt, durchaus zu bedienen weiß. In seinen späteren Werken macht Lueder von dieser Position bestimmte Abstriche, ohne sie jedoch völlig aufzugeben. Er verbeugt sich vor dem „unumschränkten Monarchen" und bestreitet die Notwendigkeit einer „gänzlichen Revolution in den bisher befolgten Grundsätzen der Staatswirtschaft"[26], womit er sich in den Troß der inkonsequenten Ideologen einer Bourgeoisie einreiht, die die Macht nicht erkämpfen konnte und wollte, sondern sich — einem Wort von Mehring zufolge — an diese heranschlich.

Schließlich ist in dem hier zu behandelnden Kreis deutscher Smithianer L. H. v. Jacob zu würdigen. In seinen „Grundsätzen" gibt er Smith' Theorien im großen

21 Vgl. A. F. Lueder, National-Oekonomie oder Volkswirtschaftslehre. Ein Handbuch zur Beförderung des Selbstudiums dieser Wissenschaft, Jena 1820, S. 128 ff.

22 Vgl. A. F. Lueder, Über National-Industrie und Staatswirtschaft, nach Adam Smith bearb., 3 Teile, Berlin 1800/1804, Bd. I, S. XV.

23 Ebenda, Bd. III, S. 30.

24 Ebenda, S. 65.

25 Ebenda, S. 49

26 Vgl. A. F. Lueder, National-Oekonomie oder Volkswirtschaftslehre . . ., a. a. O., S. 27 f.

und ganzen richtig wieder und nutzt sie in der Polemik mit feudalen Erscheinungen geschickt aus. Smith folgend, bemüht er sich, die ökonomischen Gesetze, welche Entstehung, Verteilung, Verzehr und Vermehrung des Reichtums einer Nation bestimmen, zu untersuchen. Allerdings ist Jacob nicht nur von Adam Smith beeinflußt worden. Seine besondere Stellung im Rahmen der deutschen Smith-Rezeption besteht darin, daß er den Versuch zu einer vermittelnden Haltung zwischen Smith und J. B. Say unternommen hat. Durch Jacob wurde Say in den deutschen Sprachraum eingeführt. In der Vorrede zu einem Hauptwerk bekennt er, daß er Say „in Absicht auf Anordnung der Materie und Zergliederung einiger Begriffe viel Belehrung schuldig"[27] sei. 1807 veröffentlichte er seine Übersetzung von Says „Abhandlung", also nur vier Jahre nach Erscheinen des Originals. Jacob bezeichnet Says Buch als „schönsten Commentar über Smiths Werke", der „viel leichter geordnet" wäre, „Begriffe und Materialien in einen viel besseren und deutlicheren Zusammenhang gestellt" hätte und überhaupt den „höchsten Grad an Popularität" aufweise.[28]

Die Auswirkung Says über Jacob auf die deutsche Smith-Rezeption ist in gewisser Weise verhängnisvoll gewesen. Sie begünstigte nämlich in erkenntnistheoretisch-methodologischer Hinsicht die in den deutschen Denktraditionen sowieso schon angelegte Tendenz zur „reinen Theorie" der Nationalökonomie. Der Zweck der Wissenschaft wird vorrangig in der Systematisierung der Begriffe gesehen, während die Ableitung von praktischen Konsequenzen eigentlich dem Staatsmann obliege, worin sich eine gewisse Verwandtschaft zu heutigen positivistischen Wissenschaftsauffassungen zeigt. Die deutschen Smithianer ließen sich durch derartige Überlegungen immer weiter weg von ihrer eigentlichen Aufgabe drängen, die darin bestanden hätte, die schwache deutsche Bourgeoisie mit Hilfe der politischen Ökonomie wirklich wachzurütteln und zu einem prinzipiellen, wenn schon nicht revolutionären Kampf gegen den Feudalismus zu befähigen. Statt dessen kommen dickleibige Kompendien mit nutzlosen Systematisierungen zustande, in der Regel ohne inneres Feuer verfaßt, das auch nur im entferntesten an die drangvollen Streitschriften erinnert hätte, mit denen die Theoretiker der englichen Bourgeoisie ihre Ansprüche in einer vergleichbaren Periode ihrer Entwicklung vertreten hatten.

Jacob hat allerdings oft genug den von ihm selbst verkündeten Grundsatz der Trennung von Theorie und Praxis durchbrochen. Wirtschaftspolitisch in seiner sozialen Interessenvertretung mit Kraus vergleichbar, fordert er wie Adam Smith den Staat auf, für Gerechtigkeit in den ökonomischen Verhältnissen zu sorgen und das Gewichts-, Maß- und Münzsystem sowie das Abgabewesen vernünftig zu gestalten; dann sei schon viel gewonnen.[29] Darüber hinaus habe er vor allem das

27 L. H. v. Jacob, Grundsätze der National-Oekonomie oder National-Wirtschaftslehre, Halle 1805, S. VIII.

28 Vgl. J. B. Say, Abhandlung über die National-Oekonomie, 1. Bd., Halle/Leipzig 1807, Vorrede von Jacob, S. III f.

29 Vgl. L. H. v. Jacob, a. a. O., S. 299 ff.

Privateigentum und die persönliche Freiheit zu garantieren, „wenn in einem Land Reichthum entstehen soll"[30]. Daher verurteilt Jacob die feudalen Beschränkungen des Kaufs und Verkaufs von Grund und Boden[31] oder die Hemmung der Arbeitskräftewanderung durch die Leibeigenschaft[32]. Resümierend stellt er fest: „Das Resultat von diesem allen ist, daß der Staat durch positive Anordnung für Handel und Gewerbe wenig oder nichts zur Vermehrung des National-Reichtums beytragen kann, daß die bisher angewandten Mittel gemeiniglich das Gegentheil von dem bewirken, was sie bewirken sollen, daß also die beste Politik des Staates zur Beförderung des National-Wohlstands sey: Handel und Gewerbe ihren eigenen freyen ungehinderten Gang gehen zu lassen."[33]

In werttheoretischer Hinsicht hat sich Jacob redlich bemüht, Smith zu folgen. Er verteidigt sogar dessen Lehre von der Arbeit als dem einzigen Wertmaß, wobei er durchaus theoretischen Scharfsinn in der Abwehr der Angriffe von Say und Lauderdale unter Beweis stellt, wenngleich er natürlich das theoretische Dilemma nicht überbrücken konnte, das Smith mit seiner These von der vermeintlichen Unveränderlichkeit dieses Wertmaßes eröffnet hatte[34]. In der Formulierung des Wertgesetzes läßt Jacob an Deutlichkeit nichts vermissen. Er sagt: „Die Quantität und Qualität der Arbeit, welche die regelmäßige Hervorbringung eines Dinges kostet, bestimmt dessen Tauschwerth, den man schlechthin Werth ohne Zusatz nennt."[35] Diese richtige Auffassung hindert ihn später allerdings nicht daran, die Saysche Theorie der Produktionsfaktoren aufzugreifen und zu schreiben: „Haben nun Grundstücke, Arbeit und Capitale fast an allen Producten Theil: so ist auch natürlich, daß das Product oder dessen Werth unter diejenigen, welche dasselbe hervorbringen, nach der Proportion ihrer Theilnahme vertheilt wird."[36] Und weiter: „Demnach wird der Preis eines jeden Dinges durch den Preis der Elemente bestimmt, woraus er zusammengesetzt ist."[37] Obwohl sein ursprünglicher Wertbegriff hier gar keine Rolle mehr spielt, könnte man unter Umständen annehmen, daß Jacob hier lediglich den „närrischen Schnitzer" der dritten Werttheorie von Smith reproduziert. Etwas später zeigt sich aber, daß er tatsächlich Say folgt, wenn es heißt: „Der Profit des Unternehmers ist nichts anderes als eine Art Lohn für die Arbeit, Mühe, Geschicklichkeit, Gefahr usw., welche mit der Unternehmung verbunden ist."[38] Das ist plattester Vulgarismus, der sich im absoluten Widerspruch zu den ausdrücklich entgegengesetzten Feststellungen von Adam Smith

[30] Ebenda, S. 21.
[31] Vgl. ebenda, S. 270 ff.
[32] Vgl. ebenda, S. 192 ff.
[33] Ebenda, S. 299.
[34] Vgl. Say, a. a. O., Anhang von Jacob, S. 504 ff.
[35] L. H. v. Jacob, a. a. O., S. 68.
[36] Ebenda, S. 90.
[37] Ebenda, S. 93.
[38] Ebenda, S. 127.

befindet. Jacob scheint gar nicht zu bemerken, wie sehr er sich mit dieser Aussage selbst widerspricht, zumindest in der wenige Seiten vorher aus dem „Reichtum der Nationen" sinngemäß übernommenen Formulierung: „Dem Arbeiter wird das Capital als Lohn bezahlt, und er liefert dafür einen größeren Werth, der außer dem Capital noch einen Gewinn gibt, zurück."[39] Wie man sieht, die Übernahme klassischer politökonomischer Gedanken geht bei Jacob — eigentlich wie bei allen anderen deutschen Smithianern — mit der Unfähigkeit einher, diese von krassen vulgärökonomischen Fehlleistungen zu trennen.

Bei aller Beschränktheit, die hier für Kraus, Sartorius, Lueder und Jacob registriert werden mußte, ihre für die damalige Zeit, die zweite Etappe der deutschen Smith-Rezeption zwischen der Mitte des letzten Jahrzehnts des 18. Jahrhunderts und dem Ende des ersten Jahrzehnts des 19. Jahrhunderts, verdienstvolle Leistung darf nicht voreilig und anhand unhistorischer Maßstäbe herabgewürdigt werden. Sie haben sich ihren objektiven gesellschaftlichen Möglichkeiten entsprechend bemüht, die klassischen politökonomischen Theorien des Manufakturkapitalismus nach Deutschland zu übertragen und sie in der Auseinandersetzung mit dem Feudalabsolutismus zu nutzen. Subjektiv haben sie die ihnen gezogenen Grenzen sicher ausgeschöpft. Ihre Schwäche oder Inkonsequenz ist nicht ihnen persönlich anzulasten, sondern muß als Ausdruck der Schwäche und Inkonsequenz der deutschen Bourgeoisie gewertet werden.

Feudale Reaktion und bürgerliche Inkonsequenz

Am Ende der zweiten Etappe der Aufnahme von Smith in Deutschland treten neue politische, sozialökonomische und theoretische Bedingungen in Erscheinung bzw. verstärkten ihren Einfluß, so daß die Smith-Rezeption in eine *dritte* Phase hinübergleitet, die in ihrer vollen Ausprägung etwa vom Wiener Kongreß bis zur bürgerlichen Revolution von 1848 anzusetzen ist. International konnte die Smithsche Theorie verhältnismäßig unangetastet bleiben, solange der Manufakturkapitalismus dominierte. Zwar blieben gerade in Deutschland einzelne Theoreme aus einer überholten Vorstellungswelt innerhalb des von Smith geschaffenen Rahmens erhalten, aber eine tragfähige Gegenkonzeption war daraus nicht abzuleiten. Solange die allgemeine Grundlage des gewerblichen Kapitalismus die Manufaktur und noch nicht die maschinelle Fabrik bildete, wurde Smith' Darstellung der sozialen Grundtendenzen von der Wirklichkeit immer wieder aufs neue bestätigt. Der Manufakturkapitalismus zwang keine Klasse oder Schicht, natürlich mit Ausnahme der feudalen Reaktion, eine andere als die Smithsche Erklärung für die wirtschaftlichen Erscheinungen zu suchen. Die Situation änderte sich in dem Maße, in dem sich mit der industriellen Revolution die neuen Probleme des Industriekapitalismus vor allem zunächst in England andeuteten. Hinzu traten die Erfahrun-

[39] Ebenda, S. 122.

gen mit den Ergebnissen der Französischen Revolution, die auf eine sich verstärkende soziale Differenzierung im antifeudalen Lager hinwiesen. Welche Auswirkungen sich hieraus für die ökonomische Theorie in England und Frankreich ergeben, haben wir bereits erörtert.[40] Die hier einsetzende vulgärökonomische Verflachung wird nun sehr schnell auf Deutschland übertragen, wobei neben den allgemeinen Faktoren noch ein spezifischer Grund mitwirkt: die relative Stärke des Feudaladels, der nach einer historisch kurzen Reformperiode seine Machtposition weitgehend erhalten oder restaurieren konnte.

Was in England oder Frankreich undenkbar gewesen wäre, in Deutschland wurde es zur Wirklichkeit: Der Feudaladel formierte eine ideologisch-theoretische Opposition gegen den Smithianismus, und es gelang ihm, dessen deutsche Vertreter zur Aufgabe von politökonomischen und wirtschaftspolitischen Grundsätzen zu bewegen, die sie bislang in Übereinstimmung mit dem „Reichtum der Nationen" propagiert hatten. Hauptexponent der reaktionären politökonomischen Romantik war Adam H. Müller, der seine Vorlesungen vor dem sächsischen Adel unter dem Titel „Die Elemente der Staatskunst" 1808/09 als Buch herausgab. Dem feudalen Staat und den Adligen gilt Müllers ganz Liebe. Ausdrücklich wendet er sich gegen Adam Smith, nur die Arbeit als produktiv anzuerkennen, die in der materiellen Produktion geleistet wird. Seiner Meinung nach ist vielmehr die staatserhaltende, auf einen vermeintlichen Interessenausgleich bedachte Tätigkeit der Fürsten und ihrer Bürokratie als die eigentlich produktive Arbeit anzusehen.[41] Die Ständeverhältnisse des Mittelalters, das Lehenswesen usw. sind in seinen Augen der einzige Ausweg, um die Zerstörung der Gemeinschaftsbindungen durch das Privateigentum zu verhindern. Gegen die liberale Maxime, die vornehmste Pflicht des Staates sei der Schutz des Privateigentums, setzt Müller die These: „Der Adel also ist die erste und einzig notwendige staatsrechtliche Institution im Staate."[42] Weil er die Konservierung feudaler Zustände durch die Smithsche Theorie — völlig zu Recht — in Gefahr geraten sieht, verketzert er die „Oekonomie-Lehre" als „Lehre der allmählichen, radicalen Zersetzung, Auflösung und Dismembration des Staates"[43]. Mehrfach schimpft er in gehässigem Ton gegen „die Deutsche Nachbeterei des Adam Smith, welche, wie so vieles andre Unnationale, Mode geworden, vornehmlich unpassend (ist), und zeigt, daß sich alle eigenthümliche Tüchtigkeit Deutscher Denkungsart und Wissenschaft verliert"[44]. Politökonomisch hat Müller natürlich nichts zu bieten. Aber er findet Beifall und Anhänger, zum Beispiel den preußischen Staatsbeamten Fr. v. Cölln, der Smith ebenfalls wegen seiner Theorie der wirtschaftlichen Freiheit angreift und pathetisch die Wirtschaftspolitik Fried-

40 Vgl. Abschnitt 1.3.

41 Vgl. A. Müller, Die Elemente der Staatskunst, Jena 1922, Bd. I, S. 29.

42 Ebenda, Bd. II, S. 187.

43 Ebenda, S. 298.

44 Ebenda, S. 374.

richs II. beschwört, die „keine Millionärs und keine Bettler, kein Birmingham voll hungriger Fabrikknechte“[45] hervorgebracht habe.

Hier offenbart sich, was bereits angedeutet wurde. Die bornierte feudale Reaktion vermengt sich mit Elementen der Angst vor den für den Kapitalismus typischen sozialen Auseinandersetzungen, wie sie sich nach der Französischen Revolution und im Verlauf der industriellen Revolution immer deutlicher zeigen. Nicht ungeschickt wurde dabei von den feudalen Ideologen auf tatsächliche Gebrechen der kapitalistischen Ordnung aufmerksam gemacht. Ungewollt, aber auf seiten des Adels natürlich begrüßt, entsteht dabei eine Front mit kleinbürgerlichen Kritikern des Kapitalverhältnisses, zum Beispiel mit Luden, der in seinem „Handbuch der Staatsweisheit“ (1811) fast modern anmutende Formulierungen zur Geißelung der Arbeitsteilung, wie sie Smith untersucht hatte, findet, aber als Ausweg nichts anderes als Appelle an die Herrschenden zu richten weiß.[46]

Angesichts dieser außerordentlich massiven Kritik am Kapitalismus, an bürgerlichen Bestrebungen und an ihrer theoretischen Verallgemeinerung durch den Smithianismus begaben sich die deutschen Nationalökonomen auf den Rückzug. Sie vermochten nicht den reaktionären, rückwärts gerichteten Charakter der Wortführer sowohl des Adels als auch der Kleinbürger zu entlarven. Die dritte Etappe der Smith-Rezeption in Deutschland ist daher gekennzeichnet durch den Versuch, den existierenden, das heißt halbfeudalen Staat als primären Ordnungsfaktor und Kulturträger mit theoretischen Rudimenten des ökonomischen Liberalismus zu verquicken. Letzte Ursache des Kotaus vor der Obrigkeit bleiben natürlich die Schwäche des deutschen Bürgertums und die relative Zurückgebliebenheit seiner ökonomischen Basis.

Neben zweit- oder drittrangigen Vulgärökonomen, zum Beispiel Julius Graf von Soden[47], J. Fr. E. Lotz[48], K. H. L. Pölitz[49], R. Mohl[50], sind für die hier betrachtete Zeit vor allem zwei Namen zu erwähnen: K. H. Rau[51], Professor in Heidelberg, sowie Fr. B. W. v. Hermann[52], Professor in München und Direktor des bayrisch-statistischen Bureaus. Sie versuchten, weiterhin von Smith auszugehen, und das mit einer gewissen Berechtigung, da der Manufakturkapitalismus in Deutschland noch dominierte. Die in England vollzogene Weiter-

45 Vgl. Fr. v. Cölln, Die neue Staatsweisheit, Berlin 1812, S. 259.

46 Vgl. H. Luden, Handbuch der Staatsweisheit, Jana 1811, S. 219 ff.

47 Julius Graf von Soden. Die Nazional-Oekonomie. Ein philosophischer Versuch, über die Quellen des Nazional-Reichthums und über die Mittel zu dessen Beförderung, 9 Bde., Leipzig 1805/11 und Aarau 1816/21.

48 J. Fr. E. Lotz, Über den Begriff der Polizey und den Umfang der Staatspolizeygewalt, Hildburghausen 1807.

49 K. H. L. Pölitz, Die Staatswirtschaft im Lichte unserer Zeit, 5 Bde., Leipzig 1823/24.

50 R. Mohl, Die Polizei-Wissenschaft nach den Grundsätzen des Rechtsstaates, 3 Bde., Tübingen 1832/34.

51 K. H. Rau, Grundsätze der Volkswirtschaftspolitik, Heidelberg 1828.

52 Fr. B. W. v. Hermann, Staatswissenschaftliche Untersuchungen, München 1832.

entwicklung der politischen Ökonomie bei Ricardo vermochten sie weder zu verstehen noch zu verarbeiten. Wirtschaftspolitisch schwanken sie zwischen der Befürwortung der freien Konkurrenz und der Forderung nach Staatseingriffen, wenn es die konkrete Situation erfordere. Dazu zählen Schutzmaßnahmen gegen die ausländische Konkurrenz, preispolitische Reglementierungen, finanzielle Unterstützungen für Landwirtschaft und Gewerbe ebenso wie sozialpolitische Regelungen der Arbeitsverhältnisse oder die Beteiligung der Lohnarbeiter am Kapitalgewinn. Rau und Hermann registrieren bestimmte Erscheinungsformen des sozialen Elends der Arbeiterklasse und nähren die illusionäre Hoffnung, daß die Regierungen daran etwas Prinzipielles ändern wollen oder können. In theoretischer Hinsicht lösen sich Rau und Hermann von der klassischen Arbeitswerttheorie und der ihr entsprechenden Mehrwerttheorie. An deren Stelle treten bei ihnen die Ableitung des Preises aus der Nutzensschätzung der Tauschpartner sowie die flache Saysche Lehre vom Unternehmerlohn. Es würde zu weit führen, dies hier im einzelnen weiter zu verfolgen. Die Smith-Schule in Deutschland löst sich faktisch in blanke Vulgärökonomie auf, auch wenn es nicht an Lippenbekenntnissen zu dem großen Schotten fehlt.

Thünen

Auf eine eigenwillige theoretische Leistung aus dieser Zeit muß allerdings verwiesen werden, auf Johann Heinrich von Thünens Versuch, Smith' politische Ökonomie für die Lösung einiger neu herangereifter sozialökonomischer Fragestellungen fruchtbar zu machen. In seinem Hauptwerk „Der isolierte Staat in Beziehung auf Landwirtschaft und Nationalökonomie" (1. Teil 1826) akzeptiert er die Smithsche Arbeitswerttheorie, bemerkt aber zugleich deren methodologischen Grundmangel, die fehlende Vermittlung zwischen vorkapitalistischer und kapitalistischer Warenproduktion, zwischen dem Wesen des Wertes und der Erscheinung des kapitalistischen Produktionspreises. Er war der erste, der diese in der heutigen bürgerlichen Ökonomie als sogenanntes Transformationsproblem diskutierten Fragen ausführlich aufgriff. Mit scharfem analytischem Verstand ausgestattet, widmete er Jahrzehnte seiner wissenschaftlichen Arbeit der Überwindung dieser Barriere in der klassischen politischen Ökonomie. Er scheiterte und mußte scheitern. Bekanntlich gelang es erst Marx, auf der Basis des dialektischen und historischen Materialismus dieses Problems Herr zu werden. Und doch ist Thünens Ansatz beachtlich.

Da von Smith' ursprünglichem Zustand einfacher Warenproduzenten kein modellartiger Übergang zur kapitalistischen Ausbeutung von Lohnarbeitern denkbar ist, nur den zur Fristung ihrer Existenz notwendigen Anteil an ihrem Produkt erhalten, nahm Thünen die Schaffung eines Mehrprodukts im ursprünglichen Zustand der Gesellschaft an. Jene Arbeiter, die neben ihren Unterhaltsmitteln Produktionsmittel zur Steigerung der eigenen Arbeitsproduktivität herstellen, würden ein Mehrprodukt in Form von Produktionsmitteln besitzen. Einen Teil dieser Produktionsmittel könnten sie an die anderen Produzenten verleihen. Das von diesen mit Hilfe der geliehenen Produktionsmittel geschaffene Mehrprodukt sei so unter beide Produzentengruppen aufzuteilen, daß sich der Wert der notwendigen Unterhaltsmittel zum Anteil der Konsumgüterproduzenten an ihrem Gesamtprodukt verhalte wie dieser Anteil zum Gesamtprodukt.

Thünen nimmt an, daß die Produzenten ohne Produktionsmittelbesitz mit ihrem Anteil am Mehrprodukt in die Gruppe der Produktionsmittelproduzenten überwechseln können, wenn ihr Anteil als Konsumgüterproduzenten zu sehr sinke. Infolgedessen werde sich ein Gleichgewicht zwischen beiden Produzentengruppen und deren Anteilen am Produkt der Konsumgüterproduzenten herstellen. Dieser Anteil der Konsumgüterproduzenten müsse auch den „naturgemäßen Arbeitslohn" der kapitalistischen Lohnarbeiter regulieren, wenn man weiterhin mit Smith ein Interesse der Arbeiter am wirtschaftlichen Fortschritt annehmen wolle. Anderenfalls, prophezeite Thünen, werde das Proletariat die kapitalistische Produktionsweise durch eine Revolution beseitigen.

In diesem Modell verband Thünen die volkswirtschaftliche Arbeitsteilung mit der sozialen Klassenteilung, ohne das sich darin verbergende Problem gültig zu lösen. Er erkannte selbst die Schwierigkeiten, die industriekapitalistischen Fragen der Kapitalverwertung und -entwertung anzuwenden. Die bürgerliche Vulgärökonomie übernahm später seine Vorstellungen der Grenzanalyse, allerdings aus dem Zusammenhang herausgerissen und vor allem ohne den klassischen arbeitswerttheoretischen Ansatz. Der theoretische Einfluß von Thünen auf seine Zeit blieb denkbar gering.

Anders verhält es sich mit der Resonanz, die Friedrich List in der ausgehenden ersten Hälfte des vorigen Jahrhunderts gefunden hat, auf den an dieser Stelle abschließend — eigentlich nur der Vollständigkeit halber — verwiesen werden soll. Theoretisch hat List kaum etwas zu bieten. Umso wirkungsvoller war seine Schutzzollagitation, die er in ausdrücklicher Kritik der Smithschen Freihandelslehre entwickelte. Zwar akzeptierte er letzten Endes die Maximen des „laissez-faire", aber eben nur letzten Endes. Aus der relativ unentwickelten kapitalistischen Basis Deutschlands glaubte er den Schluß ziehen zu müssen, das automatische Funktionieren der bürgerlichen Produktionsweise gelte hier nicht. Mit seiner Forderung nach einem zeitweiligen Erziehungszoll entsprach er vor allem den Interessen der süddeutschen Kleinindustrie. Sie kennzeichnet gleichzeitig, wie Fabiunke feststellt, seine „praktische, eng handelspolitisch und nationalbürgerlich beschränkte Auffassung von der Politischen Ökonomie"[53].

Überblickt man die dritte Etappe der deutschen Rezeption bzw. — genauer — der Abkehr von Adam Smith in ihrer Gesamtheit, so ist sie eine Illustration der

[53] F. List, Das natürliche System der Politischen Ökonomie, Berlin 1961. Einleitung von Günter Fabiunke, S. LIV.

Marxschen These: „Sobald eine bürgerliche Wissenschaft der politischen Ökonomie hier möglich zu werden schien, war sie daher wieder unmöglich geworden."[54] Und Marx liefert uns auch die Begründung: In Deutschland „fehlte also der lebendige Boden der politischen Ökonomie. Sie ward als fertige Ware importiert aus England und Frankreich; ihre deutschen Professoren blieben Schüler. Der theoretische Ausdruck einer fremden Wirklichkeit verwandelt sich unter ihrer Hand in eine Dogmensammlung, von ihnen gedeutet im Sinn der sie umgebenden kleinbürgerlichen Welt, also mißdeutet"[55].

Um die Mitte des vorigen Jahrhunderts fand aber selbst diese „mißgedeutete" Übernahme der Smithschen politischen Ökonomie ihren endgültigen Abschluß. Der antagonistische Charakter des Kapitalismus hatte sich international so deutlich manifestiert, in Klassenkämpfen, Wirtschaftskrisen und der zunehmenden Polarisierung des Reichtums, daß dem bürgerlichen ökonomischen Denken nur noch die apologetische Auslegung der kapitalistischen Produktionsverhältnisse offenstand. Die eigentliche, wissenschaftliche Rezeption der Smithschen Theorie vollzogen Marx und Engels. Nach ihnen wollten die bürgerlichen Ökonomen Deutschlands von Adam Smith praktisch nichts mehr wissen. Die beiden führenden vulgärökonomischen Richtungen im entfalteten Kapitalismus der freien Konkurrenz, die historische Nationalökonomie und die Grenznutzentheorie, lehnten schließlich die gesamte klassische politische Ökonomie entschieden ab.

[54] K. Marx, Das Kapital, Erster Band, in: MEW, Bd. 23, Berlin 1962, S. 21.
[55] Ebenda, S. 19.

1.5. Adam Smith und die russische Wirtschaftstheorie des 18. und der ersten Hälfte des 19. Jahrhunderts

Der Einfluß von Adam Smith auf das ökonomische Denken Rußlands war des öfteren Gegenstand wissenschaftlicher Untersuchungen. Besonders tiefgehend wurde dieses Problem in einer vor dem Krieg erschienenen Arbeit des hervorragenden sowjetischen Wissenschaftlers I. G. Bljumin[1] sowie in der nach dem zweiten Weltkrieg in mehreren Bänden herausgegebenen „Geschichte der russischen Wirtschaftstheorie"[2] analysiert. Das letztgenannte Buch enthält eine umfassende Bibliographie der russischen und sowjetischen Literatur. Es existieren jedoch weiterhin bestimmte Aspekte dieses Problems, die noch nicht ausreichend untersucht wurden und auf die hier näher eingegangen werden soll.

Smith und Rußland im 18. Jahrhundert — Desnizkij und Tretjakov

Werfen wir zunächst die Frage auf, welche „Einflüsse" Rußland auf Smith und seine Ideen ausgeübt hat. Was wußte Smith über Rußland, und wie spiegelt sich das in seinen Werken wider? Diese Fragen können leider nur kurz beantwortet werden: Er wußte wenig und reflektierte davon noch weniger. Es wäre auch merkwürdig, wenn es sich anders verhielte. Smith widmete den Entwicklungsproblemen des Kapitalismus seine ganze Aufmerksamkeit. In Rußland aber befand sich diese Entwicklung in der Mitte des 18. Jahrhunderts noch in einem rudimentären Zustand. Darüber hinaus waren die damaligen Informationen über Rußland sehr mangelhaft und unzuverlässig. Dennoch finden wir im „Reichtum der Nationen" einige Andeutungen über Rußland.

So hat Smith beispielsweise die ökonomische Entwicklung Rußlands im Verlauf der vorangegangenen drei Jahrhunderte erwähnt, wobei er es in dieser Hinsicht mit Schweden und Dänemark auf eine Stufe stellte.[3] Bei der Erörterung der niedrigen Produktivität der Sklaven-(und Fron-)Arbeit bezog sich Smith ebenfalls auf Rußland als Beispiel.[4] Zur Begründung der Vorteile der regulären Armee gegenüber dem Landsturm wies er auf das Heldentum der russischen Soldaten im Siebenjährigen Krieg (1756—1763) hin.[5] Auch erwähnte er die

[1] Siehe I. G. Bljumin, Grundriß der Wirtschaftstheorie in Rußland in der ersten Hälfte des 19. Jahrhunderts, Moskau—Leningrad 1940 (russ.), insbesondere Kapitel 2 u. 8.

[2] Autorenkollektiv (Red. A. I. Paškov), Bd. 1, Teil 1, Moskau 1955 (russ.), Kapitel 19; Bd. 1, Teil 2, Moskau 1958 (russ.), Kapitel 1—10.

[3] Vgl. A. Smith, Eine Untersuchung über das Wesen und die Ursachen des Reichtums der Nationen, Bd. 1, Berlin 1963, S. 264.

[4] Vgl. ebenda, Bd. 2, Berlin 1975, S.140.

[5] A. Smith, Eine Untersuchung über Natur und Ursachen des Volkswohlstandes, Bd. 3, Jena 1923, S. 21.

Einführung einer regulären Armee durch Peter I. als eine für die Entwicklung Rußlands wichtige Maßnahme.[6] Schließlich machte er eine Bemerkung darüber, daß die ersten englischen Botschaften in Rußland lediglich Handelsinteressen wahrnahmen.[7] Aus gegenwärtiger Sicht steht dies mit der ökonomischen Theorie kaum in einem direkten Zusammenhang.

Von bedeutendem wissenschaftlichem und historischem Interesse ist das Wirken der beiden Russen Semjon Jefimovič Desnizkij und Ivan Andrejevič Tretjakov — beide waren Schüler von Smith, die an der Glasgower Universität von 1761 bis 1767 studierten und dort den Doktortitel für Jurisprudenz erhielten. Von Spezialisten werden sie als die ersten russischen Rechtstheoretiker und Professoren der Rechtswissenschaften an der Moskauer Universität bezeichnet.[8] Desnizkij und Tretjakov untersuchten und deuteten in ihren Werken die frühen Ansichten Smith', die er etwa 15 Jahre vor der Veröffentlichung des „Reichtums der Nationen" geäußert hatte. Dabei ist zu berücksichtigen, daß die ökonomischen Probleme in ihren Arbeiten, besonders bei Desnizkij, nicht im Mittelpunkt stehen, zumal sie damals oft im Rahmen philosophischer, politischer und juristischer Werke behandelt wurden.

Desnizkij und Tretjakov waren in der russischen Literatur zwei der ersten Kritiker der Leibeigenschaft. Wie viele russische Autoren am Ende des 18. Jahrhunderts und zu Beginn des 19. Jahrhunderts nutzten auch sie für diese Kritik Ideen der fortschrittlichen westeuropäischen Theoretiker aus, darunter jene Adam Smith'. Die Einflüsse von Smith äußern sich in der allgemeinen freiheitsliebenden Gesinnung ihrer Werke und in ihrem Versuch, eine historisch-genetische Analyse des Wirtschaftssystems vorzunehmen. Obwohl sie viele antifeudale Aspekte der Smithschen Konzeption „der natürlichen Freiheit" übernahmen, schrieben sie — von den konkreten Verhältnissen Rußlands ausgehend — dem Staat eine größere Rolle in der Ökonomie zu als Smith. Tretjakov interessierte sich mehr für die Theorie der politischen Ökonomie. Er untersuchte unter anderem Probleme des ökonomischen Nutzeffekts der Arbeitsteilung und die Rolle des Geldes in der Wirtschaft. Seine Ansichten hierüber zeigen den Einfluß von Smith, enthalten jedoch auch eigene Elemente.[9]

In seiner ersten großen Arbeit über das „Studium der Jurispudenz", die kurz nach seiner Rückkehr aus England im Jahre 1768 veröffentlicht wurde,

[6] Ebenda, S. 22.

[7] Ebenda, S. 57.

[8] Arbeiten S. J. Desnickijs und I. A. Tretjakovs wurden in der Edition Ausgewählte Werke der russischen Theoretiker der zweiten Hälfte des 18. Jahrhunderts, Bd. 1, Moskau 1952 (russ.), veröffentlicht. Über Desnickij und Tretjakov siehe besonders: S. A. Pokrovskij, Politische und juristische Ansichten S. J. Desnickijs, Moskau 1955 (russ.); N. M. Korkusov, S. J. Desnickij — der erste russische Professor für Recht, St.Petersburg 1894 (russ.); M. P. Alekseev, Adam Smith and his Russian Admirers in the Eightcenth Century, in: W. R. Scott, Adam Smith as Student and Professor, Glasgow 1937.

[9] Vgl. Geschichte der russischen Wirtschaftstheorie, Bd. 1, Teil 1, Moskau 1955 (russ.), S. 563 ff.

untersucht Desnizkij das Verhältnis zwischen den philosophisch-soziologischen Rechtsgrundlagen und dem positiven Recht, das heißt der Gesetzgebung der verschiedenen Länder und Völker. Die Namenliste der britischen Wissenschaftler, die zur Erforschung dieses Komplexes beigetragen haben, schließt Desnizkij mit David Hume und Adam Smith ab, „von denen der eine die Metaphysik und der andere die Moralphilosophie zur großen Freude in der Welt der Wissenschaftler schuf. Meiner Meinung nach, wenn ich mich nicht täusche, ist die Moralphilosophie des Herrn Smith mit der natürlichen Jurisprudenz enger verbunden als alle anderen Systeme dieser Wissenschaft.“[10]

Damit betont Desnizkij die enge Beziehung zwischen Smith' ethischer Theorie und sozialökonomischen Fragestellungen. Diese Wertung der frühen Auffassungen Smith' ist beachtenswert. Der Vergleich der Werke Desnizkijs mit dem Manuskript der Smith'schen Vorlesungen[11] läßt interessante Analogien, ja sogar wörtliche Übereinstimmungen erkennen. Aufgrund dieser Tatsache ist anzunehmen, daß Desnizkij und Tretjakov über eine Kopie des Konzepts verfügten. Das Manuskript des Konzepts war in den Archiven nicht auffindbar. Möglicherweise ist es beim Brand Moskaus im Jahre 1812 verlorengegangen.[12]

Die Werke Tretjakovs sind nicht so zahlreich. Von besonderem Interesse ist in diesem Zusammenhang seine Universitätsrede, die er am 30. Juni 1772 unter dem Titel „Abhandlung über die Ursachen des Reichtums und der zögernden Bereicherung der Staaten sowohl der alten als auch der gegenwärtigen Völker“ gehalten hat. Bereits der Titel dieser Arbeit weist auf den Einfluß von Smith hin. Diese Vermutung wird nach dem Lesen des Werkes voll bestätigt. Die These Smith' über die Arbeitsteilung wiederholend, betont Tretjakov als besonderen Wachstumsfaktor des Reichtums die „Erfindung der Künste“, das heißt die Entwicklung der Technik.[13] Ein bedeutender Teil dieses Werkes ist der Kritik des westeuropäischen Monetarismus und Merkantilismus gewidmet, besonders den Behauptungen, daß „der staatliche Reichtum im wesentlichen aus Gold und Silber besteht“[14]. An einigen Stellen stimmen die Ausführungen Tretjakovs mit dem Vorlesungstext Smith' sogar fast wörtlich überein.

Von den bedeutenden russischen Staatsmännern und Wissenschaftlern in der Zeit gegen Ende des 18. Jahrhunderts, die von Smith beeinflußt wurden, müssen E. R. VORONZOVA-DAŠKOVA (Direktorin, das heißt Präsidentin der Petersburger Akademie der Wissenschaften von 1783 bis 1796), S. R. Voronzov (langjähriger russischer Botschafter in England) und N. S. Mordvinov (Admiral, hervorragende

10 Ausgewählte Werke der russischen Theoretiker der zweiten Hälfte des 18. Jahrhunderts, Bd. 1, Moskau 1952 (russ.), S. 202.

11 Vgl. A. Smith, Lectures on Justice, Police, Revenue and Arms, Oxford 1896.

12 Vgl. A. Anikin, Adam Smith, Moskau 1968 (russ.), S. 101 f.

13 Vgl. Ausgewählte Werke der russischen Theoretiker der zweiten Hälfte des 18. Jahrhunderts, Bd. 1, Moskau 1952 (russ.), S. 355.

14 Ebenda, S. 356.

Persönlichkeit des öffentlichen Lebens und Autor wichtiger ökonomischer Werke) erwähnt werden. Die beiden ersten kannten Smith persönlich und bezeichneten ihn als äußerst bemerkenswert. Durch Mordvinov wurde Smith als Gelehrter auf eine Stufe mit F. Bacon und I. Newton gestellt.[15] Vor allem wurden diese Persönlichkeiten durch solche Elemente der Smithschen Theorie gefesselt wie die systematische Darlegung der sozialökonomischen Theorie, den ökonomischen und politischen Liberalismus und das Eintreten für eine beschleunigte Entwicklung der Gewerbetätigkeit..

Besonderes Interesse verdient das Vorhandensein Smithscher Ideen in den Werken und Theorien A. N. Radiščevs, des ersten russischen Gelehrten und Schriftstellers, der ein revolutionär-demokratisches Programm der Aufhebung der Leibeigenschaft propagierte. Obwohl eine direkte Bezugnahme auf Smith in den Werken Radiščevs fehlt, ist in der sowjetischen Literatur die Meinung verbreitet, daß er die Werke von Smith gut kannte. In der Bibliothek Radiščevs war die französische Ausgabe des „Reichtums der Nationen" in zwei Bänden vorhanden.[16] Es ist selbstverständlich, daß der leidenschaftliche Kampf Radiščevs gegen die Leibeigenschaft weit über die Smithsche Kritik am „Sklaventum" und an der Sklavenarbeit hinausgeht. Aber es ist sehr gut möglich, daß die Ideen Smith' zusammen mit denen der französischen Aufklärungsphilosophen auf die Formung der Weltanschauung Radiščevs eingewirkt haben. Als Radiščevs in seiner in den neunziger Jahren des 18. Jahrhunderts geschriebenen Arbeit „Brief über den chinesischen Handel" über die „moderen Ökonomen" spricht, die für die Freiheit des Handels kämpfen, hat er mit größter Wahrscheinlichkeit an Smith gedacht.[17] Radiščev selbst war durchaus kein Anhänger des Freihandelssystems, da er die Meinung vertrat, daß der Protektionismus für die industrielle Entwicklung Rußlands notwendig sei. Diese Divergenz zu Smith war für sehr viele russische Autoren am Ende des 18. und zu Beginn des 19. Jahrhunderts charakteristisch.

[15] Vgl. W. N. Alexandrenko, Russische Diplomaten-Agenda in London im 18. Jahrhundert, Bd. 1, Warschau 1897, Kapitel XIV, besonders S. 389ff.; vgl. M. P. Alekseev, a. a. O.

[16] Vgl. E. V. Prikaščikova, Die ökonomischen Ansichten A. N. Radiščevs, Moskau—Leningrad 1949 (russ.), S. 116. In einem Brief aus der sibirischen Verbannung vom 2. Mai 1791 an den Grafen A. R. Voroncov (Bruder von E. R. Voroncova-Daškova und von S. R. Voroncov) schreibt Radiščev: „Ich gebe zu, daß ich die Werke von Condorcet sowie seine Kommentare zum Buch des Engländers Smith sehr hoch schätze." (A. N. Radiščev, Gesammelte Werke, Bd. 3, Moskau—Leningrad 1952, S. 370. Originalbrief in französischer Sprache). Radiščev dürfte auch Smith' Werk „Theorie der moralischen Gefühle" gekannt haben. In der Lenin-Bibliothek in Moskau befinden sich französische Ausgaben dieses Buches mit Kommentaren von Condorcet.

[17] Vgl. Geschichte der russischen Wirtschaftstheorie, Bd. 1, Teil 1, Moskau 1955 (russ.), S. 671 bis 672.

Die Epoche Alexanders und die erste russische Ausgabe des „Reichtums der Nationen“

In seiner „Epistel an den Zensor“ (1822) fordert A. S. Puškin diesen auf, sich an die „Tage Alexanders, an den wunderbaren Anfang“ zu erinnern. „Erfahre, was in diesen Tagen die Presse vollbrachte. Vom Wirkungskreis der Vernunft dürfen wir uns nicht entfernen.“[18] Unter den Büchern, die in dieser kurzen Zeit einer liberalen Strömung herausgegeben wurden, befand sich auch Smith' „Reichtum der Nationen“. Zu Beginn des 19. Jahrhunderts waren Name und Werke Smith' in den höheren Bildungsschichten der russischen Gesellschaft, darunter auch bei den jungen „Liberalen“, die sich in diesen Jahren um Alexander I. scharten, bereits gut bekannt.

„Eine Untersuchung über das Wesen und die Ursache des Reichtums der Nationen, ein Werk Adam Smith'“ erschien in Petersburg zwischen 1802 und 1806 in vier Bänden. Die Übersetzung des Buches von Smith in die russische Sprache war zur damaligen Zeit mit großen Schwierigkeiten verbunden. Die russische ökonomische Terminologie war gerade im Entstehen, und die gesellschaftlichen Verhältnisse, die Smith analysiert hatte, waren in Rußland vielfach unbekannt. Der Übersetzer des Buches, Nikolaj Politkovski, schreibt daher in seinem Vorwort: „Vergebt mir hochherzig, Gnädiger Herr, wenn Ihr in der Übersetzung einige Mißverständnisse oder Unklarheiten entdeckt; für mich ist die ganze Problematik vollkommen neu. Sie ließ sich selbst für den Autor wegen ihrer Abstraktheit nur beschwerlich mit ganzer Klarheit ausdrücken: Deshalb war er auch gezwungen, manchmal sogar langweilige Details zu behandeln. Wenn dieses erste Buch von Eurem Wohlwollen als würdig beachtet wird, dann werde ich — inzwischen mehr Bekanntschaft mit der Ausdrucksweise des Autors gewinnend — bei der Übersetzung der anderen Bücher mehr Komfort bieten können.“[19]

Die lobenswerte Bescheidenheit des Übersetzers kann kaum ausschließlich durch seine Unterwürfigkeit vor dem hohen Vorgesetzten und Würdenträger erklärt werden. Seine Bemerkung über die Smithsche Schreibweise ist an und für sich berechtigt: Bei seinem Bestreben, dem Leser bestimmte Zusammenhänge verständlich zu machen, vertiefte er sich manchmal tatsächlich zu sehr in Einzelheiten.

Trotz großer Mängel spielte die erste russische Ausgabe des „Reichtums der Nationen“ bei der Entwicklung der Wirtschaftswissenschaft in Rußland eine bedeutende Rolle. Sie blieb bis zum Ende der sechziger Jahre die einzige Übersetzung. Erst dann wurde auf einer Welle des gesellschaftlichen Interesses für Probleme der politischen Ökonomie eine neue Übersetzung geschaffen.

[18] A. S. Puškin, Gesammelte Werke, 4. Ausg. 1936, Bd. 1, S. 417 (russ.).

[19] Eine Untersuchung über das Wesen und die Ursachen des Reichtums der Nationen, ein Werk von Adam Smith, Bd. 1, St. Petersburg 1802, S. II (russ.).

In russischer Sprache wurde der „Reichtum der Nationen" achtmal herausgegeben, nicht gerechnet die Auszüge in Lesebüchern und Sammlungen. Von diesen acht Ausgaben fallen vier auf die Zeit nach 1917.

Es gibt eine Reihe von Faktoren, welche die große Popularität von Smith in Rußland in den ersten 25 Jahren des 19. Jahrhunderts erklären. Im wesentlichen assoziierte sich die gesamte Wissenschaft der politischen Ökonomie in dieser Periode mit seinem Namen. Die Professoren der Lehrinstitutionen hielten Vorlesungen zur politischen Ökonomie auf der Basis von Adam Smith. Die Lehrbücher waren fast ausschließlich Wiedergaben und Auslegungen seines Buches. In den Zeitschriften dieser Periode sind viele Artikel über die Theorien Smith' und ihre einzelnen Aspekte erschienen. A. S. Puškin brachte diesen allgemeinen Enthusiasmus zum Ausdruck, indem er seinen Onegin als leidenschaftlichen Verehrer Smith' darstellt: „Er verschmähte Homer und Theokrit; dafür las er Adam Smith und war ein echter Ökonom, d. h.; er konnte die Erläuterung geben, wie der Staat seinen Reichtum erwirbt, für wen der Staat existiert und warum der Staat kein Gold braucht, wenn er produzierte Waren besitzt."[20] Unter den Freunden Puškins befanden sich viele Kenner und Verehrer Smith', insbesondere sind sein Lehrer im Lyzeum, A. P. Kunyzin, und der spätere Dekabrist N. I. Turgenev zu nennen.

Die sozialökonomische Grundlage für das außerordentliche Interesse der russischen Gesellschaft an Adam Smith war die herangereifte Krise des Systems der Leibeigenschaft, die Verschärfung der Probleme der Manufakturentwicklung und die Vergrößerung der Bedeutung des Außenhandels. Im Jahre 1812 veröffentlichte die Freie Ökonomische Gesellschaft eine Wettbewerbsausgabe über den Vergleich des Nutzeffekts der Leibeigenenarbeit und der freien Arbeit.[21] Selbst die Fragestellung ist ohne Zweifel ein Ergebnis der ideellen Einflüsse von Smith.

Durch die Universalität und Vielfältigkeit Smith' konnten auch entgegengesetzte Richtungen der russischen gesellschaftspolitischen und ökonomischen Theorie Anregungen bei ihm schöpfen. Einerseits übte er auf die Dekabristen starken Einfluß aus, andererseits zog er sogar die konservativen adligen Ideologen sowie die Vertreter der jungen und aggressiven russischen Bourgeoisie an. Die aufnahmefähigste Schicht für seine Ideen war der liberale Adel, der bestrebt war, den Absolutismus innerhalb bestimmter Grenzen einzuschränken, die schreiendsten und ökonomisch nachteiligen Seiten der Leibeigenschaft zu beseitigen oder einzudämmen. Für diese Richtung besaßen die politischen und ökonomischen Faktoren der Smithschen „natürlichen Freiheit" die größte Anziehungskraft. Anziehend waren ebenfalls die Ansichten von Smith über die erstrangige Bedeutung der Entwicklung von Manufakturen. N. S. Mordvinov stützte sich in seinen Werken aus den ersten Jahrzehnten des 19. Jahrhunderts

20 A. S. Puškin, Gesammelte Werke, Bd. 3, S. 274 (russ.).

21 Vgl. E. I. Tarasov, Der Dekabrist N. I. Turgenev, Samara 1923, S. 282 (russ.).

bei der Begründung seines Programms für das Wachstum der Gewerbetätigkeit in Rußland teilweise auf die Smithsche Konzeption der Arbeitsteilung. Doch er stand insgesamt auf der Position, die gewerbliche Entwicklung staatlich zu fördern.

Was die prinzipiellen theoretischen Grundlagen der ökonomischen Lehre Smith' — seine Wert-, Einkommens-, Kapital- und Reproduktionstheorie — betrifft, so riefen diese relativ wenig Interesse in der damaligen russischen Literatur hervor. I. G. Bljumin bemerkt, daß „Adam Smith in Rußland vor allem und hauptsächlich als Ideologe des Freihandels und der Nichteinmischung des Staates in das Wirtschaftsleben Sympathie fand. Die esoterische Methode Smith', seine Werttheorie und die Keime für die Mehrwerttheorie sowie seine Versuche, in die Physiologie der bürgerlichen Gesellschaft einzudringen, blieben sogar für die fortschrittlichsten Köpfe jener Epoche — die Dekabristen — unbemerkt. In Rußland fehlte die Grundlage für die Übernahme einer wissenschaftlichen politischen Ökonomie: Der entwickelte Kapitalismus war noch nicht vorhanden. Dies war auch Ursache dafür, daß man in Rußland Ricardo so wenig Aufmerksamkeit widmete, dessen Lehre sich vor allem mit der Entwicklung der wissenschaftlichen Elemente in der Theorie Smith befaßte."[22]

Diese Elemente der Smithschen Theorie wurden lediglich oberflächlich, ohne tiefgreifende Analyse reproduziert. Man kritisierte sie auch von den Positionen, die die ersten westlichen vulgären bürgerlichen Ökonomen eingenommen hatten. In den zwanziger Jahren nahm der Einfluß J. B. Says in Rußland stark zu, wodurch die Smithsche Theorie allmählich verdrängt wurde. In der Regel betrachtete man Say als Nachfolger und Kommentator Smith' und versuchte, die vulgären Elemente seiner Lehre mit dem Smithschen Erbe zu verknüpfen. Erst in den vierziger Jahren, im Zusammenhang mit den verstärkten Auswirkungen der Idee des utopischen Sozialismus in Rußland, erscheinen die ersten Kritiken an Say (zugleich auch an Smith), die von einem progressiven Standpunkt ausgehen.

Als bedeutender Vertreter der akademischen Wissenschaft im ersten Viertel des 19. Jahrhunderts muß A. H. Storch erwähnt werden. Seiner Herkunft nach Deutscher aus dem Baltikum, wirkte er in Rußland und schrieb ein nicht unbedeutendes Werk, das ursprünglich in französischer Sprache erschien.[23] Karl Marx kannte ihn gut. Hinweise auf ihn sind in allen Bänden des „Kapital" zu finden. In den „Theorien über den Mehrwert" ist ein kleiner Abschnitt vorhanden, der speziell Storch im Zusammenhang mit der Problematik der produktiven und unproduktiven Arbeit gewidmet ist.[24] Storch übernahm sehr viel von

[22] I. G. Bljumin, Grundrisse der Wirtschaftstheorie in Rußland in der ersten Hälfte des 19. Jahrhunderts, Moskau—Leningrad 1940, S. 59 (russ.).

[23] H. Storch, Cours d'économie politique, ou exposition des principes qui déterminent la prospérité des nations, vol. I—IV, St. Pétersbourg 1815.

[24] Vgl. K. Marx, Theorien über den Mehrwert, Erster Teil, in: MEW, Bd. 26/1, Berlin 1965. S. 255 ff.

Smith. Doch darüber hinaus trat er als einer der ersten Kritiker seiner Wert- und Einkommenstheorie auf.[25]

Die ökonomischen Ansichten der Dekabristen

Zwei der obenerwähnten grundlegenden sowjetischen Quellen gehen hinsichtlich der Maßstäbe und der Beurteilung der Tiefe des Smithschen Einflusses auf die sozialpolitischen und ökonomischen Ansichten der Dekabristen etwas auseinder. In der „Geschichte der russischen Wirtschaftstheorie" übt der Autor der entsprechenden Kapitel, F. Morosov, an I. G. Bljumin Kritik, weil dieser die Auswirkungen von Smith übertrieben habe. Einige Behauptungen Bljumins zitierend, schreibt er, daß „die Feststellung vollkommen falsch ist, nach der die Ideen und Vorstellungen der westeuropäischen Ökonomen für die Entstehung der Ideologie der Dekabristen die *entscheidenden* und einzigen gewesen sind ... In Wirklichkeit waren die Vorstellungen und Projekte der Dekabristen hauptsächlich Produkte der kritischen Auslegung des Zerfallsprozesses des Systems der Leibeigenschaft in Rußland."[26]

Für diese Kritik gibt es eine gewisse Grundlage. Dennoch wäre es vollkommen falsch, I. G. Bljumin die Ansicht zu unterstellen, daß die Dekabristen als Epigonen von Smith und anderen westlichen Ökonomen von den realen Verhältnissen und Problemen Rußlands völlig abgetrennt gewesen wären. Grundsätzlich wies er darauf hin, daß die Wurzeln der Wirtschaftstheorie der Dekabristen vor allem in der Krise der Feudalordnung gesehen werden müssen. I. G. Bljumin schreibt dazu: „Die fortschrittlichsten russischen Schriftsteller dieser Epoche begnügten sich nicht mit der einfachen Wiedergabe der Ideen der wichtigsten westeuropäischen Ökonomen, sondern überarbeiteten diese Ideen schöpferisch und paßten sie den spezifischen Verhältnissen Rußlands an."[27] Und an anderer Stelle: „Die Dekabristen ... nahmen die Theorie Smith' nicht schülerhaft auf. Die Theorie des großen Schotten ... über das Prinzip der Nichteinmischung des Staates in die Wirtschaftstätigkeit wurde von ihnen politisch zugespitzt. Mit Nachdruck betonten sie die Feststellung, daß die wirtschaftliche Freiheit mit der politischen Freiheit untrennbar verbunden ist."[28] Prinzipielle Unterschiede zwischen den Positionen beider Autoren sind, wie ersichtlich, nicht vorhanden, lediglich die Akzente werden etwas verschieden gesetzt.

Wie bekannt, hatten die adligen Revolutionäre, die Dekabristen, im wesentlichen ein bürgerlich-demokratisches Programm. Für dieses Programm nutzten sie die

[25] Siehe ausführlich bei I. G. Bljumin, a. a. O., Kapitel 7.

[26] Geschichte der russischen Wirtschaftstheorie, Bd. 1, Teil 2, Moskau 1958, S. 128 f. (russ.)

[27] I. G. Bljumin, a. a. O., S. 4.

[28] Ebenda, S. 53.

progressivsten Ideen westlicher Denker aus. Von Smith wurden sie durch dessen gesamtes System liberaler Gesellschaftstheorien angezogen, konkret durch die kategorische Verurteilung des Sklaventums (Leibeigenschaft), durch den Kampf gegen alle anderen Formen feudaler Unterdrückung und durch das Eintreten für die gewerbliche Entwicklung, die Forderung nach allgemeiner Besteuerung usw. Für das Freihandelssystem bei Smith interessierten sich die Dekabristen weniger. Unter den Dekabristen und ähnlich Denkenden befanden sich sowohl Vertreter des Freihandels als auch Vertreter des Protektionismus zum Schutz der jungen russischen Industrie. Mit den rein theoretischen Seiten der Ansichten Smith' beschäftigten sich die Dekabristen noch weniger.

Vom Smithschen Einfluß auf die Denkweise der Dekabristen zeugen zahlreiche Tatsachen, darunter ihre eigene Antwort auf die ihnen in einem gerichtlichen Ermittlungsverfahren gestellte spezielle Frage nach den Quellen ihrer „freidenkerischen und liberalen Gedanken". Unter den Vorbildern, die von den Dekabristen genannt werden, erscheint neben Montesquieu und Voltaire mehrmals der Name Smith. Noch öfter erwähnt man einfach „die Werke der politischen Ökonomie", was damals praktisch mit dem System von Smith gleichzusetzen war.[29]

Als bedeutendster Ökonom unter den Dekabristen ist N. I. Turgenev zu bezeichnen, dessen wissenschaftliches und politisches Wirken in einer umfassenden Literatur seinen Niederschlag gefunden hat. Die ökonomischen Ansichten Turgenevs werden hauptsächlich in seinem Buch „Versuch einer Steuertheorie" (1818) dargelegt. Der Titel dieses Buches ist im bestimmten Sinne trügerisch, da er von den Beschränkungen der Zensur diktiert wurde. In Wirklichkeit handelt es sich um eine äußerst scharfe ökonomische und sozialpolitische Kritik der Leibeigenschaft. In den darauffolgenden Jahren, als sich die Auffassung einiger Dekabristen nach links entwickelte, besonders im Zusammenhang mit der Frage der Befreiung der Bauern und des Bodens, schloß sich N. I. Turgenev dieser Richtung nicht an. Dennoch blieb er ein prinzipieller Gegner der Leibeigenschaft, und zwar bis zur Reform im Jahre 1861. N. I. Turgenev wird im allgemeinen und mit Recht zum gemäßigten Flügel der Dekabristenbewegung gezählt.

Hinsichtlich seiner Wirtschaftstheorie war Turgenev ein Anhänger von Smith. Im Vorwort zu seinem Buch schreibt er: „Es ist wahr, daß sowohl die Politik im allgemeinen als auch die Volkswirtschafts- und die Finanzpolitik im besonderen durch den unsterblichen Adam Smith und seine Nachfolger geprägt und begründet wurden."[30] In seinen Tagebüchern betont N. I. Turgenev seine Verehrung gegenüber Smith und nennt ihn als wichtigste Quelle für die Entwicklung der Gesellschaftstheorien in Rußland der vordekabristischen Epoche. Außerdem war N. I. Turgenev ein leidenschaftlicher russischer Patriot. In einer Tagebuchnotiz vom 25. Februar 1818 lesen wir: „Das einzige Rußland verfügt über mein Herz, über alle

[29] Vgl. A. W. Anikin, Ökonomen aus drei Jahrhunderten, Berlin 1974, S. 227.

[30] N. I. Turgenev, Versuch einer Steuertheorie, 2. Ausg., St. Petersburg 1819, S. 15 (russ.).

meine Gedanken. Wenn Rußland fühlen und sprechen könnte, würde es mich wahrscheinlich liebkosen. Kaum könnte der leidenschaftlichste Verliebte gegenüber seiner Geliebten das fühlen, was ich für mein teueres, liebes Vaterland verspüre."[31] Die Persönlichkeit und Tätigkeit N. I. Turgenevs ist auch für die Geschichte der russischen Kultur von Bedeutung. Er war einer der engsten Freunde und Lehrer des jungen Puškin und mit Iwan Sergejewič Turgenev befreundet. Letzterer schrieb über N. I. Turgenev: „Selbstverständlich wird es künftig keinen einzigen Historiker in Rußland geben, der bei der Erläuterung der einzelnen Phasen unserer gesellschaftlichen Entwicklung im 19. Jahrhundert die Würdigung N. I. Turgenevs umgehen kann."[32]

Da alle gesellschaftlichen Probleme in Rußland zu Beginn des 19. Jahrhunderts letzten Endes in den Kampf gegen die Leibeigenschaft und ihre Folgeerscheinungen einmündeten, ist das Eintreten N. I. Turgenevs und der anderen Dekabristen für die Entwicklung kapitalistischer Verhältnisse in Landwirtschaft und Industrie als progressiv zu betrachten. Weder bei Smith noch bei den Dekabristen handelt es sich hierbei um eine bewußte Apologetik des Kapitalismus, den sie als Idealsystem der Gleichheit, der Freiheit und des Fortschritts beschrieben. In diesem Sinne wurde Adam Smith durch W. I. Lenin als „großer Ideologe der fortschrittlichen Bourgeoisie"[33] bezeichnet. Von wenigen Ausnahmen abgesehen, kann man keine Kritik am Kapitalismus in den Werken der Dekabristen entdecken, obwohl viele seiner negativen Seiten bereits deutlich sichtbar hervortraten. Auf dieser Grundlage entstanden in Westeuropa bereits am Anfang des 19. Jahrhunderts die Ideen des utopischen Sozialismus. In Rußland aber, wo die kapitalistischen Verhältnisse noch in ihren Anfängen steckten, war deren Ausbeutungs- und Unterdrückungscharakter nur schwer erkennbar.

Der wichtigste Gedanke, der N. I. Turgenev mit Smith verbindet, ist die Idee der ökonomischen und politischen Freiheit. Die Wissenschaft der politischen Ökonomie wurde von Turgenev als wissenschaftliche Begründung der „konstitutionellen Freiheit der Völker Europas" betrachtet. Im Prinzip übernahm Turgenev die theoretischen Grundlagen der Lehren Smith' — die Wert- und Einkommenstheorie — und war mit deren Ergänzung durch David Ricardo nicht einverstanden. Er verhielt sich zu diesen Smithschen Theorien völlig passiv und entwickelte sie nicht weiter.

In der sowjetischen historischen und ökonomischen Wissenschaft wird über die Person des Autors eines bedeutenden Manuskriptes mit dem Titel „Praktische Grundlagen der politischen Ökonomie", das etwa um 1820 geschrieben und zum ersten Mal im Jahre 1925 veröffentlicht wurde, eine interessante Diskussion geführt. Das Werk wurde als eine frühe Arbeit P. I. Pestels — des Führers des Süd-

31 Archiv der Turgenev-Brüder, Tagebücher und Briefe N. I. Turgenevs von 1816 bis 1824, Bd.3, hg. von E. I. Tarasov, Petersburg 1921, S. 117 (russ.).

32 I. S. Turgenev, Gesammelte Werke und Briefe, Bd. XIV, Moskau 1967, S. 214 (russ.).

33 W. I. Lenin, Auf welches Erbe verzichten wir?, in: Werke, Bd. 2, Berlin 1961, S. 517.

bundes der Dekabristen und eines der radikalsten Führer der Bewegung — betrachtet. In diesem Sinne veröffentlichte man die genannte Arbeit in der Ausgabe „Ausgewählte sozialpolitische und philosophische Werke der Dekabristen" (1951). Später brachten einige Forscher der Dekabristenbewegung ihre ernsthaften Zweifel darüber zum Ausdruck, daß Pestel Urheber dieser Arbeit sei. Ihre Argumente werden in der neuesten Arbeit N. M. Lebedevs gut zusammengefaßt.[34] Der Autor weist auf den scharfen Unterschied zwischen dem liberal-monarchistischen Geist der „Praktischen Grundlagen" und dem politischen Radikalismus sogar der frühesten Skizzen zur „Russischen Wahrheit" hin, dem Verfassungsprojekt, das Pestel für den zukünftigen russischen Staat ausgearbeitet hatte. Lebedev äußert die Vermutung, daß das französischsprachige, von Pestel handgeschriebene Manuskript der „Praktischen Grundlagen" (das man ihm während seiner Haft wegnahm) in Wirklichkeit eine Überarbeitung des Konspektes der Vorlesungen von Professor K. F. German über die politische Ökonomie darstellt. Bei ihm hörte Pestel den Kursus der „politischen Wissenschaften" dreimal. In der „Geschichte der russischen Wirtschaftstheorie" wird auf die Ähnlichkeit dieses Manuskripts mit den Vorlesungen eines anderen Petersburger Professors, M. A. Balugjanski, aufmerksam gemacht.[35] Die Ideen dieser beiden Professoren waren für die damalige Zeit progressiv und übten — nach Meinung aller Autoritäten auf diesem Gebiet — einen wesentlichen Einfluß auf die Dekabristen aus. Sowohl German als auch Balugjanski waren Anhänger von Smith, obwohl sie in einzelnen Fragen eine abweichende Meinung vertraten. Das Werk „Praktische Grundlagen der politischen Ökonomie" nimmt unabhängig von der Person seines Autors in der Entwicklung der russischen Wirtschaftstheorie eine bedeutende Stellung ein und bringt nicht nur die persönlichen Ansichten Pestels zum Ausdruck, sondern widerspiegelt auch die allgemeine politisch-ökonomische Grundlage der Ideologie der Dekabristen.

Der Text der „Praktischen Grundlagen" zeugt zweifellos vom Smithschen Einfluß auf den Autor dieses Manuskriptes. Die Arbeit enthält die These vom unbedingten Vorrang der freien Lohnarbeit gegenüber der Zwangsarbeit der Leibeigenen (mit dem Hinweis auf James Steuart, Turgot und Smith). Es ist interessant, daß sogar eine kritische Bemerkung über Say, der die Sklavenarbeit auf den Zucker- und Kaffeeplantagen Westindiens als begründet betrachtete, in diesem Werk gemacht wird.[36] Die ökonomische Rolle des Staates wird auch im Geiste von Smith beleuchtet, zum Beispiel: „Der Staat schützt die produktiven Klassen, aber er selbst ist kein produktives Element."[37] Weiterhin: „Der Staat darf die Verwendung des

34 Vgl. zum folgenden N. M. Lebedev, Pestel — Ideologe und Führer der Dekabristen, Moskau 1972 (russ.).

35 Geschichte der russischen Wirtschaftstheorie, Bd. 1, Teil 2, Moaksu 1958, S. 100 (russ.).

36 Vgl. Ausgewählte sozialpolitische und philosophische Werke der Dekabristen, Bd. 2, Moskau 1951, S. 16 (russ.).

37 Ebenda, S. 20.

Kapitals niemals mit Hilfe von Monopolen, Anordnungen oder Verboten regeln."[38] Ebenso wie bei Smith wird in diesem Werk die universelle Rolle jeder produktiven Arbeit als Schöpfer des Wertes betrachtet und auf dieser Basis die Auffassung der Physiokraten kritisiert. Sogar das Zahlenmaterial, das Smith für die Einschätzung des Wertes der landwirtschaftlichen und gewerblichen Produktion Englands verwendet, ist hier zu finden.[39] Daneben werden kaum Fakten genannt, die sich direkt auf Rußland beziehen. Was die Qualität der Ansichten Pestels betrifft, wie sie am vollkommensten in der „Russischen Wahrheit" zum Ausdruck gebracht werden, so ist hervorzuheben, daß sie völlig unter dem Einfluß der westeuropäischen philosophischen und sozialökonomischen Theorien standen. Obwohl Pestel als Armeeoffizier nicht die Möglichkeit besaß, eine so blendende Ausbildung wie N. I. Turgenev zu genießen, war er ein durchaus belesener und geistreicher Mensch. Unter den Dekabristen gehört Pestel zu den größten und revolutionärsten Theoretikern. F. M. Morosov stellt fest: „Pestel studierte Smith mit Sorgfalt und verehrte ihn als größte Autorität der politischen Ökonomie, folgte ihm aber nicht blind und kritiklos."[40] Aus einer Reihe von Quellen ist bekannt, daß Pestel den jungen Leuten, die sich dem geheimen Bund anschlossen, empfahl, Adam Smith zu den größten westeuropäischen Theoretikern, zu Voltaire, Rousseau usw., zu zählen.[41]

Im Mittelpunkt der „Russischen Wahrheit" — des grundlegenden Programmdokuments der Dekabristen — stand naturgemäß die Agrarfrage. Wie bereits erwähnt, neigte Turgenev in dieser Frage zu einer Befreiung der Bauern, ohne ihnen Eigentum an Grund und Boden einzuräumen. Abgesehen davon, daß er nur eine solche Lösung für realistisch und durchführbar hielt, erblickte er darin auch eine wesentliche Bedingung für die Entwicklung des Kapitalismus in Landwirtschaft und Gewerbe nach „englischem Typ". Das Agrarprojekt Pestels dagegen, von dem einige Varianten existieren, sah vor, in Rußland nach Ablösung der Leibeigenschaft eine starke Klasse persönlich freier Bodenbesitzer mit wesentlichen Elementen einer gemeinschaftlichen Bodennutzung zu schaffen.[42] Wenn man auf Smith zurückgreift, ist zu erwähnen, daß er kein Anhänger des Großgrundbesitzes war. Dennoch hielt er dessen Liquidierung nicht nur für praktisch undurchführbar, sondern auch zur Beschleunigung des Wirtschaftswachstums für nicht erforderlich.

Als Verfechter der radikalsten Lösung der Agrarfrage in Rußland — bei Übernahme der ursprünglichen „spontan-sozialistischen" Traditionen des russischen Bauerntums — bildet P. I. Pestel das wichtigste Verbindungsglied zwischen

[38] Ebenda, S. 35.

[39] Vgl. ebenda, S. 58, 63/64.

[40] Geschichte der russischen Wirtschaftstheorie, Bd. 1, Teil 2, Moskau 1958, S. 129 (russ.).

[41] Vgl. N. M. Lebedev, a. a. O., S. 170.

[42] Diese Frage wird in den Kapiteln 4 und 5 des Buches von N. M. Lebedev detailliert behandelt.

Radiščev und A. I. Herzen. Es muß darauf hingewiesen werden, daß Herzen in dieser Hinsicht Pestel von den Theoretikern der Dekabristen deutlich getrennt und sehr hoch geschätzt hat.

Am meisten nähert sich Pestel dem Smithianismus, wenn er über die innere Einheit der Forderungen nach persönlicher, politischer und ökonomischer Freiheit sowie über die ökonomischen Voraussetzungen einer erfolgreichen wirtschaftlichen Entwicklung des Landes spricht. Die Aufhebung der Leibeigenschaft zählt Pestel zur ersten dieser Voraussetzungen. Weiter fordert er die Beseitigung aller Erschwernisse und Barrieren der wirtschaftlichen Entwicklung, insbesondere der verschiedenartigsten Monopole, der Kaufmannsgilden, der lästigen Steuern usw. Auf dem Gebiet des Außenhandels verlangt Pestel ähnlich wie N. S. Mordvinov Schutzzölle. Einer zukünftigen republikanischen Regierung räumt er bedeutend umfassendere ökonomische Funktionen ein, als es sich Smith vorstellen konnte.

Bereits in der Periode der Arakčejevschen Reaktion (1820—1825) setzte die zaristische Macht gegen die liberalen Professoren, die in der politischen Ökonomie Anhänger von Smith waren (German, Balugjanski, Kunyzin usw.) Repressivmaßnahmen durch. Eine der indirekten Folgen der Niederlage des Dekabristenaufstandes war die Verstärkung des Mißtrauens der Machthaber gegenüber dem russischen Smithianismus. Das wichtigste Werk dieser Strömung — das Buch Turgenevs — wurde beschlagnahmt und aus dem Umlauf gezogen. Diese Verfolgungen fielen zeitlich mit der Abschwächung des Einflusses von Smith in Westeuropa zusammen. Seinen Platz nahmen dort nach und nach Say sowie die englischen Epigonen Ricardos ein.

Obwohl Smith für die russischen Ökonomen ein unbestreitbarer Klassiker und eine große Autorität blieb, wurde seine Theorien immer mehr auf das Gebiet des Universitätsunterrichts, der Lehrbücher und der wissenschaftlichen Veröffentlichungen zurückgedrängt. Die Arbeiten Ricardos blieben in Rußland beinahe unbekannt. Im Prinzip erreichten Ricardos Ideen Rußland erst in den siebziger und achziger Jahren des 19. Jahrhunderts, und zwar gleichzeitig sowie im Zusammenhang mit den Marxschen ökonomischen Lehren. Das Interesse für Smith entfaltet sich jetzt auf einer neuen Grundlage.

2. Die marxistische politische Ökonomie — dialektische Aufhebung und Bewahrung der progressiven Erkenntnisse des „Reichtums der Nationen“

Der Marxismus-Leninismus ist seit jeher stolz darauf gewesen, legitimer wissenschaftlicher Erbe dessen zu sein, was die größten Denker der Menschheit im Laufe eines langwierigen und wechselvollen historischen Erkenntnisprozesses an positivem Wissen, an wissenschaftlichen Fragestellungen oder Lösungen erarbeitet haben. Wieviel der Marxismus als komplexes wissenschaftliches System zur Erkenntnis und Revolutionierung des gesellschaftlichen Seins vielen Philosophen, Ökonomen und Soziologen des 18. und 19. Jahrhunderts, ja sogar des Altertums, verdankt, ist von Lenin in seiner Arbeit „Drei Quellen und drei Bestandteile des Marxismus“ sehr betont hervorgehoben worden. „Die ganze Genialität Marx' besteht gerade darin“, heißt es bei Lenin, „daß er auf die Fragen Antwort gegeben hat, die das fortgeschrittene Denken der Menschheit bereits gestellt hatte. Seine Lehre entstand als *direkte* und *unmittelbare Fortsetzung* der Lehren der größten Vertreter der Philosophie, der politischen Ökonomie und des Sozialismus.“[1]

Welche Rolle spielen nun konkret die Lehren von Adam Smith für Marx?[2]

[1] W. I. Lenin, Drei Quellen und drei Bestandteile des Marxismus, in: Werke, Bd. 19, Berlin 1962, S. 3 (Hervorhebung — d. V.).

[2] Vgl. P. Thal, Von Adam Smith über David Ricardo zu Karl Marx, in: Das Kapital und wir; hrsg. von W. Jahn, Wiss. Zeitschr. d. Martin-Luther-Universität, Halle 1968/2 (A 6), S. 48 ff.

2.1. Kontinuität und Diskontinuität in der historischen Entwicklung der politischen Ökonomie von Adam Smith zu Karl Marx

Über die Beziehungen des Marxismus zu seinen ideengeschichtlichen Quellen existiert eine relativ umfangreiche Literatur, vor allem, was den philosophischen Bereich anbelangt. Aber auch für die politische Ökonomie ist der Nachweis erbracht worden, welche große Bedeutung die Lehren von William Petty, François Quesnay, Adam Smith oder David Ricardo für die Evolution der Marxschen Theorie besitzen, die dann schließlich im „Kapital" in ausgereifter Form ihren Niederschlag gefunden hat.[1] Wir können uns hier daher auf eine verallgemeinernde Betrachtung konzentrieren, die der Gefahr von Fehldeutungen, die bei der genauen Abgrenzung des wissenschaftlichen Beitrages der klassischen bürgerlichen Ökonomie zur marxistischen Wirtschaftstheorie nicht außerhalb des Bereichs des Möglichen liegt, begegnen soll.

Das beginnt bereits in terminologischer Hinsicht. Man ist oft geneigt, die Präzision der Marxschen Begriffsbestimmung schon der klassischen bürgerlichen Ökonomie zu unterstellen, wenn dort dieselben Bezeichnungen für bestimmte ökonomische Erscheinungen verwendet werden, die auch Marx im „Kapital" gebraucht hat. Dieser Umstand verführt dazu, die Leistung der klassischen bürgerlichen Ökonomen im Vergleich zur Marxschen überzubewerten. Tatsächlich werden aber solche Ausdrücke wie Kapital, Akkumulation, Ware usw. von den verschiedenen bürgerlichen Autoren vor Marx, wie Bondi in der Einleitung zu seiner Neuübersetzung von Ricardo schreibt, „nicht nur mit einem unscharfen, nicht genau abgegrenzten Inhalt versehen, sondern sie werden auch von dem gleichen Autor manchmal in einer von der auch bei ihm üblichen Verwendung abweichenden Weise gebraucht. Marx hat diesem terminologischen Schlendrian ein Ende bereitet . . . Marx hebt so die Kategorien der politischen Ökonomie unter Anwendung der materialistischen Dialektik auf eine höhere Stufe und füllt die Terminologie mit neuem Inhalt."[2] Diese Tatsache darf auch bei Vergleichen zwischen Marx und Smith nicht außer acht gelassen werden.

Neben der möglichen Überschätzung der theoretischen Prägnanz der bürgerlichen ökonomischen Klassik bzw. der Unterschätzung von Karl Marx gibt es allerdings auch eine entgegengesetzte Interpretation des wissenschaftsgeschichtlichen Zusammenhangs zwischen der klassischen bürgerlichen und der marxistischen politischen Ökonomie. Kennzeichen dieser Tendenz sind die einseitige Betonung

[1] Verwiesen sei hier insbesondere auf W. Tuchscheerer, Bevor „Das Kapital" entstand, Berlin 1967; W. S. Wygodski, Die Geschichte einer großen Entdeckung, Berlin 1967; derselbe, Zur Entstehungsgeschichte des „Kapital", Moskau 1970 (russ.).

[2] G. Bondi, Einleitung zu D. Ricardo, Über die Grundsätze der politischen Ökonomie und Besteuerung, Berlin 1959, S. IX f.

des diskontinuierlichen Elements und die Vernachlässigung der ideengeschichtlichen Kontinuität in der historischen Entwicklung des politökonomischen Erkenntnisprozesses von der bürgerlichen Klassik zu Marx. So ist es eine unzulässige Vergröberung, wenn den Vertretern der klassischen bürgerlichen Ökonomie vor allem oder ausschließlich die theoretischen Fehler vorgerechnet werden, um daran etwa die Größe von Marx zu messen. In dieser Weise wird man weder Marx gerecht — ganz im Gegenteil — noch seinen bürgerlichen Vorläufern, deren Erkenntnisse er auf dialektischem Wege aufgehoben hat.

Die ökonomische Theorie von Marx bedeutet zweifellos einen qualitativen Sprung in der Geschichte der politischen Ökonomie, und zwar sowohl ihrer wissenschaftlichen Methode, ihrer inneren Geschlossenheit und ihrer sich in Übereinstimmung mit der Realität befindlichen theoretischen Aussagekraft wegen als auch auf Grund ihrer revolutionären sozialen Motivation und Substanz. Der Schlüssel für das Verständnis dieser historischen Leistung von Marx muß, wie das übrigens auch in allen marxistischen Publikationen geschieht, in seiner proletarischen Klassenbasis und -haltung gesucht werden. Nur die Sprengung des bürgerlichen Denkhorizonts erlaubte zu Marx' Lebzeiten einen wissenschaftlichen Fortschritt in der ökonomischen Theorie zur Aufdeckung des Wesens der kapitalistischen Produktionsweise und ihrer objektiven ökonomischen Gesetze. Insofern ist Marx durch eine Welt von Adam Smith und der gesamten klassischen bürgerlichen Ökonomie getrennt. An dieser Stelle zeigt sich die ideengeschichtliche Diskontinuität.

Bei einer näheren Analyse dieser Frage muß mit einem in der bürgerlichen Ökonomie verbreiteten Fehlurteil aufgeräumt werden. Die Diskontinuität zwischen Smith und Marx entsteht nämlich nicht dadurch, daß ersterer ein klassenindifferenter Philanthrop und letzterer ein parteilicher Ideologe gewesen ist. Daß Marx im bürgerlichen Denken auf diese Weise abqualifiziert werden soll, braucht an dieser Stelle nicht näher belegt zu werden. Doch zu dem Bemühen, die Bürgerlichkeit von Adam Smith wegzuräsonieren, soll hier etwas ausführlicher Stellung genommen werden.[3]

Im 19. Jahrhundert hat sich mit Ausnahme von Marx niemand gründlich mit der sozialen Basis des Smithschen Systems beschäftigt. Außerhalb Englands wurde bestenfalls die nationale Seite seiner Theorien über Gebühr hervorgehoben, so beispielsweise durch Friedrich List in Deutschland, doch sein Klassenstandpunkt blieb weitgehend außer Betracht. Es gab allerdings in dieser Zeit kaum einen Zweifel daran, daß der „Reichtum der Nationen" den bürgerlich geformten Gesellschaftsverhältnissen diente. Das änderte sich erst mit dem Übergang zum Imperialismus, als einige Dogmenhistoriker plötzlich Adam Smith' prinzipielle Gegnerschaft zum Kapitalismus entdeckten.

[3] Vgl. P. Thal, Zum wissenschaftlichen Gehalt und sozialen Standpunkt der Theorie des klassischen bürgerlichen Ökonomen Adam Smith, in: Jahrbuch für Wirtschaftsgeschichte, 1971/IV, S. 87ff.

Schon der Kathedersozialismus versuchte nachzuweisen, daß Smith kein „Interessenanwalt" der Gewerbetreibenden und Kaufleute gewesen sei, wie Hans Gehrig schrieb.[4] Anläßlich des 150jährigen Jubiläums des „Reichtums der Nationen" stellt Lotz fest: „Aber völlig ungerecht wäre, Adam Smith als einen Nationalökonomen im Dienst des Unternehmerinteresses zu bezeichnen."[5] Ähnlich heißt es bei Ginzberg: ... das 19. Jahrhundert glaubte, daß sein (Smith' — d. V.) Hauptinteresse der Verteidigung des Kapitalismus galt. Dieser Standpunkt ist jedoch vollkommen unhaltbar ... Adam Smith als einen Ökonomen des Kapitalismus zu betrachten ist nicht nur irreführend, es ist falsch ..."[6] Ginzberg begründet diese Behauptung damit, daß sich Smith' „Zorn ... gegen die Kaufleute und Fabrikanten entzündete, deren gehässige Praktiken er verabscheute"[7].

Auch in der Gegenwart wird diese Einstellung vertreten. Cropsey meint unter Bezugnahme auf einige Stellen aus dem „Reichtum der Nationen": „Wir finden sie (die Manufakturisten und Kaufleute — d. V.) von dem großen Verteidiger des Handels sonderbar beurteilt."[8] Daß Adam Smith die Kapitalisten auch kritisiert hat, läßt nach Cropsey die gängige Beurteilung des Klassikers als „Advokat des Kapitalismus" zweifelhaft erscheinen und „muß in uns grundlegende Fragen bezüglich des Wesens und der Bedeutung seiner Advokatur hervorrufen"[9].

Wenn hier mit Nachdruck die Vorbehalte hervorgehoben werden, die Smith tatsächlich gegenüber den ausbeutenden Schichten der Gesellschaft geäußert hat, so ist daraus jedoch nicht der Schluß zu ziehen, er sei überhaupt kein Klassenvertreter der Bourgeoisie gewesen. Die wissenschaftliche Bewältigung des Problems, welchen sozialen Standpunkt ein Denker einnimmt und welchen Charakter seine ideologiegeladenen Aussagen tragen, ist von der positivistischen Grundhaltung einer vermeintlich über den Klassen stehenden Gesellschaftslehre nicht möglich. Betrachtet man das hier angeschnittene Problem näher, so läßt sich nicht bezweifeln, daß er mit seinem politökonomischen Gesamtsystem dem *bürgerlichen* Fortschritt nicht nur verhaftet ist, sondern diesen direkt fördert. Es ist ein Verdienst Matsukawas auf der Hallenser Konferenz anläßlich des 200jährigen Jubiläums des „Reichtums der Nationen" gewesen, diese Position noch einmal unter verschiedenen neuartigen Aspekten beleuchtet und begründet zu haben.[10]

4 Vgl. H. Gehrig, Der sozialpolitische Gehalt von Smith' „Untersuchungen über ...", in: Jahrbücher für Nationalökonomie und Statistik, Bd. 98, 1912, S. 207.

5 W. Lotz, Adam Smith, ein Jubiläum, Schmollers Jahrbuch, 51. Jg., 1. Halbbd., 1927, S. 6.

6 E. Ginzberg, The house of Adam Smith, New York 1934, S. 48.

7 Ebenda, S. 11f.

8 J. Cropsey, Polity and Economy. An Interpretation of the Principles of Adam Smith, The Hague 1957, S. 91.

9 Ebenda, S. 88.

10 Vgl. Sh. Matsukawa, Zu einigen Fragen über Adam Smith' Auffassung vom Kapitalisten, Manuskriptdruck Martin-Luther-Universität Halle/Wittenberg (Konferenzmaterial), Halle 1975.

Betrachten wir zunächst Smith' Position im Hinblick auf die Grundeigentümer. Zu seinen Lebzeiten besaß die agrikole Produktion in der Wirtschaft Großbritanniens immer noch eine bedeutende Stellung. Daraus erklärt sich unter anderem, warum Smith der Landwirtschaft so verhältnismäßig starke Sympathien entgegenbringt und sie gelegentlich in der Art eines physiokratischen Rudiments im Vergleich zu anderen Wirtschaftszweigen als produktiver ansieht. Die starke ökonomische Position der Landwirtschaft begründet auch die Tatsache, daß der Gegensatz zwischen den verbürgerlichten Grundeigentümern und der Manufakturbourgeoisie noch relativ unausgereifte Formen annimmt. Die „landlords" sind noch zu mächtig und die Industriellen noch zu schwach, um sich mit jener erbitterten Schärfe zu bekriegen, die dem System Ricardos seine besondere Note verleiht. Adam Smith' Interesse wird noch nicht von der Auseinandersetzung zwischen diesen beiden Fraktionen der Ausbeuterklasse absorbiert.

Es gibt nun einige Bemerkungen im „Reichtum der Nationen", die dazu verleiten können, Smith' Wohlwollen für die ‚Landlords' zu überschätzen; so beispielsweise, wenn er davon spricht, daß deren Interessen „eng und untrennbar mit dem allgemeinen Interesse der Gesellschaft verknüpft" sind.[11] Was Smith hier jedoch meint, ist ganz eindeutig das *bürgerliche* Interesse der *bürgerlichen* Grundeigentümer. Die Steigerung der Renten ist an die Zunahme des wirklichen Reichtums der Gesellschaft gebunden. Daher müßten die Grundeigentümer eigentlich alle Maßnahmen unterstützen, die dieser Zunahme des wirklichen gesellschaftlichen Reichtums dienen. Nur wenn sie ihre „wahren", d. h. bürgerlichen Interessen „leidlich kennen", sind die politischen Vorschläge der Grundbesitzer dazu geeignet, den Wohlstand des Landes zu fördern, befinden sich ihre Gruppen- in Übereinstimmung mit den allgemeinen Interessen. Smith läßt keinen Zweifel daran, daß das nicht immer der Fall zu sein braucht. Er schreibt: „Allerdings fehlt ihnen selbst diese leidliche Kenntnis sehr oft. Die Klasse der Grundbesitzer ist die einzige dieser drei Klassen (Grundeigentümer, Kapitalisten und Lohnarbeiter — d. V.), der die Revenue keine Arbeit oder Mühe kostet. Ihre Revenue gelangt sozusagen aus eigenem Antrieb, ohne daß sie irgendwelche Pläne oder Projekte zu entwerfen brauchen, in ihre Hände. Die natürliche Folge der Sorglosigkeit und Sicherheit ihrer Lage ist eine Trägheit, die sie allzuoft nicht nur unwissend, sondern auch unfähig macht, ihren Geist so anzustrengen, wie es notwendig wäre, um die Konsequenzen irgendeiner staatlichen Maßnahme vorauszusehen und zu verstehen."[12]

Nimmt man die Smithsche Theorie als Ganzes, so bleibt von seiner Sympathie für jene, die es lieben, „zu ernten, wo sie nicht gesät haben", nicht viel übrig.[13] Sein Werk wird faktisch von dem Gedanken beherrscht, daß die Grundeigentümer den gesellschaftlichen Fortschritt behindern, weil sie ihre Revenue unproduktiv,

11 A. Smith, Eine Untersuchung über das Wesen und die Ursachen des Reichtums der Nationen, Bd. I, Berlin 1963, S. 325.

12 Ebenda.

13 Ebenda, S. 65.

d. h. nicht als Kapital verausgaben. Das ist eine der wichtigsten Seiten seiner Konzeption des wirtschaftlichen Wachstums, die er im Zusammenhang mit seiner Theorie der produktiven Arbeit und der Kapitalakkumulation entwickelt hat. Verschiedentlich spricht er diese Überlegung auch ganz offen aus. Grundeigentümer, die in feudaler Manier „die Befriedigung der kindischsten, niedrigsten und eigennützigsten aller Eitelkeiten“ zum obersten Lebensideal erheben“[14], bedenkt Smith auf jeden Fall mit einem scharfen Tadel. Sein bürgerlicher Klassenstandpunkt gerät hier also keineswegs ins Wanken.

Wie verhält es sich nun aber mit der Kritik, die Adam Smith an den Kaufleuten und Manufakturisten übt? Geht sie soweit, daß man seine bürgerliche Grundhaltung anzweifeln muß? Um Zweifel in den bürgerlichen Charakter der Smithschen Theorie zu säen, wird häufig folgende Stelle aus dem „Reichtum der Nationen“ zitiert:„Das Interesse der Kaufleute irgendeines besonderen Handels- oder Manufakturzweiges unterscheidet sich jedoch in gewisser Hinsicht immer von dem der Allgemeinheit, ja widerspricht diesem sogar. Es liegt immer im Interesse der Händler, den Markt zu erweitern und die Konkurrenz einzuengen. Die Erweiterung des Marktes mag oft mit dem öffentlichen Interesse in Einklang stehen, aber die Beschränkungen der Konkurrenz niemals. Sie können nur dazu dienen, daß die Händler ihre Profite über deren natürliches Niveau hinaus erhöhen und hierdurch die Möglichkeit erhalten, zu ihrem eigenen Nutzen den übrigen Mitbürgern eine sinnwidrige Abgabe aufzuerlegen. Auf einen von dieser Klasse ausgehenden Vorschlag für eine neue den Handel betreffende Verordnung oder Reglementierung sollte man immer nur mit großer Vorsicht hören. Bevor er nicht lange und sorgfältig, nicht nur mit der gewissenhaftesten, sondern auch mit der mißtrauischsten Aufmerksamkeit geprüft worden ist, darf er auf keinen Fall angenommen werden. Er kommt von einer Klasse, deren Interesse niemals genau mit dem der Allgemeinheit übereinstimmt. Sie ist in der Regel daran interessiert, die Öffentlichkeit zu hintergehen, ja sogar zu unterdrücken, und hat beides auch bei vielen Gelegenheiten getan.“[15]

Soweit dieses etwas längere Zitat von Adam Smith, das allen denen recht zu geben scheint, die in ihm einen Kritiker des Kapitalismus, aber keinen bürgerlichen Ökonomen sehen wollen. Doch der Schein trügt. Das Kapital ist für Smith die wichtigste ökonomische Potenz der Gesellschaft, denn wie er im gleichen Zusammenhang, aus dem seine eben wiedergegebenen Worte stammen, schreibt, ist es „das zum Zwecke der Profiterzielung angelegte Kapital, das den größten Teil der nützlichen Arbeit jeder Gesellschaft in Bewegung setzt. Die Pläne und Projekte jener Leute, die Kapital anlegen, regulieren und dirigieren alle bedeutenden Arbeitsverrichtungen.“[16]

Die Rechtfertigung des Privateigentums durch Adam Smith, seine Befürwor-

[14] Ebenda, Bd. II, Berlin 1975, S. 172.

[15] Ebenda, Bd. I, S. 327f.

[16] Ebenda, S. 326.

tung der wirtschaftlichen Freiheit, die Betonung, die er auf die Kapitalakkumulation als Basis des ökonomischen Fortschritts legt, seine Wert- und Mehrwerttheorie, überhaupt die ganze Analyse der ökonomischen Verhältnisse seiner Zeit beweisen zur Genüge, daß er die Sprache der Bourgeoisie spricht. Was von bürgerlichen Dogmenhistorikern bei Adam Smith als antikapitalistisch interpretiert wird, ist tatsächlich nichts anderes als Anti-Merkantilismus, wie Matsukawa überzeugend nachgewiesen hat. Smith sieht das Streben von Händlern und Manufakturisten nach Erlangung einer Monopolstellung und distanziert sich davon, denn es führt zu Produktivitätseinbußen, die ihm verwerflich erscheinen, eben weil er den historischen Beruf der Bourgeoisie, die Produktivkräfte zu entwickeln, zu seinem ureigensten Anliegen gemacht hat. Wenn Smith also die Aufhebung alter oder neuer Handels- oder Produktionsprivilegien fordert, so geschieht das nicht im Widerspruch zum, sondern im Interesse der Bourgeoisie *als Klasse*.

Smith ist von der zentralen Stellung, welche die Bourgeoisie im Leben der kapitalistischen Gesellschaft einnimmt, zutiefst überzeugt. Ungeachtet der Kritik ihrer Versuche, durch besondere Maßnahmen oder Restriktionen den Profit zu erhöhen, glaubt er mit dem typischen Optimismus der bürgerlichen Sturm-und-Drang-Periode, daß sich der ökonomische Fortschritt auf die Dauer zwangsläufig, automatisch einstellt, da jeder beim Verfolgen seines individuellen Vorteils zugleich mit zur Erhöhung des gesellschaftlichen Reichtums beiträgt. In dieser Beziehung ist der kapitalistische Unternehmer im Smithschen System der entscheidende Motor der ökonomischen Entwicklung. Das scheut er sich nicht immer wieder offen zu bekennen: „Auf diese Weise wurde eine Umwälzung von größter Bedeutung für das allgemeine Wohl durch zwei verschiedene Klassen des Volkes verursacht, die nicht im mindesten das Ziel verfolgt hatten, der Allgemeinheit zu dienen. Das einzige Motiv der Großgrundbesitzer war die Befriedigung einer höchst kindischen Eitelkeit. Die Kaufleute und Handwerker machten sich weit weniger lächerlich. Sie handelten aus reinem Eigeninteresse und in Verfolgung ihres Krämergrundsatzes, den Pfennig zu nehmen, wo immer er zu haben ist. Keiner von ihnen wußte oder ahnte im voraus etwas von jener großen Umwälzung, welche die Torheit der einen und der Fleiß der anderen allmählich herbeiführten."[17]

Es ist sicher richtig, wenn bürgerliche Gelehrte, so beispielsweise Hans Gehrig, hervorheben, daß Smith ein tiefes Gefühl für die Würde des Menschen eigen gewesen sei.[18] Doch dies läßt sich nicht aus dem sozialen und historischen Kontext lösen. Das humanistische Freiheitsideal von Adam Smith, das zweifellos seinem Kampf gegen die Niederlassungs- und Lehrzeitgesetze zugrunde lag, entsprach dem historischen Fortschritt der menschlichen Gesellschaft. In diesem Sinne schloß es die Interessen aller nichtfeudalen sozialen Schichten in sich ein. Zugleich bedeutete dieses Ideal konkrete Propaganda für die Freiheit des Kapitals, die Arbeiter auszubeuten. Weil der Gegensatz Bourgeoisie — Proletariat erst in elementaren

17 Ebenda, Bd. II, S. 176.

18 Vgl. H. Gehrig, a. a. O., S. 208.

Formen existierte und noch nicht die Gesamtheit des gesellschaftlichen Seins beherrschte, konnte Smith völlig unbefangen und historisch richtig den bürgerlichen Fortschritt als menschlichen Fortschritt schlechthin auffassen und die Freiheit des unmittelbaren Produzenten, des Arbeiters, als in dessen ureigenstem Interesse liegend darstellen. Doch die Dialektik der Geschichte — die Smith in Anbetracht der konkreten historischen Situation noch nicht erfassen konnte — läuft darauf hinaus, daß die Entwicklung des Kapitalismus in jeder Hinsicht der herrschenden Klasse der Bourgeoisie zugute kommt und der für den doppelt freien Lohnarbeiter erzielte Fortschritt seinem Wesen nach *bürgerlicher* Fortschritt bleibt.

In diesen Zusammenhang sind die zahlreichen Stellen des „Reichtums der Nationen“ einzuordnen, die von Smith' Mitleid mit den „arbeitenden Armen“ zeugen. Es kann gar keine Rede davon sein, daß er hierbei bürgerliche Klassenpositionen verläßt. Er fordert die Aufhebung aller Beschränkungen des unveräußerlichen heiligen Eigentumsrechtes, das jedermann an seiner Arbeit(skraft) besitzt. Jeder soll dort arbeiten dürfen, wo er es für richtig hält, ohne dabei durch Gesetze, die das Wohnrecht, die Lohnhöhe oder die Ausbildungszeit betreffen, behindert zu werden. Diese Forderungen entsprechen voll den damaligen objektiven Interessen der Arbeiter, und zugleich spricht Smith damit den Heißhunger des Kapitals nach frei verfügbarer Arbeit aus.

Daher kann man auch Ginzberg nicht zustimmen, der einen Widerspruch zwischen dem Philanthropen Smith und dem Bourgeois Ricardo (als ob dieser kein Philanthrop gewesen wäre) konstruiert. Smith hätte nie damit gerechnet, daß seine Theorie der wirtschaftlichen Freiheit, die gegen die Privilegien der Kapitalisten gedacht gewesen sei, einmal von diesen akzeptiert werden würde.[19] Sein Ziel wäre es gewesen, den Armen zu helfen, und erst im 19. Jahrhundert hätten Ricardo, Mill usw. seine Lehre im bürgerlichen Sinne ausgeschlachtet. Ginzberg schreibt: „Obwohl die Ökonomen des 19. Jahrhunderts glaubten, das Evangelium des schottischen Weisen zu verkünden, verleugneten ihre Schriften die ihres Herrn. Sie waren falsche Propheten.“[20] Mit Entrüstung verurteilt Ginzberg die Berufung auf die Theorien von Smith während und nach der industriellen Revolution und behauptet: „. . . die Führer der englischen Gesellschaft im 19. Jahrhundert vollbrachten das Unmögliche. Sie verwandelten den besten Freund der Arbeiter in deren schlimmsten Feind. Das Geld respektiert niemanden, nicht einmal die Toten.“[21]

Die bürgerlichen Ideologen des 19. Jahrhunderts haben Smith zweifellos besser verstanden, als Ginzberg das rückschauend wahrhaben will. Seine Theorie entspricht ihrem inneren Wesen nach den Interessen des Kapitals und wurde von der Bourgeoisie im Hinblick auf den ökonomischen Liberalismus zu Recht ausge-

19 Vgl. E. Ginzberg, a. a. O., S. 157.

20 Ebenda, S. 168.

21 Ebenda, S. 191.

nutzt. Der Kampf um dessen Durchsetzung war im Prinzip ein historisch progressiver Prozeß, was nicht zuletzt durch Adam Smith theoretisch begründet worden war.

Andererseits hat sich Smith auf Grund seiner Analyse der Produktions- und Klassenverhältnisse keinerlei Illusionen über die objektiv bedingten Widersprüche der bürgerlichen Gesellschaft gemacht. Der Gegensatz zwischen Kapitalisten und Arbeitern ist in seinen Augen eine unvermeidliche Begleiterscheinung der „ewigen" ökonomischen Gesetze. Ganz unbefangen zeigt er daher, daß die Entwicklung der Produktivkräfte, insbesondere die Arbeitsteilung, nicht dem Arbeiter zugute kommt[22], daß letzterer bei Auseinandersetzungen um den Lohn immer benachteiligt ist[23] usw. Smith bedauert dieses Los der Arbeiterklasse und bringt ihr zweifellos sein subjektives Wohlwollen entgegen. Er bekämpft auch offensichtliche Ungerechtigkeiten und Benachteiligungen der Arbeiter, zum Beispiel das Trucksystem oder Absprachen der Kapitalisten zur Lohndrückerei. Aber die gesellschaftlichen Verhältnisse des Kapitalismus, die grundsätzlichen Beziehungen zwischen Lohnarbeit und Kapital sind für ihn eine naturgegebene, unabänderliche Tatsache, mit der man sich abfinden muß.

Es erhebt sich an dieser Stelle nun die Frage, warum sehr oft — in dieser oder jener Form — der bürgerliche Inhalt der Smithschen Theorie in Abrede gestellt wird.[24] Ihre Beantwortung führt uns zurück zu dem Problem der ideengeschichtlich diskontinuierlichen Beziehung zwischen Adam Smith und Marx. Der Marxismus geht von der Erkenntnis des historischen Materialismus aus, der zufolge nur die Parteinahme für die in einem bestimmten geschichtlichen Entwicklungsstadium progressive Klasse zu echten, das menschliche Wissen und den gesellschaftlichen Fortschritt bereichernden sozialwissenschaftlichen Theorien führt. Gesellschaftswissenschaftliche Theorien können nur über ihre ideologiebildende Wirkung praxisrelevant werden, indem sie den „Zeitgeist" prägen oder — besser ausgedrückt — indem sie die Interessen einer bestimmten Klasse oder Schicht reflektieren, dieser dadurch zum Selbstbewußtsein verhelfen und insofern ihr Handeln motivieren oder beeinflussen. Zu fragen ist in diesem Zusammenhang immer, inwieweit in einer konkreten historischen Situation das materielle, soziale Interesse einer Klasse der Theorie eine wissenschaftlich gültige, das heißt wahre Aussage gestattet. Angesichts dieser Einsicht bekennt sich der Marxismus-Leninismus bewußt und offen zum Proletariat und begreift sich als wissenschaftliches Fundament zur Begründung der historischen Mission der Arbeiterklasse.

In der Substanz seiner Theorie war Adam Smith in einer anderen historischen Situation ebenfalls wissenschaftlicher Repräsentant einer Klasse, der Bourgeoisie. Von diesem bürgerlichen Charakter kann man nicht abstrahieren, wenn das Problem beantwortet werden soll, warum er zum „Grundleger der politischen

22 Vgl. A. Smith, Natur und Wesen des Volkswohlstandes, Bd. 3, Jena 1923, S. 122 ff.

23 Vgl. A. Smith, Eine Untersuchung über . . ., Bd. 1, Berlin 1963. S. 86 ff.

24 Vgl. P. Thal, 200 Jahre Adam Smith' „Reichtum der Nationen", in: Wiss. Zeitschr. d. Martin-Luther-Universität Halle, XXIV, 75 G, Nr. 4, S. 69ff.

Ökonomie" geworden ist. Seine wissenschaftliche Redlichkeit kann den Wahrheitsgehalt seiner Lehre allein nicht begründen. Gerade ihre ideologische Wirkung und Verbreitung ist Beweis ihrer objektiven Parteilichkeit für den durch die Bourgeoisie vorangetriebenen Fortschritt der menschlichen Gesellschaft. Objektive Wissenschaftlichkeit und parteiliche Ideologie befanden sich bei Adam Smith in Übereinstimmung, und nur deshalb wurde er zu einer der großen gestaltenden Persönlichkeiten der ökonomischen Wissenschaft.

Wenn von bürgerlichen Dogmenhistorikern dieser wichtige Aspekt zur Beurteilung des bürgerlichen Klassikers verdrängt wird, so ist das gleichbedeutend mit dem Bestreben, die Wirtschaftstheorie ihres sozialen Bezugs zu entkleiden. Die Konstruktion eines unter jedwie gearteten Umständen vorhandenen Widerspruchs zwischen Wissenschaftlichkeit und Parteilichkeit muß auch bei Smith konsequent durchgehalten werden, wenn man sie dem Marxismus kritisch vorwerfen will.

Die tatsächlich vorhandene Diskontinuität in der Entwicklung der politischen Ökonomie zwischen Smith und Marx liegt — um es zu wiederholen — in der unterschiedlichen sozialen Basis. Dieser sozialökonomische Unterschied führt zu anderen Methoden der Erkenntnis und anderen Resultaten der Wissenschaft selbst. Er führt auch dazu, daß in dem einen Fall die Stellungsnahme für die fortschrittliche Klasse unter dem Deckmantel eines Eintretens für den allgemeinen, natürlichen Fortschritt versteckt wird, während in dem anderen von Anfang an ein Bekenntnis zur unverhüllten Parteilichkeit ausgesprochen wird. Doch dies berührt in der Substanz nicht das Prinzip der dialektischen Einheit von objektiver Wissenschaftlichkeit und parteilicher Ideologie.

Heute allerdings ist bourgeoise Parteilichkeit objektiv mit einem apologetischen Charakter der Ideologie gepaart. Hier widersprechen sich Wissenschaftlichkeit und Parteilichkeit tatsächlich. Die Propagierung der These, daß wahre Wissenschaft jenseits aller Klasseninteressen stehe, und sei sie auch auf die Theoriegeschichte bezogen, kann sehr wohl der Verschleierung bürgerlicher Parteilichkeit dienen. Wenn man das Wesen der Smithschen politischen Ökonomie mit der persönlichen Einstellung ihres Urhebers, nämlich ein warmherziger Menschenfreund gewesen zu sein, durcheinandermengt, so erhält schließlich auch die Theorie selbst einen allgemein-philanthropischen Anstrich. Diese Interpretation von Adam Smith und seiner Lehre als ideologiefrei, nicht klassengebunden und nicht parteilich erscheint so als mögliche Rechtfertigung von Versuchen, der unmißverständlichen Stellungnahme im heutigen Klassenkampf auszuweichen.

Als Zwischenbemerkung ergibt sich an dieser Stelle: Sowohl Smith als auch Marx waren parteiliche Wissenschaftler, der eine verhüllt, der andere offen und direkt, der eine im Interesse der Bourgeoisie, der andere im Interesse des Proletariats. Dieser Aspekt ist von ausschlaggebender Bedeutung für ihre erkenntnistheoretischen und theoriehistorischen Beziehungen. Ihre unterschiedliche Klassenposition begründet hier zunächst das diskontinuierliche Element in der Geschichte der politischen Ökonomie von Adam Smith zu Karl Marx.

Doch die Dialektik der Entwicklung ist gleichermaßen durch eine kontinuierliche Komponente bestimmt, die ebenfalls letztlich klassenmäßige Wurzeln hat, denn die Arbeiterklasse übernimmt von der Bourgeoisie die Rolle des Trägers des gesellschaftlichen Fortschritts. Und in diesem Sinne existiert eine Kontinuität des historischen Erkenntnisprozesses der einzelnen politökonomischen Kategorien wie für die politische Ökonomie als Ganzes. Unter Beachtung dieses Gesichtspunktes darf die Analyse der von Smith entwickelten Einzeltheorien nicht bei der Aufdeckung ihrer Unzulänglichkeiten stehenbleiben. Ein derartiger Nachweis läßt sich unschwer anhand der Werttheorie, der Lohn- und Profittheorie, der Geldtheorie, der Außenhandelstheorie usw. führen, so wie das weiter oben exemplarisch auch geschehen ist. Doch theoriehistorische Untersuchungen erhalten erst dann ihren spezifischen Sinn, wenn sie nicht bei der Aufdeckung von Mängeln und Fehlern stehenbleiben, sondern den Fortschritt der menschlichen Erkenntnis demonstrieren und dabei durchaus die Kontinuität zeigen, die der Entwicklung von den bürgerlichen Klassikern zu Marx objektiv eigen ist. Auf diesem Wege läßt sich überdies sehr gut verdeutlichen, mit welcher wissenschaftlichen Akribie Marx gearbeitet hat, wenn er Anregungen aufgreift, falsche Schlüsse kritisiert und seine eigene Position daraus entwickelt.

Derartige vergleichende Betrachtungen müssen einen Beitrag zur Klärung der Frage leisten, welche grundsätzlichen theoriehistorischen, gesetzmäßigen Beziehungen zwischen dem Marxismus und der klassischen bürgerlichen Ökonomie bestehen. Diese Frage läßt sich nicht primär anhand einzelner Theorien und ihrer dialektischen Weiterentwicklung durch Marx erfassen. Ein solches methodisches Herangehen muß seinem Wesen nach im Detail befangen bleiben und dürfte nicht imstande sein, die Dialektik der wissenschaftlichen Kontinuität und Diskontinuität als generelles Problem befriedigend zu lösen. Mit anderen Worten, es scheint zweifelhaft, ob sowohl die historischen Verdienste von Smith oder Ricardos um die Entwicklung der politischen Ökonomie als Wissenschaft als auch die auf dieser Basis von Marx vollzogene Revolution im ökonomischen Denken voll erfaßt werden können, wenn man bei den theoretischen Einzelerkenntnissen der klassischen bürgerlichen Ökonomie stehenbleibt und ihre jeweils richtigen oder falschen Elemente minutiös herausschält. Auf jeden Fall ist das allein nicht ausreichend. Gerade die hier hervorgehobene soziale Komponente der bürgerlichen politischen Ökonomie, ihre Interessengebundenheit und ideologiebildende Wirkung, wie sie aus dem System als Ganzem hervorgewachsen ist, geben einen wichtigen Ansatzpunkt für ihre dialektische Negation durch Marx.

Das Problem ist — wie wir sehen können — kompliziert genug. Um so erstaunlicher müssen auf jeden, der mit dieser Materie auch nur einigermaßen vertraut ist, einige seltsame Feststellungen in der „Würdigung des Werkes" wirken, die der in der BRD erschienenen Neuausgabe des „Reichtums der Nationen" vorangestellt wurde. Dort heißt es unter anderem, und zwar ohne den leisesten Versuch zu einem Beweis, von der „friedlichen Botschaft" Adam Smith', daß sie „im schroffen Gegensatz zur Dialektik und zum inhumanen Klassenkampf bei Karl Marx steht, [geradeso als ob Marx der Erfinder des Klassenkampfes wäre — d. V.] obwohl dessen Ideen stark, wenn auch verdreht von Smith beeinflußt sind, stärker jedenfalls, als bis heute zugegeben wird“[25]. Dunkel ist der Rede Sinn Was konkret gemeint ist, erfährt der Leser dieser merkwürdigen „Würdigung“ nicht. Jedenfalls dürften derartige Ansichten sogar innerhalb der bürgerlichen Smith-Forschung auf Widerspruch stoßen. Myrdal zum Beispiel ging schon vor vierzig Jahren so weit, Marx die logische Konsequenz aus der klassischen Theorie Smith' und Ricardos zu bescheinigen und ihn gegen den Vorwurf in Schutz zu nehmen, einem „groben Mißverständnis“ erlegen zu sein.[26]

Smith und Ricardo haben gemeinsam die Wissenschaft der politischen Ökonomie so weit entwickelt, wie es unter den Bedingungen der herrschenden Klassengesellschaft für bürgerliche Ökonomen überhaupt möglich war. Die objektiven, durch den bürgerlichen Klassenhorizont gezogenen Erkenntnisgrenzen in bezug auf die Erforschung der ökonomischen Gesetze des Kapitalismus wurden von ihnen erreicht. Von nun an, das heißt unter den gegebenen gesellschaftlichen Verhältnissen nach Beendigung der industriellen Revolution blieb für die Klassenvertreter der Bourgeoisie das Tor zur wissenschaftlichen politischen Ökonomie verschlossen. Erst Marx und Engels stießen es wieder weit auf, indem sie sich auf den Standpunkt des Proletariats stellten, auf den Standpunkt jener Klasse, die von der Geschichte dazu berufen ist, die Ausbeutung des Menschen durch den Menschen endgültig zu beseitigen, und die daher zutiefst an der Erkenntnis des Wesens der bürgerlichen Ordnung interessiert ist.

Marx und Engels revolutionierten das ökonomische Denken und vollbrachten damit eine wissenschaftliche Großtat ohne Beispiel. Sie hoben die bürgerliche Wahrheit auf und setzten an deren Stelle eine historisch und wissenschaftlich höhere Wahrheit, die Wahrheit der Arbeiterklasse. Doch die Analyse der wesentlichen Seiten der kapitalistischen Produktionsweise und die Aufdeckung ihres Bewegungsgesetzes wurden nicht zuletzt durch die weitreichenden Erkenntnisse des großen klassischen bürgerlichen Ökonomen Adam Smith erleichtert.

25 H. C. Recktenwald, Würdigung des Werkes, in: Adam Smith, Der Wohlstand der Nationen. Eine Untersuchung seiner Natur und seiner Ursachen, München 1974, S. XV.

26 Vgl. G. Myrdal, Das politische Element in der nationalökonomischen Doktrinbildung, Berlin 1932, S. 123f.

2.2. Die Smithsche Theorie als eine der Quellen der ökonomischen Lehre des Marxismus

Wie schon hervorgehoben wurde, ist für Marx charakteristisch, daß bei der Untersuchung des Kapitalismus und seiner Arbeit am „Kapital" die kritische Analyse der Geschichte der bürgerlichen politischen Ökonomie, insbesondere ihrer klassischen Schule, als einer der historisch-theoretischen Ausgangspunkte fungierte.[1] Eine wichtige Rolle spielt in dieser Hinsicht die Theorie von Adam Smith. Ihre Widersprüchlichkeit bestimmt in hohem Grade die Besonderheiten, die sie als Quelle für die marxistische ökonomische Lehre auszeichnet.

Wir haben die Wertschätzung von Marx für die theoretischen Widersprüche, die der „Reichtum der Nationen" enthält, bereits wiedergegeben.[2] Natürlich übte Smith durch die positive Erläuterung komplizierter Probleme der kapitalistischen Wirtschaft einen wichtigen Einfluß auf Marx aus. Doch in dieser Hinsicht spielte Ricardo wahrscheinlich eine bedeutendere Rolle, während er bestimmte theoretische Widersprüche der politischen Ökonomie in ihrer Widerspiegelung der kapitalistischen Wirtschaft, die in den Konzeptionen von Smith enthalten sind, übergeht. Diese Tatsache resultiert aus der metaphysischen Analysenmethodik, mit der die ökonomischen Erscheinungen des Kapitalismus bei Ricardo erfaßt werden und die bei ihm ausgeprägter als bei Smith ist. Infolgedessen deckte Ricardo zahlreiche komplizierte theoretische Probleme nicht auf, darunter auch die scheinbare Metamorphose des Wertgesetzes beim Übergang von der einfachen Warenproduktion zur kapitalistischen Produktion. Daher stellt Vygodskij fest: „Die widersprüchliche Theorie A. Smith' erwies sich in dieser Frage fruchtbarer als die Theorie Ricardos, der diesen Widerspruch der kapitalistischen Realität überhaupt nicht zur Kenntnis nahm, während Smith lediglich ein einfacher Fehler unterlief."[3]

Durch die Analyse der Smithschen Widersprüche wurde Marx zu ihrer Lösung angeregt, wodurch sie letzten Endes zur Vervollkommnung der marxistischen Wirtschaftstheorie beigetragen haben. Gleichzeitig diente diese Analyse Marx zur Kontrolle, um die Richtigkeit bereits gezogener theoretischer Schlußfolgerungen zu überprüfen.

Lenins bereits zitierte Feststellung, daß „die ganze Genialität von Marx" gerade darin besteht, „daß er auf die Fragen Antwort gegeben hat, die das fortgeschrittene Denken der Menschheit bereits gestellt hatte"[4], liefert den

[1] Vgl. V. S. Vygodskij, Zur Entstehungsgeschichte des „Kapital", Moskau 1970, Abschnitt III (russ.).

[2] Vgl. Abschnitt 1. 2.

[3] V. S. Vygodskij, a. a. O., S. 85 (russ.).

[4] W. L. Lenin, Drei Quellen und drei Bestandteile des Marxismus, in: Werke, Bd. 19, Berlin 1962, S. 3.

Schlüssel für das Verständnis der historischen Stellung, welche die Wirtschaftstheorie von Smith als eine der Quellen der ökonomischen Lehre des Marxismus einnimmt.

Probleme der Werttheorie

Im Vergleich zu seinen Vorgängern erreichte Smith in der Analyse der Warenproduktion einen wesentlichen Sprung der Entwicklung der politischen Ökonomie. Auf diesem Gebiet wie auf vielen anderen erwiesen sich sowohl seine positiven Lösungen als auch die Widersprüche seiner Auffassungen als äußerst bedeutungsvoll.

Es ist bekannt, daß Smith eine doppelte Definition des Werts gab, wozu Marx schreibt: „Ich habe schon im ersten Teil dieser Schrift, bei Gelegenheit der Analyse der Ware, nachgewiesen, wie A. Smith in der Bestimmung des Tauschwerts schwankt und namentlich die Bestimmung des Werts der *Waren* durch die Quantität der zu ihrer Produktion erheischten Arbeit bald verwechselt mit, bald verdrängt durch das Quantum lebendiger Arbeit, womit Ware gekauft werden kann."[5] Die erste, das heißt wissenschaftliche Bestimmung des Werts lag den wichtigsten Errungenschaften der politischen Ökonomie von Smith auf dem Gebiet der Analyse des Manufakturkapitalismus zugrunde. Die zweite Wertbestimmung widerspricht deutlich der ersten, denn der Warenwert wird hier nicht durch die für die Produktion *aufgewandte* Arbeit, sondern durch die „Arbeit" bestimmt, die mit dieser Ware gekauft wird, d. h. also durch den Wert der *Arbeitskraft*, den A. Smith mit der Funktion der Arbeitskraft, ihrer Arbeit, verwechselt. Der Fehler dieser Auffassung liegt auf der Hand: Er bestimmt den Wert einer Ware mit dem Wert einer anderen, wodurch er zu einem Trugschluß gelangt.

Die Widersprüche zwischen der (für die Epoche A. Smith') wissenschaftlichen Wertbestimmung und der unwissenschaftlichen Betrachtung (die ebenfalls durch die kapitalistische Realität hervorgerufen wurde) zeugen vom ungenügenden Entwicklungsgrad der Smithschen Theorie und werfen eine Reihe wichtiger von ihm nicht gelöster theoretischer Probleme für die ökonomische Wissenschaft auf.

Erstens enthalten diese Widersprüche der Theorie Smith' die Problematik der Abgrenzung zwischen Wert und Tauschwert der Ware sowie das Problem des Unterschiedes zwischen dem immanenten Merkmal des Werts — durch den die Wertsubstanz gebildet wird — und dem äußeren Merkmal des Warenwertes, seine Darstellung im Gebrauchswert einer anderen Ware, das heißt im Geld. Indem Smith den Wert einer Ware (W_1) mit Hilfe des Werts einer anderen

[5] K. Marx, Theorien über den Mehrwert, Erster Teil, in: MEW, Bd. 26/1, Berlin 1965, S. 31.

Ware (W_2) bestimmt und dadurch, daß er voraussetzt, daß diese Bestimmung des Werts mit der Wertbestimmung auf Grund der für die Herstellung der Ware (W_1) aufgewandten Arbeit identisch sei, verwechselt er den Wert der Ware (W_1) mit seiner äußeren Erscheinungsform im Gebrauchswert einer anderen Ware (W_2). Er verwechselt den Warenwert mit dem Tauschwert. Da in dieser Verwechslung die Formen verschiedener Bestimmungen des Warenwertes durch Smith enthalten sind, resultiert daraus die Fragestellung nach der Abgrenzung zwischen den gegebenen Erscheinungen und ihren Wechselbeziehungen. Wie bekannt, wurde die endgültige wissenschaftliche Erfassung des Warenwerts und seiner Erscheinungsformen erst in den Werken von Marx durchgeführt.

Zweitens gab die Widersprüchlichkeit der Werttheorie von Smith den Anstoß für die Fragestellung nach der Abgrenzung zwischen der Arbeit des Arbeiters und seiner Arbeitskraft, die für die wissenschaftliche Analyse des Kapitalismus von prinzipieller Bedeutung ist. Die klassische bürgerliche politische Ökonomie war bekanntlich wegen ihrer Klassenbegrenztheit nicht in der Lage, dieses Problem zu lösen.

Bei der Bestimmung des Warenwerts durch die Arbeit, die man mit dieser Ware kaufen kann, unterscheidet Smith zwei Etappen in der Entwicklung der Gesellschaft — den „ursprünglichen" und den „modernen" Zustand, das heißt faktisch die einfache Warenproduktion und die kapitalistische Produktion sowie zwei Etappen in der Entwicklung des Wertgesetzes. Bezogen auf die erste Etappe, ist die Smithsche Bestimmung des Warenwerts durch „gekaufte" Arbeit vom Wesen her falsch, da die „gekaufte" Arbeit, das heißt eigentlich die Arbeitskraft als Ware, in dieser Beziehung lediglich als Äquivalenzform des Werts der verkauften Ware fungiert und nicht zur Bestimmung von dessen Umfang dient; dennoch ist darin kein quantitativer Fehler enthalten, da die Arbeit des Warenproduzenten, die in seiner Ware vergegenständlicht ist, mit dem gleichen Arbeitsquantum eines anderen Warenproduzenten, das in der von diesem produzierten Ware enthalten ist, ausgetauscht wird.[6]

Anders ist es in der Etappe der kapitalistischen Entwicklung, wo der Produzent von den Produktionsmitteln getrennt ist und als Lohnarbeiter nicht das gesamte Produkt seiner Arbeit, das heißt nicht den ganzen von ihm geschaffenen Wert erhält. Unter diesen Bedingungen sind „Arbeitsquantum", das heißt der vom Warenproduzenten geschaffene Wert, und der „Wert der Arbeit", das heißt der Wert der Arbeitskraft, keine miteinander identischen Größen. Im Kapitalismus erhält die Arbeit, die in den Waren, die den Arbeitslohn repräsentieren, vergegenständlicht ist, die Möglichkeit, ein größeres Quantum lebendiger Arbeit „zu kommandieren". Daraus schlußfolgert Smith, daß die Arbeitszeit mit dem Übergang zur „modernen" (d. h. kapitalistischen) Gesellschaftsordnung aufhört, als Regulator des Warenwerts zu fungieren, und daß das Wertgesetz unter diesen Bedingungen nicht mehr wirksam ist. Smith schiebt das Wertgesetz praktisch

6. Vgl. ebenda, S. 44.

deshalb zur Seite, weil er das Gesetz über den Mehrwert von der Position seiner Arbeitswerttheorie aus nicht erklären konnte.

Bei der Charakteristik der widersprüchlichen Positionen Smith' bezüglich des Warenwerts schreibt Marx: „Zweitens aber beruht dieser Widerspruch und das Übergehen von der einen Erklärungsweise zur anderen bei A. Smith *auf Tieferem* . . ."[7] Als eine dieser tieferen Grundlagen ist die Verwechslung von Arbeit und Arbeitskraft als Ware durch Smith zu nennen. In diesem Zusammenhang ist die folgende Feststellung von Marx bemerkenswert, mit der er die Bedeutung der Widersprüche der Smithschen Werttheorie für die Aufdeckung wichtiger Probleme der ökonomischen Wissenschaft betont. Marx wirft Ricardo vor, daß er die tieferen Grundlagen bei der „Aufdeckung dieses Widerspruchs (von Smith — d. V.) übersehn, nicht richtig gewürdigt hat, *daher* auch nicht gelöst"[8]. Die Unfähigkeit Ricardos, den sichtbaren Widerspruch zwischen dem Austausch von Ware gegen Ware und dem Austausch von Arbeit gegen Kapital (der von Smith fixiert wurde) zu lösen, ist eine Folge seiner metaphysischen Analysemethode, die wiederum auf seiner Klassenposition basiert und ihn die dialektische Vermittlung von Wesen und Erscheinung nicht erkennen läßt. „Auch war der Widerspruch nicht zu erklären, solange Kapital direkt der Arbeit statt dem Arbeitsvermögen gegenübergestellt wird"[9] — schreibt daher Karl Marx.

Indem sich Marx auf die materialistisch-dialektische Forschungsmethode stützt und die Position der revolutionären Arbeiterklasse vertritt, war er im Gegensatz zu Ricardo in der Lage, in dem erwähnten Widerspruch der Smithschen Werttheorie die „tiefere Grundlage" zu erkennen. Daß dies auch für Marx und Engels ein langwieriger Prozeß war, darf hier nicht unerwähnt bleiben, denn es kennzeichnet die erkenntnistheoretische Schwierigkeit. Erst nachdem Marx zwischen der Arbeit und der Arbeitskraft des Lohnarbeiters unterschied, das heißt also etwa seit 1857/58 in den „Grundrissen", konnte er in vollem Umfang zur wissenschaftlich endgültigen Analyse des Mehrwertgesetzes gelangen und den Beweis erbringen, daß dessen Durchsetzung nicht auf einer Verletzung, sondern auf der Realisierung des Wertgesetzes beruht.

Marx wies darauf hin, daß im Vertrag zwischen Kapitalist und Arbeiter nicht die Arbeit, sondern die Arbeitskraft des Arbeiters als Ware fungiert. Durch den Verkauf der Arbeitskraft zu ihrem Wert wird notwendigerweise vorausgesetzt, daß der Arbeiter durch seine Arbeit einen größeren Wert als den seiner Arbeitskraft schafft. Infolge des Unterschieds zwischen dem Wert, der durch den Arbeiter geschaffen wird, und dem Wert seiner Arbeitskraft entsteht der Mehrwert, den sich der Kapitalist unentgeltlich aneignet. Auf der Ausbeutung der Arbeit durch das Kapital beruht der nichtäquivalente Charakter des schließlichen Resultats der Beziehungen zwischen Arbeit und Kapital: Der Kapitalist eignet

[7] Ebenda, S. 42 (Hervorhebung — d. V.).

[8] Ebenda (Hervorhebung — d. V.).

[9] Ebenda, S. 44.

sich in der lebendigen Arbeit letzten Endes einen größeren Wert an, als er dem Arbeiter in Form des Arbeitslohns gibt. Dieser Widerspruch verwirrte Smith, und zwar nicht nur bei der Analyse des Austausches zwischen Arbeit und Kapital, sondern auch bei der Untersuchung des Wertgesetzes an sich. Marx bemerkt: „Jedenfalls fühlt A. Smith die Schwierigkeit, aus dem Gesetz, das den Austausch der Waren bestimmt, den Austausch zwischen Kapital und Arbeit herzuleiten, der scheinbar auf ganz entgegengesetzten und widersprechenden Prinzipien beruht."[10] Dieser Widerspruch der Werttheorie Smith' gab Marx den Anstoß für den wichtigsten wissenschaftlichen Ausgangspunkt zur Erforschung des Kapitalismus — für die Arbeitswerttheorie.

Drittens sah Marx in der erwähnten doppelten Betrachtungsweise des Werts eine Widerspiegelung der Tatsache, daß Smith den historischen Umschlag der Eigentumsgesetze der einfachen Warenproduktion in ihr Gegenteil nicht verstand. Dieser Umschlag besteht darin, daß die Gesetze der einfachen Warenproduktion — nach denen der Warenproduzent, der Eigentümer der Produktionsmittel, sich das Produkt der individuellen eigenen Arbeit aneignet — in die Gesetze der kapitalistischen Aneignung übergehen, wo der Reichtum des Eigentümers von Produktionsmitteln durch den Umfang der fremden lebendigen Arbeit bestimmt wird. In diesem Zusammenhang schreibt Marx über Smith, „daß er nicht einsieht, wie dieser Widerspruch dadurch eintritt, daß das Arbeitsvermögen selbst zur Ware wird und daß bei dieser spezifischen Ware ihr Gebrauchswert, der also mit ihrem Tauschwert nichts zu tun, selbst die den Tauschwert schaffende Energie ist"[11]. Die doppelte Betrachtungsweise des Warenwertes durch Smith beinhaltet den durchaus wichtigen Versuch, die einfache Warenproduktion und die kapitalistische Produktion voneinander zu unterscheiden. Doch sie zeugt auch vom Unverständnis Smith', die Beziehungen zwischen diesen beiden Entwicklungsetappen der Warenproduktion exakt aufzudecken.

Viertens enthält der Widerspruch zwischen der Bestimmung des Warenwerts durch die für die Produktion aufgewandte Arbeit und die „gekaufte Arbeit" eine — wie Marx feststellt — Verwechselung des Warenwerts mit dem Produktionspreis. Indem sie identifiziert werden, steigert eine derartige Vermengung die Probleme ihrer theoretischen Unterscheidung.

Letzten Endes vertritt Smith die These, daß mit dem Übergang zur „modernen" Gesellschaft der Warenwert nicht mehr durch die für ihre Herstellung aufgewandte Arbeit bestimmt wird, sondern durch die Summe der Revenuen — Arbeitslohn, Profite und Rente —, die in diesem Fall Smith als „ursprüngliche Quellen allen Tauschwerts" dienen. Er stellt hier faktisch die Frage nach der Modifizierung des Wertgesetzes in das Gesetz der Produktionspreise beim Übergang von der einfachen Warenproduktion zur kapitalistischen Produktion. Aber er war nicht in der Lage, diese Problematik zu lösen. Er registriert lediglich

10 Ebenda.

11 Ebenda, S. 59.

den widersprüchlichen Umstand, daß infolge des erwähnten Übergangs die Revenuen eine bestimmte regulierende Funktion im Verhältnis zu den „Werten" der Waren einnehmen, obwohl sie vorher — im Gegensatz zur späteren Aussage — durch den Warenwert reguliert wurden. An dieser Stelle meint Smith eigentlich nicht den Wert der Waren, sondern praktisch ihre Produktionspreise. Es ist bekannt, daß die Größe des Arbeitslohnes oder des Profits sich nicht auf den Warenwert auswirkt, denn die Revenuen sind unterschiedliche Erscheinungsformen des in der Produktion bereits geschaffenen Werts innerhalb der Verteilungssphäre. Dennoch können Schwankungen der Durchschnittsgrößen dieser Revenuen eine bestimmte Wirkung auf die Produktionspreise der Waren ausüben.

Auch dieser Aspekt der widersprüchlichen Betrachtungsweise des Werts durch Smith erwies sich als nützlich, da die Lösung der wichtigen Problematik der Modifizierung des Wertes in den Produktionspreis dadurch provoziert wurde. Die wissenschaftliche Bewältigung dieses Problems durch Marx lieferte den Schlüssel zur Erkenntnis des inneren Mechanismus einer bedeutenden Gruppe von Gesetzen der kapitalistischen Wirtschaft, darunter jener, welche die konkreten Formen des Mehrwerts determinieren (Gesetz der Durchschnittsprofitrate, Gesetz des tendenziellen Falls der Profitrate, Gesetz der Entstehung und Veränderung der Differentialrente und der absoluten Grundrente usw.).

Marx wies oft auf die theoretische Fruchtbarkeit der Widersprüche in den Smithschen Auffassungen hin. Seine kritische Untersuchung der Positionen von Smith bezüglich der grundlegenden Struktur des Warenwerts offenbart dessen Schwanken und Zweifel an der Richtigkeit seiner Methodik. Dies betrifft vor allem die Auflösung des gesamten Warenwerts in die drei Revenuen. Smith' Zweifel kommt darin zum Ausdruck, daß er auch das vierte Element, den Wert, der den Produktionsmitteln geschuldet ist, gesondert erwähnt, obwohl er diesen zuvor den Revenuen zurechnen wollte. In diesem Zusammenhang schreibt Marx über Smith: „... es ist hier wieder sein *Vorzug vor Ricardo*, nicht, daß er das aufgeworfne Bedenken richtig löst, sondern daß er es überhaupt aufwirft."[12]

Die Lösung der von Adam Smith aufgeworfenen werttheoretischen Probleme durch Karl Marx war ein wichtiger Entstehungs- und Entwicklungsfaktor für die marxistische Werttheorie wie für die gesamte ökonomische Lehre des Marxismus.

Zur Frage des Austausches zwischen Arbeit und Kapital

Für die Entwicklung der marxistischen Wirtschaftstheorie spielten die von Smith aufgeworfenen Probleme auf dem Gebiet der Mehrwerttheorie und der Austauschverhältnisse zwischen Arbeit und Kapital eine bedeutsame Rolle.

[12] Ebenda, S. 69 (Hervorhebung — d. V.).

Wie wir sahen, stößt Smith in seiner widersprüchlichen Theorie auf die Problematik des „Nichtentsprechens" von Wertgesetz und Mehrwertgesetz. Für ihn ist eigentlich durch das Wertgesetz die Möglichkeit des Entstehens von Mehrwert (nach seiner Terminologie — von Profit) ausgeschlossen, da — wie er meint — der Arbeiter dem Kapitalisten seine Arbeit verkauft. Das Vorhandensein von Profit für den Kapitalisten läßt daher beim Austausch zwischen Arbeit und Kapital auf eine Verletzung des ursprünglichen Wertgesetzes schließen.

Hierfür ist nun charakteristisch, daß nach Smith' Meinung das ursprüngliche Wertgesetz mit dem Beginn der Kapitalakkumulation und dem Entstehen des Privateigentums am Boden, das heißt mit der Trennung der unmittelbaren Produzenten von den Produktionsmitteln, aufhört zu wirken. Auf diese Weise wurde praktisch durch die widersprüchlichen Smithschen Positionen die Notwendigkeit hervorgerufen, die Problematik des Austausches zwischen Arbeit und Kapital zu klären. Dazu gehört auch die Erläuterung des Entstehungsprozesses des Mehrwerts aus der Sicht des Wertgesetzes. Marx weist auf den Fakt hin, den auch Smith bemerkte, daß die vergegenständlichte Arbeit unter bestimmten Bedingungen die Eigenschaften besitzt, über das Arbeitsquantum hinaus, das sie selbst verkörpert, noch eine zusätzliche Menge an lebendiger Arbeit kaufen zu können. Marx schreibt: „Es ist *der Vorzug Smiths vor Ricardo*, daß er so stark betont, wie dieser change mit der kapitalistischen Produktion eintritt."[13]

Weder Smith noch die gesamte klassische bürgerliche politische Ökonomie waren bekanntlich in der Lage, diesen Widerspruch zu lösen. Die Feststellung von Smith, daß er erst im Zusammenhang mit dem Übergang zum Kapitalismus entstünde, gab Marx als scharfsinnigem Forscher den Anstoß zu der Erkenntnis, daß es notwendig ist, die spezifischen Charakterzüge dieses Übergangs zu analysieren; erst dann können die Widersprüche zwischen Wertgesetz und Mehrwertgesetz theoretisch gelöst werden. Indem er dies tat, zeigte Marx auch den scheinbaren Charakter dieses Widerspruchs. Der Mehrwert entsteht durchaus nicht unter Verletzung des Wergesetzes, sondern — im Gegenteil — auf dessen Grundlage. Um diese Behauptung zu beweisen, drang Marx zu einer tiefschürfenden Analyse der Arbeitskraft als Ware vor und deckte ihre spezifischen, sie von den üblichen Waren unterscheidenden Charakterzüge auf. Er erkannte als erster den Unterschied zwischen den Kategorien Arbeitskraft und Arbeit als Funktion der Arbeitskraft, was für die Lösung des erwähnten Widerspruchs von prinzipieller Bedeutung war. Die Arbeitskraft wurde, wie die Forschungsergebnisse von Marx bewiesen, erst mit dem Übergang zur kapitalistischen Produktion, das heißt mit der Trennung der einfachen Warenproduzenten von den Produktionsmitteln, zur Ware.

Die widersprüchlichen Positionen Smith' in der Mehrwerttheorie hängen nicht nur mit dem Problem des Verhältnisses zwischen Wertgesetz und Mehrwertgesetz zusammen. Sie sind auch für die von ihm untersuchte Frage charakteristisch,

[13] Ebenda, S. 52 (Hervorhebung — d. V.).

welches nun eigentlich das Objekt von Kauf und Verkauf in den Beziehungen zwischen Kapitalisten und Arbeitern ist. Durch diese Widersprüche bei Smith ist das Problem des Zusammenhangs zwischen dem inneren Mechanismus und der äußeren Erscheinungsform der kapitalistischen Ausbeutung entstanden. Einerseits nahm Smith an, daß die Arbeit des Arbeiters als Objekt des Verkaufs und des Ankaufs zwischen Kapitalist und Arbeiter dient. Durch diese Position ist die klassische Schule bei dem Versuch, die Verwandlung von Arbeit in Kapital unter Berücksichtigung des Wertgesetzes zu erläutern, in eine Sackgasse geraten. Wenn die Arbeit verkauft wird, und zwar zu dem ihr äquivalenten Wert, dann ist die Erzielung eines Profits unmöglich. Doch die Existenz eines Profits stellt eine unwiderlegbare Tatsache dar. Andererseits ist „dem A, Smith wohlbekannt", schreibt Marx, „daß die Arbeitszeit, die das Arbeitsvermögen zu seiner Reproduktion und Erhaltung kostet, sehr verschieden von der Arbeit ist, die es selbst leisten kann".[14] Aus dieser zweiten Smithschen Position folgt, daß man mit dem Arbeitslohn des Arbeiters, den er für die „Reproduktion und Erhaltung der Arbeitskraft" (bei Smith — der Arbeit) nützt, durchaus nicht die Arbeit bezahlt, sondern irgend etwas anderes. Gerade dieses „Andere" dient als tatsächliches Objekt des Kaufs und Verkaufs zwischen Kapitalist und Arbeiter.

Mit der Lösung dieser Widersprüche der Smithschen Theorie gelang es Marx, das Problem des Verhältnisses zwischen dem inneren Mechanismus des Mehrwertgesetzes und seiner äußeren täuschenden Erscheinungsform wissenschaftlich zu erläutern. Einerseits war es Marx möglich, mit Hilfe der Unterscheidung zwischen Arbeitskraft und Arbeit des Arbeiters das Objekt des Kaufs und Verkaufs zwischen Arbeiter und Kapitalist wissenschaftlich genau zu bestimmen und die Arbeitskraft als besondere Ware zu analysieren sowie den inneren Mechanismus des Mehrwertgesetzes aus dieser Sicht zu untersuchen. Andererseits gelang es Marx, indem er die Widersprüche der Smithschen Theorie löste, die doppelte Rolle des Gebrauchswerts der Arbeitskraft — eigentlich der Arbeit des Lohnarbeiters — im Austauschprozeß zwischen Arbeit und Kapital zu klären. Einerseits, von der Form her, verschleiert er den Prozeß der Ausbeutung der Arbeit durch das Kapital; andererseits ist es die Qualität des Gebrauchswerts der Ware Arbeitskraft, um derentwillen der Kapitalist eigentlich die Ware kauft, die ihm für die Produktion des Mehrwerts unentbehrlich ist. An der Stelle, wo sich Marx mit den Beziehungen beim Kampf und Verkauf der Arbeitskraft beschäftigt, kann man daher lesen, daß „der Kapitalist Arbeit kauft (faktisch im Resultat, wenn auch vermittelt durch den exchange nicht direkt mit der Arbeit, sondern mit dem Arbeitsvermögen) . . ."[15]

Adam Smith konnte, wie bekannt, den Mehrwert als solchen nicht erfassen und war nicht in der Lage, ihn unabhängig von seinen konkreten Formen, in

[14] Ebenda, S. 44.
[15] Ebenda, S. 58.

denen er im kapitalistischen Wirtschaftsleben erscheint, zu untersuchen. Obwohl seine Positionen hier wieder einen widersprüchlichen Charakter besitzen, erwiesen sie sich als äußerst fruchtbringend. Einerseits erkannte Smith nicht, daß Kapitalprofit, Grundrente und Kreditzinsen konkrete Formen des Mehrwerts darstellen. Er ging auf die Kategorie Mehrwert selbst nicht ein. Ferner spielt bei Smith die Auffassung eine Rolle, daß Profit, Rente und Arbeitslohn — diese Revenuen verschiedener Klassen, die über verschiedene Faktoren der Produktion verfügen — auf einer unterschiedlichen Grundlage basieren. Auf der anderen Seite steht Smith der wissenschaftlichen Erfassung der Beziehungen zwischen dem Mehrwert und seinen konkreten Formen sehr nahe. Dies gilt auch für die Beziehungen zwischen den durch Ausbeutung entstandenen Revenuen und dem Arbeitslohn. Die wissenschaftliche Antwort von Smith auf diese Frage gibt er im Grunde damit, daß er Profit und Rente als Abzug vom Produkt des Arbeiters auffaßt. Hiermit wird etwas Gemeinsames zwischen Profit und Rente anerkannt, nämlich, daß beide ein Ergebnis der Ausbeutung der Arbeit durch das Kapital sind. Dadurch wird der Mehrwert von Smith faktisch als allgemeine Kategorie betrachtet, obwohl er sie nicht als etwas Selbständiges aufführt. Profit und Rente sind im Verhältnis hierzu Abzweigungen.[16] Außerdem wird durch diese Position auch das Verhältnis zwischen den kapitalistischen Revenuen und dem Arbeitslohn als ein Verhältnis zwischen den nicht durch Arbeit erworbenen Revenuen der Kapitalisten sowie Grundbesitzer und dem erarbeiteten Einkommen der Arbeiter bestimmt. Diese Seite der Ansichten Smith' charakterisierend, schreibt Marx, daß er den Mehrwert aus dem Teil der Arbeit ableitet, „den die Arbeiter der Materie zusetzen über das Quantum hinaus, das ihre salaires zahlt".[17] Hier führt Smith den Mehrwert auf seine tatsächliche Quelle zurück, das heißt auf das variable Kapital.

Der widersprüchliche Charakter der Ansichten Smith' bezüglich des Mehrwerts wirkte als ein wichtiger theoretischer Stimulus für die Ausarbeitung der wissenschaftlichen Mehrwerttheorie durch Marx.

Nicht weniger nutzbringend waren die Widersprüche der Smithschen Theorie, die bei der Untersuchung der Auswirkungen des Austausches zwischen Arbeit und Kapital auf die Lage der Arbeiter auftraten.

Einerseits geht Smith von der Tatsache der Ausbeutung der Arbeiterklasse aus und schlußfolgert, daß eine Entwicklung der Arbeitsproduktivität für die Arbeiter nicht von Nutzen wäre. Die Ursache hierfür liegt nach Smith darin begründet, daß der Arbeiter unter Verhältnissen, unter denen Kapital akkumuliert wird und privates Grundeigentum existiert, nicht mehr das gesamte Produkt seiner Arbeit erhält, wie dies im „ursprünglichen Zustand der Gesellschaft" der Fall war. Damit zusammen hängt die Tatsache, daß sich gerade unter diesen Verhältnissen die Arbeitsproduktivität in bedeutendem Maße erhöht. Der Arbeiter

[16] Vgl. ebenda, S. 53.
[17] Ebenda, S. 61.

wird dazu gezwungen, das Produkt seiner Arbeit mit den Kapitalisten und den Grundbesitzern zu teilen, und zwar so zu teilen, daß sein Einkommen, der Arbeitslohn, im allgemeinen nur noch seine minimalen Bedürfnisse und die seiner Familie deckt. Daraus resultiert für Smith die Schlußfolgerung: Das Gesamtresultat der Produktivitätssteigerung der Arbeit eignen sich die Kapital- und Grundeigentümer an. Der Arbeiter erhält so viel, wie er benötigt, um zum Nutzen der Eigentümer der Produktionsmittel erneut arbeiten zu können. Bei dieser Betrachtungsweise, mit der Smith die Auswirkungen der Entwicklung des Kapitalismus auf die Lage der Arbeiterklasse feststellt, ist er dem Verstehen einer Reihe tatsächlicher Prozesse zur Verschlechterung der Lage der Arbeiterklasse, die mit der Akkumulation des Kapitals und mit der Produktion des relativen Mehrwerts verbunden sind, sehr nahe. Doch diese Betrachtungsweise ist für Smith nicht immer charakteristisch.

An anderen Stellen geht Smith bei der Erörterung der Auswirkungen der kapitalistischen Entwicklung auf die Lage der Arbeiterklasse von seiner falschen Identifizierung des gesamten Kapitals mit dessen variablem Teil aus. Hier faßt Smith die Akkumulation des Kapitals als bloße Akkumulation des variablen Kapitals auf. Daraus resultiert, daß parallel zur Kapitalakkumulation die Nachfrage nach Arbeitskräften wachsen müßte, wodurch eine Erhöhung des Arbeitslohnes der Arbeiter und ihres Wohlstandes erzielt würde. Diese zweite falsche Auffassung, die auf der fehlerhaften Meinung von Smith über die Kapitalstruktur beruht, steht zur ersten Auffassung sichtlich im Widerspruch.

Die Frage nach der Auswirkung der Entwicklung der kapitalistischen Produktion auf die Lage der Arbeiterklasse ist eigentlich die Frage nach dem Mechanismus der Verschärfung der Klassenwidersprüche der bürgerlichen Gesellschaft. Durch die offenkundig widersprüchlichen Antworten von Smith auf diese Problematik wird eine der wichtigsten Grundfragen der politischen Ökonomie des Kapitalismus aufgeworfen. Ihrer wissenschaftlichen Lösung widmete sich Marx mit außerordentlichem Interesse, denn sie begründet die bedeutsame These, daß die führende Rolle bei der Überwindung der überlebten bürgerlichen Ordnung und beim Aufbau einer sozialistischen Gesellschaft der Arbeiterklasse gehört — der Klasse, die dazu infolge ihrer objektiven Lage im Kapitalismus, infolge ihrer Ausbeutung und Unterdrückung als Produkt der maschinellen Großindustrie berufen ist.

Probleme des Kapitals und der konkreten Formen des Mehrwerts

Worin die Ursache für die wissenschaftliche Fruchtbarkeit der Widersprüche in den ökonomischen Ansichten von Smith besteht, läßt sich auch gut anhand seiner Konzeption über das Kapital und die konkreten Formen des Mehrwerts demonstrieren. So wie bei anderen Problemen sind auch hier seine wissenschaftlichen Auffassungen an die Analyse der inneren Beziehungen der kapitalistischen Wirtschaft gebunden. Diese Analyse ist vielfach unvollendet und unvollkommen, doch in bezug auf die abstrakte Arbeit geht sie relativ tief. Die oberflächlichen Auffassungen Smith' stützen sich in der Mehrzahl der Fälle auf äußere Erscheinungsformen der kapitalistischen Verhältnisse, das heißt auf solche Prozesse, die unmittelbar mit der konkreten Arbeit und ihren Resultaten verbunden sind. Smith unterscheidet abstrakte und konkrete Arbeit niemals bewußt voneinander. Daher schwankt er bei der Untersuchung der ökonomischen Verhältnisse des Kapitalismus und geht manchmal von der konkreten Arbeit sowie ihren Resultaten und manchmal von der Arbeit im allgemeinen aus. Infolgedessen erzielt er über ein und dasselbe Problem häufig einander widersprechende Theorien.

Einerseits wird das Kapital durch Smith als ein Vorrat betrachtet, der aus Rohstoffen und Arbeitsinstrumenten besteht, die für die weitere Produktion bestimmt sind. So betrachtet verfügt auch der kleine selbständige Warenproduzent über Kapital, obwohl er keine fremde Arbeit ausbeutet.[18] Es ist nicht schwer zu erkennen, daß diese Betrachtung des „Kapitals" nichts anderes ist als eine Kennzeichnung der materiellen Faktoren des einfachen Arbeitsprozesses, das heißt, es handelt sich hierbei um eine Charakteristik der materiellen Elemente des gesamten Produktionsprozesses im Hinblick auf die konkrete Arbeit. Andererseits versteht Smith unter Kapital einen „Vorrat", der ein Einkommen abwirft, das heißt einen Profit einbringt.[19] Die Kapitalakkumulation führt dazu — wie Smith erklärt —, daß der Produzent gezwungen wird, das Produkt seiner Arbeit mit dem Kapitaleigentümer zu teilen. Der Profit des Kapitalisten stellt einen Abzug von dem Arbeitsprodukt des Arbeiters dar. An dieser Stelle nähert sich Smith der wissenschaftlichen Betrachtung des Kapitals als einem Faktor der Aneignung fremder unbezahlter Arbeit. Darüber hinaus ist klar ersichtlich, daß sich die zweite Position von Smith in methodischer Hinsicht auf die Analyse des Entstehungsprozesses von Wert und Mehrwert, letzten Endes des Prozesses des Funktionierens der abstrakten Arbeit, stützt. Smith charakterisiert das Wesen des kapitalistischen Profits folgendermaßen: „Jeder Unternehmer teilt mit ihnen das Produkt ihrer (der Arbeiter — d. V.) Arbeit oder den Wert, den diese den verarbeiteten Rohstoffen hinzufügt, und aus diesem Anteil besteht sein Profit."[20]

Die widersprüchlichen Ansichten von Smith bei der Betrachtung des Kapitals berühren die Problematik, die äußeren materiellen Formen des Kapitals von dessen sozialökonomischem Wesen zu trennen. Letzten Endes dreht es sich hierbei um die Bestimmung des Unterschiedes zwischen dem einfachen Arbeitsprozeß und dem Verwertungsprozeß des Kapitals. Die bei Smith vorhandenen Widersprüche wirkten sich auch in dieser Frage als wichtiger Stimulus für die theoretische Analyse von Marx aus.

Mit dieser doppelten Deutung der Quelle des kapitalistischen Profits bei Smith ist die Entstehung einer ganzen Reihe komplizierter und wichtiger theoretischer

18 Vgl. A. Smith, Eine Untersuchung über das Wesen und die Ursachen des Reichtums der Nationen, Bd. I, Berlin 1975, S. 86.

19 Vgl. ebenda, Bd. II, Berlin 1975, S. 6 f.

20 Ebenda, Bd. I, S. 86.

Probleme verbunden: so die Durchsetzung des Mehrwertgesetzes oder das Verhältnis zwischen Mehrwertgesetz und Gesetz der Durchschnittsprofitrate, außerdem die Frage der unterschiedlichen Rolle der Produktionsmittel im einfachen Arbeitsprozeß und im Verwertungsprozeß usw.

Smith betrachtet den Profit einerseits als einen Teil des Werts, der durch die Arbeiter dem Rohstoff über den Wert ihrer „Arbeit" (ihres Arbeitslohnes) hinzugefügt wird und den der Kapitalist sich ohne jeden Ausgleich aneignet. Daraus ist erstens ersichtlich, daß der Profit als ein Resultat der Ausbeutung der Lohnarbeit durch die Kapitalisten aufgefaßt wird, und zweitens, daß er ein Resultat des Verwertungsprozesses, das heißt der abstrakten Mehrarbeit ist. Drittens folgt daraus, daß der Profit als solcher nichts Gemeinsames mit dem Kapital hat, wie es sich in den Produktionsmitteln niederschlägt, da er als Teil des neugeschaffenen Werts auftritt, wodurch er sich von dem in den vorhandenen Produktionsmitteln bereits vergegenständlichten Wert unterscheidet.

Auf diese Weise wurde die Frage über den Profit, und zwar bezogen auf die abstrakte Arbeit und ihre Resultate, gestellt. Smith hat sich dabei intuitiv auf eine gewisse Ahnung vom Doppelcharakter der warenproduzierenden Arbeit gestützt.

Andererseits und im Widerspruch zu dieser Auffassung leitet Smith den Profit, den er mit dem Mehrwert identifiziert, nicht aus dem variablen Kapital ab, sondern vom Gesamtkapital, das heißt vom Funktionieren der Produktionsmittel, die er mit dem Kapital identifiziert. Er behauptet, daß der Kapitalist kein Interesse hätte, Kapital zu investieren, „wenn seine Profite nicht in einem angemessenen Verhältnis zum Umfang seines Kapitals stehen"[21]. Dies bedeutet, daß der Profit des Kapitalisten in diesem Falle nicht aus dem Mehrwert abgeleitet wird, sondern aus dem „Interesse" des Kapitalisten, das heißt aus dem Funktionieren des Kapitals als solchem.

Dabei gibt Smith keine Antwort auf die Frage, warum der „Profit" — der lediglich ein Resultat der Arbeit der Arbeiter über den äquivalenten Wert hinaus ist, der durch den Arbeitslohn ersetzt wird — seinen Umfang in Abhängigkeit von der Größe der Durchschnittssumme des gesamten vorgeschossenen Kapitals verändert. Dieser Widerspruch in den Ansichten von Smith beruht auf einer völlig verschiedenartigen Betrachtungsweise der konkreten Arbeit, das heißt des einfachen Arbeisprozesses. In seiner zweiten Auffassung beschränkt er sich auf die oberflächliche Beschreibung der äußeren Erscheinungen des einfachen Arbeitsprozesses. Die mit dem Kapital identifizierten Produktionsmittel werden als ein Faktor der Produktion des Mehrwerts aufgefaßt. Eigentlich spielt diese Position bei Smith eine zweitrangige Rolle. Sie basiert auf einer Verwechslung der Resultate der konkreten und der abstrakten Arbeit, das heißt des Gebrauchswerts und des Werts der Ware. In dieser zweiten Auffassung von Smith zur Quelle des Profits widerspiegeln sich die von ihm nicht verstandenen und erklärten Umwandlungsprozesse des Mehrwerts in den Profit und des Profits in den Durchschnittsprofit

21 Ebenda, S. 63.

sowie die „Widersprüche“ zwischen dem Mehrwertgesetz und dem Gesetz der Durchscnittsprofitrate.

Die Lösung dieser Widersprüche in der Smithschen Profittheorie gab Marx Anlaß, die tatsächliche Rolle der Produktionsmittel im Entstehungsprozeß des Mehrwerts und des Werts der Ware zu erläutern und die Grundlage zu analysieren, auf der die doppelte Auffassung über die Kategorie Profit bei Smith entstand. Darüber hinaus regte Smith' widersprüchliche Konzeption Marx' Kritik bezüglich des Verhältnisses zwischen Wert und Produktionspreis, zwischen Mehrwert und Durchschnittsprofit an. Die Auseinandersetzung mit diesen Problemen gab Marx die Möglichkeit, die Richtigkeit der Arbeitswerttheorie, die Entstehung des Mehrwerts aus der nichtbezahlten Arbeit der Lohnarbeiter zu begründen und die Unvollkommenheit der apologetischen Konzeptionen über die Produktivität des Kapitals zu beweisen.

Als nicht weniger bedeutend für die ökonomische Forschung erweist sich die Problematik, die aus der unterschiedlichen Betrachtung des Ursprungs der Grundrente durch Smith resultiert. Wie viele andere widersprüchliche Positionen basieren auch die Aussagen von Smith in dieser Frage auf der unzureichenden Erkenntnis des Verhältnisses zwischen abstrakter und konkreter Arbeit und ihrer unterschiedlichen Resultate. Einerseits definiert Smith die Rente als Abzug vom Produkt des Arbeiters zugunsten der Bodeneigentümer oder, anders ausgedrückt, als den Teil des Werts des Arbeitsproduktes, den sich der Grundeigentümer ohne Entgelt aneignet. Hier geht Smith praktisch vom Verwertungsprozeß aus, das heißt letzten Endes von der abstrakten Arbeit. Andererseits und im Gegensatz zu dieser Betrachtungsweise, aber in Übereinstimmung mit der Konzeption der Physiokraten, neigte Smith dazu, als Quelle der Grundrente die Fruchtbarkeit des Bodens aufzufassen. Es ist wichtig zu betonen, daß diese falsche Position aus seiner oberflächlichen Beschreibung des einfachen Arbeitsprozesses in der Landwirtschaft folgt, wonach der Boden als eines der in bezug auf den Gebrauchswert wichtigsten Produktionsmittel am Arbeitsprozeß teilnimmt.

Wie hieraus ersichtlich ist, beruhen diese Widersprüche in der Rententheorie ebenfalls auf einer bei Smith des öfteren anzutreffenden Verwechselung der Faktoren, die an der Produktion von Gebrauchswerten beteiligt sind, mit denen, die für die Entstehung des Warenwerts verantwortlich sind. Dennoch wurden durch die widersprüchliche Rententheorie von Smith wichtige Probleme im Zusammenhang mit den Quellen der Rente, mit der Rolle der Bodenfruchtbarkeit in diesem Prozeß und mit dem Verhältnis der Rente zum Gesamtprozeß der Ausbeutung der Arbeiterklasse sowie eine Reihe anderer Probleme aufgeworfen.

Infolge der widersprüchlichen Auffassungen von Smith über das Kapital und die konkreten Formen des Mehrwerts sowie über andere ökonomische Erscheinungen und Gesetzmäßigkeiten des Kapitalismus wurden zahlreiche komplizierte theoretische Probleme vor die Wirtschaftswissenschaft gestellt. Dies gilt auch für wesentliche Probleme der Analysemethodik.

Die Widersprüche in der Wirtschaftstheorie von Adam Smith stellen in ihrer Mehrzahl nicht einfach das Resultat einer Verflechtung von wissenschaftlichen und falschen Gesichtspunkten dar. Die unterschiedlichen, einander widersprechenden theoretischen Positionen bezüglich derselben Probleme entstanden bei Smith als Folge seiner notwendigerweise zwiespältigen Forschungsmethode, wie wir das bereits an anderer Stelle zu charakterisieren versuchten.[22] Hier ist ergänzend hervorzuheben, daß diese Zwiespältigkeit seiner Methode bei der Analyse ökonomischer Prozesse in einem gewissen Zusammenhang mit seiner intuitiven Erfassung des Doppelcharakters der warenproduzierenden Arbeit steht.

Die Untersuchung der konkreten Arbeit führte Smith oft zur oberflächlichen Beschreibung ökonomischer Prozesse, da diese Seite der Arbeit unmittelbar reflektiert werden kann. Andererseits gelangte Smith durch das mehr oder weniger unbewußte Vordringen bis zur abstrakten Arbeit zu einem bestimmten Verstehen wesentlicher innerer Zusammenhänge der ökonomischen Prozesse des Kapitalismus. Die wissenschaftliche Unvollkommenheit seiner Methodik bestand darin, daß er an keiner Stelle bewußt einen Unterschied zwischen abstrakter und konkreter Arbeit macht. Smith begreift das zwischen beiden bestehende dialektische Verhältnis nicht und ist aus diesem Grunde nicht in der Lage, die Beziehungen zwischen den äußeren Formen und dem Inhalt der ökonomischen Prozesse des Kapitalismus theoretisch widerspruchsfrei zu erfassen. Deshalb erhalten die von ihm untersuchten ökonomischen Probleme im allgemeinen eine doppelte, einander widersprechende Deutung.

In den Widersprüchen der theoretischen Auffassungen von Smith spiegeln sich die von ihm ungeklärten, lediglich registrierten Widersprüche zwischen dem Inhalt und der äußeren Form zahlreicher Erscheinungen der kapitalistischen Wirtschaft wider. Dies bezieht sich auch auf den von Smith unverstandenen, aber intuitiv angewandten „Springpunkt" der ökonomischen Forschung — auf den Doppelcharakter der warenproduzierenden Arbeit.

Gerade indem Marx die Zwieschlächtigkeit des gesamten theoretischen Systems von Adam Smith aufgedeckt hat, gelangte er selbst zu der Schlußfolgerung, daß erst das klare Verständnis des Doppelcharakters der warenproduzierenden Arbeit die Ursache des Doppelcharakters aller Phänomene der kapitalistischen Wirtschaft zu enthüllen vermag. Gerade dies zeugt davon, daß Smith einer der der marxistischen Wirtschaftstheorie am nächsten stehenden Vorgänger war. Er erarbeitete die ersten Schritte für die Analyse des gesamten Systems der im Kapitalismus existierenden ökonomischen Erscheinungen, und zwar unter intuitiver Berücksichtigung des Doppelcharakters der warenproduzierenden Arbeit.

In diesem Zusammenhang ist die Feststellung von Marx zu erwähnen, daß die Entwicklung der klassischen bürgerlichen politischen Ökonomie in Richtung

22 Vgl. Abschnitt 1.2.

auf die Entdeckung des Doppelcharakters der Arbeit verlaufen ist. Er schrieb: „Die Analyse der Ware auf Arbeit in Doppelform, des Gebrauchswerts auf reale Arbeit oder zweckmäßig produktive Tätigkeit, des Tauschwerts auf Arbeitszeit oder gleiche gesellschaftliche Arbeit, ist das kritische Endergebnis der mehr als anderthalbhundertjährigen Forschungen der klassischen politischen Ökonomie. . ."[23]

Weiterhin ist es nicht unwichtig, auf die Problematik zu verweisen, die sich aus den „wissenschaftlichen Ausgangspunkten" der Smithschen Wirtschaftstheorie im Hinblick auf die Wertstruktur des gesellschaftlichen Produktes ergibt. Bekanntlich stand Smith auch in dieser Frage auf einer widersprüchlichen Position. In einigen Fällen faßte er das gesellschaftliche Produkt als Summe der Revenuen auf — also als Summe von Arbeitslohn, Profit und Grundrente —, was im wesentlichen gleichbedeutend mit $v + m$ ist. An anderer Stelle (z. B. in seiner Konzeption über die Netto- und Bruttorevenue) erwähnt er auch einen dritten Teil — den Wert des während der Produktion eines bestimmten Produkts verbrauchten Teils des konstanten Kapitals (c). Diese Seite der Ansichten Smith' analysierend, bemerkte Marx, „daß A. Smith selbst seine eigne Theorie später über den Haufen wirft, ohne sich indes seiner Widersprüche bewußt zu werden. Ihre Quelle ist jedoch zu suchen gerade in seinen *wissenschaftlichen Ausgangspunkten*."[24]

An dieser Stelle erhebt sich notwendigerweise die Frage, ob die These von Marx, *die Quelle der Widersprüche bei Adam Smith sei in den wissenschaftlichen Ausgangspunkten* seiner Analyse zu suchen, nicht paradox ist. Doch gerade diese Äußerung von Marx macht deutlich, wie tiefgehend er die Wirtschaftstheorie seiner Vorgänger untersucht hat, wobei er stets bestrebt war, ihre methodischen Vorgehensweisen im vollen Umfang zu ergründen. Zugleich zeigt sie, welche wichtige Rolle in diesem Prozeß die Marxsche Analyse der Widersprüche der ökonomischen Auffassungen von Adam Smith spielte.

Was bedeuten eigentlich die „wissenschaftlichen Ausgangspunkte" in der Theorie von Smith?

Dem Resultat der Jahresarbeit der Gesellschaft gibt Smith eine doppelte Charakteristik. Erstens bemerkt er: „Die jährliche Arbeit jeder Nation bildet den Fonds, welcher sie ursprünglich versieht mit all den notwendigen und angenehmen Dingen des Lebens, die sie jährlich verzehrt."[25] Daraus ist ersichtlich, daß Smith in diesem Fall die Gesamtsumme der Gebrauchswerte, die durch die Arbeit im Laufe eines Jahres produziert wurden, als Resultat der Jahresarbeit betrachtet. Hier geht Smith lediglich von der Sicht des einfachen Arbeitsprozesses, das heißt von der Position der konkreten Arbeit aus, die bekanntlich als Quelle der Gebrauchswerte fungiert. Smith, schreibt Marx, „stellt . . . sich einseitig auf den Standpunkt der bloß nütz-

23 K. Marx, Zur Kritik der politischen Ökonomie, in: MEW, Bd. 13, Berlin 1961, S. 37.

24 K. Marx, Das Kapital, Zweiter Band, in: MEW, Bd. 24, Berlin 1963, S. 374 (Hervorhebung — d. V.).

25 A. Smith, Eine Untersuchung . . ., Bd. 1, a. a. O., S. 5.

lichen Arbeit, die allerdings alle diese Lebensmittel in ihre verzehrbare Form gebracht hat"[26].

Zweitens betrachtet Smith das Resultat der Jahresarbeit der Nation als die Gesamtsumme des in einem Jahr geschaffenen Werts. Dabei fügen seiner Meinung nach die Arbeiter zu den Rohstoffen, die sie bearbeiten, den Wert zu, durch den, über das Äquivalent ihres Arbeitslohnes hinausgehend, die Revenue des Kapitalisten gebildet wird. In dieser Hinsicht ist es konsequent zu sagen, daß der Wert des Jahresproduktes lediglich aus den Revenuen besteht: aus dem Arbeitslohn, dem Profit und der Rente. Daraus folgt, daß Smith im zweiten Falle von einem anderen Standpunkt aus als im ersten an die Problematik herangeht. In dem einen Fall dient ihm als Ausgangspunkt für die Analyse des gesellschaftlichen Produkts die abstrakte Arbeit, in dem anderen Fall die konkrete. Deshalb erscheint im ersten Fall das Resultat der Jahresarbeit als Summe der Gebrauchswerte, die in einem Jahr produziert wurden. Im zweiten Fall spielt die Summe der in einem Jahr geschaffenen Werte dieselbe Rolle. Im ersten Fall spricht Smith über das jährliche gesellschaftliche Gesamtprodukt. Im zweiten Fall wird eigentlich ein anderes Objekt untersucht — das jährliche Nationaleinkommen der Gesellschaft.

Dieses Beispiel mag als Beweis dafür dienen, daß die „wissenschaftlichen Ausgangspunkte" der Smithschen Theorie von Marx gerade in der für Smith charakteristischen intuitiven Analysemethode der kapitalistischen Erscheinungen gesucht wurden. Diese wendete, je nachdem, entweder der konkreten oder der abstrakten Arbeit, das entscheidende Gewicht bei der Analyse der verschiedenen Seiten der Arbeit der kapitalistischen Warenproduktion zu.

Darüber hinaus geht aus diesem Beispiel die von Marx aufgedeckte wissenschaftliche Unvollkommenheit und Begrenztheit der von Smith angewandten Methode hervor. Die Hauptursache hierfür besteht darin, daß Smith keine klare und bewußte Grenze zwischen der Arbeit als Quelle des Gebrauchswerts der Ware und der Arbeit als Quelle des Warenwerts zieht. Deshalb verwechselt er die Resultate der Verausgabung von konkreter und abstrakter Arbeit ungewollt miteinander. Aus dem gleichen Grund erfolgt die Verwechselung des Gesamtwerts des gesellschaftlichen Jahresprodukts mit seinem neu geschaffenen Teil innerhalb eines Jahres. Es ist klar, daß das gesellschaftliche Jahresprodukt lediglich in Naturalform in seinem vollen Umfang innerhalb des laufenden Jahres produziert wird. Wertmäßig wird es lediglich teilweise im laufenden Jahr geschöpft, da ein Wertteil durch den übertragenen Wert aus den verbrauchten Produktionsmitteln gebildet wird, die ein Produkt der Arbeit in den vergangenen Jahren darstellen.

Infolge der Verwechslung des Schöpfungsprozesses von neuem Wert durch die abstrakte Arbeit mit dem Prozeß der Übertragung von altem Wert durch die konkrete Arbeit entsteht bei Smith die falsche Vorstellung, daß der Gesamtwert des jährlichen gesellschaftlichen Produkts ein Resultat der innerhalb des bestimmten

[26] K. Marx, Das Kapital, Zweiter Band, a. a. O., S. 377.

Jahres geleisteten Arbeit ist. Tatsächlich resultiert diese These aus der einseitigen Anwendung seiner „wissenschaftlichen Ausgangspunkte".

Die Nützlichkeit der Widersprüche der Wirtschaftstheorie von Adam Smith für die weitere wissenschaftliche Analyse des Kapitalismus war nicht nur dadurch bestimmt, daß sie die ersten Versuche in sich bargen, bei der Erforschung der ökonomischen Erscheinungen der kapitalistischen Warenwirtschaft den Doppelcharakter der Arbeit zu berücksichtigen, sondern auch dadurch, daß diese Widersprüche die Unzulänglichkeit einer bestimmten Methodik, wie sie Smith praktiziert hatte und praktizieren mußte, offenbarten.

Auch die wichtige Tatsache muß erwähnt werden, daß eine ganze Reihe von Widersprüchen in der Theorie von Smith durch Marx als *genial* charakterisiert wird.[27] Marx hat dabei die Smithschen Widersprüche im Auge, die einerseits *scheinbar* und nicht real sind, sowie andererseits jene, die auf Grund ihres *faktischen Resultats* tatsächlich vorhanden sind. Marx erwähnt zahlreiche Beispiele für derartige Widersprüche in den Theorien Smith'. So bezeichnet er beispielsweise die These von Smith, der zufolge das Wertgesetz mit der Kapitalakkumulation und mit der Entstehung des Privateigentums an Boden, das heißt mit dem Übergang zum Kapitalismus und mit der Verwandlung der „Arbeit" in eine Ware aufhört, wirksam zu sein, als einen *scheinbaren Widerspruch* zwischen dem Wertgesetz und dem Mehrwertgesetz. Dennoch wird durch diese These auch der *tatsächliche Widerspruch* zwischen dem Wertgesetz und dem *Endresultat* des Austausches zwischen „Arbeit" und „Kapital" fixiert. Dieser Widerspruch ist deshalb scheinbar, weil das Wertgesetz mit der Entstehung des Kapitalismus in Wirklichkeit nicht im Widerspruch steht. Dieser Widerspruch ist insofern real, als die Beziehungen zwischen Arbeit und Kapital in ihrem Resultat nicht äquivalent sind.[28]

Das Vorhandensein von realen Elementen in den Widersprüchen von Adam Smith verlieh seiner Theorie ihren genialen Charakter. Sie spiegelt im allgemeinen die Widersprüche tatsächlicher ökonomischer Prozesse der kapitalistischen Entwicklung wider. Deshalb enthalten diese Widersprüche zugleich den Keim für die Lösung wichtiger Probleme der weiteren Entwicklung der politischen Ökonomie. Sie dürfen daher nicht einfach als Fehler betrachtet werden, von denen es zweifellos auch eine ganze Reihe in der Smithschen Theorie gibt.

Adam Smith hat für die Entwicklung der klassischen politischen Ökonomie nicht nur durch die Lösung wissenschaftlicher Probleme der Wirtschaftstheorie des Kapitalismus, sondern vor allem auch durch das Aufwerfen von Fragen einen grundsätzlichen Beitrag geleistet. Gerade diese zweite Seite seiner Tätigkeit hat in der Geschichte der politischen Ökonomie die fruchtbarsten Wirkungen ausgeübt. Smith spielt in diesem Zusammenhang die Rolle eines überaus wichtigen

27 Vgl. K. Marx, Theorien über den Mehrwert, Erster Teil, a. a. O., Berlin 1965, S. 59.

28 Vgl. ebenda.

Vorgängers der marxistischen Wirtschaftstheorie. Wie überragend seine historische Stellung ist wird, nach den Worten von Marx, „am besten dadurch bewiesen, daß seine Nachfolger gegeneinander bald die eine, bald die andere Seite (seiner Theorien — d. V.) aufnehmen“[29].

[29] Ebenda, S. 121.

3. Adam Smith und die gegenwärtige bürgerliche politische Ökonomie

Zu den bemerkenswertesten Erscheinungen in der Geschichte der politischen Ökonomie ist zweifellos die Tatsache zu rechnen, daß Adam Smith nicht nur das wirtschaftstheoretische Denken im 19. Jahrhundert maßgeblich befruchtet und — was den Einfluß von Smith über Ricardo auf Marx anbetrifft — entscheidende Denkansätze für dessen wissenschaftliche Weiterentwicklung geliefert hat. Auch im 20. Jahrhundert ist der große Schotte nicht der Vergessenheit anheimgefallen so wie viele andere Ökonomen, die zu ihren Lebzeiten als erstrangige Autoritäten galten. Gerade unsere Epoche gigantischer revolutionärer Umwälzungen und einer Vertiefung des weltweiten Einflusses der proletarischen politischen Ökonomie führt dazu, daß der Streit um die Quellen unserer Wissenschaft nicht abebbt. Adam Smith wird wie kein zweiter bürgerlicher Ökonom noch heute häufig zitiert.

Natürlich sind die Akzente der Bezugnahme auf Adam Smith bei der bürgerlichen und der marxistisch-leninistischen politischen Ökonomie sehr verschiedenartig gesetzt, wie dieses und das folgende Kapitel zeigen werden.

3.1. Die unbewältigte Klassik — zum Charakter des Verhältnisses zwischen der heutigen bürgerlichen Ökonomie und Adam Smith

Wir haben uns bereits ausführlich mit dem Vulgarisierungsprozeß der bürgerlichen politischen Ökonomie in der ersten Hälfte des 19. Jahrhunderts, darin eingeschlossen die Verflachung der klassischen Smithschen Erkenntnisse durch Say, Malthus und andere, auseinandergesetzt und dabei gesehen, daß es die volle Herausbildung des Grundwiderspruchs der kapitalistischen Produktionsweise war, die zu diesem Ergebnis führen mußte. Die Entfaltung und Verschärfung des Widerspruchs zwischen dem gesellschaftlichen Charakter der Produktion und der privatkapitalistischen Aneignung im gegenwärtigen monopolistischen und staatsmonopolistischen Kapitalismus sind natürlich für den Charakter der heutigen bürgerlichen politischen Ökonomie von allergrößter Bedeutung. Die Entwicklung, die mit Say ihren Anfang nahm, hat sich inzwischen zu einer neuen Qualität der Krise des bürgerlichen ökonomischen Denkens ausgeweitet.[1]

Inwieweit die bürgerliche Ökonomie die materiellen Interessen der Bourgeoisie ideologisch-theoretisch reflektiert, ist sie angesichts der historischen Offensive der Arbeiterklasse und des Sozialismus gezwungen, der wissenschaftlichen Analyse der Produktionsverhältnisse und ihrer objektiven inneren Gesetze auszuweichen. Statt dessen wird die Wirklichkeit oberflächlich reflektiert. Man kaschiert die antagonistischen Widersprüche der auf dem historisch überlebten Privateigentum beruhenden kapitalistischen Gesellschaft, indem vor allem jene äußeren Erscheinungen der Realität hervorgehoben und propagiert werden, die das Wesen der Ausbeuterordnung verhüllen und deshalb zugunsten apologetischer Ziele genutzt werden können. Auch wenn sich heute für die bürgerliche Wirtschaftstheorie aus ihrem sozialen Auftrag das Erfordernis ergibt, die Funktionsweise des staatsmonopolistischen Kapitalismus zu untersuchen und, darauf aufbauend, Instrumentarien zur Bewältigung ökonomischer Probleme im Rahmen des gegebenen Systems vorzuschlagen, so bedeutet das keineswegs, daß der Wirtschaftsprozeß in seiner sozialökonomischen Determiniertheit und Totalität wissenschaftlich gültig erfaßt wird.

Beide Aufgaben der bürgerlichen Ökonomie, sowohl die apologetische Rechtfertigung als auch die theoretische Fundierung der staatsmonopolkapitalistischen Praxis, beeinflussen ihr analytisches Vorgehen, das allgemein durch die Konzentration auf Oberflächenerscheinungen gekennzeichnet ist. Die Apologetik zwingt zur Verschleierung wesentlicher ökonomischer Zusammenhänge und orientiert sich an den täuschenden äußeren Formen. Die wirtschaftspolitische Funktion ist auf die quantitative Analyse der äußeren Erscheinungen ökonomischer Prozesse

[1] Vgl. H. Meißner, Die Krise der heutigen bürgerlichen politischen Ökonomie. Sitzungsberichte der Akademie der Wissenschaften der DDR, Nr. 5/1973, Berlin 1973, S. 9—23.

gerichtet. Insofern beruhen beide Funktionen auf der gleichen Grundlage und ergänzen sich. Aber sie stehen auch im Widerspruch zueinander. Die Apologetik möchte die sozialökonomischen Widersprüche nach Möglichkeit wegräsonieren; das wirtschaftspolitische Management ist genötigt, ihnen Rechnung zu tragen, mit welchem Erfolg, liegt auf der Hand.

An dieser Gesamtkonstellation, vor der die bürgerlich politische Ökonomie heute methodologisch steht, zeigt sich, daß auf der Grundlage bürgerlicher Klassenpositionen wissenschaftliche Erkenntnisse über fundamentale ökonomische Gesetzmäßigkeiten nicht zu erwarten sind und bestenfalls partielle Einsichten in den Wirtschaftsablauf, seine quantitativen, funktionalen Beziehungen oder oberflächlichen Züge möglich bleiben. Aus dieser Situation ergibt sich der Rahmen, der die Stellung der heutigen bürgerlichen Ökonomie zu Adam Smith und zur gesamten Klassik absteckt.

Erkenntnisschranken des bürgerlichen Smith-Verständnisses

Wie gezeigt wurde, ist das Wesen der klassischen bürgerlichen Ökonomie durch ihr wissenschaftliches Bemühen gekennzeichnet, in die sozialökonomische Struktur des Kapitalismus einzudringen. Diese Traditionslinie hat für die Mehrzahl der heutigen bürgerlichen Ökonomen keine Bedeutung mehr. Im ausgesprochenen Gegensatz zum Marxismus-Leninismus, der die Erkenntnisgrenzen von Adam Smith überwunden hat, aber gerade aufgrund dessen zur wissenschaftshistorisch gültigen Wirkung und positiven Bewertung seiner Verdienste um die Entwicklung der ökonomischen Wissenschaft gelangte, verschütten die meisten bürgerlichen Smith-Interpreten der Gegenwart die esoterischen Seiten der klassischen Lehren.

Dieser Umstand schließt die häufige Berufung auf Adam Smith in der bürgerlichen Wirtschaftsliteratur keineswegs aus. Smith behauptete nicht nur in wissenschaftshistorischen Spezialuntersuchungen einen führenden Platz. Vielfach ist es direkt Mode geworden, bis hin zu auf Massenpropaganda zugeschnittenen Zeitungsartikeln Smithsche Ideen zur Stützung gegenwärtiger Auffassungen heranzuziehen oder aber mit dem Hinweis auf ihre Überholtheit dem Widerpart theoretische Antiquiertheit vorzuwerfen.

Trotz der Nuancierung, in der sich das bürgerliche Smith-Bild im 20. Jahrhundert darbietet, lassen sich verschiedene Momente herausschälen, die die allgemeine Tendenz verdeutlichen.

Das betrifft *erstens* die Methode des Herangehens an die Wirklichkeit. Für Adam Smith ist eine mehr oder weniger elementar-materialistische Analyse der materiellen Interessen der Klassen und Schichten der bürgerlichen Gesellschaft als immanenter Teil der Wirtschaftstheorie typisch. Hiervon ausgehend, regelt und entwickelt sich nach Smith' Auffassung die Wirtschaft in Analogie zur Natur aufgrund objektiver Gesetze. Demgegenüber dominiert im heutigen bürgerlichen Denken eine Betrachtungsweise, die den sozialökonomischen Ansatz bei Smith übersieht oder ablehnt und daher sein Lehrgebäude auf „reine Ökonomie" reduzieren möchte oder aber seine Theorie eben wegen ihrer sozialökonomischen Gebundenheit überhaupt verwirft.

Zweitens macht sich die bürgerliche politische Ökonomie mit einer gewissen Berechtigung die individualistische Konzeption von Adam Smith zu eigen, die dem Charakter der kapitalistischen Produktionsverhältnisse entsprang und weiter entspringt. Der methodische Ausgangspunkt aller wirtschaftstheoretischen Überlegungen war für Smith immer das nach einer als unveränderlich angenommenen Natur des Menschen handelnde Individuum, das sich in Produktion und Austausch um ein optimales Verhältnis seiner Mittel und Ziele bemüht, also der „homo oeconomicus". Alle späteren Reflexionen über Eigen- und Fremdbestimmung des Menschen, die angesichts moderner kapitalistischer Marktpraktiken die Manipulierung des Konsumenten hervorheben und Zweifel in die Allgemeingültigkeit der Smithschen Hypothese setzen, haben diese konzeptionelle Grundlage der bürgerlichen Ökonomie nicht erschüttern können. Denn solange die Herrschaft des Kapitals dauert und dessen Verwertungsstreben als oberster Grundsatz gilt, müssen die Verteidiger dieser Kapitalherrschaft eine durch das Profitmotiv charakterisierte allgemeine Natur des Menschen annehmen.

Drittens hat die heutige bürgerliche politische Ökonomie nie die besondere Begrenztheit der Smithschen Annahme begriffen, der zufolge die bürgerliche Eigentumsordnung allgemein die beste Voraussetzung für allen gesellschaftlichen Fortschritt sei. Sie hat nie erkannt, daß Smith' Voraussetzung nur so lange eine wissenschaftliche Berechtigung hatte, wie diese Eigentumsordnung den Fortschritt nicht behinderte. Als die kapitalistischen Produktionsverhältnisse der Entfaltung der Produktivkräfte Widerstände entgegensetzten und die Kapitalverwertung den Fortschritt einengte, war Smith' Annahme überholt. Die bürgerliche Ökonomie, die sich noch immer auf der ahistorischen Grundlage der Smithschen Theorie bewegt und deren Grenzen weder erkennen noch überschreiten kann, vermag zu Smith keinen überlegenen Standpunkt zu gewinnen. Bestenfalls gelingt es einigen bürgerlichen Theoretikern, Smith als einen Großen unter ihresgleichen anzuerkennen.[2] Aber selbst einer solchen Beurteilung wird nicht allgemein zugestimmt, soweit Smith' esoterische Erkenntnisse betroffen sind.

Viertens verleitet die Erfahrung, daß Marx und Engels von der klassischen politischen Ökonomie ausgingen, deren Schranken überwanden, die wissenschaftlichen Erkenntnisse der bürgerlichen Klassik in der marxistischen politischen Ökonomie verarbeiteten und eine revolutionäre antikapitalistische Position einnahmen, zu besonderer Vorsicht, wenn es um die Behandlung von Smith geht. Gerade

[2] Alfred Marshall sagt beispielsweise von Adam Smith: „Es gibt kaum irgendeine heute bekannte ökonomische Wahrheit, von der er nicht eine gewisse Ahnung gehabt hat" (Principles of Economics, London 1920, S. 757). Und Schumpeter, der eine frappante „Ähnlichkeit" zwischen Marshall und Smith konstruiert (History of Economic Analysis, New York 1955, S. 834f.), bezeichnet letzteren als „den berühmtesten aller Ökonomen" (ebenda, S. 181).

der Umstand, daß Marx und Engels nicht an irgendwelchen, sondern an den tiefsten Erkenntnissen der klassischen politischen Ökonomie anknüpften und die politische Ökonomie einen wesentlichen Bestandteil des Marxismus-Leninismus darstellt, macht die klassische politische Ökonomie für die heutigen bürgerlichen Theoretiker äußerst problematisch.

Aus diesen vier Momenten ergibt sich ein vielschichtiges und zugleich gebrochenes Verhältnis der heutigen bürgerlichen politischen Ökonomie zu Smith. Ob ausgesprochen, unausgesprochen oder geleugnet, ist die Beziehung der heutigen bürgerlichen Ökonomie zu Smith immer präsent. Meist wird er sogar — von wenigen guten Smith-Kennern abgesehen — recht unhistorisch als eine Art Zeitgenosse empfunden, dessen Stimme Gewicht hat, der jedoch gleichsam in einem unterentwickelten Land mit frühkapitalistischen Zuständen lebt, so daß auf Überholtes in seinen Ansichten aufmerksam gemacht werden kann. Dieses Verhalten unterliegt in Abhängigkeit von der jeweils vorherrschenden Problematik und den Situationen in der Klassenauseinandersetzung Schwankungen, die sich zwischen der Verfälschung und der versuchten Wiederaufnahme einiger klassischer Vorstellungen bewegen.

Die Begrenztheit, der die heutige bürgerliche politische Ökonomie bei der Analyse wirtschaftlicher Vorgänge ausgesetzt ist, spiegelt sich auch in einem unzureichenden Begreifen der Theoriegeschichte wider. Weil sie nicht zwischen Wesen und Erscheinung in deren historischer Entwicklung vermitteln kann und schließlich die Suche nach dem Wesen ökonomischer Prozesse überhaupt aufgegeben hat, vermag sie dieses Problem auch nicht in der Smithschen Theorie zu verstehen. Die gesamte nachklassische bürgerliche Ökonomie vom Beginn des 19. Jahrhunderts bis heute sieht nicht, wie Größe und Grenzen der Smithschen theoriegeschichtlichen Leistung daraus abzuleiten sind, daß Smith unter günstigen historischen Bedingungen wesentliche Züge des Kapitalismus überhaupt erkennen konnte, ohne allerdings darauf aufbauend eine endgültige Gesamterklärung für die kapitalistische Produktionsweise zu geben, deren wissenschaftliche Analyse nur aus historischer Sicht vom Standpunkt des Proletariats logisch widerspruchsfrei möglich ist. Die bürgerliche Ökonomie unterscheidet daher kaum bewußt zwischen den klassischen Grunderkenntnissen einerseits und der Beschreibung und Klassifizierung der zeitbedingten Erscheinungen andererseits. Sowohl die Erkenntnisse über die inneren Zusammenhänge des Kapitalismus als auch die Untersuchung der vorindustriellen Erscheinungen mußten für den bürgerlichen Beobachter, der nur Erscheinungen vergleicht, in dem Grade als überholt angesehen werden, wie die industrielle Revolution die Grundlagen des Manufakturkapitalismus zerstörte.

Jean Baptiste Say war einer der ersten, der Smith auch in dieser Hinsicht revidierte. Die Betrachtung der Geschichte der politischen Ökonomie, stellte er fest, brauche überholte Meinungen nicht wieder auszugraben. Darum werde auch die Geschichte einer Wissenschaft immer kürzer, je mehr sich die Wissenschaft herausbilde. „Die Aufgabe ist nicht, sich mit den Irrtümern bekanntzumachen, sondern dieselben zu vergessen."[3] Ganz in dieser Manier wird Smith als Betrachter gering entwickelter kapitalistischer Verhältnisse eingestuft, an dessen Anschauungen freilich heute Erwägungen und Erläuterungen geknüpft werden können.

Diese Interpretation erfolgt in zwei Richtungen, die beide zutiefst apologetisch angelegt sind und Smith' Äußerungen aus dem Zusammenhang der Zeit und des Systems der klassischen politischen Ökonomie lösen.

Erstens wählen die bürgerlichen Theoretiker Aussagen von Smith, um für die eigenen Auffassungen frühe theoriegeschichtliche Wurzeln nachzuweisen. Eine These pflegt gewöhnlich an Überzeugungskraft zu gewinnen, wenn deren Formulierung in Ansätzen schon bei früheren Autoritäten gefunden wird. Dieses Bemühen, das die inneren theoriegeschichtlichen Beziehungen außer acht läßt, führt naturgemäß zu willkürlichen Einschätzungen. Daher gibt es in der heutigen bürgerlichen Ökonomie keine allgemein anerkannte Vorstellung von Smith. Die Konturen des Smith-Bildes schwanken je nach den zeitlichen Umständen und dem Standpunkt des bürgerlichen Theoretikers.

In diesem Zusammenhang muß hinzugefügt werden, daß ein beträchtlicher Teil der Smithschen Untersuchung, der rein formal vom Gegenstand der heutigen bürgerlichen politischen Ökonomie nicht mehr abgedeckt wird, weitgehend dem Vergessen anheimfällt. Smith unternahm trotz seiner ahistorischen Auffassung von der Natur des Menschen einen großartigen Versuch, die Grundzüge der gesellschaftlichen Entwicklung und des Verhältnisses der Klassen zueinander aus der Entwicklung der kapitalistischen Eigentums-, Produktions- und Verteilungsverhältnisse zu erklären. Die bürgerliche politische Ökonomie, die sich auf wirtschaftliche Oberflächenphänomene oder rein quantitative Beziehungen, Funktionalzusammenhänge, Markterscheinungen und dergleichen reduziert, fühlt sich in der Regel als nicht mehr zuständig. Sie überläßt das Gebiet des Sozialen der Sozialphilosophie und Soziologie, die wiederum bemüht sind, das ökonomische Wesen der sozialen Vorgänge im dunkeln zu lassen.

Zweitens ist seit der Entstehung des Marxismus der Illustrationswert der Smithschen „Irrtümer" gestiegen. Die vorherrschende Art, Smith subjektiv zu interpretieren, das Fehlen einer allgemein akzeptierten bürgerlichen wissenschaftlichen Smith-Betrachtung und die Gegnerschaft zur marxistischen politischen Ökonomie machen es bespielsweise den meisten bürgerlichen Ökonomen unmöglich, die wesentlichen Unterschiede zwischen den Werttheorien von Smith, Ricardo und Marx zu erfassen. Indem sie Marx zu einem einfachen Epigonen von Smith und Ricardo machen, erleichtern sie sich die Auseinandersetzung mit dem Marxismus. Sie halten der Marxschen Theorie die Smithschen Unzulänglichkeiten und Widersprüche entgegen, um die marxistische politische Ökonomie zu widerlegen.

Fassen wir bis hierher zusammen: Die bürgerliche politische Ökonomie wird der theoretischen Leistung Adam Smith' nicht gerecht. Darüber kann auch die

[3] J. B. Say, Ausführliche Darstellung der Nationalökonomie oder der Staatswirtschaftslehre, 3. Aufl., Heidelberg 1830, 3. Bd., S. 466.

verhältnismäßig häufige Bezugnahme auf den britischen Klassiker nicht hinwegtäuschen, denn das Lob bezieht sich in der Regel auf jene Aspekte, die — überdies einseitig ausgelegt — den oberflächlichen Beschreibungen des Kapitalismus gewidmet sind, und der Tadel erstreckt sich schwerpunktmäßig gerade auf fundamentale politökonomische Erkenntnisse, wie beispielsweise die Arbeitswerttheorie, die Ableitung von Profit und Rente aus der Arbeit usw.

Ihren deutlichen Niederschlag findet diese doppelte Tendenz bürgerlicher Smith-Entstellung in einer Vielzahl theoriegeschichtlicher Abhandlungen, die in der Regel für den bürgerlichen Lehrbetrieb verfaßt werden.

Die heutige bürgerliche Theoriegeschichtsschreibung zu Adam Smith

Die heutigen bürgerlichen Lehrbücher über die Geschichte der politischen Ökonomie schöpfen aus dem Reservoir kritischer Urteile, die die bürgerliche Ökonomie seit Say über Smith zusammengetragen hat. Die bisher ausführlichste und tiefschürfendste Kritik an Smith, nämlich Marx' Untersuchungen der klassischen politischen Ökonomie, nehmen sie nahezu überhaupt nicht zur Kenntnis.

Ein unvoreingenommenes Herangehen ist in diesen Darlegungen nicht zu finden. An erster Stelle interessiert Smith' Haltung zur kapitalistischen Marktwirtschaft, worauf wir noch zurückkommen. An zweiter Stelle erfährt Smith' Werttheorie eine Einschätzung. Die vorwiegende Ablehnung seit dem Beginn des 19. Jahrhunderts hat sich in eine vorwiegende Verfälschung zu einer Bewertungstheorie gewandelt. Die interessengebundene Behandlung dieser beiden Schwerpunkte zerstört jeden Ansatz einer wissenschaftlichen Analyse.

Die fehlende Unterscheidung zwischen Smith' klassischen Erkenntnissen und dessen Erklärungen von Erscheinungen seiner Zeit sowie das Bestreben, Smith' Liberalismus herauszustellen, machen es unmöglich, den Platz von Smith und seinen Anhängern in der Geschichte der politischen Ökonomie genauer anzugeben. In den meisten Lehrbüchern wird er nahezu zeitlos als *der* Theoretiker des Liberalismus behandelt. Ihre Verfasser übernehmen wohl Marx' Begriff der klassischen politischen Ökonomie, nicht aber den Begriff der Vulgärökonomie. So werden neben die tatsächlichen Klassiker Smith und Ricardo völlig unberechtigterweise ihre Vulgarisatoren Say, Malthus, MacCulloch, Senior oder J. St. Mill gestellt. Der komplizierte Differenzierungsprozeß der bürgerlichen Ökonomie im Verlauf der ersten Hälfte des 19. Jahrhunderts, wie wir ihn im ersten Kapitel zu charakterisieren versucht haben, wird auf diese Weise künstlich homogenisiert, das heißt mit der unwissenschaftlichen Verwendung des Klassik-Begriffs verfälscht. Zu allem Überfluß werden durch den Begriff „Neoklassik" für die Theorie jener Ökonomen, die mit Hilfe der alten Konkurrenzkonzeption Grundfragen des monopolistischen Kapitalismus klären wollen, auch Alfred Marshall und Gustav Cassell in die Nähe der klassischen politischen Ökonomie gerückt. Sogar seichte Neoliberale wie Wilhelm Röpke rechnet man in einigen Lehrbüchern zur Klassik.

Bei diesem Vermengen von Theoretikern des Manufakturkapitalismus, des industriellen Kapitalismus der freien Konkurrenz und des monopolistischen Kapitalismus, von progressiven und rektionären Vertretern des Bürgertums, von klassischen und flachsten vulgärökonomischen Theoretikern ist es schwer, ein gemeinsames Kriterium für diese vorgebliche „Klassik" zu finden. Da die Lehrbücher nur ideengeschichtliche, nicht aber erkenntnistheoretische und soziale Merkmale benutzen, verlieren sich die Konturen für eine solche Gruppierung unterschiedlichster Ökonomen. Gerhard Stavenhaben gibt zum Beispiel acht Grundprinzipien an, um den Begriff der Klassik zu fassen: Prinzip des Selbstinteresses, These von der Tendenz zum Gleichgewicht, Arbeitswertgedanke, Gesichtspunkt der Produktionskosten, Problem der Einkommensverteilung, Forderung nach wirtschaftlicher Freiheit, Bevölkerungsprinzip, Gesetz vom abnehmenden Bodenertrag.[4] Die Aufzählung solcher bewußt allgemein gehaltener Gesichtspunkte und Prinzipien läßt offen, ob die auf sie eingehenden Theoretiker den Kapitalismus wissenschaftlich analysierten oder nur vulgärökonomisch als die angeblich am besten funktionierende Gesellschaftsordnung verteidigten. Der große Klassiker Adam Smith wird so zu einem Dutzendschriftsteller verkleinert.

Durch die Vulgarisierung des Begriffs der Klassik sind Smith' Begriffe der Arbeit und des Werts grundsätzlich verwässert worden. Say hatte die tiefste Erkenntnis der bürgerlichen Ökonomie von der Arbeit schlechthin als Ursprung des Wertes zurückgenommen, als er Smith' Arbeitsbegriff vom Standpunkt der konkreten, gebrauchswertproduzierenden Arbeit kritisierte. Die heutigen Lehrbücher vollenden diese Zurücknahme, indem sie Smith und Say auf dieselbe Stufe der Erkenntnis stellen und damit den klassischen Arbeitsbegriff überhaupt aus dem theoriegeschichtlichen Gedächtnis zu tilgen versuchen. Damit ist auch die Möglichkeit geschwunden, an Smith' klassischen Wertbegriff anzuknüpfen. Für die ökonomische Analyse bleiben nur die Begriffe des Tauschwerts und des Gebrauchswerts, die für sich genommen an der Oberfläche des Arbeitsprozesses und der Marktvorgänge haften und die inneren Zusammenhänge des kapitalistischen Produktionsprozesses nicht mehr zu erfassen vermögen.

Durch das Zurückführen der Klassik auf Says Vulgärökonomie ist der Boden bereitet, um überhaupt zu leugnen, daß Smith eine Arbeitswerttheorie besessen hat. Mark Blaug, ein englischer Theoretiker, der im großen und ganzen mit der Geschichte der politischen Ökonomie nicht so leichtfertig umspringt wie die Mehrzahl bürgerlicher Autoren, zieht diese Konsequenz: Smith, stellt er fest, habe unter Arbeit den entgangenen Nutzen, die psychologischen Arbeitskosten des Individuums und unter Wert eher den subjektiven als den Tauschwert verstanden. „Eine zeitlang sagte man, Adam Smith hätte versucht, eine Arbeitswerttheorie

[4] G. Stavenhagen, Geschichte der Wirtschaftstheorie, Göttingen 1964, S. 52 f.

zu formulieren, sei dabei aber mit den beiden Begriffen ‚in einem Produkt verkörperte Arbeit' und ‚Arbeit, die mit Hilfe eines Produktes zu kaufen ist', in hoffnungslose Verwirrung geraten. Die Ursprünge dieser Legende liegen in Ricardos *Principles*, die ‚autorisierte Version' steht jedoch bei Marx."[5] Aber nach Blaugs Meinung sei es absurd zu behaupten, Smith hätte diese Begriffe verwechselt. Er habe niemals eine Arbeitswerttheorie zu formulieren versucht. „Buch I, Kapitel 5 enthält eine Arbeitstheorie der subjektiven Wohlfahrt; in Buch I, Kapitel 6 skizziert Smith eine primitive Theorie der Preisbestimmung, und zwar für den Sonderfall, in dem Arbeit der einzige Sonderfall ist. Schließlich bietet Buch I, Kapitel 7 eine Produktionskostentheorie der relativen Preise. Zwar stimmt es, daß die *Wealth of Nations* mit dem Satz beginnen: ‚Die jährliche Arbeit eines jeden Staates ist der Fonds, der die Bevölkerung mit . . . Produkten versorgt', doch soll dieser Satz offenbar die Tatsache betonen, daß Reichtum nicht aus Geld, sondern aus realen Ressourcen besteht."[6] Dabei übersieht Blaug ganz einfach die Tatsache, daß Smith an ungezählten Stellen seines Werkes bei der theoretischen Entwicklung oder auch Beschreibung eines Phänomens immer wieder — teils bewußt, teils unbewußt — den Maßstab seiner richtigen Wertgrößenbestimmung anlegt.

Smith' klassische Werttheorie aus der Geschichte der politischen Ökonomie zu tilgen ist ein zentrales Anliegen der bürgerlichen Theoriegeschichtsschreibung. Unter den bekannten bürgerlichen dogmenhistorischen Darstellungen gibt es faktisch keine, die diesem Anliegen nicht mehr oder minder artikuliert Rechnung tragen würde.

Neben verhältnismäßig differenzierten Bemühungen, aus dem bürgerlichen Smith-Bild die Komponente der Arbeitswerttheorie zu verdrängen, wie wir es eben bei Blaug kennengelernt haben, soll noch ein anderes Beispiel belegen, daß auch die plumpe Gleichsetzung von Smith mit seinem Vulgarisator Say durchaus „aktuell" ist. So unterstellt Recktenwald Adam Smith folgende Überlegungen: „Was zunächst die Werthöhe und damit das Austauschverhältnis anlangt, in dem eine Ware gegen eine andere getauscht wird, so ist es zum einen abhängig von den *Kosten*, die anfallen, um die eigene Ware herzustellen, zum anderen von der Nützlichkeit der Ware, die man haben möchte. Soweit der Wert vom Nutzen bestimmt wird, hängt seine Höhe ganz einfach von der Fülle oder der Knappheit ab, in der ein Gut zur Verfügung steht. . . . Soweit die Produktionskosten den Wert des zu tauschenden Gutes beeinflussen, sind im Modell des *zweiseitigen* Tausches, also *neben* der Nutzenerwägung *beider* Partner, letztlich die *Mühen der Arbeit* („Placken und Sorgen"), modern ausgedrückt, die *Opportunitätskosten*, also das Opfer an Freiheit, Freizeit und Glück, darunter zu verstehen. In seinem berühmten Biberbeispiel führt dann diese (einseitige) Kostenüberlegung zu dem in Zahlen ausgedrückten Ergebnis, daß nämlich ein Biber gegen zwei Hirsche getauscht werden sollte. wenn man zweimal soviel

[5] M. Blaug, Systematische Theoriegeschichte der Ökonomie, Bd. 1, München 1971, S. 113.
[6] Ebenda, S. 113 f.

Arbeit aufwenden muß, um einen Biber zu töten, wie man benötigt, um einen Hirsch zu fangen."[7]

Recktenwald verfälscht Smith' Werttheorie in eine vulgärökonomische Preistheorie, die jedoch nur für die vorkapitalistische Gesellschaft gelte. Den kapitalistischen Marktwert dagegen, meint er, erkläre Smith wie Say mit Hilfe der Produktionsfaktorentheorie. „Sobald nämlich Kapital und Boden ebenso produktiv wie Arbeit an der Wertschöpfung beteiligt sind, muß selbstverständlich der Wert der verfügbaren Güter den Wert der eingesetzten Arbeit um die Beiträge von Kapital und Boden, die ja *zu dritt den Mehrwert* bilden, übersteigen."[8] Völlig im Gegensatz zum Text des „Reichtums der Nationen" unterstellt er Smith die „These, der Gewinn sei ein selbständiger Anteil am Produkt und kein Abzug von Lohn oder Rente und komme dem (neuen Stand der) Unternehmer zu". Der Gewinn sei „in erster Linie ein Entgelt für Mühe und Risiko, das der Unternehmer bei der Zusammenfassung der Produktionsfaktoren eingeht"[9].

Diese einer Neuübersetzung des Smithschen Hauptwerkes vorangestellten Interpretationen, um nicht zu sagen Verdrehungen, dienen dann als Fundament für — zurückhaltend formuliert — Auslassungen, die ihre antikommunistische Stoßrichtung kaum verbergen können und dies wohl auch nicht sollen. Smith' Werk, schreibt Recktenwalt, sei „in seiner Art eine einmalige Analyse der menschlichen Natur, so, wie sie ist, nicht wie sie nach unserem *beschränkten* Verstand sein sollte, eine Analyse des moralischen und ökonomischen Verhaltens des einzelnen in der Gemeinschaft, und eine Analyse der Auswirkung dieses Verhaltens auf die sozialen und politischen Einrichtungen, also den Staat. Dieses *lebensnahe* Grundmodell ist in Methode und Inhalt einzigartig, und Smith' Beitrag zur Erklärung eines tolerablen Zusammenlebens der Menschen unverlierbar und unzerstörbar, welche neuen Erkenntnisse wir auch immer hinzugewonnen haben und gewinnen sollten. Seine Idee der ‚natürlichen Freiheit' beruht tatsächlich auf dem Verhalten des Menschen mit allen seinen Widersprüchen, dessen ‚Würde' er nicht im Kollektiv untergehen läßt und der weder ausgebeutet noch umerzogen werden soll."[10]

Es darf nicht unerwähnt bleiben, daß solche verfälschenden und propagandistisch extrem vereinfachenden Vorstellungen wohl gern von den imperialistischen Massenmedien aufgenommen werden, aber das Bild der bürgerlichen theoriegeschichtlichen Forschung nicht allein bestimmen. Es gibt auch seriöse Kenner der klassischen politischen Ökonomie, die in intellektueller Redlichkeit Smith'

7 A. Smith, Der Wohlstand der Nationen. Eine Untersuchung seiner Natur und seiner Ursachen. Aus dem Englischen übertragen und mit einer Würdigung von Horst Claus Recktenwald, München 1974, S. LIIIf.

8 Ebenda, S. LIV.

9 Ebenda, S. LVIII.

10 Ebenda, S. LXXVIII.

Theorie aus den historischen Bedingungen seiner Zeit erklären und deren unhistorischen Mißbrauch energisch zurückweisen. Die jüngste solide Analyse der ökonomischen Theorie von Smith stammt von Samuel Hollander. Deren bürgerliche Schranken liegen darin, daß Hollander das Verhältnis zwischen Smith und Marx im wesentlichen ausspart. Smith habe seine Arbeitswerttheorie nur für den ursprünglichen Zustand der Gesellschaft formuliert, in dem die Menschen nur die Arbeitskraft, nicht aber die Produktionsmittel und den Boden in die ökonomische Kalkulation einbezogen. „Die große Beachtung, die der Arbeitsmengen- und Arbeitskostentheorie des Werts in Kommentaren zu Smith' Darstellung geschenkt wurde, ist aus unserer Sicht ungerechtfertigt. Das grundlegende Argument — und nur dieses war für Smith von einiger praktischer Bedeutung — bezieht sich auf den komplexen Fall, wo die Einkommen aus Kapital und Boden in den Preis jeder Ware eingehen. Nichtsdestoweniger ist es wahr, daß die Entwicklung vom einfachsten Fall eines Faktors zur größeren Komplexität Probleme der Interpretation aufzuwenden geeignet ist."[11] Mit dieser Feststellung ist für Hollander die Frage erledigt; das von Marx aufgedeckte Verhältnis zwischen dem esoterischen und dem exoterischen Smith interessiert ihn nicht. Seine Untersuchungen über die theoriegeschichtliche Bedeutung von Smith begnügt sich also letztlich damit, den großen schottischen Ökonomen aus seiner Zeit heraus für den heutigen Leser zu interpretieren.

Mit dieser Darstellung der allgemeinen Züge der heutigen bürgerlichen Haltung zur klassischen politischen Ökonomie hätte die Übersicht zunächst abgeschlossen werden können, wenn nicht in den letzten Jahren vor allem in England und Italien in intensiven Diskussionen die Frage aufgeworfen worden wäre, ob der bürgerlichen Ökonomie die ablehnende Haltung gegenüber der klassischen Theorie nicht geschadet habe. Auf den ersten Blick kann gesagt werden, daß jene Ökonomen, die aufrichtig die Diskussion bestreiten, besorgt sind um das Niveau ihrer Wissenschaft. Sie meinen, daß sich die bürgerliche politische Ökonomie wieder der klassischen Erkenntnisse erinnern und die Grundzüge des heutigen Kapitalismus tatsächlich untersuchen müsse, statt nur die gegenwärtigen Erscheinungsformen zu schematisieren und Funktionalzusammenhänge zu erfassen. Diese Bemühungen entspringen jedoch nicht nur der Besorgtheit einzelner Wissenschaftler, sie spiegeln auch eine Grundproblematik des gegenwärtigen staatsmonopolistischen Kapitalismus wider und sind in diesem Zusammenhang von einigem Interesse.

Bürgerliche Rückkehr zur Klassik?

Solange der Manufakturkapitalismus im 19. Jahrhundert nicht überwunden war, gab es die Möglichkeit, direkt an Smith' politischer Ökonomie anzu-

[11] Samuel Hollander, The economics of Adam Smith, Toronto and Buffalo 1973, S. 117.

knüpfen. Wir haben gesehen, daß dies in Deutschland und Rußland mit gewissem Erfolg versucht wurde. In der zweiten Hälfte des 19. Jahrhunderts war diese Möglichkeit unter den Bedingungen des entwickelten Industriekapitalismus und eines formierten Proletariats verlorengegangen. Dennoch gab es verschiedentlich Bemühungen, zu Smith und Ricardo zurückzukehren. Doch man scheute sich, zur Kenntnis zu nehmen, daß Marx die bürgerlichen Schranken der Klassik überwunden hatte. Am Ende des 19. Jahrhunderts wies Rosa Luxemburg darauf hin, daß die Rückkehr zur metaphysischen Deduktion der Klassiker nicht nur deshalb unmöglich war, weil deren Methode „der Erkenntnis feste Schranken setzte, sondern auch, weil diese Schranken von den Klassikern selbst bereits erreicht worden waren. In der Lehre Ricardos hat die klassische Methode der Ökonomie das Maximum geleistet, dessen sie überhaupt fähig war, und sie ist in die Rumpelkammer geworfen worden, nicht bloß als gefährliches Instrument, das sich gegen die forschende Gesellschaft selbst wendete, sondern auch als eines, das wissenschaftlich ausgedient hatte. Eine Rückkehr zur Methode der klassischen Schule würde nicht einen neuen Aufschwung der Ökonomie . . . , sondern einen gewaltigen Rückschritt herbeiführen . . ."[12]

Die auf wissenschaftliche Weise unmögliche Rückkehr zur Klassik wurde immer dann versucht, wenn das der Werttheorie von Smith und Ricardo zugrunde liegende Klassenverhältnis, der unüberwindbare Interessengegensatz zwischen der Kapitalistenklasse und dem ausgebeuteten Proletariat, in Höhepunkten heftiger sozialer Auseinandersetzungen in besonders krassen Formen zutage trat. Dann erschien die klassische bürgerliche Werttheorie wieder als ein aus der Realität abgeleitetes Fundament für die Erneuerung der ökonomischen Wissenschaft. In solchen zugespitzten Situationen wurden auch fähige Theoretiker geblendet von der Illusion, die bürgerliche politische Ökonomie im Rahmen ihrer bürgerlichen Schranken zu überwinden. Selbst marxistische Autoren ließen sich beeindrucken von dem Versuch, mit dem modernen analytischen Apparat die bürgerlich-klassischen Problemstellungen neu zu formulieren.

Aus den späten zwanziger Jahren des 20. Jahrhunderts stammt Piero Sraffas Gedanke, von Smith und Ricardo ausgehend, für eine Kritik an der Grenznutzen- und Grenzproduktivitätstheorie eine Grundlage zu schaffen, die in ausgearbeiteter Form 1960 veröffentlicht wurde. Da die Grenznutzentheorie den Wertmaßstab in den subjektiven Wertschätzungen und Entscheidungen des wirtschaftenden Individuums zu finden meint, sucht Sraffa nach einem objektiven und zugleich unveränderlichen Wertmaßstab.

Die typische klassische Frage nach einem absoluten Wert hatte bereits 1825 Samuel Bailey in einer antiricardianischen Schrift negativ beantwortet. Marx rechnet es ihm als Verdienst an und schreibt: „Das Problem nach einem ‚unveränderlichen Maßstab des Werts' war in der Tat also nur ein falscher Ausdruck für das Aufsuchen des Begriffs, der Natur des Werts selbst, dessen

12 R. Luxemburg, Gesammelte Werke, Bd. 1, 1. Halbbd., Berlin 1970, S. 735 f.

Bestimmung selbst nicht wieder ein Wert sein könnte, also auch nicht den Veränderungen als Wert unterworfen. Dies war die Arbeitszeit — die gesellschaftliche Arbeit, wie sie sich in der Warenproduktion spezifisch darstellt."[13] Die Suche war also theoriegeschichtlich so lange berechtigt, bis Marx in der abstrakten Arbeit die Substanz des Wertes erkannte. Jedes spätere Daraufzurückkommen beruht auf einem Unverständnis der Marxschen Werttheorie.

Sraffa geht von der klassischen Erkenntnis aus, daß bei konstantem Nettoprodukt Lohn und Profit voneinander abhängen und ihre Größen die Wertgröße der Ware nicht verändern. Daß dennoch bei unterschiedlicher organischer Zusammensetzung des Kapitals und Vorhandensein einer allgemeinen Profitrate gleiche aufgewendete Arbeitsmengen in ihrer gesellschaftlichen Durchschnittsgröße bei verschiedenen Waren nicht zu gleichen Produktionspreisen führen, konnten Smith und Ricardo nicht widerspruchsfrei erklären.

Marx schreibt, es könne „von dem Unterschied von Produktionspreis und Wert abgesehn werden, da dieser Unterschied überhaupt wegfällt, wenn . . . der Wert des jährlichen Gesamtproduktes der Arbeit betrachtet wird, also des Produkts des gesellschaftlichen Gesamtkapitals"[14]. Da Smith vom jährlichen Gesamtprodukt der Arbeit ausging, konnte er Wertbewegungen analysieren, obwohl sich die kapitalistischen Waren nicht mehr zu ihren Werten austauschen und obwohl Smith den Unterschied zwischen Wert und Produktionspreis nicht begrifflich erfassen konnte. Sraffa möchte Smith' klassisches analytisches Herangehen weiterentwickeln, indem er aus der Kenntnis von Ricardo und Marx und mit Hilfe des heutigen mathematisch-ökonomischen Apparates Smith' richtigen Standpunkt für die moderne ökonomische Analyse fruchtbar macht.

Allerdings unterscheidet auch Sraffa begrifflich nicht zwischen Wert und Produktionspreis; er spricht nur vom Wert oder Preis. Tatsächlich ändern Lohn- und Profitbewegungen nur den Produktionspreis jener Waren nicht, die bei durchschnittlicher organischer Zusammensetzung des Kapitals hergestellt werden. Da Sraffa das klassische Bemühen, in *einer* Ware einen absoluten Wertmaßstab zu finden, als vergeblich erkennt, entwirft er ein Warenaggregat, das unter durchschnittlicher organisatorischer Zusammensetzung des Kapitals produziert wird und dessen einzelne Waren innerhalb seines Produktionsmittelaggregats in denselben Proportionen vertreten sind wie zwischen seinen Produkten. Dieses Standard-Warenaggregat besteht aus Basiswaren, die definitionsgemäß in die Produktion aller Waren eingehen. Sraffa erhebt jene Menge der Standardware zur Einheit, die das Nettoprodukt eines Standardsystems bildet, sofern in ihm die jährliche Gesamtarbeit des wirklichen Systems beschäftigt wird.[15]

13 K. Marx, Theorien über den Mehrwert, Dritter Teil, in: MEW, Bd. 12/3, Berlin 1968, S. 132.

14 K. Marx, Das Kapital, Dritter Band, in: MEW, Bd. 25, Berlin 1964, S. 840.

15 Vgl. P. Sraffa, Warenproduktion mittels Waren. Einleitung zu einer Kritik der ökonomischen Theorie, Berlin 1968.

Diesem Versuch einer Rückkehr zu Smith läßt sich aus zwei Gründen ein gewisses Interesse nicht versagen. *Erstens* zeigt Sraffa, daß die klassischen Fragestellungen im Gegensatz zu der sonst in der heutigen bürgerlichen Ökonomie üblichen Vorgehensweise immer noch bis zu Grundproblemen volkswirtschaftlicher Zusammenhänge vorstoßen. Unabhängig davon, ob die Konstruktion einer Standardware die Analyse voranbringt, hat Sraffa doch nach tieferen volkswirtschaftlichen Zusammenhängen gefragt, auf deren Grundlage erst Angebot und Nachfrage sich bewegen. Allein dieser Umstand wird von der „normalen" bürgerlichen politischen Ökonomie der Gegenwart als eine grundlegende Anklage empfunden. Er macht nämlich deutlich, wie sehr sich die bürgerliche Ökonomie nach ihrem Abfall von der Klassik auf die Erkenntnis von Oberflächenzusammenhängen beschränkte.

Von einigen Autoren wurde diese „erste Herausforderung an die Adresse der zeitgenössischen ökonomischen Theorie"[16] durchaus erkannt. Claudio Napoleoni schreibt dazu: „Daß die Vorstellung von einem im Surplus begründeten Wirtschaftsprozeß von den Klassikern in logisch unzureichender, aber praktisch relevanter Form formuliert wurde und bei Sraffa logisch streng, aber historisch irrelevant ist, wirft ein Licht auf die Situation, in der sich die ökonomische Theorie heute befindet. Vor dem Hintergrund des allgemeinen Zustands dieser Theorie wirkt Sraffas Schrift als ein bedeutendes Beispiel von Wirtschaftsanalyse in unserer Epoche; andererseits zeigt gerade dieses Beispiel, daß heute ökonomisches Denken die Thematik des Surplus wiederaufnehmen muß, also das Thema der Ausbeutung: Ausbeutung war der oberste Gegenstand der klassischen Theorie. Daran wird keine Deutung der Wirtschaftstätigkeit vorbeikommen, die den Anspruch macht, die Probleme der fortgeschrittenen Industriegesellschaft ernstzunehmen ..."[17] Allerdings bleibt festzuhalten, daß die Mehrheit der bürgerlichen Ökonomen wenig Neigung verspüren läßt, der hier erhobenen Forderung Rechnung zu tragen. Die Fragestellung birgt zuviel gesellschaftspolitische Brisanz in sich.

Maurice Dobb hingegen zollt Sraffa Hochachtung. Dessen System rehabilitiert nach Dobb die Ricardo–Marxsche Lösung des Wert- und Verteilungsproblems von der Produktionsseite her und betrachtet konsequent die relativen Preise als unabhängig von Konsumtion und Nachfrage. Dobb geht sogar so weit, Sraffa zu bescheinigen, er habe das Problem des unveränderlichen Wertmaßstabes eineinhalb Jahrhunderte nach Ricardo gelöst. Abwägend schätzt er schließlich ein: „Über die künftigen Folgen alles dessen etwas mit einiger Sicherheit zu sagen, ist es noch zu früh, und es ist besser zu schweigen, als in Spekulation zu verfallen, wo das sichere Fundament fehlt. Aber wie immer Diskussion und Analyse künftig auch verlaufen mögen, so kann die angeregte Kritik

16 C. Napoleoni, Grundzüge der modernen ökonomischen Theorien, Frankfurt/M. 1968, S. 139.

17 Ebenda. S. 141.

des vergangenen Jahrzehnts doch eine Klärung bewirken, gleichviel, ob nun ihre hauptsächliche Bedeutung vor allem in der Negation und Überwindung oder in der Vermittlung und Weiterführung zu einer neuen Synthese liege. Was auch immer geschehen mag, kann man doch die Diskussion der 1960er Jahre als einen offensichtlichen Wendepunkt betrachten, wenn auch vielleicht nur deshalb, weil das in den Textbüchern weithin als orthodox anerkannte erschüttert worden und eine alte, aufgegebene Tradition wieder aufgelebt ist und deshalb nichts mehr ganz dasselbe sein kann wie zuvor."[18]

Zweitens scheint Sraffa der Diskussion um das sogenannte Problem der Transformation der Werte in die Produktionspreise gewichtige Anregungen zu geben. Marx hatte erstmals und in unübertroffener Weise den klassischen Grundmangel beseitigt, der sich in der fehlenden theoretischen Vermittlung zwischen Wesen und Erscheinung in den wirtschaftlichen Verhältnissen zeigte. Für das Verhältnis der vielschichtigen Vermittlung zwischen Wert, Produktionspreis und Marktpreis ist vor allem wichtig zu erkennen, daß es sich im Grunde um einen historisch-sozialökonomischen Prozeß handelt, der von der vorkapitalistischen Warenproduktion mit ihrem Austausch der Waren nach ihren Werten zur kapitalistischen Warenproduktion mit allgemeiner Profitrate und Produktionspreisen verläuft. Diesen historischen Prozeß stellt Marx, auf rechnerische Größen verknappt, in einigen Gleichungen dar, in denen sich aus den Werten der konstanten und variablen Kapitalteile und einer allgemeinen Profitrate Produktionspreise der Waren ableiten lassen. Marx weist darauf hin, daß sich der aus konstantem und variablem Kapital bildende Kostpreis auch aus Produktionspreisen und nicht aus Werten zusammensetzt, obwohl er selbst der Einfachheit halber Werte annimmt. Da es sich um einen *historischen* Übergang von der vorkapitalistischen Warenproduktion zur kapitalistischen Warenproduktion handelt und nicht um eine tatsächlich stattfindende Verwandlung der aufgewendeten Arbeitsmengen in Werte, Produktionspreise und schließlich Marktpreise *innerhalb* des kapitalistischen Systems, unterläßt es Marx, die Gleichungen weiterzuentwickeln und die Kostenpreise schließlich auch als Ergebnis von Produktionspreisen darzustellen.

Wird das sogenannte Transformationsproblem ahistorisch vor allem als eine mathematisch lösbare Aufgabenstellung betrachtet, so wird eine tatsächliche Herausbildung von Werten und deren Verwandlung in Produktionspreise innerhalb eines Systems mit bestimmten definierten Bedingungen unterstellt. Ein solches System, das einerseits einfache Warenproduzenten, keine kapitalistische Ausbeutung von Lohnarbeitern und Realisierung von Werten und andererseits Kapitalverwendung, Ausbeutung und Produktionspreise in sich vereinigt, ist als theoretische Vorstellung ohne Sinn. Hinter dieser Auffassung verbirgt sich wieder das Unverständnis für die klassische Suche nach einem unveränderlichen

18 M. Dobb, Theories of Value and Distribution since Adam Smith. Ideology and Economic Theory, Cambridge 1973, S. 266.

Wert, der, wenn er als Ware oder Warenaggregat gefunden würde, alle wirtschaftlichen Zusammenhänge und Abläufe bis auf ihre rechnerischen Grundgrößen durchschaubar werden ließe.

Das Interesse an Sraffas Versuch, mit Hilfe eines Warenaggregats eine solche Durchschaubarkeit herzustellen, weist auf das ideologische Wesen des sogenannten Transformationsproblems hin. Wäre Sraffas System die erhoffte Lösung, so könnte die Volkswirtschaft noch im Rahmen des Kapitalismus absolut geplant werden; es bedürfte nur der Kenntnis der ökonomisch-technologischen Zusammenhänge und eines verfeinerten mathematischen Apparats; und es gäbe keinerlei grundsätzliche objektiv bedingte Hinderungsgründe. Da Sraffa den Wert nur von den produktionstechnischen Bedingungen her interpretiert und nicht als Äußerung der gesellschaftlichen Verhältnisse und Ziele, wäre eine solche Planung auch unabhängig von kapitalistischen oder sozialistischen Machtverhältnissen und Zielvorstellungen. Die Herstellung einer volkswirtschaftlichen Proportionalität fiele somit in den Aufgabenbereich unabhängiger Plantechnokraten.

Weiterhin muß beachtet werden, daß die Annahme, Sraffa habe das sogenannte Transformationsproblem einer endgültigen Lösung zugeführt, grundlegende Schlußfolgerungen für die ökonomische Theorie implizieren würde. Sraffas Gleichungssystem als angebliche Weiterführung und Lösung des Wert-Produktionspreis-Problems würde die Arbeitswerttheorie überflüssig machen, die nunmehr nur als theoriegeschichtliche Vorstufe zu Sraffas Leistung zu betrachten wäre, aber keine Erklärungsfunktion innerhalb der politischen Ökonomie mehr besäße. Damit würde aber auch die ökonomische Analyse des Kapitalismus auf die Erforschung innerer sozialer Zusammenhänge verzichten.[19]

Diese Schlußfolgerungen zeigen, daß es heute vom wissenschaftlichen Standpunkt aus sinnlos ist, Vorstellungen der klassischen politischen Ökonomie des Bürgertums wiederaufzunehmen, *ohne* die große Leistung von Marx bei der kritischen Würdigung und Überwindung der Klassik zu berücksichtigen. Aufbewahrt und überwunden im dialektischen Sinn ist die klassische politische Ökonomie heute nur noch im Marxismus.

[19] Vgl. C. Napoleoni, Ricardo und Marx. Studien über soziale Bedeutung und formale Probleme wirtschaftswissenschaftlicher Theoriebildung, Frankfurt/M. 1974. Der Verfasser weist auf wichtige Aspekte des Problems hin; die sogenannte Transformation der Werte ist für ihn jedoch eine offene Frage.

3.2. Smith' ökonomischer Liberalismus und die Gegenwart

Eines der eigenartigsten Phänomene in der bürgerlichen politischen Ökonomie ist ihr auf den ersten Blick zerstrittenes Verhältnis zum widerspruchsvollen Regulierungsmechanismus der heutigen kapitalistischen Wirtschaft. Dem äußeren Schein nach stehen sich extrem divergente Positionen gegenüber: Verherrlicher der sogenannten Marktwirtschaft bezichtigen Staatsinterventionisten des Verrats an unverzichtbaren Grundwerten der bürgerlichen Ordnung, und Anhänger regulierender Eingriffe des Staates in das Wirtschaftsleben belächeln die Laissez-faire-Illusionisten. Der zum Teil mit erbitterter Schärfe geführte Streit zwischen den „Neoklassikern", wie sich die einen gerne, wenn auch unberechtigterweise nennen, und den Keynesianern, die bestimmte Erfordernisse des staatsmonopolistischen Kapitalismus verhältnismäßig unverblümt in ihrer Theorie reflektieren, ist keineswegs auf den akademischen Bereich beschränkt. Die Wirtschaftspublizistik ebenso wie parteipolitische Polemiken sind voll davon. Inwieweit es sich hierbei um Scheingefechte oder taktische Nuancierungen um das Auffinden der besten Methode zur Systemstabilisierung handelt, soll für einen Moment zurückgestellt werden.

Zunächst interessiert uns in diesem Zusammenhang die Tatsache, daß Adam Smith' Konzeptionen über den Funktionsmechanismus des Kapitalismus in diesen Auseinandersetzungen eine hervorragende Rolle spielen. Die Feststellung ist sicher nicht übertrieben, daß es sich hierbei um *das* kardinale Problem moderner bürgerlicher Smith-Rezeption handelt. Zur näheren Charakterisierung des im Zentrum der Debatte stehenden Sachverhaltes verwenden wir hier den Begriff „ökonomischer Liberalismus". Damit soll keine besondere Schule der bürgerlichen Ökonomie bezeichnet werden. Es geht vielmehr um das Denkschema, dem zufolge Konkurrenz und Preismechanismus eine entscheidende *oder* wesentliche Bedeutung für die Regelung und das Funktionieren der gesellschaftlichen Wirtschaft im Kapitalismus besitzen. In der bürgerlichen Literatur wird heute für diese Auffassungsweise gewöhnlich der Terminus „Marktwirtschaft" gebraucht. Doch der begriffliche Inhalt dieser Wortschöpfung geht weiter. Er schließt die Absicht der bürgerlichen Ökonomie in sich ein, den wissenschaftlich klar definierten Ausdruck „Kapitalismus" zu vermeiden bzw. zu ersetzen, und ist deshalb zur präzisen Bezeichnung der Denkmethode, mit der bestimmte Funktionsaspekte der gesamten kapitalistischen Produktionsweise erfaßt werden können, weniger gut geeignet.

Wir haben bereits im ersten Kapitel ausführlich dargestellt, daß Adam Smith die Entwicklung der Kategorien des ökonomischen Liberalismus zu einem gewissen Abschluß gebracht hatte. Er vertrat die dem Kapitalismus der freien Konkurrenz adäquate bürgerliche Auffassung, daß zwischen dem vom Selbstinteresse diktierten Handeln der Menschen und dem gesellschaftlichen Resultat dieser Handlungen ein selbsttätiger, spontaner Automatismus besteht, der das

Eingreifen des Staates in das Wirtschaftsleben weitgehend überflüssig macht. Wie wir gesehen haben, wurde mit dieser Auffassung das Klasseninteresse der aufstrebenden Bourgeoisie widergespiegelt. Smith hat in diesem Sinne progressiv auf die Überwindung feudaler oder frühbürgerlicher Handels- und Produktionsreglementierungen gewirkt. Erkenntnistheoretisch laufen seine Aussagen in ihrer Substanz auf die Anerkennung objektiver ökonomischer Gesetze hinaus. Zusammen mit der Fundierung seiner Lehre durch Arbeitswerttheorie gehört dies alles zu den Fortschritten des wissenschaftlichen Denkens im Verlauf der Geschichte der politischen Ökonomie.

Ganz anders verhält es sich, wenn heute bürgerliche Ökonomen Aussagen treffen, die in formaler Hinsicht denen von Adam Smith gleichen. Derartige Versuche können nicht nur der wissenschaftlichen Kritik ausgesetzt werden, wie sie vor allem von Marx an der liberalen Doktrin der klassischen bürgerlichen politischen Ökonomie geübt wurde. Natürlich gilt diese Kritik auch in der Gegenwart noch in vollem Umfang. Das heißt, der vom bürgerlichen Denken postulierte Ewigkeitsanspruch der wirtschaftlichen Freiheit, der sich angeblich aus dem natürlichen wirtschaftlichen Egoismus des Menschen ableiten soll, ist schlechthin eine dem bourgeoisen Klasseninteresse geschuldete Fiktion. Unabhängig davon, daß diese Lehre zu Lebzeiten von Smith und Ricardo eine fortschrittliche historische Wirksamkeit besaß und daß sie den wirtschaftlichen Mechanismus des Kapitalismus der freien Konkurrenz weitgehend richtig widerspiegelte, haben sich daher die Klassiker des Marxismus-Leninismus nie mit dem Liberalismus als Ordnungsprinzip der Wirtschaft identifiziert. Und dies aus der prinzipiellen Erwägung heraus, daß Rationalität und Effektivität der Wirtschaft bei einer an gesellschaftlichen Bedürfnissen orientierten Produktion, die erst auf der Basis des gesellschaftlichen Eigentums möglich wird, entschieden höher sind, als dies die dem Provitmotiv gehorchende und notwendigerweise mit der Vergeudung von produktiven Ressourcen belastete Ausbeuterordnung bei einem vergleichbaren Produktivkraftniveau zu erreichen vermag.

Die Richtigkeit dieser Marxschen Auffassung ist heute in der Praxis bewiesen. Die sozialistische Planwirtschaft mit ihrem grundsätzlich neuen Funktionsmemechanismus hat sich bewährt und ihre Überlegenheit gegenüber dem Kapitalismus mit seinem Gesetz der Konkurrenz und Anarchie, das heißt also gegenüber dem ökonomischen Liberalismus, unzweifelhaft unter Beweis gestellt. Die Aufhebung des Privateigentums und Schaffung des vergesellschafteten Eigentums bewirken im Verlauf des Übergangs vom Sozialismus zum Kommunismus die Herausbildung solcher Produktionsverhältnisse, die egoistische Bereicherungssucht zurückdrängen und kollektive, solidarische, auf einen gemeinschaftlichen Zweck gerichtete Arbeitsmotivationen freisetzen. Die im ökonomischen Liberalismus behauptete Umwandelbarkeit der vermeintlichen menschlichen Natur wird mit der revolutionären Veränderung der materiellen Existenzbedingungen der Gesellschaft ad absurdum geführt. Der häufig bürgerlicherseits in diesem Zusammenhang erhobene Einwand, daß im Sozialismus Warenproduktion, materielle Interessiertheit und Verteilung nach der Leistung der Ausprägung neuer Verhaltensweisen der Menschen entgegenstünden und ständig die individuelle Leistungsstimulation reproduzierten, die dann zu allem Überfluß völlig vereinfacht mit dem wirtschaftlichen Egoismus des Kapitalismus gleichgesetzt wird, geht am Wesen der Sache vorbei. Erstens stehen die genannten Kategorien und Erscheinungen in gar keinem Widerspruch zu den gesamtgesellschaftlichen Zielen des Sozialismus, sondern dienen diesen, und zweitens ist eine Reduzierung des Sozialismus auf die materielle Interessiertheit völlig undialektisch, indem sie die in der Realität existierenden neuen Elemente der planmäßigen, am gesellschaftlichen Bedürfnis orientierten Produktionstätigkeit der Menschen negieren.

So ist es angesichts der Begründung und erfolgreichen Entwicklung der sozialistischen Produktionsweise und der unübersehbaren wirtschaftlichen Labilität des Kapitalismus in seiner allgemeinen Krise durch kein wissenschaftlich tragfähiges Argument gerechtfertigt, die Traditionen des ökonomischen Liberalismus zu bewahren. Was für die Frühzeit des Kapitalismus der freien Konkurrenz, der sich noch durchsetzen muß, wissenschaftshistorisch verständlich ist, der Optimismus sowie die ahistorische, naturgegebene Ableitung der liberalen Prinzipien, kann in der Gegenwart nur noch apologetische Verschleierung und Beschönigung der Herrschaft des Kapitals genannt werden.

Die formale Ähnlichkeit von Aussagen bürgerlicher Ökonomen der Gegenwart mit denen Adam Smith' und die Häufigkeit der Berufung auf den Klassiker bei der Beschwörung des Marktwirtschaftskonzepts bedürfen also einer sehr differenzierten Beurteilung; man kann Smith und die heutigen „Marktwirtschaftler" nicht mit dem gleichen wissenschaftstheoretischen Maß bewerten.

Erinnern wir uns noch einmal, was Adam Smith, seine Position zusammenfassend, gesagt hat: „Räumt man also alle Begünstigungs- oder Beschränkungssysteme völlig aus dem Wege, so stellt sich das klare und einfache System der natürlichen Freiheit selbst her. Jeder Mensch hat, solange er nicht die Gesetze der Gerechtigkeit verletzt, vollkommene Freiheit, sein eigenes Interesse auf seine eigene Weise zu verfolgen und sowohl seinen Gewerbefleiß wie sein Kapital mit dem Gewerbefleiß und den Kapitalien anderer Menschen oder anderer Klassen von Menschen in Konkurrenz zu bringen. Das Staatsoberhaupt wird dadurch gänzlich einer Pflicht entbunden, bei deren Ausübung es immer unzähligen Täuschungen ausgesetzt sein muß und zu deren richtiger Erfüllung keine menschliche Weisheit und Kenntnis hinreicht, der Pflicht nämlich, den Gewerbefleiß der Privatleute zu überwachen und ihn auf die dem Interesse der Gesellschaft zuträglichste Beschäftigung hinzuleiten. Nach dem System der natürlichen Freiheit hat das Staatsoberhaupt nur drei Pflichten zu beobachten, ...: 1. die Pflicht, die Gesellschaft gegen die Gewalttätigkeiten und Angriffe anderer unabhängiger Gesellschaften zu schützen, 2. die Pflicht, ... eine genaue Rechtspflege aufrechtzuerhalten, 3. die Pflicht, gewisse öffentliche Werke und Anstalten zu errichten und zu unterhalten, deren Errichtung und Unterhaltung niemals in dem Interesse eines Privatmannes oder einer kleinen Zahl von Privatleuten liegen kann, weil der Profit daraus niemals einem Privatmanne oder einer kleinen Zahl von Privatleuten die Auslagen ersetzen würde. ..."[1]

Wir haben dieses Zitat hier angeführt, um die formalen Parallelen zu Aussagen heutiger bürgerlicher Ökonomen deutlich zu machen. So schreibt Milton Friedman: „Wir glauben, daß es Beweise dafür gibt, daß die Versuche von Regierungen, sich in die Wirtschaft einzumischen, weitgehend erfolglos blieben ... Daß wir unstabile Verhältnisse hatten, liegt teilweise daran, daß die Regierung Instabilität geschaffen hat. Die Wirtschaft würde viel besser funktionieren, wenn die Rolle der Regierung abgeschwächt würde. Man sollte mehr auf die freien Kräfte des Marktes vertrauen. ... Die Regierung soll für Gesetz und Ordnung im Inneren sorgen, für die nationale Verteidigung nach außen und eine stabile Währung. Wenn die Regierung dies täte, und zwar gut, dann könnte man eine Laissez-faire-Politik im wirtschaftlichen Bereich verfolgen."[2] An anderer Stelle äußert sich Friedman so: „Es gibt einzig und allein eine soziale Verantwortlichkeit im Geschäftsleben — Mittel zu nutzen und zu investieren, damit die Gewinne der Unternehmen gesteigert werden, solange sie im Einklang mit den Regeln gemacht werden, die offener und freier Wettbewerb ohne Täuschung und Betrug heißen ... Wenige Dinge könnten die Grundlagen unserer freien Gesellschaft so entscheidend untergraben wie die Billigung einer anderen sozialen Verantwortung für Firmenangestellte als die, soviel Geld wie möglich für die Aktionäre zu verdienen. Dies wäre eine im Grundsatz subversive Lehre. Wenn Geschäftsleute eine andere soziale Verantwortung tragen sollen als die, maximale Profite für ihre Aktionäre zu erzielen, wie sollten sie denn wissen, wie eine solche Verantwortung aussieht? Können selbst erwählte private Individuen entscheiden, wo die sozialen Interessen liegen?"[3]

Friedman ist für seine extrem liberalistische Position bekannt. Doch er ist keineswegs ein Einzelbeispiel. Während der neoliberalen Ära in der BRD war diese Auffassung sozusagen Staatsdoktrin. So heißt es in einem verbreiteten „Taschenbuch für die Wirtschaft": „Marktwirtschaft ist das Wirtschaftssystem, in dem im Gegensatz zur zentral gelenkten Planwirtschaft grundsätzlich die wirtschaftlichen Entscheidungen über Produktion und Konsumtion von einer Vielzahl von Produzenten und Konsumenten frei von staatlichen Anweisungen getroffen werden. ... In der Marktwirtschaft erfolgt die Bestimmung des wirtschaftlichen Geschehens über Preise und Zinsen."[4]

[1] A. Smith, Eine Untersuchung über Natur und Wesen des Volkswohlstandes, Bd. II, Jena 1923, S. 556.

[2] Interview mit M. Friedman, in: W. Bongard, Wer heute Wirtschaft lehrt, München 1969, S. 154 f.

[3] M. Friedman, Capitalism and Freedom, Chicago 1962, S. 133.

[4] Taschenbuch für die Wirtschaft, hg. vom Deutschen Industrieinstitut, 6. Aufl., Köln 1965, zitiert bei: H. Ritter, Verrat an der sozialen Marktwirtschaft?, Reinbeck b. Hamburg 1972, S. 31.

Es ist in der bürgerlichen Literatur, speziell der BRD, in den letzten Jahren häufig der Eindruck hervorgerufen worden, als ob seit der Einführung verstärkter direkter staatsmonopolistischer Regulierungsmaßnahmen zur Überwindung der Wirtschaftskrise von 1966/67 dieses sogenannte neoliberale Konzept über Bord geworfen worden wäre. Wirtschaftsprogrammierung, Globalsteuerung, antizyklische Haushaltspolitik, konzertierte Aktion usw,, all das wurde als *das* moderne wirtschaftspolitische Instrumentarium ausgegeben, welches imstande sei, das sogenannte magische Viereck zu beherrschen, das heißt Vollbeschäftigung, stetiges Wirtschaftswachstum, stabile Preise und Zahlungsbilanzgleichgewicht zu garantieren. Es handelt sich jedoch um einen absoluten Irrtum zu unterstellen, daß die Urheber dieser staatsmonopolistischen Maßnahmen damit eine Untergrabung der „marktwirtschaftlichen Grundlagen" des Systems, das heißt bestimmter strukturimmanenter Merkmale der kapitalistischen Wirtschaft, im Auge gehabt hätten. Behauptungen dieser Art aus dem bürgerlichen Lager sind in der Regel auf parteipolitisches Taktieren zurückzuführen.

Auf der für diese Frage bedeutsamen Tagung der Gesellschaft für Wirtschafts- und Sozialwissenschaften der BRD im Herbst 1966 wurde jedenfalls kein Zweifel daran gelassen, „daß das Prinzip der freien Wettbewerbswirtschaft unangetastet bleiben muß", wie Adebahr in einem Bericht resümierend feststellt.[5] Im gleichen Sinne forderte Walter Scheel in seiner Begrüßungsansprache von der Tagung die Erfüllung der Aufgabe, „die Zielvorstellungen zu erreichen unter Aufrechterhaltung einer ganz bestimmten Gesellschaftsordnung", und er fuhr fort: „Es geht also gar nicht darum, die Gesellschaftsordnung im Kern zu ändern, sondern es geht immer darum, sie zu verbessern, ohne den Grundsatz aufzugeben."[6] Der nicht aufzugebende Grundsatz bestand damals wie heute darin, „daß Marktwirtschaft wünschenswert ist"[7].

Mit anderen Worten, die bürgerliche Ökonomie war sich seit jeher darüber im klaren, die kapitalistische Gesellschaftsordnung durch Verbesserung des Wirkungsmechanimus der staatsmonopolistischen Regulierung innerhalb des Konkurrenz- und Marktmechanismus in ihrer Existenz zu sichern. Es ging ihr lediglich stets um die versuchte Abschwächung systemimmanenter Widersprüche. Ohne die faktische Lösungsunmöglichkeit dieser Aufgabe klar zu erkennen, ist bei den profiliertesten Vertretern der bürgerlichen Ökonomie nicht zu übersehen, daß sie eine bestimmte Ahnung über das Ausmaß dessen besitzen, was von ihnen erwartet wird. Erich Schneider sagte auf der erwähnten Tagung, daß die Schwierigkeiten vor allen Dingen darin lägen, „daß die Macht des Staates

5 H. Adebahr, Rationale Wirtschaftspolitik und -planung in der Wirtschaft von heute. Bericht über die Tagung der Gesellschaft für Wirtschafts- und Sozialwissenschaften in Hannover vom 26. 9. — 29. 9. 1966, in: Schmollers Jahrbuch, 86. Jg., Nr. 6/66, S. 596.

6 E. Schneider (Hg.), Rationale Wirtschaftspolitik und -planung in der Wirtschaft von heute, (West-) Berlin 1967, S. 8.

7 Zimmermann, Diskussion, ebenda, S. 58.

und damit das Ausmaß dessen, was für ihn durchsetzbar ist, an den den einzelnen Wirtschaftssubjekten des privaten Sektors eingeräumten Freiheiten ihre Grenzen findet. Aber er kann nicht unmittelbar in die Allokation der Ressourcen im privaten Sektor und in die für eine Marktwirtschaft geltenden Spielregeln eingreifen, ohne die Wirtschaftsordnung selbst zu verändern."[8]

Vor diesem Hintergrund ist leicht einzusehen, warum die bürgerliche politische Ökonomie immer wieder das „höchst wirtschaftliche System einer automatischen Lenkung der Gesamtwirtschaft durch die Signale der Preise, der Gewinne und der Rentabilität" beschwört. Weiter heißt es bei Ritschl: „Im marktwirtschaftlichen System bewirkt die allgemeine Befolgung des Gewinnprinzips in den anbietenden Produktions- und Leistungswirtschaften, daß jede aufspringende Lücke im kaufkräftigen Bedarf alsbald durch ein vermehrtes Angebot geschlossen wird, indem alle Anbieter bereit sind, die Gewinnmöglichkeiten auszunutzen."[9]

In diesem Zusammenhang wird nun Adam Smith kräftig bemüht. So ist im Vorwort zur in der BRD erschienenen Neuausgabe von Smith' Werk über Seiten hinweg die Rede von der darin entwickelten „Lehre von der Marktwirtschaft"[10] oder davon, daß Smith die „theoretischen Grundlagen der Marktwirtschaft" entwickelt habe.[11] Der „Reichtum der Nationen" soll angeblich eine fundamentale Antwort auf die Frage enthalten, was der Staat und was der Markt „in einem freiheitlichen Gesellschaftssystem"(?) an Aufgaben zu erfüllen haben.[12] Und es wird sogar behauptet, daß „die Ordnungspolitik der sozialen Marktwirtschaft nach dem Kriege" den „freiheitlichen Ideen Smiths" viele Impulse verdanke.[13] Die „Frankfurter Allgemeine", die bezeichnenderweise diesem hier zitierten Vorwort fast eine ganze Seite widmet, bemerkt außerdem in einer redaktionellen Notiz: „Dieses fast vor 200 Jahren zum ersten Mal erschienene Werk des großen englischen Nationalökonomen ist die bis in unsere Zeit hinein wirksame Grundlage für eine freie und zugleich humane Wirtschaftsordnung ... Die durch einen staatlichen Ordnungsrahmen im Zaum gehaltene Wirtschaftsordnung, die in der Bundesrepublik nach dem Kriege mit so großem Erfolg entwickelt wurde, fußt auf seinen Gedanken."[14]

Noch ein Zitat aus der bürgerlichen Presse soll verdeutlichen, wie Adam Smith heute zur Rechtfertigung der kapitalistischen Verhältnisse in Anspruch genommen wird. In einem groß aufgemachten Artikel anläßlich des 25. Jahrestages der separaten Währungsreform in den damaligen westlichen Besatzungszonen Deutsch-

[8] Ebenda, S. 4.

[9] H. Ritschl, Marktwirtschaft und Gemeinwirtschaft, Frankfurt/M. 1973, S. 22.

[10] H. C. Recktenwald, Würdigung des Werkes, in: Adam Smith, Der Wohlstand der Nationen, München 1974, S. XXXII.

[11] Vgl. ebenda, S. LI.

[12] Vgl. ebenda, S. IXXVI.

[13] Vgl. ebenda, S. LXVI.

[14] Frankfurter Allgemeine Zeitung vom 16. 11. 1974.

lands heißt es im „Hamburger Abendblatt": „Dieser Wiedergeburtstag der Marktwirtschaft fällt auf den Monat zusammen mit dem 250. Geburtstag des Schotten Adam Smith, den man den Vater der modernen Nationalökonomie genannt hat und der mit seinem Werk ‚Untersuchung über Natur und Ursachen des Wohlstands' die Grundlagen für eine liberale, freiheitliche Wirtschaftsordnung geschaffen hat." Es wird dann „der steile Aufstieg der westdeutschen Wirtschaft", selbstverständlich ohne Erwähnung seiner wahren Urheber, nämlich der werktätigen Massen, hervorgehoben und schließlich behauptet: „Ganz ohne Zweifel ist dies ein Verdienst der marktwirtschaftlichen Ordnung, deren Prinzip seit den Zeiten von Adam Smith darauf beruht, den einzelnen Menschen — freilich im Rahmen gewisser sittlicher Normen — soviel Freiheit wie möglich zu lassen, um auf diesem Weg gleichzeitig ein Höchstmaß an Leistung, Nutzen und Wohlstand für die Gesellschaft zu erreichen."[15]

Angesichts der weltweiten Wirtschaftskrise der jüngsten Vergangenheit klingt es viel weniger großsprecherisch aus den Spalten der bürgerlichen Presse. So erschien im vorigen Jahr eine Nummer der Zeitschrift „Time" auf dem Titelblatt mit dem Porträt von Adam Smith, der beschwörend ausruft: „Zählt mich nicht aus, Leute!" Darunter in großen Lettern die bange Frage: „Kann der Kapitalismus überleben?"[16] Über das Reißerische der Aufmachung und den Adam Smith in den Mund gelegten Boxer-Jargon kann man sicher geteilter Meinung sein, doch der Tatbestand als solcher ist symptomatisch.

Wir haben hier relativ ausführlich zitiert, um zu zeigen, daß die Prinzipien des ökonomischen Liberalismus weder in der heutigen bürgerlichen Wirtschaftstheorie noch in der unmittelbar auf die Bewußtseinsbildung der Massen zugeschnittenen Publizistik über Bord geworfen sind. Adam Smith wird als ehrwürdiger, 200 Jahre alter Kronzeuge bemüht. — Völlig ungerechtfertigterweise!

In gewisser Hinsicht muß die bürgerliche Ökonomie dies selbst zugeben. Sie muß der Tatsache Rechnung tragen, daß die *freie* Konkurrenz dem Grundwiderspruch des Kapitalismus keine Bewegungsmöglichkeit mehr bietet. Das Kapitalverhältnis kann nur noch durch die monopolistische bzw. staatsmonopolistische organisierte Konkurrenz reproduziert werden. Aber weit davon entfernt, dies durch eine wissenschaftliche Analyse zu erhellen, begnügt sich die bürgerliche Ökonomie mit dem oberflächlichen, vulgären Ausweg, eine „mixed economy" (gemischte Wirtschaft) zu konstruieren. Samuelson schreibt dazu: „Unser gegenwärtiges Wirtschaftssystem ist ein ‚Mischsystem'. Sowohl öffentliche als auch private Einrich-

[15] Hamburger Abendblatt vom 18. 6. 1973.

[16] Times vom 14. 7. 1975. Auf das eigenartige gebrochene Verhältnis mancher heutiger bürgerlicher Ökonomen zu Adam Smith und seinem Optimismus vor dem Hintergrund der Weltwirtschaftskrise hat übrigens auf dem Hallenser Kolloquium anläßlich des 200. Geburtstages des „Reichtums der Nationen" im Herbst vorigen Jahres Gabriel Galice (Grenoble) hingewiesen. Vgl. G. Galice, Adam Smith und die gegenwärtige Weltkrise, Manuskriptdruck Martin-Luther-Universität Halle-Wittenberg (Konferenzmaterial), Halle 1975.

tungen üben Einfluß auf den Ablauf des Wirtschaftsprozesses aus."[17] Zur Charakterisierung dessen, wie „sich Elemente von Markt- und Staatslenkung vermischen"[18], sagt er: „Unser System ist mindestens in zweifacher Hinsicht gemischt: Staatseingriffe schränken die Privatinitiative ein, und monopolistische Praktiken üben auf das Wirken des freien Wettbewerbs ihren Einfluß aus."[19]

Der Engländer Hanson beschreibt die „gemischte Wirtschaft" wie folgt: „In den gemischten Systemen . . ., werden bestimmte Bedürfnisse der individuellen Wahl entsprechend befriedigt und andere in Übereinstimmung damit, was der Staat als gut oder notwendig für die Gemeinschaft als Gesamtheit betrachtet."[20] In der BRD wird für diesen Sachverhalt oft eine Mixtur zwischen den Begriffen „Marktwirtschaft" und „Gemeinwirtschaft" hergestellt, und zwar mit einer ausgesprochen apologetischen Zielrichtung. So heißt es bei Ritschl:„Die Wirtschaftsordnung in den freien (? — d. V.) Staaten der westlichen Welt ist keineswegs ein einheitlich kapitalistisches Wirtschaftssystem. Vielmehr ist unsere Wirtschaftsordnung dualistisch oder pluralistisch, zweischichtig oder mehrgliedrig. In ihr ergänzen sich verschiedene Wirtschaftssektoren unterschiedlicher Struktur zu einem Ganzen. Als solche Systeme und Sektoren finden wir: 1. das gemeinwirtschaftliche System der öffentlichen Wirtschaft der großen politischen Gemeinwesen — des Staates, der Städte, der Landgemeinden und der Kirchen. 2. das marktwirtschaftliche System, in dem anbietende und nachfragende Einzelwirtschaften durch Arbeitsteilung und Verkehrsverflechtung verbunden sind."[21]

Es scheint so zu sein, daß diese Konzeption der „gemischten Wirtschaft" von immer breiteren Kreisen der bürgerlichen Ökonomie akzeptiert wird. Samuelson dürfte mit seiner auf die USA bezogenen Feststellung generell nicht Unrecht haben, daß nämlich die Wirtschaftstheoretiker heute zu 90 Prozent nicht mehr in Keynes-Anhänger und -Gegner zerfallen, sondern daß sie alle Nachkeynesianer sind, die sich der „neoklassischen Synthese" zwischen der makroökonomischen Theorie der Bestimmung und staatlichen Beeinflussung des Volkseinkommens und der älteren mikroökonomischen Theorie der Preise und des Marktes verschrieben haben.[22] In verklausulierter Form wird hiermit die in sich widerspruchsvolle Anerkennung und Befürwortung sowohl der staatsmonopolistischen Regulierung als auch der dieser immanenten Anwendung des Konkurrenz- und Profitprinzips durch die Mehrheit der zeitgenössischen bürgerlichen Ökonomen zum Ausdruck gebracht.

Ja, mehr noch, es ist zu überlegen, ob der vom Keynesianismus häufig behauptete Bruch mit der „klassischen Ökonomie", das heißt in diesem Falle mit den Prinzi-

[17] P. A. Samuelson, Volkswirtschaftslehre, Bd. 1, Köln 1971, S. 65.

[18] Ebenda, S. 74.

[19] Ebenda, S. 85.

[20] J. L. Hanson, An Introduction to applied economics. London 1969, S. 7.

[21] H. Ritschl, a. a. O., S. 5.

[22] Vgl. P. A. Samuelson, a. a. O., S. 266.

pien des ökonomischen Liberalismus, überhaupt je in dieser Schärfe vollzogen worden ist. Die „gemischte Wirtschaft“ ist zwar eine Wortschöpfung neueren Datums, doch ihrem Inhalt nach existiert die Idee, die damit ausgedrückt werden soll, seit Beginn des monopolistischen Stadiums des Kapitalismus. Die bürgerliche Ökonomie hat sich an diese Auffassung relativ kontinuierlich herangetastet, und dies bereits in den zwanziger Jahren, wenn man die Theorien vom „organisierten Kapitalismus“, von der kreditären und geldpolitischen Konjunkturbeeinflussung, der Organisation der Konkurrenz durch Kartelle und Syndikate in die Betrachtung mit einbezieht. Keynes geht nach der Weltwirtschaftskrise zweifellos einen verallgemeinernden Schritt in Richtung auf den staatsmonopolistischen Kapitalismus. Doch es ist eine irrtümliche Annahme, daß er sich von marktwirtschaftlichen, liberalen Denkvorstellungen völlig gelöst hätte. Auch ihm schwebt eine Art „Mischwirtschaft“ vor. Seiner Konzeption zufolge soll die volkswirtschaftlich notwendige Investitionsmenge nicht ausschließlich der privaten Entscheidung überlassen bleiben, doch infolge seiner Befürwortung des Privateigentums billigt Keynes andererseits den „erprobten Grundsätzen des Laissez-faire“ und dem diesen folgenden „privaten Unternehmungsgeist“ eine ganz entscheidende Funktion im kapitalistischen Wirtschaftsleben zu.[23] Die Wirksamkeit all seiner Mittel zur Investitionssteigerung ist bekanntlich an die „Grenzleistungsfähigkeit des Kapitals“ gebunden, das heißt an den Profitanreiz für die Monopole. Daher ist der von ihm verwendete Begriff der „Verstaatlichung der Investition“ eigentlich irreführend. Vielmehr geht es um die staatsmonopolistische Regulierung der Nachfrage, insbesondere der Investitionsnachfrage, die in voller Übereinstimmung mit der von Samuelson und anderen heute apostrophierten Kombination von „marktwirtschaftlicher Konkurrenz“ und „staatlicher Lenkung“ steht.

Insofern ist also ein Unterschied zwischen dem Keynesianismus in seiner ursprünglichen Fassung und der heute unter dem Sammelbegriff „Neokeynesianismus“ zusammengefaßten Strömungen der bürgerlichen Ökonomie kaum festzustellen. Wohl die meisten bürgerlichen Ökonomen zu Keynes' Zeiten hätten sich ebenso wie der die Gegenwart zur „neoklassischen Synthese“ bekannt und haben dies de facto auch getan.

Mit dem Konzept der „gemischten Wirtschaft“ erreicht es die gegenwärtige bürgerliche Ökonomie, in einer Art Scheinplausibilität den ökonomischen Liberalismus Smithscher Prägung zu bewahren und gleichzeitig die staatsmonopolistische Regulierung zu ergänzen. Doch diesem Konzept haftet der grundsätzliche Mangel des begrenzten bürgerlichen Horizonts an, der zwei Phänomene in eine rein formale Beziehung setzt, ohne ihren dialektischen, strukturellen Zusammenhang zu erfassen. In Wahrheit geht es im heutigen Kapitalismus um das Zusammenwachsen von Monopolen und Staat, die gemeinsam, in einer widersprüchlichen Einheit die Konkurrenzbedingungen prägen und den Markt als Wert- und Profit-

23 Vgl. J. M. Keynes, Allgemeine Theorie der Beschäftigung des Zinses und des Geldes, (West-)Berlin 1955, S. 110.

realisierungssphäre gestalten bzw. der Macht der Monopole unterordnen. Von einem gleichberechtigten Nebeneinanderbestehen von Staat und Monopolen einerseits und Marktautomatik andererseits, wie es der Terminus „gemischte Wirtschaft" suggeriert, kann in der Realität keine Rede sein.

Mit alldem ist im Grunde gesagt, daß die bürgerliche Ökonomie in verzerrter, vulgärer Weise auf Veränderungen des kapitalistischen Funktionsmechanismus in der Gegenwart reagiert, aber gleichermaßen die Tatsache reflektiert, daß innerhalb dieser Veränderungen der Profit nach wie vor das ausschlaggebende Entscheidungskriterium und die monopolistisch sowie staatsmonopolistisch geprägte Konkurrenz nach wie vor das wichtigste Ordnungsprinzip bleibt. Daß dies sprachlich kaschiert wird, hängt mit dem sozialen Auftrag der bürgerlichen Ökonomie zusammen. Die Begriffe „Gewinn" und „Wettbewerb" verharmlosen gewissermaßen des Geschehen und täuschen darüber hinweg, daß Monopole und Supermonopole die Effektivität der Regulierungsfunktion der Konkurrenz und der (staatsmonopolistischen) Märkte für die gesellschaftliche Produktion notwendigerweise stark herabsetzen.

Doch trotz allem bleibt das Bekenntnis der bürgerlichen Ökonomie zur Marktwirtschaft und zum ökonomischen Liberalismus mehr als reine Demagogie, wenn man es als systemnotwendige Entscheidung für das Privateigentum und seine „Freiheit der Profiteinstreicherei" (Lenin) interpretiert. Aus der freien Verfügungsgewalt des Privateigentums über die Verwendung der produktiven Kräfte der Gesellschaft ergeben sich gravierende Widersprüche, die in Grenzen sogar Beschränkungen dieser freien Verfügungsgewalt durch staatsmonopolistische Regulierungsmaßnahmen notwendig machen. Aber die bürgerliche Ordnung kann und wird derartige Beschränkungen der Freiheit des Kapitals immer nur halben Herzens treffen, nur sehr bedingt befürworten und überdies in der Praxis nur inkonsequent handhaben, es sei denn, eine Kapitalistengruppe ist mächtig genug, um unter dem Deckmantel des Gemeinwohls die Freiheit des Eigentums *anderer* zu ihren eigenen Gunsten zu beschneiden.

Die prinzipielle Befürwortung der freien Verfügungsgewalt des Kapitals ist genau der Punkt, der bei aller ahistorischen Unzulässigkeit tatsächlich bestimmte Verbindung zwischen Adam Smith und der heutigen bürgerlichen Ökonomie herstellt. Jede theoretische Strömung der bürgerlichen Ökonomie wird den ökonomischen Liberalismus als eine dem Privateigentum direkt entspringende, seinem Interesse entsprechende und überdies der individualistischen bürgerlichen Denkhaltung auf den Leib geschneiderten Lehre in dieser oder jener Form in sich zu integrieren versuchen. Dies schließt gewisse Modifikationen in der Argumentationsweise nicht aus. Aber diese Modifikationen im theoretisch-ideologischen Bereich sind sekundärer Natur, genauso übrigens wie im Bereich der sozialökonomischen Basis, wo modifizierte Bewegungsformen des Kapitalverhältnisses Ausdruck seiner prinzipiellen Aufrechterhaltung und nicht seiner Aufhebung sind.

Die tiefe Krise, in der sich die bürgerliche Ökonomie in der Gegenwart befindet, manifestiert sich unter anderem in dem Verlust der Selbstverständlichkeit und des Selbstverständnisses, mit dem die Funktionstüchtigkeit des kapitalistischen Systems bis zum Ausbruch der allgemeinen Krise unterstellt wurde. Heute ist der Glaube an die Fähigkeit der spontanen Kräfte, die Wirtschaft allein steuern zu können, weitgehend verloren gegangen. Dies bedeutet in letzter Konsequenz, daß die bürgerliche Ökonomie ihren Glauben aufgeben mußte, die historische Existenz des Kapitalismus mit den ihm adäquaten Mitteln aufrechterhalten zu können, weitgehend verlorengegangen. Dies bedeutet in letzter Konsequenz, an Bedenken über die Funktionstüchtigkeit des Wertgesetzes und der Konkurrenz geäußert hatte. Heute glaubt man, die Systembedrohung ließe sich dadurch umgehen, daß der praktisch notwendig gewordene Einsatz staatlicher Machtmittel für die Organisation ökonomischer Prozesse theoretisch gefordert und gerechtfertigt wird. Ähnliche Ansatzpunkte wird man bei Adam Smith vergeblich suchen.

Das unauflösliche Dilemma der gegenwärtigen bürgerlichen politischen Ökonomie besteht darin: Die Lösung des Grundwiderspruchs des Kapitalismus fordert die Anerkennung des gesellschaftlichen Charakters der Produktivkräfte, das heißt den Sozialismus. Dieser Forderung kann sich die bürgerliche Ökonomie aufgrund ihres Klassenstandpunktes nicht anschließen. Ihr Ausweg, der Einsatz des Staates zur Erhaltung der kapitalistischen Produktionsverhältnisse, ist vom Prinzip her konservativ bzw. reaktionär. Einerseits bedeutet dies im Grunde eine partielle Abkehr vom bürgerlichen Bekenntnis zur freien Verfügungsgewalt über das Privateigentum an den Produktionsmitteln und von den hiermit in Übereinstimmung stehenden Prinzipien des ökonomischen Liberalismus. Andererseits muß die bürgerliche Ökonomie jedoch unbedingt am Privateigentum als grundlegender sozialer Institution des Kapitalismus festhalten und dementsprechend auch am ökonomischen Liberalismus als der dem Privateigentum gemäßen ideologisch-theoretischen Rechtfertigung des Konkurrenzmechanismus. Diese Antinomie ist für die bürgerliche Ökonomie nicht zu überwinden.

So wird auch in Zukunft, trotz zunehmender Entwicklung des staatsmonopolistischen Kapitalismus und der theoretischen Befürwortung staatlicher Eingriffe, der ökonomische Liberalismus, nicht zuletzt unter Berufung auf Adam Smith, immer wieder herangezogen werden. Gruppiert um den allgemeinen Trend der Anerkennung des Modells der „gemischten Wirtschaft", wird aber auch der Streit weiter gehen. Mehr oder weniger kurzfristige, taktische Interessenkonflikte innerhalb der Monopolbourgeoisie bzw. Gegensätze zwischen monopolistischer und nichtmonopolistischer Bourgeoisie sowie spezielle Entwicklungsbedingungen in einzelnen Ländern können und werden in Zukunft wie schon in der Vergangenheit divergente Schlagworte hervorbringen: „Mehr Markt, weniger Staat!" contra „Markt ja, aber auch mehr Staat!" Die bürgerliche Ökonomie wird uns noch manches Schauspiel zu dieser Problematik liefern, ohne damit die eigentlichen Kernfragen zu erhellen.

Die tiefste Wurzel für derartige Schwankungen innerhalb der bürgerlichen Ökonomie ist in dem Unvermögen des kapitalistischen Systems zu suchen, die aus der Unterdrückung des gesellschaftlichen Charakters der Produktivkräfte resultierende Zuspitzung der sozialökonomischen Widersprüche zu beherrschen. Da weder die staatliche Regulierung noch der „freie Markt" eine Lösung bieten, ist es für bürgerliche Theoretiker geradezu unvermeidlich, das Versagen des einen „Ordnungselements" der „gemischten Wirtschaft" jeweils mit dem Versagen des anderen zu erklären und alle Hoffnung auf ihre vermeintlich richtige Kombination zu setzen.

Eindeutig muß an dieser Stelle festgehalten werden, daß aus der auf eine ganz historische Situation zugeschnittenen Lehre von Adam Smith keine wissenschaftlich gültigen Argumentationen für die heutigen Fragestellungen und Komplikationen innerhalb der bürgerlichen Ökonomie abgeleitet werden können. Wenn Adam Smith der Auffassung war, daß die freie Konkurrenz die ökonomische Macht einzelner Unternehmer begrenzt, so ließ sich diese theoretische Überzeugung mit empirischen Fakten belegen. Wenn heute die bürgerliche politische Ökonomie den Wettbewerb oder die Konkurrenz als das geeignete Mittel hinstellt, um der sogenannten Vermachtung der Märkte entgegenzuwirken, so steht dem die Realität diametral entgegen. Günstigstenfalls handelt es sich um eine Illusion anzunehmen, daß durch staatliche Gesetzgebung die Konkurrenz alten Stils jemals wieder herstellbar wäre. Die Antitrustgesetzgebung in den Vereinigten Staaten oder die Gesetze gegen die Wettbewerbsbeschränkung in der BRD beweisen zur Genüge, daß damit die objektive Gesetzmäßigkeit des Kapitalismus, der Konzentrations- und Zentralisationsprozeß der Produktion und des Kapitals, nicht im geringsten außer Kraft gesetzt werden kann. Unter diesem Aspekt erweist sich die bürgerliche These von der angeblich nach wie vor existenten wohltätigen Auswirkung der Konkurrenz auf das Funktionieren der kapitalistischen Wirtschaft als demagogischer Zweckoptimismus. Sowenig dieser Gedanke auch nur einigermaßen in Übereinstimmung mit Realität und Logik zu begründen ist, er wird nicht aus dem Gebäude der bürgerlichen Ökonomie verschwinden, denn er ist vom Standpunkt der Vertretung bürgerlicher Klasseninteressen immer noch das verhältnismäßig Beste, was geboten werden kann, um der privaten Verfügungswelt über gesellschaftliche Produktivkräfte den *Anschein* einer rationellen Funktion für die Steuerung ökonomischer Prozesse zu verleihen.

Wir können diesen Abschnitt über den ökonomischen Liberalismus in der heutigen bürgerlichen Ökonomie und den Versuch, diesen mit Adam Smith zu stützen, nicht abschließen, ohne auf die Rolle dieser Doktrin in der Auseinandersetzung zwischen Kapitalismus und Sozialismus zu verweisen. Sosehr das Lob für die Konkurrenz und den Preis-Profit-Mechanismus, bezogen auf den Kapitalismus, auch eine verzerrte Reflexion der Wirklichkeit sein mag, bezogen auf den Sozialismus ist das Marktwirtschaftskonzept nichts anderes als ein Versuch, die historisch überlebten Denkvorstellungen der Bourgeoisie in der Systemauseinandersetzung geltend zu machen. Die dem Sozialismus von bürgerlichen Ökonomen offerierten „Verbesserungsvorschläge", die Planwirtschaft in einen „Marktsozialismus" zu transformieren, gehen an den praktischen Aufgaben, denen die sozialistischen Volkswirtschaften heute gegenüberstehen, völlig vorbei.[24] Daß Adam Smith in dieser Auseinandersetzung absolut nichts zu suchen hat, weil dies auf eine unzulässige ahistorische Aktualisierung hinausläuft, liegt eigentlich auf der Hand, was aber die bürgerliche Ökonomie nicht daran gehindert hat, es zu versuchen.[25]

Als Resümee dieser Überlegungen ergibt sich, daß trotz der beträchtlichen Veränderung der bürgerlichen Produktionsverhältnisse zum staatsmonopolistischen Kapitalismus die Theorie und Ideologie des ökonomischen Liberalismus bestimmte Aspekte der Realität in oberflächlicher, verzerrter Weise widerspiegeln und zur den Interessen des Kapitals entsprechenden Verteidigung der existenten gesellschaftlichen Verhältnisse herangezogen werden. In dem Bestreben, die ideologische Wirksamkeit dieser Konzeption zu erhöhen, werden von der bürgerlichen politischen Ökonomie häufig Anleihen bei Adam Smith gemacht. Doch an wissenschaftlicher Substanz gewinnt die Marktwirtschaftspropaganda hierdurch nicht. Der Kapitalismus in seiner historischen Defensive hat dem Fortschritt der menschlichen Gesellschaft keine fundierte Vorstellung über die zweckmäßigste Beherrschung und Verwendung der Produktivkräfte zu bieten. Der ökonomische Liberalismus ist für die Bourgeoisie sicher nach wie vor ein nützliches Instrument zur Meinungsmanipulation. Aber er entspringt und entspricht einer historisch vergangenen und überlebten Epoche. Für die Arbeiterklasse kann er bei der Vervollkommnung des Sozialismus nichts zur Orientierung beitragen.

Mit dieser Feststellung wird kein negatives Urteil über die historische Würdigung von Adam Smith, auch was seine liberale Lehre über den Funktionsmechanismus der kapitalistischen Wirtschaft anbetrifft, gefällt. Doch die schematische Übertragung seiner Ansichten auf die Gegenwart läßt sich mit den Grundsätzen soliden wissenschaftlichen Arbeitens nicht vereinbaren.

24 Vgl. hierzu die gelungene Auseinandersetzung von H. Nick, Marktwirtschaft — Legende und Wirklichkeit, Berlin 1974, 3. Kapitel.

25 Vgl. P. Thal, Ideengeschichtliche und theoretische Aspekte des Gegensatzes zwischen ökonomischem Liberalismus und sozialistischer Planwirtschaft, in: Wirtschaftswissenschaft 10/1966, S. 1585ff.

3.3. Die Entstellung grundlegender politökonomischer Erkenntnisse von Adam Smith durch die bürgerliche Ökonomie der Gegenwart

Wie schon im ersten Abschnitt dieses Kapitels in seinen allgemeinen Zügen erörtert, ist das Verhältnis der gegenwärtigen bürgerlichen politischen Ökonomie zum theoretischen Erbe Adam Smith' sehr vielseitig und kompliziert. Das beharrliche Bestreben, die Bedeutung seiner Ideen zu mindern und die Wissenschaftlichkeit seiner Theorie anzuzweifeln, verbindet sich oft mit dem Appell zur „neoklassischen Synthese", „in der — nach Seligman — die gegenwärtigen Analysemethoden des Nationaleinkommens mit ... den Prinzipien der Väter der politischen Ökonomie, Smith, Ricardo usw., vereint sind"[1]. Es ist verblüffend, daß die gegenwärtigen bürgerlichen Ökonomen Smith' Erbe einerseits als den Anfang der Wirtschaftswissenschaft betrachten, aber andererseits die wissenschaftlichen Errungenschaften und die eigenständige Leistung von Smith in der politischen Ökonomie leugnen. Nach Jacob Viner war Smith „*der* große Eklektiker"[2]. Und im gleichen Sinne stellt Schumpeter fest: „Der ‚Reichtum der Nationen' enthält keine einzige analytische Idee, kein Prinzip oder keine Methode, die im Jahre 1776 völlig neu gewesen wäre."[3] Mit solchen abwertenden Urteilen wird der wesentliche Beitrag, den Smith für die Entwicklung der klassischen bürgerlichen politischen Ökonomie geleistet hat, natürlich geschmälert.

Wenn die heutige bürgerliche Ökonomie andererseits Smithsche Auffassungen als theoretische Quelle für einige ihrer vulgär-apologetischen Konzeptionen[4] heranzieht, so erklärt sich das — wie schon an anderer Stelle erörtert[5] — daraus, daß die Herausbildung der Vulgärökonomie als besonderer Richtung der bürgerlichen Wirtschaftstheorie mit der Abtrennung und Systematisierung der vulgären Thesen der klassischen Schule, vor allem der Theorien von Smith, verbunden ist. Auf diesen Prozeß deutet Marx hin, wenn er über die Absonderung der Vulgärökonomie von der klassischen Schule schreibt: „Erst sobald die politische Ökonomie eine gewisse Breite der Entwicklung erlangt hat — also nach A. Smith — und sich feste Formen gegeben, scheidet sich das Element in ihr, die bloße Reproduktion der Erscheinung als Vorstellung von derselben,

[1] B. Seligman, Die wichtigsten Strömungen in der Wirtschaftstheorie der Gegenwart, Moskau 1968, S. 274 (russisch).

[2] J. Viner, Adam Smith and Laissez-Faire, in: Journal of Political Economy, Bd. 35, Jg. 1927; in deutscher Übersetzung (gekürzt) abgedruckt bei H. C. Recktenwald (Hg.), Geschichte der politischen Ökonomie, Stuttgart 1971, S. 74.

[3] J. A. Schumpeter, History of Economic Analysis, New York 1954, S. 371.

[4] Vgl. zum Beispiel P. A. Samuelson, Volkswirtschaftslehre, Köln 1955, S. 12, 459 (Fn.), 647 (Fn.).

[5] Vgl. Abschnitt 1.3.

ihr Vulgärelement von ihr ab als besondere Darstellung der Ökonomie."[6] Dieser Umstand gibt heutigen bürgerlichen Ökonomen die Möglichkeit, sich auf die exoterischen Teile des „Reichtums der Nationen" zu beziehen. Dessen grundlegenden wissenschaftliche Erkenntnisse bleiben ihnen hingegen verschlossen und unannehmbar.

Adam Smith' politische Ökonomie, insbesondere seine Werttheorie, im Zerrspiegel bürgerlicher Ökonomen der Gegenwart

Die bürgerliche politische Ökonomie der Gegenwart ist praktisch gegen alle wissenschaftlichen Aussagen in den Theorien von Smith gerichtet, darunter vor allem gegen seine Arbeitswerttheorie und deren wichtigste These, daß die für die Produktion der Waren aufgewandte Arbeit die Quelle des Warenwerts darstellt. Obwohl die Werttheorie Smith' unvollkommen ist und Widersprüche aufweist, wie wir ausführlich dargelegt haben[7], wird in ihr dennoch der Lohnarbeit die Rolle des entscheidenden ökonomischen Faktors bei der Schaffung des „Reichtums der Nationen" zugewiesen. Diese wissenschaftliche Aussage bildete im 18. Jahrhundert für die ideologische Position der Bourgeoisie keine Gefahr, da sie unter den Bedingungen des wenig entwickelten Klassenkampfes für eine Begründung des Anspruches der Arbeiterklasse auf das von ihr erzeugte gesellschaftliche Produkt nicht genutzt werden konnte. Diese Lage veränderte sich mit dem Beginn der selbständigen politischen Bewegung des Proletariats prinzipiell. Aus ebendiesem Grunde widmet die gegenwärtige bürgerliche politische Ökonomie der Widerlegung, der Entstellung und dem Verschweigen der Arbeitswerttheorie, nicht zuletzt der Analyse von Smith, große Kraftanstrengungen.

Die bürgerlichen Theoretiker der Gegenwart zweifeln alle wissenschaftlichen Aussagen der Arbeitswerttheorie an, darunter auch die von Smith getroffene Unterscheidung zwischen Tausch- und Gebrauchswert. Ihre große methodologische Bedeutung leitet diese Unterscheidung vor allem daraus her, daß sie das Verbindungsglied zwischen dem Doppelcharakter der warenproduzierenden Arbeit sowie dem daraus abgeleiteten Doppelcharakter aller ökonomischen Erscheinungen und Prozesse der kapitalistischen Wirtschaft bildet. Die umfassende Aufdeckung dieses Zusammenhangs erfolgt bekanntlich erst durch Marx. Aber schon die Smithschen Ansätze sind eine empfindliche Herausforderung für vulgärapologetische Konstruktion der bürgerlichen politischen Ökonomie, deren Wesen darin besteht, den sozialökonomischen Inhalt der im Kapitalismus ablaufenden Prozesse durch die Beschreibung ihrer materiellen Erscheinungsformen (Wert —

[6] K. Marx, Theorien über den Mehrwert, Dritter Teil, in: MEW, Bd. 26/3, Berlin 1968, S. 491.

[7] Vgl. Abschnitt 2.2.

Gebrauchswert, Produktionsprozeß des Mehrwerts — einfacher Arbeitsprozeß usw.) zu verschleiern. Die Vermengung von Wert und Gebrauchswert sowie der Prozesse ihrer Produktion, der Faktoren ihrer Schaffung, der Spezifik ihrer Zirkulation usw. ist als typische methodische Grundlage für eine große Zahl vulgär-apologetischer Konzeptionen der bürgerlichen Ökonomie zu nennen, ja als bedeutendste Ursache vieler Fehler in der Theorie der politischen Ökonomie, gegen deren Wiederholung es keine Garantie gibt.

Sofern die von Smith getroffene Unterscheidung zwischen Tausch- und Gebrauchswert von bürgerlichen Autoren überhaupt zur Kenntnis genommen wird, sind diese zumeist bestrebt, die Position Smith' zu verzerren. Samuelson äußert beispielsweise die Meinung, daß Smith lediglich das „Paradoxon des Werts" formuliert habe. Manche Waren, die einen sehr großen Gebrauchswert besitzen (z. B. Wasser), verfügen über einen geringen Tauschwert, und umgekehrt Waren mit kleinem Gebrauchswert weisen einen bedeutenden Tauschwert auf (z. B. Diamant).[8] Smith hat nach Samuelson dieses Paradoxon nicht gelöst und sich auf die Konstatierung der zwei Seiten der Ware beschränkt. Dieses Urteil über Smith' Position ist von der Wahrheit weit entfernt. Seine Aufmerksamkeit auf den Tauschwert konzentrierend, entdeckt Smith dessen „wirkliches Maß" im *Quantum* der für die Produktion der Ware aufgewendeten Arbeit, und zwar unabhängig von der Spezifik dieser Arbeit. So kam A. Smith der Lösung des „Wertparadoxons", der Klärung des Verhältnisses zwischen Wert und Gebrauchswert einer Ware, sehr nahe, obwohl er dessen innere Ursache — den Doppelcharakter der Arbeit — nicht erkannte.

Diese Unvollkommenheit der Smithschen Forschungsergebnisse wird für die verzerrte Darstellung seiner Position ausgenutzt. So sieht zum Beispiel Bell die Grundlage für die bei Smith vorhandene Begrenztheit in der Gegenüberstellung des Subjektiven (Gebrauchswert) und des Objektiven (Tauschwert)[9], was weder mit Smith' Auffassung noch mit deren wissenschaftlicher Beurteilung etwas gemein hat, denn die Grundlage des Doppelcharakters der Ware besteht im Doppelcharakter der für die Herstellung dieser Ware erforderlichen Arbeit. Der Gebrauchswert, ein objektives Merkmal der Ware, nämlich ihre Fähigkeit, dieses oder jenes individuelle oder gesellschaftliche Bedürfnis zu befriedigen, ist ein Resultat der objektiv verausgabten, nützlichen, zielgerichteten Form der Arbeit des Warenproduzenten, d. h. ein Ergebnis der konkreten Arbeit, während der Wert der Ware dem Aufwand an abstrakter Arbeit entspringt.

Indem sie Smith' Stellung zum „Wertparadoxon" kritisieren, versuchen die bürgerlichen Ökonomen den Gebrauchswert der Ware so darzustellen, als ob er in Wirklichkeit nicht nur eine notwendige Voraussetzung, sondern eine

[8] Vgl. A. Smith, Eine Untersuchung über das Wesen und die Ursachen des Reichtums der Nationen, Bd. I, Berlin 1963, S. 38f. Über das „Wertparadoxon" bei P. A. Samuelson vgl. Oxford Economic Papers, Bd. 25, Nr. 1, März 1973.

[9] Vgl. J. F. Bell, A History of Economic Thought, New York 1953, S. 172.

direkte Quelle ihres Wertes wäre. Der amerikanische Ökonom Rima schreibt im Zusammenhang mit den „Smithschen Fehlern" bei der versuchten Lösung des „Wertparadoxons": „. . . die Ware kann über andere Waren im Austausch sicher nicht verfügen (d. h. sie kann keinen Wert haben — d. V.), wenn sie keinen Gebrauchswert besitzt."[10] An und für sich ist diese Behauptung richtig: Eine Ware, die über keinen Gebrauchswert verfügt, ist wertlos. Dennoch folgt daraus nicht, daß der Wert einer Ware durch den Gebrauchswert bestimmt wird, was die bürgerliche Ökonomie beweisen möchte. Sie verzerrt das tatsächliche Verhältnis zwischen Wert und Gebrauchswert und wirft Smith das Nicht-Verstehen dieses Verhältnisses vor. „Smith' Unfähigkeit, dieses sichtbar klare Verhältnis zu verstehen" — setzt Rima fort — „war für die weitere Entwicklung der Werttheorie von größter Bedeutung, da daraus der Versuch resultierte, den Tauschwert unabhängig von der Nützlichkeit zu erklären. Es mußten etwa 100 Jahre vergehen, ehe die englische politische Ökonomie zur Kenntnis nahm, welche Bedeutung die Nützlichkeit für die Erklärung des Wertes besitzt."[11]

Smith entdeckte selbstverständlich nicht alle Aspekte des Verhältnisses zwischen Wert und Gebrauchswert der Ware. Vom Gebrauchswert der Ware leitete er faktisch die Voraussetzungen für ihren Wert ab. Smith betrachtete den Wert der Ware niemals „unabhängig von der Nützlichkeit", selbst nicht unabhängig von der Tatsache der Existenz eines Gebrauchswerts, denn in diesem Fall hätte er über Waren sprechen müssen, die einen Wert und keinen Gebrauchswert besitzen. Solche Waren existieren bekanntlich nicht.

Bei seinem Versuch, die Rolle von Smith bei der Analyse der Ware zu verkleinern, schreckt Rima sogar vor einer Verfälschung der Geschichte der politischen Ökonomie nicht zurück. Im Gegensatz zu seiner Behauptung benötigte die englische politische Ökonomie durchaus kein ganzes Jahrhundert, um die Rolle des Gebrauchswertes bei der Erklärung des Warenwerts zu erkennen. Bereits D. Ricardo erläutert in seinem ökonomischen Hauptwerk — vier Jahrzehnte nach der Veröffentlichung des „Reichtum der Nationen" — das Verhältnis zwischen Wert und Gebrauchswert der Ware in einer klaren theoretischen Form und im ganzen auch richtig. „Nicht die Nützlichkeit", schrieb Ricardo, „ist das Maß des Tauschwertes, obwohl sie ein notwendiges Element desselben ist."[12]

Was nun die Konzeption des Grenznutzens betrifft, die Rima praktisch in seinem obigen Zitat im Auge hat, so wird hier durch die apologetische Bestrebung, die Wertquelle zu vertuschen, das Verhältnis zwischen Wert und Gebrauchswert der Ware völlig entstellt, indem man den Wert aus der subjektiven Schätzung

10 J. H. Rima, Development of Economic Analysis, Homewood 1967, S. 67.

11 Ebenda, S. 71.

12 D. Ricardo, Über die Grundsätze der politischen Ökonomie und Besteuerung, Berlin 1959, S. 9.

des Gebrauchswertes der Ware ableitet. Dies ist natürlich alles andere als eine wissenschaftliche Lösung des „Wertparadoxons".

Überhaupt ist die Einschätzung der Stellung von Smith zum „Wertparadoxon" irreführend, wenn das Problem so betrachtet wird, als ob er sich einen quantitativen Vergleich des Gebrauchswertes der Ware mit ihrem Tauschwert als Aufgabe gestellt hätte. „Das Paradoxon, daß der Tauschwert vom Gebrauchswert überschritten oder nicht erreicht werden kann", schreibt der amerikanische Ökonom Stigler, „war streng genommen eine sinnlose Behauptung, da Smith nicht über die Grundlagen verfügte, auf denen er solche heterogenen Größen hätte miteinander vergleichen können."[13] Aber Smith vergleicht den Wert der Ware und ihren Gebrauchswert nicht miteinander. Wenn er den hohen Wert des Diamanten dem unbedeutenden Wert des Wassers gegenüberstellt, weist er lediglich darauf hin, daß der Wert nicht vom Gebrauchswert der Waren — der beim Diamanten klein und beim Wasser groß ist — abhängt.

Es ist kein Wunder, daß sich bürgerliche Autoren bis heute intensiv mit dem von Smith formulierten „Wertparadoxon" auseinandersetzen, denn die bei Smith angedeutete und von Marx konsequent zu Ende geführte Lösung des Problems soll nach Möglichkeit aus der Theorie hinausgedrängt werden. Man versucht vielmehr die Erklärung des Wertes (des Preises, der „Kostbarkeit") der Ware von ihrem Gebrauchswert abzuleiten und diese Version Smith zu unterschieben.

Die bürgerliche Ökonomie weiß genau, daß die Anerkennung der Arbeit der Werktätigen als Wertquelle unumgehbar zu dem Schluß führt, daß sich die Kapitalisten die unbezahlte Arbeit der Lohnarbeiter aneignen. Sie empfindet daher Adam Smith als Herausforderung, was zum Beispiel auch bei Rima zum Ausdruck kommt. Da der Arbeiter nach Smith das Produkt mit den Kapitalisten und den ländlichen Grundbesitzern „teilen muß", so folgt daraus, meint Rima, daß entweder das Produkt nicht allein durch die Arbeit entsteht und die Kapital- und Bodenbesitzer ihre Revenuen selbst erarbeiten, oder aber, daß der Arbeiter einen Teil seines Produktes verliert, auf den er allein ein Recht hätte. „Die erste Interpretation", schreibt Rima, „ist mit einer Ablehnung der Arbeitswerttheorie gleichzusetzen . . . , und die zweite bestätigt die Theorie der Ausbeutung der Arbeit."[14] Wie ersichtlich, zwingen die Furcht vor der Aufdeckung der tatsächlichen Quelle des bürgerlichen Reichtums sowie Motive, die mit einer wissenschaftlichen Methode zur Analyse der kapitalistischen Wirtschaft und ihrer Widerspiegelung in der Smithschen Theorie nichts gemein haben, die bürgerlichen Ökonomen dazu, die wissenschaftlichen Thesen von Smith zu verleugnen.

Rima behauptet daher weiter, daß Smith keineswegs die Idee von der Ausbeutung der Arbeit durch das Kapital vorgeschwebt hätte. „Wenn der gesamte Wert durch die Arbeit geschaffen wird, ist dann der Abzug für die Grund-

13 George J. Stigler, Essays in the History of Economics, Chicago—London 1965, S. 68.
14 J. H. Rima, a. a. O., S. 73.

eigentümer und Kapitalisten nicht Ausbeutung dessen, was eigentlich dem Arbeiter gehört?", fragt Rima und antwortet: „Smith wäre nie auf die Idee gekommen, ein ähnliches Urteil zu fällen. Für ihn war die Gesellschaft wohltäterisch; in ihr existierte keine Dichotomie von Klasseninteressen."[15] Doch es ist gut bekannt, daß der „Reichtum der Nationen" zahlreiche Feststellungen enthält, die davon zeugen, daß ihr Autor den ausbeuterischen Charakter der kapitalistischen Revenuen klar gesehen hat. Wir verweisen hier nochmals auf seine berühmte wissenschaftliche Definition von Profit und Rente als „Abzüge vom Produkt des Arbeiters"[16]. Gerade diese Einsicht von Smith möchte die gegenwärtige bürgerliche Ökonomie aufgrund ihrer Klassenbegrenztheit und apologetischen Orientierung verwischen.

Neben dem Bestreben der gegenwärtigen bürgerlichen Ökonomie zur Entstellung der wissenschaftlichen Theorien von Smith ist auch der Versuch spürbar, die Smithschen Fehler, die sich für gegenwärtige ideologische Ziele der Bourgeoisie nutzen lassen, zu verewigen. Dazu gehören in erster Linie seine theoretischen Behauptungen, die aus dem Nicht-Verstehen des Wertes als einer spezifisch gesellschaftlichen Äußerungsform der menschlichen Arbeit resultieren. Die sich hieraus für den Smithschen Erkenntnisprozeß ergebenden Probleme werden von der heutigen bürgerlichen Ökonomie gar nicht zur Kenntnis genommen. Statt dessen versucht man bestimmte theoretische Widersprüche so umzudeuten, daß Smith als Gegner der Arbeitswerttheorie erscheint. Zum Beispiel kommt Schumpeter in seiner bekannten theoriegeschichtlichen Analyse zu dem Schluß, daß Smith' Werttheorie überhaupt keine Arbeitswerttheorie ist"[17]. Gewöhnlich wird dies auf zwei verschiedenen Wegen begründet. Einmal wird Smith zu einem Vorläufer der Grenznutzenschule umgefälscht, und zum anderen unterstellt man ihm die Urheberschaft an der Produktionsfaktorentheorie.

Für die *erste* Variante dieser Art Smith-Entstellung ist Schumpeters Lob für die „berühmte Lehre von der ‚Mühe und Beschwerlichkeit'"[18] typisch. Das gleiche Ziel im Visier, meint Stavenhagen in seinem viel benutzten Lehrbuch: „Bereits bei Smith wird die Arbeit, die die Herstellung eines Gutes erfordert, als ‚Mühe' oder ‚Beschwerde' aufgefaßt und erfährt damit eine psychologische Deutung in dem Sinne, daß sie mit ‚Unlust' oder einem ‚Opfer' verbunden ist."[19]

Stavenhagen wirft hierbei zwei völlig verschiedene Probleme durcheinander.[20]

15 Ebenda, S. 75 f.

16 Vgl. A. Smith, a. a. O., S. 85.

17 Vgl. J. A. Schumpeter, a. a. O., S. 189, Fußnote.

18 Vgl. ebenda, S. 188.

19 G. Stavenhagen, Geschichte der Wirtschaftstheorie, Göttingen 1951, S. 48; ähnlich auch ebenda, 4. Aufl., Göttingen 1969, S. 120.

20 Vgl. zum folgenden P. Thal, Zum wissenschaftlichen Gehalt und sozialen Standpunkt der Theorie des klassischen bürgerlichen Ökonomen Adam Smith, in: Jahrbuch für Wirtschaftsgeschichte, 1971/IV, S. 86 f.

Tatsächlich hat Smith die menschliche Arbeit auch als „Mühe und Beschwerlichkeit" für den Arbeiter zu erfassen versucht, womit durchaus „das subjektive Verhältnis des Lohnarbeiters zu seiner eigenen Tätigkeit"[21] ausgedrückt wird. Aber dies bedeutet für Smith natürlich keine „Psychologisierung des Kostenprinzips". Die Menge an Arbeit ist für ihn — unabhängig davon, was derjenige empfindet, der sie verausgabt — die objektive Grundlage der Höhe des Tauschwertes. Daher ist es auch nicht „unerklärlich", wie Stavenhagen es findet, daß die angeblich von Smith stammende „Psychologisierung des Kostenprinzips" erst viel später weiter ausgebaut wurde.

Vor dem Aufkommen der Grenznutzenschule war kein Ökonom auf die Idee gekommen, bei Adam Smith Wurzeln für eine subjektive *Werttheorie* zu suchen. Für die nachricardianischen Vulgärökonomen Großbritanniens (zum Beispiel J. St. Mill) bestand kein Zweifel daran, daß Smith gemeinsam mit Ricardo Arbeistswerttheoretiker gewesen ist. Wer wirklich einer subjektiven Werttheorie zuneigte, wie einige deutsche Vulgärökonomen seit dem Beginn des 19. Jahrhunderts, tat das im betonten Gegensatz zu Adam Smith und dachte nicht daran, ihn als Ahnherrn in dieser Beziehung in Anspruch zu nehmen. Hier herrscht der mehr oder weniger deutlich ausgesprochene Gegensatz zur Arbeitswerttheorie der britischen Klassiker vor — und das mit Recht.

Erst mit der sich in der bürgerlichen Wirtschaftstheorie im letzten Viertel des 19. Jahrhunderts durchsetzenden subjektiven Werttheorie der Grenznutzenschule beginnt man, sich aus durchsichtigen Motiven auf die „Quellen" zu besinnen. Jetzt wird Adam Smith als Kronzeuge herangezogen. Sein Versuch, die Lohnarbeit als „Mühe und Beschwerlichkeit" für das Individuum zu erfassen, wird nun als unabhängige „Werterklärung" unterstellt, was sie bei Smith eben nicht ist.[22]

Obwohl die bürgerlichen Ökonomen, die heute einige Auffassungen der Grenznutzentheorie vertreten, keineswegs mehr eine Grenznutzen*schule* bilden, hat sich doch erstaunlicherweise die Annahme einer grenznutzentheoretischen Wurzel im Werk von Smith bis heute gehalten. Dieser Umstand ergibt sich einerseits aus der vor allem durch Keynes von der Grenznutzentheorie in die heutige bürgerliche Ökonomie übernommenen subjektivistischen Deutung volkswirtschaftlicher Größen und Vorgänge und andererseits aus der dort üblichen ungenierten Art, mit Smith umzuspringen. Nicht ohne Berechtigung zählt Galbraith Smith' „Reichtum der Nationen" zu jenen Büchern, auf die man sich nach Belieben berufen dürfe, ohne das Gefühl zu haben, daß man sie gelesen haben sollte.

Die *zweite* Variante, oberflächliche werttheoretische Aussagen von Smith als dessen eigentliche Meinung hinzustellen, läuft auf die bereits erörterte Identifizierung von Smith und Say hinaus. Zwar stimmt es, daß Smith auch

21 K. Marx, Grundrisse der Kritik der politischen Ökonomie, Berlin 1953, S. 508.

22 Vgl. hierzu auch A. K. Das Gupta, Adam Smith on Value, in: The Indian Economic Review, 2/1960.

die Ansicht vertreten hat, der Wert werde durch die Revenuen gebildet, aber genauso bekannt ist, daß diese Variante innerhalb seines Theoriensystems eine zweitrangige Rolle spielt. Um so bezeichnender dürfte sein, daß die bürgerliche politische Ökonomie der Gegenwart aus den Smithschen Lehren gerade dieser unwissenschaftlichen Variante seiner Werttheorie besondere Aufmerksamkeit widmet. Auf die Produktionsfaktorentheorie gestützt, entstellt West Smith' Kategorie des „natürlichen Preises" und behauptet: „Wie es scheint, war Smith bestrebt, der Theorie von den Arbeitskosten, die unter seinen Vorgängern sehr verbreitet war, zu widersprechen."[23] Das ist natürlich eine grobe Verdrehung, mit der das Ziel verfolgt wird, Fehler von Smith in der Werttheorie der modernen Apologetik zugänglich zu machen. Sehr vordergründig wird das bei Stigler deutlich, der Smith die Meinung unterschiebt, „daß sich der ‚natürliche' Preis der Waren aus der Summe der notwendigen Zahlungen für Arbeit, Kapital und Boden zusammensetzt. Die Erhöhung des Preises für einen dieser Faktoren, besonders die Erhöhung des Arbeitslohnes, führt zu einer Erhöhung des Preises jener Waren, bei denen der genannte Faktor beteiligt war."[24] Hier soll also Adam Smith für die Bekräftigung der unwissenschaftlichen Konzeption von der „Lohn-Preis-Spirale" ausgenutzt werden.

Die Lehre von den „Produktionsfaktoren" ist auch gegenwärtig noch in der bürgerlichen Ökonomie eine wichtige Säule der Einkommenstheorie.[25] Mit einer gewissen Elastizität wird nun genau diese heutige Position Smith unterstellt, wo man sie in Wahrheit bestenfalls in Andeutungen finden kann. So schreibt Rima: „Die Terminologie ‚Produktionsfaktoren' ist im Werk von Smith nicht zu finden. Aber seine Meinung über die Verteilung der Einkommen als funktionelle Entlohnung setzt voraus, daß er Arbeit, Kapital und Grundeigentum als einzige Produktionsfaktoren auffaßte, die das Recht begründen, das Jahresprodukt in Form von Arbeitslohn, Profit und Rente zu verteilen."[26] Hier wird die apologetische Orientierung der Produktionsfaktorentheorie deutlich sichtbar (womit die Notwendigkeit, die Gesetzmäßigkeiten des einfachen Arbeitsprozesses wissenschaftlich zu analysieren, keineswegs bestritten wird). Die Vermengung der Gebrauchswertproduktion mit dem sozialökonomisch gebundenen Distributionsprozeß verschleiert die Ausbeutungsverhältnisse im Kapitalismus. Mit der unzulässigen Hervorhebung derartiger Ansichten als der angeblich für Smith wesentlichen verschwinden im Resultat zugleich seine wissenschaftlichen Ansätze zur Lösung des Mehrwertproblems und damit seiner Einkommenstheorie.

Aus dem, was Marx einen „närrischen Schnitzer" von Adam Smith genannt hat, wurde in der bürgerlichen politischen Ökonomie das sogenannte

[23] E. G. West, Adam Smith, New York 1969, S. 170.
[24] G. J. Stigler, Essays in the History of Economics, Chicago—London 1965, S. 329.
[25] Vgl. zum Beispiel P. A. Samuelson, a. a. O., Kap. 26 und 17.
[26] J. H. Rima, a. a. O., S. 65.

Smithsche Dogma. Man versteht darunter die Reproduktionstheorie, welche eine Gleichheit des Wertes des gesellschaftlichen Produktes mit der Summe der Einkommen unterstellt. Diese Gleichsetzung bedeutet faktisch ein Ausklammern des von den Produktionsmitteln übertragenen Wertes. Smith war sich der dadurch entstehenden Problematik durchaus bewußt und löste deshalb die eingesetzten Produktionsmittel selbst wieder in Einkommen der vorgelagerten Produktionsstufen auf, womit sich der Wertbildungs- und Wertübertragungsprozeß einer gegebenen Produktion natürlich nicht theoretisch befriedigend erklären läßt. Doch weiter als bis zu diesem Punkt ist auch die heutige bürgerliche Ökonomie in der Regel nicht vorgedrungen. Auf das „Smithsche Dogma" gestützt, gibt zum Beispiel der holländische Ökonom Pen folgende Charakteristik des Wertes des gesellschaftlichen Produktes: „Da der Wert des Nationalproduktes mit der Summe von Arbeitslohn, Rente und Profit gleich ist, so bildet er ... den Gesamtpreis des gegebenen Produktes, zu dem es auf dem Markt verkauft werden muß."[27] Vor dem Hintergrund der theoretischen Wirrheiten des „Smithschen Dogmas" bleibt — so wie in der Produktionsfaktorentheorie selbst — kein Raum für die Aufhellung der Reproduktionsbeziehungen, insbesondere ihrer sozialen Antagonismen.

Wie wir sehen, bemüht sich die gegenwärtige bürgerliche Ökonomie nach Kräften, das Smith eigene „vulgäre Element" gegen seine besseren, esoterischen Einsichten auszuspielen, um es auf diese Weise gegenwärtigen apologetischen Zwecken dienstbar zu machen. Die wissenschaftlichen Erkenntnisse des britischen Klassikers sind der bürgerlichen Ökonomie heute hingegen verdächtig, nicht zuletzt wegen ihrer Beziehung zum Marxismus. So stellt Schumpeter zur Smithschen Lohn- und Profittheorie bedauernd fest: „Sie enthielt im Keim tatsächlich alle Ausbeutungs- und Kaufkrafttheorien des Lohnes, die das 19. Jahrhundert produzieren sollte."[28] Allerdings darf hier nicht unerwähnt bleiben, daß derartige Formulierungen bürgerlicher Autoren auch häufig das Ziel verfolgen, die einzigartige Leistung von Marx in der Geschichte der politischen Ökonomie zu schmälern, indem man zum Beispiel so tut, als ob die ausgereifte Marxsche Mehrwerttheorie bereits bei Smith zu finden sei.[29]

Wir können hier die Darstellung der Auseinandersetzung der heutigen bürgerlichen politischen Ökonomie mit der Wert- und Mehrwerttheorie von Adam Smith abbrechen. Das Resultat ist klar: Die Smithsche Theorie sowie die Geschichte der politischen Ökonomie überhaupt werden aktuellen Aufgabenstellungen der bürgerlichen Ideologie untergeordnet, das heißt vulgarisiert.

Einige Besonderheiten bei der Betrachtung der Theorien von Smith, die sich von den bisher analysierten bis zu einem gewissen Grade abheben, finden wir in den bürgerlichen Wachstumstheorien.

27 J. Pen, Modern Economics, Harmondsworth 1967, S. 30.

28 J. A. Schumpeter, a. a. O., S. 268.

29 Vgl. ebenda, S. 145.

Smith im Urteil bürgerlicher Theoretiker des Wirtschaftswachstums

Die bürgerlichen Wachstumstheoretiker versuchen gewöhnlich, Smith' Theorie in der Sprache ihrer Konzeptionen zu interpretieren. „Wenn man es in modernen Termini ausdrückt", schreibt der englische Ökonom Barber über den Gegenstand der Smithschen Forschungen, „so beschäftigte er sich mit der Ausarbeitung der Theorie des ökonomischen Wachstums."[30] Die Wachstumstheoretiker analysieren die Lehren von Smith, indem sie sich allein auf deren quantitative Aspekte konzentrieren. Diese Methode besitzt einen zwieschlächtigen Charakter: Einerseits schafft sie neue Kampfmittel gegen die wissenschaftliche Feststellungen von Smith, die sich auf das ausbeuterische Wesen des Kapitalismus beziehen; eine rein quantitative Betrachtungsweise läßt dessen sozialökonomischen Inhalt verlorengehen. Andererseits werden die Theoretiker des ökonomischen Wachstums dazu angeregt, Smith' wissenschaftliche Ideen, welche die quantitativen Zusammenhänge der kapitalistischen Ökonomie widerspiegeln, aufzugreifen.

Die Theorien des ökonomischen Wachstums gehören zum Grundbestand der gegenwärtigen bürgerlichen Theorie über die staatsmonopolistische Regulierung der kapitalistischen Wirtschaft. Ihre Anfänge liegen unter anderem bei Keynes.

Obwohl Keynes selbst auch nur sehr verworrene Vorstellungen von der „klassischen Schule" besaß[31], konnte er bei der Ausarbeitung seiner Theorie über die staatliche Regulierung der kapitalistischen Wirtschaft und bei der zu diesem Zweck durchgeführten Untersuchung der quantitativen und funktionellen Zusammenhänge der kapitalistischen Reproduktion die wissenschaftlichen Feststellungen Smith' und Ricardos hierzu nicht völlig ignorieren. Aufschlußreich ist seine folgende Bemerkung: „Ich neige ... zu der vorklassischen Lehre, daß alles durch Arbeit erzeugt wird."[32] Aber Keynes weiß, daß diese Aussage einem Anschlag auf die ideologischen Postulate der bürgerlichen politischen Ökonomie gleichkommt. Daher präzisiert er schnell: „Es ist vorzuziehen, die Arbeit, natürlich einschließlich der persönlichen Dienstleistungen des Unternehmers und seiner Gehilfen, als den einzigen Erzeugungsfaktor, wirkend in einer gegebenen Umwelt von Technik, natürlichen Hilfsmitteln, Kapitalausrüstung und wirksamer Nachfrage, zu betrachten."[33]

Die Arbeitswerttheorie lehnt Keynes ab, das heißt ihre Hauptthese von der Arbeit als der einzigen Quelle des Wertes und die Betrachtung der Arbeit als schöpferischen Faktors des Arbeitsprozesses. Doch er ist dazu gezwungen, dieser Theorie einige Einblicke in quantitative Zusammenhänge zu entlehnen. So wendet Keynes

[30] W. J. Barber, A. History of Economic Thought, Harmondsworth 1967, S. 27.

[31] J. M. Keynes, Allgemeinte Theorie der Beschäftigung, des Zinses und des Geldes, (West-) Berlin 1955, S. 3, Fußnote.

[32] Ebenda, S. 179.

[33] Ebenda.

als Maßeinheit für „ökonomische Größen" die „Arbeitseinheit" an, die mit einer Stunde Arbeit des unqualifizierten Arbeiters und mit ihrem geldmäßigen Ausdruck in einer „Einheit des Arbeitslohnes", das heißt mit dem Arbeitslohn für eine „Arbeitseinheit"[34] identisch ist.

Auf einer zwieschlächtigen Position steht Keynes auch im Hinblick auf das „Smithsche Dogma". Einerseits kennt er die Aufteilung des „Wertes" des gesellschaftlichen Produktes (*A*) in den Wert, der durch die Produktionsmittel übertragen wurde (in der Keynesschen Terminologie: Gebrauchskosten [*U*] plus ergänzende Kosten [*V*], und in den neu geschaffenen Wert (nach Keynes: Faktorkosten [*F*], das heißt Zins, Rente und Arbeitslohn plus Gewinn der Unternehmer).[35] Ohne diese Abgrenzung wird bekanntlich die Analyse des Reproduktionsprozesses, darunter auch die seiner quantitativen Gesetzmäßigkeiten, äußerst erschwert. Dabei ist jedoch darauf zu verweisen, daß die Keynessche Betrachtung der Wertstruktur des gesellschaftlichen Produkts auch eine Komponente enthält, die auf das Vertuschen der Klassenwidersprüche der kapitalistischen Produktion gerichtet ist. So ordnet er die Wertgrößen variables Kapital und Mehrwert (genauer dessen Zinsteil und die Rente), die diesen Klassenantagonismus widerspiegeln, einer einzigen Rubrik (den Faktorkosten) zu. Soviel zu dem einen Komplex von Aussagen, mit dem Keynes das Verhältnis zwischen gesellschaftlichem Produkt und Nationaleinkommen quantitativ faßt.

Andererseits reproduziert Keynes auch die Position des „Smithschen Dogmas", wenn er schreibt, daß es zweckdienlich sein kann, „das gesamte Einkommen (das heißt Faktorkosten *plus* Gewinn), das sich aus einer gegebenen Menge der Beschäftigung ergibt, als den Erlös dieser Beschäftigung zu bezeichnen"[36]. Später formuliert er direkt, „daß das Einkommen gleich dem Wert der laufenden Produktion ist", was sich in folgender Formel niederschlägt: „Einkommen = Wert der Produktion = Verbrauch + Investition."[37] Hier identifiziert Keynes das gesellschaftliche Gesamtprodunkt mit dem Nationaleinkommen und ignoriert ebenso wie Smith den für die Produktion von Produktionsmitteln verausgabten Wert. Diese Zuneigung von Keynes zum „Smithschen Dogma" und seine apologetische Orientierung schließen jedoch nicht aus — wie wir gesehen haben — daß an anderer Stelle die Abgrenzung des neu geschaffenen vom übertragenen Wert in der Struktur des gesellschaftlichen Produktes vorgenommen wird.

Die quantitative Methode der bürgerlichen Wachstumstheoretiker ist die Grundlage dafür, daß viele Smithsche Aussagen, die für die funktionelle Analyse der kapitalistischen Reproduktion von Bedeutung sind, übernommen werden. Ferner lassen sich durch die quantitative Interpretation der Theorie Smith' neue apologetische Möglichkeiten erschließen, was zum Beispiel in der Haltung der Wachs-

34 Vgl. ebenda, S. 36 f.
35 Vgl. ebenda, S. 47 ff.
36 Ebenda, S. 20.
37 Ebenda, S. 55.

tumstheoretiker zu seiner Theorie der produktiven Arbeit zum Ausdruck kommt. Von der Position der bürgerlichen Wachstumstheorie aus soll die produktive Arbeit nach Smith folgenden zwei Kriterien entsprechen: 1. Produktion materieller Waren als notwendige Voraussetzung der Akkumulation; 2. Hervorbringung einer „Reserve", die in der Zukunft für die Erfordernisse der Akkumulation genutzt werden kann. „Für praktische Zwecke", schreibt Barber über Smith, „identifizierte er die produktive Tätigkeit mit derjenigen, bei der die Arbeit mit dem Kapital zusammenwirkt."[38]

Die Wachstumstheoretiker sehen hier die produktive Arbeit lediglich als notwendige Voraussetzung für die Erweiterung des einfachen Arbeitsprozesses an. Sie ignorieren völlig deren Charakteristik aus der Sicht der kapitalistischen Produktionsverhältnisse, ihrer sozialen Produktionsform sowie ihrer Funktion für die Reproduktion des Kapitals. Durch eine solche Betrachtungsweise wird das sozialökonomische Wesen der produktiven Arbeit im Kapitalismus vertuscht, dessen Entdeckung Smith bekanntlich sehr nahe gekommen war. Im allgemeinen lehnen die Vertreter der bürgerlichen politischen Ökonomie die Smithsche Theorie der produktiven und unproduktiven Arbeit im ganzen als etwas Falsches und nicht Gelungenes ab.

Smith' Lehre als Wachstumstheorie aufzufassen wird auch für die quantitative Interpretation seiner Arbeitswerttheorie genutzt, die dabei allerdings ihres sozialökonomischen Wesens verlustig geht. Die Werttheorie Smith'wird in diesem Zusammenhang gewöhnlich daraufhin untersucht, ob sie ein Mittel zu liefern imstande ist, das tatsächliche Wachstum und dessen Art festzustellen oder nicht.[39] Nach Barber soll Smith' Theorie fähig sein, diese Problematik zu lösen. Wenn die Arbeit bei Smith nicht einheitlich ist, sondern einen unterschiedlichen Kompliziertheitsgrad aufweist, der aber auf dem Markt mit der einfachen Arbeit in einer für praktische Zwecke ausreichenden Genauigkeit verglichen werden kann, „warum läßt sich dann dieselbe Prozedur nicht bei der Bewertung der Produktion anwenden?", fragt Barber. „Dadurch könnte das gesamte Problem der Trennung zwischen dem Wert (den natürlichen Preisen) und den tatsächlichen Preisen aufgehoben werden."[40]

Barbers Gegenüberstellung ist künstlicher Natur, denn die komplizierte Arbeit ist mit der einfachen nicht durch sich selbst vergleichbar, sondern nur durch den Vergleich der Produkte der komplizierten Arbeit mit denen der einfachen. Abgesehen davon handelt es sich bei diesem Prozeß um eines der wichtigen Zeugnisse für die objektive Existenz des Wertes. Bei seiner Auffassung über den Warenpreis als einziges Mittel zur Messung des ökonomischen Wachstums vergißt Barber, daß die Preise der Waren der Geldausdruck ihres Wertes sind. In dieser Beziehung wird also aus der Arbeitswerttheorie keinerlei Nutzen gezogen. Was Barber und

38 W. J. Barber, a. a. O., S. 28.

39 Vgl. ebenda, S. 33.

40 Ebenda, S. 37.

eine Reihe von Wachstumstheoretikern allein interessiert, ist das Ausprobieren der Möglichkeiten, mit Hilfe der Arbeitswerttheorie quantitative Vergleiche ökonomischer Größen zu objektivieren. Deshalb schreibt Barber auch: „Obwohl es für die gegenwärtigen Ökonomen in Mode gekommen ist, die Arbeitswerttheorie abzulehnen, wäre ein wohlwollenderes Verhältnis zu dieser Theorie viel besser."[41] Und er fragt weiter, ob die Analyse der ökonomischen Potenz von Staaten etwa nicht mit Hilfe des Vergleichs erfolge, wieviel Arbeitsstunden für die Produktion der einzelnen Waren in den verschiedenen Ländern erforderlich sind.

Trotz dieser im Rahmen der bürgerlichen Ökonomie wohlwollenden Formulierungen verdreht Barber die Rolle der Arbeitswerttheorie im System von Smith. Für diesen war die Arbeitswerttheorie das Resultat der Erforschung von massenhaft im Kapitalismus auftretenden ökonomischen Beziehungen sowie ein mehr oder weniger intuitiv gehandhabtes methodisches Mittel zur Analyse von Erscheinungen der kapitalistischen Wirtschaft, und zwar zur Aufdeckung ihres Wesens. Keineswegs kann die Arbeitswerttheorie auf ein bloßes „Maßinstrument ökonomischer Größen" reduziert werden, wie das den Wachstumstheoretikern vorschwebt. Indem sie die quantitativen funktionellen Zusammenhänge der kapitalistischen Produktion analysieren, können sie nicht alle Feststellungen der Arbeitswerttheorie der klassischen Schule verwerfen, ja sind sogar bestrebt, einige quantiative ökonomische Beziehungen, die mit deren Hilfe aufgedeckt wurden, für ihre Analyse zu nutzen. Allerdings werden dabei die kausalen Zusammenhänge der kapitalistischen Ökonomik ignoriert und vulgarisiert.

Auf denselben Grundlagen basiert auch die Interpretation der Smithschen Theorie als spezifische aggregierte Produktionsfunktion. Es handelt sich hierbei um den von Vertretern der neoklassischen Wachstumstheorie unternommenen Versuch, ihre bekannten Wachstumsformeln als Schematisierung Smithscher Ideen hinzustellen, wobei der schon oben kritisierte Fehler gemacht wird, die Produktionsfaktorentheorie Adam Smith zuzuschreiben. Nur wenn dies getan wird, entsteht überhaupt die formale Möglichkeit zu einem Vergleich zwischen der neoklassischen Wachstumstheorie und den Lehren von Smith. Vor allem ist hier hervorzuheben, daß bei Smith die Arbeit und die Arbeitsteilung die Hauptrolle bei der Schöpfung des Reichtums spielen, während die neoklassische Deutung seiner Theorien ihm einen anderen Standpunkt aufdrängen möchte. Danach soll Smith — ähnlich wie Solow, Meade usw. — das Kapital als dominanten Wachstumsfaktor aufgefaßt haben.[42]

Wie unsere Analyse gezeigt hat, gibt es sowohl Unterschiede als auch wichtige Gemeinsamkeiten in den Beziehungen der bürgerlichen politischen Ökonomie im allgemeinen und der bürgerlichen Wachstumstheorie im speziellen zum theo-

[41] Ebenda, S. 38.

[42] Vgl. The Quarterly Journal of Economics, vol. LXXX/11, August 1969, Nr. 3, Cambridge Mass, p. 369.

retischen Erbe von Adam Smith. Die Unterschiede resultieren im wesentlichen aus dem jeweils anders gelagerten Hauptgegenstand der Forschung. Während in dem einen Fall die kausalen und historischen Aspekte dominieren, wenn wirtschaftliche Erscheinungen des Kapitalismus untersucht werden, so daß man sich gern auf oberflächliche Aussagen von Smith beruft oder seine theoretischen Fehler ausschlachtet, überwiegen im Gegenstand der bürgerlichen Wachstumstheorie die quantitativen, funktionalen Aspekte bei der Betrachtung ökonomischer Erscheinungen; dabei werden von Smith erkannte quantitative Reproduktionszusammenhänge des Arbeitsprozesses, denen eine bestimmte wissenschaftliche Bedeutung zukommt, verschiedentlich aufgegriffen.

Doch in allen Strömungen der bürgerlichen politischen Ökonomie der Gegenwart werden die von Smith entdeckten Kausalzusammenhänge der kapitalistischen Produktionsweise, vor allem natürlich jene, die deren ausbeuterischen Charakter bloßlegen, übereinstimmend verschleiert, vulgarisiert oder totgeschwiegen. Gegenüber seinen großen wissenschaftlichen Leistungen — der Arbeitswerttheorie, seiner Analyse des Mehrwertes sowie der Klassenstruktur und der sozialökonomischen Widersprüche der bürgerlichen Gesellschaft — bezieht die gegenwärtige bürgerliche Ökonomie eine einheitliche Front: Sie negiert das Erbe des Klassikers.

4. Theoretische Ansätze und Anregungen im „Reichtum der Nationen“ für die heutige marxistische politische Ökonomie — Eine Auswahl

4.1. Zur aktuellen Bedeutung der Wissenschafts- und Theoriegeschichte

Sinn und Notwendigkeit, sich nach 200 Jahren noch mit dem Werk von Adam Smith auseinanderzusetzen, dürften sich nach den vorangegangenen Kapiteln dem Leser in gewisser Weise von selbst erschlossen haben. Die historische Würdigung eines großen Denkers aus seiner Zeit heraus und für die nachfolgenden Generationen ist ein legitimes Anliegen der Theoriegeschichte, das sofern man nicht überhaupt den historischen Wissenschaften negativ gegenübersteht, eigentlich keiner näheren Begründung bedarf.

Nun ist allerdings in der Gegenwart unter dem Eindruck eines aus mancherlei Quellen gespeisten Antihistorismus die Beschäftigung mit der Geschichte keineswegs unbestritten. Da ist in vielen bürgerlichen Publikationen von der „Geschichte im Todeskampf“, von „Geschichtsmüdigkeit“ oder von der „Flucht vor der Geschichte“ die Rede. Das Verhältnis der bürgerlichen politischen Ökonomie zu ihrer eigenen Geschichte treffend kennzeichnend, schrieb Erwin v. Beckerath: „Moderne Theorie hat den Historismus so gründlich totgeschlagen, daß sogar das geschichtliche Denken daran gestorben ist.“[1] Und wir fügen hinzu, daß auch dann, wenn neuerdings einige bürgerliche Autoren den Versuch unternehmen, den historischen Aspekt der politischen Ökonomie zu bewältigen und unter positivistischem Einfluß eine Umdeutung der Theoriengeschichte vorzunehmen, letztlich nur eine These übrigbleibt: Die Theorie hat stets versucht, die vielfältige Wirklichkeit zu ordnen.

Die marxistisch-leninistische Weltanschauung des historischen und dialektischen Materialismus bekennt sich demgegenüber ganz eindeutig zur Geschichte, darin eingeschlossen die Theoriegeschichte, als wissenschaftliche Disziplin, die unser Wissen um die objektiven Gesetze und Tendenzen der Entwicklung der menschlichen Gesellschaft und ihres Denkens in der dreidimensionalen Einheit von Vergangenheit, Gegenwart und Zukunft nicht nur erleichtert, sondern geradezu erst ermöglicht. Der dialektische Erkenntnisprozeß wird unter anderem dadurch

[1] Zitiert in: H. C. Recktenwald (Hg.), Geschichte der politischen Ökonomie, Stuttgart 1971, S. 14/15.

gekennzeichnet, wie Lenin feststellt, „daß man den Gegenstand in seiner Entwicklung, in seiner ‚Selbstbewegung' (wie Hegel manchmal sagt), in seiner Veränderung betrachtet"[2]. In diesem Sinne sind Logik und Geschichte eines Begriffs, einer Erkenntnis identisch, ist die historische Analyse ein unverzichtbarer Teil der dialektischen Methode.

Auf dem Gebiet der Theoriegeschichte offenbart uns das dialektisch-historische Herangehen die Abhängigkeit der Ideen und Vorstellungen der Menschen von den sich verändernden und zu verändernden materiellen Verhältnissen, unter denen sie leben, und trägt insofern in sich den Nachweis der Materialität der Welt. „Bedarf es tiefer Einsicht", fragen Marx und Engels, „um zu begreifen, daß mit den Lebensverhältnissen der Menschen, mit ihren gesellschaftlichen Beziehungen, mit ihrem gesellschaftlichen Dasein, auch ihre Vorstellungen, Anschauungen und Begriffe, mit einem Worte auch ihr Bewußtsein sich ändert? Was beweist die Geschichte der Ideen anders, als daß geistige Produktion sich mit der materiellen umgestaltet?"[3]

Es leuchtet ein, daß konservative bürgerliche Positionsnahme in gesellschaftlichen Grundfragen trotz der häufigen, aber zu Leerformeln erstarrten Lippenbekenntnisse zum „schnellen Wandel in dieser Welt" ein mehr oder weniger vorsichtiges Taktieren bei der Beeinflussung des menschlichen Bewußtseins im Hinblick auf prinzipielle Veränderungsmöglichkeiten in Gesellschaft und Wirtschaft bedingt. Am zweckmäßigsten erweist sich von diesem Standpunkt die Behauptung ewig gültiger Wahrheiten oder Werte, die sich bei näherem Hinsehen als die Wahrheiten und Werte der herrschenden Klasse herausstellen. Bemühungen um das Aufhellen historischer Zusammenhänge sind unter diesem Aspekt verdächtig, ja überflüssig. Alternative Denkansätze und die Transparenz des historischen Geschehens, wie sie gerade die materialistisch-dialektisch orientierte Geschichtswissenschaft bloßlegt, sind unerwünscht. „Historische Vergeßlichkeit ist ein Zuhälter des Opportunismus", schreibt Wessel in seiner gelungenen Studie.[4]

Eine andere Variante bürgerlicher Reaktion auf Theoriengeschichte ist der Versuch, sie dadurch ihres Gegenstandes zu berauben, daß die Möglichkeit verallgemeinernder Theorie generell in Abrede gestellt wird. Diese Art von Literatur schätzt an Adam Smith, daß er angeblich unter Verzicht auf Verallgemeinerungen die wirtschaftliche Realität seiner Zeit umfassend beschrieben hat. Es wird sogar ein prinzipieller Bruch zwischen Smith und Ricardo konstruiert, der seine Ursache in einer Gegenstandswandlung habe. Bei Ricardo seien nicht mehr nachprüfbare Gesetze zum Ausgangspunkt immanenter Ableitungen geworden — womit das

[2] W. I. Lenin, Noch einmal über die Gewerkschaften, in: Werke, Bd. 32, Berlin 1961, S. 85.

[3] K. Marx/F. Engels, Manifest der Kommunistischen Partei, in: MEW, Bd. 4, Berlin 1959, S. 480.

[4] H. Wessel, Philosophie des Stückwerkes, Schriftenreihe „Zur Kritik der bürgerlichen Ideologie", Nr. 11, Berlin 1971, S. 45.

Verhältnis von Smith und Ricardo, der darin enthaltene Erkenntnisfortschritt sowie überhaupt das Wesen ökonomischer Theorie in positivistischer Manier völlig verzeichnet werden.[5]

Der Marxismus-Leninismus verneint nicht zuletzt angesichts dieser politisch-ideologischen Konsequenz die Reduzierung menschlichen Denkens auf den Augenblick, auf die Tagesaufgabe und das rein operationale Funktionieren in einem vorgegebenen Bezugsfeld. Nicht historischer Denkverzicht, sondern zum Bewußtsein gebrachte Vergangenheit, also das Wissen um historische Zusammenhänge, vermittelt jeder Generation Einsichten und Fixpunkte für ihr Handeln im Interesse des gesellschaftlichen Fortschritts.

Wenn daher, wie im vorliegenden Buch, marxistische Ökonomen des Jubiläums des „Reichtums der Nationen" gedenken, so ist dies nicht allein oder in erster Linie unserer Ehrfurcht vor dem Ahnherrn der ökonomischen Wissenschaft geschuldet. Es dient vielmehr der Verdeutlichung der Traditionslinie, als deren Erbe und Fortsetzer wir uns begreifen. „Kommunist kann einer nur dann werden", sagte bekanntlich Lenin, „wenn er sein Gedächtnis um alle die Schätze bereichert, die von der Menschheit gehoben worden sind."[6] Und an anderer Stelle heißt es bei Lenin: „Die Geschichte der Philosophie und die Geschichte der Sozialwissenschaft zeigen mit aller Deutlichkeit, daß der Marxismus nichts enthält, was einem ‚Sektierertum' im Sinne irgendeiner abgekapselten, verknöcherten Lehre ähnlich wäre, die *abseits* von der Heerstraße der Entwicklung der Weltzivilisation entstanden ist."[7]

Das Lebendigerhalten oder auch das (Wieder-)Bewußtmachen von Leistungen eines großen Denkers der Vergangenheit bei der heutigen Generation von Ökonomen verhindert dem Ratschlag Lenins gemäß Sektierertum, verhindert Kultur- und Geschichtspessimismus. Vielleicht erscheint diesem oder jenem eine solche Feststellung zu weit hergeholt, doch sie ist nur eine Umschreibung der unter Marxisten allgemein akzeptierten Erkenntnis, daß historisches Denken einen wesentlichen Teil des proletarischen Klassenbewußtseins ausmacht. Der Nachvollzug dessen, worin der von einem Denker erreichte Erkenntnisfortschritt besteht, wie er mit komplizierten Problemen seiner Zeit gerungen und trotz aller Schwierigkeiten dem menschlichen Wissen Geheimnisse entschleiert hat, ist durchaus imstande, das Vertrauen in die eigene Kraft zur Bewältigung heutiger Probleme zu befruchten. Daher stellt Kurt Hager mit voller Berechtigung die These auf: „Lebendiges, leidenschaftliches Mitwirken an der Gegenwart und Zukunft ist aber auf die Dauer nicht möglich ohne Wissen und Erleben der Geschichte. Was Sozialismus ist und für den Menschen bedeutet, erschließt sich nur dem tief und dauerhaft, der auch mit den Erfahrungen und Zeugnissen der Geschichte lebt."[8]

5 Vgl. J. Friedrich, Das Selbstverständnis der ökonomischen Theorie, Berlin 1964.

6 W. I. Lenin, Die Aufgaben der Jugendverbände, in: Werke, Bd. 31, Berlin 1959, S. 277.

7 W. I. Lenin, Drei Quellen und drei Bestandteile des Marxismus, in: Werke, Bd. 19, Berlin 1962, S. 3.

8 Kurt Hager, Zu Fragen der Kulturpolitik, Berlin 1972, S. 57 f.

Über den allgemeinen „Sinn der Geschichte“ hinausgehend, drängt sich für die Wissenschafts- und Theoriegeschichte eine Reihe von Aspekten auf, die ihre Bedeutung, ihren „Nutzen“ für Gegenwart und Zukunft unter einem spezielleren Blickwinkel beleuchtet.

Vielleicht ist zur Verdeutlichung dieser Aspekte zunächst eine negative Feststellung angebracht. Im Werk Adam Smith' — um bei unserem Gegenstand zu bleiben, obwohl das folgende für die Theoriegeschichte überhaupt gilt — wird man vergebens nach fertigen Antworten auf aktuelle Fragen der politischen Ökonomie suchen. Ein ebenso vergebliches Unterfangen wäre es, obwohl es an Versuchen aus bürgerlicher Feder dazu nicht mangelt, Aussagen des „Reichtums der Nationen“ unabhängig von ihrer historischen Bedingtheit als Rechtfertigungsargument gegenwärtiger Glaubenssätze heranzuziehen. In beiden Fällen liefe die Beschäftigung mit der Theoriegeschichte auf eine gewaltsame Aktualisierung hinaus, die nur unwissenschaftlich genannt werden kann. Auf die Unzulässigkeit derartiger Bemühungen ist des öfteren im Verlauf unserer Darlegungen am konkreten Beispiel eingegangen worden.[9]

Von der Wissenschaftsgeschichte eine pragmatische Funktion in den hier angedeuteten Richtungen zu erwarten heißt ihr Wesen zu verkennen. Was sie zu leisten vermag, liegt auf einer anderen, weniger unmittelbaren Ebene. Ihr indirekter Bezug zur Praxis, zur wissenschaftlichen Erkenntnis und zu deren Fortschritt ist deswegen nicht weniger wichtig, ja von größerer prinzipieller Bedeutung als jede vielleicht (!) gut gemeinte Zurechtstutzung alter Theorien für die Gegenwart. Die Geschichte der politischen Ökonomie wie jeder anderen wissenschaftlichen Disziplin kann nicht mehr sein als *ein* Element, und zwar ein wesentliches, für das richtige Verständnis der Funktion dieser Wissenschaft in der und für die Gesellschaft bzw. ihre verschiedenen Klassen und Schichten.

So allgemein diese Feststellung auf den ersten Blick auch erscheinen mag, ihre Tragweite ist nicht zu übersehen. Wenn die Geschichte der Wissenschaft, hier speziell einer Gesellschaftswissenschaft, für die Vergangenheit die Abhängigkeit der Theoriebildung von den sozialökonomischen Verhältnissen enthüllt, wenn sie beweist, daß die Rückwirkung der Theorie auf die Praxis an die Reflexion bestimmter sozialer Interessen gebunden ist; wenn sie die Gesetzmäßigkeit der relativen Eigenbewegung der wissenschaftlichen Theorie, das heißt der logischen Folge einer neuen Erkenntnis auf bestimmte theoretische Vorleistungen aufspürt; wenn dies alles für den bisherigen Erkenntnisprozeß durch die Wissenschaftsgeschichte nachweisbar ist, und daran lassen ihre bereits erzielten Resultate wohl keine begründeten Zweifel, dann ist auch jeder Skeptizismus hinsichtlich analoger Entwicklungstendenzen, Aufgaben und Möglichkeiten der Wissenschaft in der Gegenwart und Zukunft unangebracht. Das hat nichts mit einer quasi-religiösen Fortschrittsgläubigkeit zu tun, sondern ist das Ergebnis der wissenschaftlichen Wissenschaftsgeschichte selbst.

[9] Vgl. insbesondere Abschnitt 3.2.

Die Analyse der historischen Entwicklung einer Wissenschaft verdeutlicht — das steht mit dem Vorgenannten in logischem Zusammenhang —, welche objektiven Grenzen dem Erkenntnisprozeß in einem bestimmten Zeitpunkt aus materiellen, sozialen, aber auch ideengeschichtlichen Gründen gezogen sind. Darüber hinaus zeigt die Untersuchung einzelner Autoren, inwieweit sie subjektiv mit diesen Grenzen fertig werden. Es läßt sich verdeutlichen, wie die Großen aus der Vergangenheit unserer Wissenschaft den durch diese objektiven Faktoren begrenzten Erkenntnisraum voll ausschreiten und damit das für sie Mögliche und für uns noch Wertvolle an Einsicht erreichen. Es wird auch sichtbar, wie andere durch interessenbedingte oder ideologische Schranken an der Nutzung aller Chancen gehindert waren und dadurch hinter den Erkenntnismöglichkeiten ihrer Zeit zurückblieben. Und schließlich werden auch rückwärts gerichtete Denkweisen erkennbar, die sich direkt dem wissenschaftlichen Fortschritt in den Weg stellten.

Gerade derartige Betrachtungen vermögen Aufschluß über die Zweckmäßigkeit bestimmter Arbeitsmethoden, analytischer Instrumente usw. zu geben, mit denen Denker der Vergangenheit aus objektiven und subjektiven Gründen gearbeitet haben. Verwiesen sei in diesem Zusammenhang noch einmal auf die Marxsche Beurteilung des „doppelten Geschäfts" von Adam Smith.[10] Wer wollte behaupten, daß die Schwierigkeit, vor der Adam Smith bei der Vermittlung zwischen Wesen und Erscheinung, zwischen Verallgemeinerung und Empirie stand, dem heutigen Forscher keine Rätsel mehr aufgibt? Wäre es nicht vermessen zu sagen, daß aus der Art und Weise, wie Smith sich diesem Problem stellt, und der Marxschen Kritik daran keinerlei Lehren mehr zu ziehen sind? Die Reihe derartiger Fragen läßt sich ohne Schwierigkeit verlängern.

Auf einen in Nuancen anders gelagerten Aspekt macht Kuczynski aufmerksam: „Ein Gesellschaftswissenschaftler, der die Vergangenheit seiner Wissenschaft nicht im Original kennt, ist nicht nur ungebildet, er ist auch ziemlich verloren, wird nicht nur vieles ‚schöpfen', was längst geschöpft ist, also Doppelarbeit machen, sondern auch an unglaublich vielen Problemen einfach vorbeigehen."[11]

In der Tat, ein Verzicht auf Wissenschaftsgeschichte verkürzt die Problemsicht für wissenschaftlich-theoretische Fragestellungen und ihre mögliche Beantwortung. Das Bekenntnis zur Wissenschaftsgeschichte behindert Engstirnigkeit und vorschnelle dogmatische Urteile oder Besserwisserei.

Für den Ausbildungsprozeß von Hochschulkadern gewinnt diese Aussage ein besonderes Gewicht. Der enorme Wissenszuwachs der Gegenwart auf allen Gebieten birgt bekanntlich die Gefahr in sich, den wertvollen Denkapparat des Menschen im Verlauf des Bildungsganges mit Faktenwissen zu überbürden, mit anderen Worten, seine Fähigkeit zum selbständigen logischen Denken durch die vorrangige Inanspruchnahme des Gehirns als lexikalischen Speicher ungenügend zu trainieren. Diese Tendenz in der Ausbildung kann bis zu verhängnisvollen

[10] Vgl. Abschnitt 1.3.

[11] J. Kuczynski, Wissenschaft Heute und Morgen, Berlin 1973, S. 58.

Folgen führen, wenn dabei Erkenntnisse der modernsten Wissenschaftsentwicklung, das heißt ihrer Abstraktionen auf höchster Stufe, als fix und fertige Wahrheiten rein rezeptiv „eingepaukt" werden. Ähnlich wie zum Beispiel die moderne Atomtheorie nicht mehr mit einem körperlichen Modell veranschaulicht werden kann, geht auch in den ökonomischen Wissenschaften vielfach die Erkenntnis über die sinnliche Wahrnehmung weit hinaus. Vom Standpunkt des historischen Erkenntnisprozesses ist dies das Resultat einer jahrhundertelangen Entwicklung. Die Menschheit hat historisch gelernt, zu höheren Abstraktionen vorzustoßen. Was für die Menschheit gilt, gilt in gewisser Weise auch für das Individuum. Dazu Engels: „Die Entwicklung eines Begriffs oder Begriffsverhältnisses ... in der Geschichte des Denkens verhält sich zu seiner Geschichte im Kopf des einzelnen Dialektikers wie die Entwicklung eines Organismus in der Paläontologie zu seiner Entwicklung in der Embryologie ... In der geschichtlichen Entwicklung spielt die Zufälligkeit ihre Rolle, die im dialektischen Denken wie in der Entwicklung des Embryos sich in *Notwendigkeit zusammenfaßt*."[12]

Also Wissenschafts- und Theoriegeschichte — um es zu wiederholen — nicht als zeitlose Rezeptsammlung, sondern als Reservoir zum tieferen Verständnis wissenschaftlichen Fortschritts, wissenschaftlicher Erkenntnisse und der Funktion der Wissenschaft überhaupt.

Natürlich ist es nicht ausgeschlossen, die Problemsicht, wie sie sich für einen Denker vom Range Adam Smith' zu seiner Zeit ergab, auf ihre Gültigkeit für Phänomene zu überprüfen, denen wir heute gegenüberstehen. Wirtschaftliches Wachstum hat immer etwas mit Akkumulation zu tun. Keine Warenproduktion, unter welchen gesellschaftlichen Verhältnissen auch immer, kann der Analyse des Werts entbehren. Produktive Arbeit ist immer eine notwendige Bedingung für die menschliche Existenz. Die Arbeitsteilung im nationalen wie internationalen Rahmen bleibt zu allen Zeiten Voraussetzung für den Austausch von Tätigkeiten usw. usf. Derartige Aussagen nähern sich bereits Trivialitäten und bestätigen die schon berührte Warnung vor der gewaltsamen Aktualisierung alter Lehren.

Und doch vermag manche Aussage des britischen Klassikers uns auch heute noch etwas zu geben, nicht im Sinne einer fertigen Lösung, auch nicht im Sinne einer einwandfreien theoretischen Konzeption — letzteres vor allem deswegen nicht, weil Smith' Erkenntnisse von Marx dialektisch aufgehoben worden sind und die Suche nach der theoretischen Konzeption daher bei diesem anzusetzen hat. Die positive Bezugnahme auf die Smithsche Theorie kann daher nie mehr sein als der Versuch, sie als Anregung, als Denkanstoß für politökonomische Probleme der Gegenwart in Anspruch zu nehmen. Das gilt insbesondere für Erscheinungen und Prozesse, die ihrem Charakter nach mit denen vergleichbar sind, die Adam Smith kannte.

Natürlich sind 200 Jahre seit Adam Smith' „Reichtum der Nationen" verstrichen. Die Welt hat sich seitdem gründlich verändert. Die sozialistische Gesell-

[12] F. Engels, Dialektik der Natur, in: MEW, Bd. 20, Berlin 1962, S. 491.

schaft hat den Kapitalismus in der Praxis in die Schranken gewiesen und entwickelt sich auf ihrer eigenen Grundlage. Hier beschränken sich die Berührungspunkte zu Adam Smith faktisch auf solche Fragen, die — wie oben bezeichnet — in die Nähe von Trivialitäten rücken. Der heutige Imperialismus hat mit dem Manufakturkapitalismus nur noch wenig gemein, zumindest was seine äußeren Existenzformen anbetrifft. Aber er ist Kapitalismus geblieben, und über seine Grundstruktur im sozialökonomischen Bereich ist die Lektüre von Adam Smith in mancherlei Hinsicht aufschlußreicher als viele rein funktionalistisch orientierte bürgerliche Werke des 20. Jahrhunderts. Für die Entwicklungsländer sind bestimmte Smithsche Überlegungen vielleicht von einer direkteren Bedeutung, als das sonst der Fall ist. Es sei allerdings auch hier davor gewarnt, vorschnelle Analogien zu konstruieren.

In welcher Weise Adam Smith in dem hier angedeuteten Sinne theoretisch für die Gegenwart erschlossen werden kann, soll in den folgenden Teilen dieses Kapitals exemplarisch versucht werden. Wir sind uns dessen bewußt, daß die Gefahr naheliegt, für Vergangenheit und Gegenwart nur scheinbar ähnliche Probleme zu identifizieren, und haben uns bemüht, ihr bewußt zu begegnen.

4.2. Internationale Arbeitsteilung und Außenhandel bei Adam Smith

Marx spricht in den „Grundrissen" von dem ungeheuren Fortschritt bei Smith, die reichtum- und wertbildende Arbeit schlechthin in ihrer Abstraktheit erfaßt zu haben. Dieser Übergang sei schwer und groß gewesen, weshalb Smith „von Zeit zu Zeit wieder in das physiokratische System zurückfällt"[1]. Auch auf anderen Gebieten der Theorie und Wirtschaftspolitik zeigen sich bei Adam Smith — wie wir gesehen haben — logische Widersprüche, doch sie ändern nichts am Wesen seiner scharfen und vielfältigen Kritik an den Konzeptionen des Monetar- und Merkantilsystems über die Quellen des Nationalreichtums und Nationaleinkommens, über Außenhandel und Handelspolitik.[2] Smith legt systematisch dar, was 100 Jahre vor ihm William Petty partiell erkannt oder doch gespürt hatte: daß nicht der Handel, sondern die Arbeit produktiv ist, daß nicht Zahlungsbilanzüberschüsse und Edelmetallimporte Reichtum bringen, sondern die produktive Arbeit. Darin ist sich Adam Smith mit seinem Zeitgenossen François Quesnay durchaus einig, wenn dieser auch noch nicht zur vollen Abstraktion der produktiven Arbeit gelangte.[3]

Was beide Autoren zu dieser Thematik gesagt haben, vermag auch heute noch unser theoretisches Interesse zu beanspruchen. Dabei wird Quesnays Rolle in der Geschichte der Außenhandelstheorie in der Literatur im allgemeinen unterschätzt. Aber Quesnay spricht sehr viel vom Außenhandel. Er bezieht den auswärtigen Handel qualitativ und quantitativ in sein Reproduktions- und Kreislaufschema ein. Während er das Außenhandelsproblem von diesem Aspekt her anpackt, kommt Smith von der Theorie der produktiven Arbeit und der Arbeitsteilung zum Außenhandel. Beiden Autoren aber ist in ihren antimerkantilistischen Positionen gemeinsam:

1. Die produktive Arbeit (und nicht Übervorteilung in der Zirkulationssphäre) schafft Reichtum.
2. Die Ausnutzung internationaler Produktivitätsvorteile mittels Außenhandel erhöht den Wirkungsgrad der produktiven Arbeit und vergrößert den Reichtum der Nationen.
3. Freier internationaler Handel führt zur besten Nutzung der Produktivkräfte und der Vorzüge der internationalen Arbeitsteilung; er bringt allen beteiligten Nationen Gewinn.

1 K. Marx, Grundrisse der Kritik der politischen Ökonomie, Berlin 1953, S. 24.

2 Dieser Kritik ist vor allem das IV. Buch des „Reichtums der Nationen" gewidmet, vgl. Bd. II, Berlin 1975, S. 183 ff.

3 Vgl. F. Quesnay, Tableau économique (3. Ausgabe 1759), hrsg., eingel. u. übers. von Marguerite Kuczynski, Berlin 1965.

4. Profit und Konkurrenz sind die Motoren der kapitalistischen Außenhandelstätigkeit.
5. Der Außenhandel exportiert Überschüsse und importiert Defizitwaren (*vent for surplus*-Theorem).

Wie wir an anderer Stelle hervorgehoben haben, waren in den letzten Jahrzehnten des 18. Jahrhunderts in England die Bedingungen herangereift und war Smith der Aufgabe gewachsen, das ökonomische Wissen zu ordnen und zu verallgemeinern, die politische Ökonomie in ein System zu bringen. Allerdings kann man nicht sagen, daß Smith auch die internationale Arbeitsteilung und den Außenhandel *in sich* als System dargestellt habe. Selbst ihre Einordnung in das Gesamtsystem gelingt nur teilweise und nicht widerspruchsfrei. Doch das hat Smith mit allen anderen Klassikern der bürgerlichen politischen Ökonomie gemeinsam.

Mit Marx' und Engels' Namen ist der qualitative Umschlag in der Geschichte der Theorie von den internationalen Wirtschaftsbeziehungen verbunden. Hinter dem Kategorien-Vorhang der natürlichen Ordnung der freien Verfolgung individueller Interessen und des Reichtums der Nationen spürten Karl Marx und Friedrich Engels das historisch bedingte und bestimmte Interesse des Kapitals an der Ausbeutung der Lohnarbeit und der Überwindung von Feudalismus und Merkantilsystem auf. Allerdings hinterließen sie keine ausgearbeitete Weltmarkt- und Außenhandelstheorie[4], wohl aber ordneten sie die internationalen Wirtschaftsbeziehungen und den Außenhandel in ihre Arbeitswert-, Mehrwert-, Profit- und Reproduktionstheorie ein. Ihre Ausführungen dazu sind auf viele ihrer Arbeiten verteilt, dabei auch auf zahlreiche Artikel und Reden zur nationalen und kolonialen Frage, zu Freihandel und Schutzzoll, über Welthandel und Weltverkehr.

Für Marx, Engels und Lenin sind allerdings die Kategorien der internationalen Wirtschaftsbeziehungen nichts anderes als Entfaltungen (und damit Modifikationen) der allgemeinen, abstrakten Kategorien der politischen Ökonomie. Sie sind kein allgemeines, sondern ein spezifisches kapitalistisches Produktionsverhältnis. Der Niederschlag dieser Methodologie zeigt sich in Marx' ursprünglichem Plan für den Aufbau seines Werkes, den er in der „Einleitung zur Kritik der Politischen Ökonomie" mitteilt: Der kategoriale Entfaltungsprozeß gehe zunächst von den abstrakten Bestimmungen jeglicher Gesellschaftsformation zu den Kategorien der inneren Gliederung der bürgerlichen Gesellschaft; dann folgen die „Zusammenfassung der bürgerlichen Gesellschaft in der Form des Staates" und die internationalen Produktionsverhältnisse, dabei internationale Arbeitsteilung, Außenhandel, Wechselkurs und Weltmarkt.[5]

Wenn es um die abstrakte Behandlung der bürgerlichen Gesellschaft gehe, sei,

[4] Vgl. K. Marx, Zur Kritik der politischen Ökonomie, Vorwort, in: MEW, Bd. 13, Berlin 1961, S. 7.

[5] K. Marx, Einleitung zur Kritik der politischen Ökonomie, in: MEW, Bd. 13, a. a. O., S. 639.

so notiert Marx in den „Theorien über den Mehrwert", vom auswärtigen Handel zu abstrahieren.[6] Ebenso wie Marktpreise, Marktkonjunkturen und Krisenzyklus gehört für Marx der Weltmarkt zur „wirklichen Bewegung der Konkurrenz"[7] und nicht zur inneren Organisation der kapitalistischen Produktionsweise.

Lenin hat diese Methodologie bereits in seinen frühen Arbeiten beachtet, als er sich mit den Volkstümlern über die Bedeutung des äußeren Marktes für die Entwicklung des Kapitalismus auseinandersetzte: „Die Frage der Realisation ist eine abstrakte Frage, die zur Theorie des Kapitalismus überhaupt gehört. Ob wir ein Land oder die ganze Welt nehmen, die von Marx entdeckten grundlegenden Gesetze der Realisation bleiben ein und dieselben. Die Frage des Außenhandels oder des äußeren Marktes ist eine historische Frage . . ."[8] Natürlich sei deren Studium außerordentlich wichtig[9], einmal, um konkrete Prozesse einzelner Länder oder Industriezweige zu verstehen, zweitens, um die historische Rolle des Kapitalismus bei der Internationalisierung der wirtschaftlichen Beziehungen und der Herausbildung der Weltwirtschaft zu erfassen. Und in diesem Sinne sei hier an die Auffassungen von Adam Smith angeknüpft.

Arbeitsteilung und Markt

Adam Smith beginnt sein Hauptwerk mit dem Satz: „Die außerordentliche Steigerung der produktiven Kräfte der Arbeit und die Vervollkommnung der Erfahrung, Geschicklichkeit und Sachkenntnis, womit die Arbeit überall angeleitet und verrichtet wird, scheinen Auswirkungen der Arbeitsteilung gewesen zu sein."[10] Demgegenüber hatte bereits Ricardo unter weiterentwickelten kapitalistischen Verhältnissen die Produktivkraft der Arbeit und nicht die gesellschaftliche Teilung der Arbeit zur zentralen Frage erklärt. Und Marx schließlich begreift die gesellschaftliche Arbeitsteilung soziologisch, indem er sie mit Eigentum, Warenproduktion, Distribution, Stadt und Land, körperlicher und geistiger Arbeit, Klassen und (in der Lehre von der internationalen Arbeitsteilung) Nationen verbindet. Abgeleitet aus seiner Theorie von Produktivkräften und Produktionsverhältnissen, ist für Marx die Produktion letztlich bestimmend gegenüber der Zirkulation. Die Entwicklung der Produktivkraft der menschlichen Arbeit und die

[6] K. Marx, Theorien über den Mehrwert, Erster Teil, in: Werke, Bd. 26/1, Berlin 1965, S. 18.

[7] K. Marx, Das Kapital, Dritter Band, in: MEW, Bd. 25, Berlin 1964, S. 839.

[8] W. I. Lenin, Noch einmal zur Frage der Realisationstheorie, in: Werke, Bd. 4, Berlin 1955, S. 77.

[9] Vgl. W. I. Lenin, Die Entwicklung des Kapitalismus in Rußland, in: Werke, Bd. 3, Berlin 1965, S. 53ff.

[10] A. Smith, Eine Untersuchung über das Wesen und die Ursachen des Reichtums der Nationen, Bd. I, Berlin 1963, S. 9.

Arbeitsteilung sind es, die zu einer Ausdehnung und Intensivierung des Marktes führen. Dabei trägt Marx der Rückkopplung zwischen Zirkulation und Produktion voll Rechnung; er integriert die Zirkulation als vermittelndes Glied in den gesellschaftlichen Reproduktionsprozeß.

Anders Adam Smith. Für ihn leitet sich die Entwicklung der Arbeitsteilung aus den angeblich natürlichen, ewigen Neigungen des Menschen zum Tausch ab; folglich setzt der Tausch die Grenzen für die Entwicklung der Arbeitsteilung: „Die Arbeitsteilung . . . ist die zwangsläufige, wenn auch sehr langsame und allmähliche Folge einer gewissen Neigung der menschlichen Natur . . . zum Tausch und zum Tauschhandel . . .“[11] Und weiter: „Da die Arbeitsteilung von der Möglichkeit zum Austausch bewirkt wird, muß das Ausmaß dieser Teilung immer durch das Ausmaß dieser Möglichkeit oder, mit anderen Worten, durch die Ausdehnung des Marktes begrenzt sein.“[12]

Aber historisch verläuft die Kausalkette umgekehrt. Marx weist darauf in seiner Polemik mit Smith hin und schreibt: „So richtig es nun ist, daß Pivataustausch Teilung der Arbeit, so falsch ist es, daß Teilung der Arbeit den Privataustausch voraussetzt.“[13]

Sehr deutlich zeigt sich die Rückkopplungsfunktion der internationalen Märkte im heutigen Kapitalismus. Während seinerzeit für England der Welthandel eine Exploitations- und Industrialisierungsquelle war, übt der kapitalistische Weltmarkt in der Zeit des Imperialismus gegenüber den Entwicklungsländern in der Haupttendenz eine Funktion aus, die eine Entwicklung von Produktion, Industrialisierung, Infrastruktur und Volkswohlstand in diesen Ländern behindert oder gar verhindert.

Lenin hat in seinen Imperialismusarbeiten die theoretische Erklärung dieser Prozesse gegeben und die objektiv notwendigen revolutionären Folgen dargelegt. Im Imperialismus, so sagte Lenin vor dem II. Kongreß der Kommunistischen Internationale, gehöre die große Mehrheit der Bevölkerung zu den unterdrückten Völkern, und das sei ein charakteristisches Merkmal des Imperialismus.[14]

Nach den Zahlenangaben der UNO und der Weltbank betrug Anfang der siebziger Jahre das jährliche Bruttosozialprodukt je Kopf der Bevölkerung in den kapitalistischen Industrieländern im Durchschnitt rund 3000 US-Dollar, in 28 unterentwickelten Ländern und Territorien jedoch nur bis 120 Dollar und in 28 weiteren Gebieten bis zu 250 Dollar. Aber in diesen rund fünfzig Territorien leben über drei Viertel der Bevölkerung des nichtsozialistischen Weltteils!

Im Jahre 1972 wurden mehr als 30 Prozent des Außenhandels der Entwicklungsländer allein von den transnationalen Konzernen *direkt* durchgeführt.

[11] Ebenda, S. 20.

[12] Ebenda, S. 25.

[13] K. Marx, Zur Kritik der politischen Ökonomie, a. a. O., S. 45.

[14] Vgl. W. I. Lenin, Bericht der Kommission für die nationale und koloniale Frage, Werke, Bd. 31, Berlin 1966, S. 228 ff. Vgl. auch S. 203 ff.

Der Anteil der Entwicklungsländer an den Ausfuhren und Einfuhren der kapitalistischen Industriestaaten ging von 29 Prozent im Jahre 1955 auf rund 18 Prozent im Jahre 1970 zurück. „Dieses Bild der Ereignisse in den unterentwickelten Ländern" sei, so schreibt Gunnar Myrdal, „*das natürliche Ergebnis des freien Spiels der Marktkräfte*. . ., die dahin tendieren, die Ungleichheit zu verstärken"[15].

Diese Aussage erfaßt die Wirklichkeit nur partiell. Sie bewertet, wie das schon Adam Smith tat, die Zirkulationssphäre einseitig. Auch bezeichnet Myrdal analog zu Smith als *natürlich*, was in der Tat *kapitalistisch* ist. Es sind nicht die Marktkräfte schlechthin, sondern die kapitalistischen Marktkräfte und die gesamten sozialökonomischen Verhältnisse des Imperialismus, die zur internationalen Ausbeutung und Unterentwicklung großer Bevölkerungsmassen führen.

Immer mehr geraten die gesellschaftlichen Verhältnisse des Imperialismus in Widerspruch zu den modernen Produktivkräften, die eine weltweite Internationalisierung der Produktion und damit eine weltweite Entwicklung der gesellschaftlichen Produktivität verlangen. Mit historischer Notwendigkeit dehnt sich folglich, im Bündnis mit dem Sozialismus, die antiimperialistische Bewegung aus. Mehr und mehr spiegeln sich diese sozialen Konflikte auch in den Dokumenten der Organisation der Vereinten Nationen wider. So enthalten die Resolutionen der VI. Sondertagung der UN-Vollversammlung vom April 1974 eine sehr detaillierte Kritik an den Ausplünderungsmethoden und Deformationen des kapitalistischen Weltwirtschaftssystems. Es wird deshalb eine rationelle und sozial gerechte internationale Arbeitsteilung gefordert; eine Änderung von Struktur und Ordnung der heutigen weltwirtschaftlichen Beziehungen sei dringend erforderlich.[16]

Die von Marx gegenüber Smith in diesem Zusammenhang formulierten Kategorien enthalten eine allgemeine ökonomische Aussage über die Dialektik von (internationaler) Arbeitsteilung und (internationalem) Markt, deren Verifizierung wir in den Prozessen der internationalen Wirtschaftsintegration der Mitgliedsländer des Rates für Gegenseitige Wirtschaftshilfe beobachten können. Hier schafft sich die internationale Arbeitsteilung ihren Markt. Die RGW-Staaten stellen verstärkt direkte internationale Produktionsbeziehungen her: Forschungskooperation, gemeinsame Standards, Produktionsspezialisierung und -kooperation, internationale Wirtschaftsorganisation und anderes mehr. Damit wird nicht nur der internationale sozialistische Markt erweitert, sondern es werden in ihm auch neue Funktionen ausgelöst, die notwendig sind, um die neuen internationalen Produktionsbeziehungen zu vermitteln und zu fördern. Die von den RGW-Ländern begonnene Vervollkommnung der Außenhandelsabkommen und -verträge, der Planung des Außenhandels, der RGW-Vertragspreise, der Valutakurse, Kreditbeziehungen usw. wirkt rückkoppelnd auf die Entwicklung der sozialistischen internationalen Arbeitsteilung ein.

15 G. Myrdal, Politisches Manifest über die Armut in der Welt, Frankfurt/M. 1970, S. 274.

16 Vgl. Deklaration und Aktionsprogramm für die Schaffung einer neuen internationalen Wirtschaftsordnung, in: Asien, Afrika, Lateinamerika, Jg. 1974, Bd. 2, H. 5, S. 807 ff.

Internationale Produktivitätsvorteile

Von grundlegender und weitreichender theoretischer Bedeutung war die antimerkantilistische These Smith' von der Ausnutzung internationaler Produktivitätsvorteile durch internationale Arbeitsteilung und Außenhandel. Weder Gold- und Silbereinfuhren noch Exportüberschüsse seien die eigentlichen Quellen des Reichtums der Nationen. Die merkantilistischen Maximen, so schreibt Adam Smith, sollten die Nationen lehren, „daß ihr Interesse darin bestehe, alle ihre Nachbarn zu Bettlern zu machen"[17] (*begarring all their neighbours*). In gewisser Weise ist es naiv von Smith, an dieser Stelle zu ignorieren, daß Profitmaximierung auf sozialer Ausbeutung und nationaler Unterdrückung beruht, daß die Konkurrenz (dabei auch die Weltmarktkonkurrenz) einem jeden Kapital die Tendenz zu eigen macht, den Mitkonkurrenten niederzukonkurrieren. Das gilt bei (relativem) Freihandel ebenso wie bei Protektionismus; es gilt in der Zeit des späten Imperialismus natürlich auch und gerade für die staatlich-monopolistischen Regulierungen. John Maynard Keynes' Lehre vom Außenhandelsmultiplikator ist eine der theoretischen Varianten, um staatsmonopolistische Handelspolitik zu begründen und Exportüberschüsse, also eine aktive Handelsbilanz, zu erzielen. Joan Robinson hat dazu ihren kritischen Essay „*Berggar-my-Neighbour Remedies for Unemployment*" geschrieben.[18]

Bei Smith heißt es unter anderem: „Aber jener Handel, der zwischen zwei beliebigen Orten ohne Zwang oder Beschränkung natürlicherweise und regelmäßig betrieben wird, ist stets für beide vorteilhaft, wenn auch nicht immer in gleichem Maße. Unter Vorteil oder Gewinn verstehe ich nicht das Anwachsen der Gold- und Silbermenge, sondern das des Tauschwerts des jährlichen Produkts des Bodens und der Arbeit des Landes bzw. das Anwachsen des jährlichen Einkommens seiner Einwohner."[19] An anderer Stelle heißt es: „Wenn uns ein fremdes Land billiger mit einer Ware versorgen kann, als wir sie selbst herzustellen vermögen, so ist es besser, sie mit einem Teil des Produkts unseres eigenen Fleißes zu kaufen, wobei wir diesen dort anwenden, wo wir einigen Vorteil besitzen."[20]

Mag nun Smith diese Gedanken unabhängig von Quesnay entwickelt haben oder nicht — was heute kaum noch mit hinlänglicher Zuverlässigkeit zu entscheiden ist —, auf jeden Fall äußert sich Quesnay in seinen Maximen zum „Tableau économique" in gleicher Weise: „Man soll sich der Herstellung von nur den Fertigwaren widmen, zu denen man die Rohstoffe hat und die man billiger als in anderen Ländern herstellen kann; und vom Ausländer muß man diejenigen Fertigwaren

17 A. Smith, a. a. O., Bd. II, S. 264 f.

18 J. Robinson, Essays on the Theory of Employment, 2nd ed., Part III, Chapter 2, Oxford 1947. Wiederabdruck in: Readings in the Theory of International Trade. Selected by a Committee of The American Economic Association, London 1966, S. 393ff.

19 A. Smith, a. a. O., S. 259.

20 Ebenda, S. 217.

kaufen, die er billiger verkaufen kann, als sie der Nation zu stehen kämen, wenn sie sie daheim fabrizieren ließe. Durch diese Käufe wird der gegenseitige Handel angeregt ... Darin besteht das ganze Geheimnis des Handels: fürchten wir nicht, um diesen Preis *anderen Nationen gegenüber tributpflichtig zu sein.*"[21]

Wenn ein Land durch internationale Spezialisierung und damit verbundenen Außenhandel das Nationaleinkommen erhöhen will, dann braucht es Partner, die ein entsprechendes Entwicklungsniveau haben, um mit ihm Arbeitsteilung durchzuführen. Adam Smith sieht das ganz klar und stellt die für seine Zeit geradezu sensationelle These auf: „Doch reiche und zivilisierte Nationen können immer einen viel größeren Wert miteinander als mit Wilden und Barbaren austauschen."[22] Ähnlich drückt er diesen Gedanken an anderer Stelle aus: „Dieselbe Maxime ... sollte auch ... eine ganze Nation dazu bringen, den Reichtum ihrer Nachbarn als eine wahrscheinliche Ursache und Gelegenheit anzusehen, selbst Reichtum zu erwerben. Eine Nation, die sich durch den Außenhandel bereichern möchte, wird dies höchstwahrscheinlich dann tun, wenn ihre Nachbarn alle reiche, fleißige und handeltreibende Nationen sind."[23]

Dieser Satz wird heute in den Wirtschaftsbeziehungen zwischen entwickelten kapitalistischen Ländern in die Praxis umgesetzt — natürlich auf imperialistische Art, denn nicht die Völker sind es, die im Kapitalismus reich sind. Außerdem ist dies nur die eine Seite der kapitalistischen internationalen Arbeitsteilung. Die andere Seite ist die Ausbeutung billiger Bauern- und Lohnarbeit und damit die Erzielung hoher Profitraten in unterentwickelten Ländern. Darin besteht geradezu ein Wesenszug der internationalen Arbeitsteilung im Kapitalismus.

Allerdings: die Smithschen Sätze haben eine allgemeine Bedeutung, die voll zum Tragen kommt, wenn — mit dem Sozialismus — gesellschaftliche Verhältnisse gegeben sind, bei denen die Nationen gleichberechtigt, ohne Ausbeutung und Profitkonkurrenz, die internationale Arbeitsteilung entwickeln und Außenhandel treiben. Unter diesen Bedingungen sind die schnelle Anhebung und die allmähliche Angleichung des wirtschaftlichen Entwicklungsniveaus der Partnerländer eine Gesetzmäßigkeit. Je schneller sich, alle sonstigen Bedingungen ausgeklammert, die zunächst weniger entwickelten sozialistischen Volkswirtschaften durch eigene Leistung und durch Zusammenarbeit dem Niveau der entwickelteren Länder nähern, desto besser werden die Grundlagen für den Ausbau der sozialistischen internationalen Arbeitsteilung und den Übergang zur internationalen Wirtschaftsintegration sein. Selbstverständlich ist das auch für das entwickeltere Land vorteilhaft, weil es bestimmte Forschungen und Produktionen einstellen kann oder nicht aufzunehmen braucht und die frei werdenden Produktivkräfte auf effektivere Forschungen und Produktionen konzentrieren kann.

Die Handels- und Zahlungsbilanzpolitik der sozialistischen Integrationspartner

[21] F. Quesnay, a. a. O., S. 70.

[22] A. Smith, a. a. O., S. 208.

[23] Ebenda, S. 267.

unterstützt diese internationale Arbeitsteilung. Weder Konzeptionen von möglichst ständigen Exportüberschüssen noch solche von einem möglichst jährlich mit jedem sozialistischen Partnerland (und womöglich noch bei wichtigen Erzeugnisgruppen) herbeizuführenden Handelsbilanzausgleich können in der Regel die sozialistische internationale Wirtschaftsintegration fördern. Die kurzfristige Handels- und Zahlungsbilanzpolitik dient in erster Linie dazu, jene Aus- und Einfuhren langfristig zu sichern, die sich aus der internationalen Spezialisierung und Kooperation zwischen den sozialistischen Staaten ergeben, ebenso jene Lieferungen, die mit Investitionskrediten und deren Tilgung im Zusammenhang stehen oder mit der Tätigkeit internationaler Wirtschaftvereinigungen und gemeinsamer Produktionsbetriebe verbunden sind.

Doch zurück zu Adam Smith. Für ihn war, wie anderswo, so auch bei der Theorie der Ausnutzung internationaler Produktivitätsvorteile durch internationale Arbeitsteilung und Außenhandel, der Übergang zur neuen kapitalistischen ökonomischen Theorie nicht nur groß, sondern auch schwer, um die schon zitierte Bemerkung von Marx noch einmal anzuwenden. In einem bestimmten Sinn gibt es bei Smith auch bei der hier zur Debatte stehenden Thematik physiokratische Auffassungen, die den damaligen quantitativen Vorrang der Landwirtschaft gegenüber der Industrie reflektieren.

So betont Adam Smith oft genug einseitig die *natürlichen* Bedingungen als einen die internationale Arbeitsteilung auslösenden Faktor, schreibt aber auf der anderen Seite klar: „Ob die Vorteile, die ein Land gegenüber einem anderen besitzt, natürliche oder erworbene sind, ist in dieser Beziehung ohne Belang."[24]

Die erwähnte Einstellung äußert sich bei Adam Smith auch, wenn er der Kapitalanlage in der Landwirtschaft gegenüber derjenigen im Außenhandel den Vorrang einräumt. Im Widerspruch zu seinen Thesen von den Vorzügen eines freien internationalen Handels und einer internationalen Arbeitsteilung, bei der sowohl die natürlichen als auch die erworbenen Produktionsdifferenzen zwischen den Ländern genutzt werden, stellt Smith bei Annahme jeweils gleicher Profitraten eine Rangordnung für die Anlage von Kapital auf: Landwirtschaft — Manufakturen — Binnenhandel — Außenhandel. So schreibt er: „Dem natürlichen Laufe der Dinge entsprechend wird daher der größte Teil des Kapitals jeder sich aufwärts entwickelnden Gesellschaft zuerst in die Landwirtschaft gelenkt, später dann in die Manufakturen und zuletzt vor allem in den Außenhandel."[25]

In der Heimat habe jeder sein Kapital näher bei sich und besser unter Kontrolle, auch seien das Risiko viel geringer und der Umschlag schneller als im internationalen Handel. Dieses Argument ist für die damaligen Zeitläufe zwar verständlich, doch ist es nicht schlüssig, weil Risiko und Umschlagszeit mitbestimmende Faktoren bei der Bildung der Profitrate sind.

Die gleiche Argumentation finden wir auch bei F. Quesnay. Am deutlichsten

[24] Ebenda, S. 219.

[25] Ebenda, S. 134.

kommt sie in den Sätzen seines Dialogs über den Handel zum Ausdruck, denen zufolge der Binnenhandel alle Kosten des Außenhandels vermeide und „der Außenhandel ein *Notbehelf* für jene Nationen ist, deren Binnenhandel nicht ausreicht, um die Bodenprodukte ihres Landes vorteilhaft abzusetzen . . ."[26]

Das Schwere des Übergangs zur adäquaten ökonomischen Theorie des Kapitalismus ist bei Smith auch darin zu spüren, daß er nur absolute und nicht auch komparative (relative) Produktionsvorteile kennt, die man durch internationale Arbeitsteilung und Außenhandel ausnützen solle. Bekanntlich haben nach ihm Ricardo, zum Teil Torrens, und, auf der Grundlage seiner Theorie der internationalen Werte, Karl Marx nachgewiesen, daß zwei Länder auch dann im beiderseitigen Interesse miteinander Handel treiben können, wenn Land A in allen Positionen unter dem Produktivitätsniveau von Land B liegt: Bei Spezialisierung der Länder auf die jeweils relativ vorteilhafteste bzw. relativ am wenigsten nachhinkende eigene Produktion können alle Partner komparative Vorteile erzielen, wenn auch nicht ohne weiteres gleich große.

Bei Annahme sowohl absoluter als auch komparativer Vorteile setzen die genannten und andere Autoren nationale Mobilität und internationale Immobilität von Kapital und Arbeit voraus. Das waren für damalige Zeiten reale, zulässige Abstraktionen. Doch die Entwicklung ist weitergegangen. Mit Lenins Theorie des Kapitalexports erhält das Theorem der internationalen Mobilität des Kapitals (unter den Bedingungen des Imperialismus) einen anderen Stellenwert als bei Marx (unter den Bedingungen des damaligen Kapitalismus). Und stets — bis zur Gegenwart, bis zu den Ausbeutungsformen der Gastarbeiter, des *brain drain* usw. — hat das Problem der internationalen Migration der Arbeitskräfte einen festen Platz in der marxistischen Mehrwertlehre.

Auch in den Prozessen der sozialistischen ökonomischen Integration spielt die internationale Beweglichkeit von Arbeitskräften, in der Regel von Spezialisten (also nicht als Massenbewegung und schon gar nicht als Ausbeutungsform), eine gewisse wachstumfördernde und die Nationen verbindende Rolle. Wichtiger aber wird im sozialistischen Integrationsprozeß die internationale Mobilität von Produktionsfonds (zum Beispiel mittels Investitionsbeteiligungen und anderer Produktionskrediten, mittels gemeinsamer Betriebe und internationaler Wirtschaftsvereinigungen). Ebenfalls wichtig ist der internationale Transfer von Wissen. Dieser ist typisch für die wachsende Verflechtung sozialistischer Volkswirtschaften und geht in verschiedenen Formen vor sich: Erfahrungsaustausch, Auslandsstudium, Ausbildung von Fachkräften, Lizenzhandel, Verkauf von Technologien und modernen Geräten, Maschinen und Ausrüstungen; mehr noch wird dieser internationale Transfer von Information, Technologien usw. in Form gemeinsamer Forschungs- und Entwicklungsarbeiten durchgeführt, in Form der Entwicklung von gemeinsamen Maschinensystemen (mit Spezialisierung und Kooperation), der Zusammenarbeit in internationalen Wirtschaftsorganisationen der

[26] F. Quesnay, Ökonomische Schriften, Bd. II, Berlin 1976, S. 87.

verschiedensten Art und in gemeinsamen Produktionsbetrieben. Ständig wird so die Theorie von der Wirklichkeit gefordert.

Handelsbilanz und volkswirtschaftliche Bilanz

Im engen Zusammenhang mit den bisher erwähnten Widersprüchen in der Außenhandelslehre von Adam Smith steht ein anderer: Einerseits begreift Smith die Vorzüge einer internationalen Arbeitsteilung, bei der die Produktivitätsunterschiede mittels Freihandel ausgenutzt werden, auf der anderen Seite aber stellt er die (im Grunde physiokratisch eingefärbte) Behauptung auf, daß der Außenhandel Überschüsse zu exportieren und dafür Defizitwaren ins Land zu bringen habe. Es ist dies die später so benannte und von Keynes in seinem Theorem vom Außenhandelsmultiplikator aufgewärmte und variierte *vent for surplus*-Konzeption. Während aber Keynes auf eine sogenannte neomerkantilistische Art einem staatlich-monopolistisch organisierten Exportüberschuß huldigt (sowohl *vent for surplus* als auch *beggar my neighbour*), hat Smith eine im Durchschnitt zu erreichende Bilanzierung im Auge.

Der Außenhandel hat bei diesen Smithschen Leitsätzen gewissermaßen nur die Funktion des Ausgleichs von Spitzensalden. Derartigen Auffassungen begegnen wir bisweilen heute noch, selbst bei einigen Autoren in sozialistischen Ländern; aber sie stehen im Widerspruch zur Erkenntnis, im sozialistischen Weltwirtschaftssystem komparative und absolute internationale Produktivitätsvorteile mittels internationaler Arbeitsteilung (Forschungskooperation, Produktionsspezialisierungen, internationaler Wirtschaftsorganisationen, Außenhandel usw.) auszunutzen.

Die *vent for surplus*-Idee hatte vor Adam Smith unter anderem schon Quesnay geäußert; lesen wir doch in seinem Beitrag „Getreide“ für Band VII der Diderotschen „Encyclopédie“: „Daß die Untertanen konsumieren, daraus erwachsen die Revenuen eines Herrschers; daß der Überfluß an das Ausland verkauft wird, dadurch nehmen die Reichtümer der Untertanen zu.“[27] Ähnliche Gedanken finden wir im „Tableau“, in dem Quesnay über die Aufgaben des Außenhandels schreibt: „Dieser Handel gleicht jederzeit die unterschiedlich hohen Jahresernten der Nationen aus, indem er abwechselnd denen, die Mangel leiden, den Überschuß jener zuführt, die reichlich versorgt sind . . .“[28]

Smith wendet diesen Grundsatz auf den gesamten Außenhandel an, auch auf den mit Manufakturwaren. Nach Smith strebt der Kaufmann danach, daß sein Kapital „das überschüssige Produkt einer Gesellschaft exportiert“[29]. Der auswärtige Handel gereicht nach Smith den einzelnen Nationen deshalb zum

[27] F. Quesnay, Ökonomische Schriften, Bd. I, Erster Halbband, Berlin 1971, S. 68.
[28] F. Quesnay, Tableau économique, a. a. O., S. 64.
[29] A. Smith, a. a. O., S. 115.

Vorteil, weil er „jenem die Nachfrage bei ihnen selbst überschießenden Teil ihres Boden- und Arbeitsproduktes zur Ausfuhr (verhilft) und . . . als Gegenleistung dafür etwas anderes zurück (bringt), wonach dort eine Nachfrage existiert. Er verschafft ihren überflüssigen Dingen einen Wert . . . (und) bewirkt, daß die Beengtheit des heimischen Marktes in keinem Handwerks- oder Manufakturzweig die Entwicklung der Arbeitsteilung zur höchsten Vollkommenheit verhindert. Durch die Öffnung eines ausgedehnteren Marktes — für welchen Teil des Arbeitsproduktes auch immer . . . — ermutigt er die Verbesserung der produktiven Kräfte . . ."[30] Diese großen und wichtigen Dienste leiste der Außenhandel angeblich *allen* beteiligten Ländern, wenn auch, so schränkt Smith realistisch ein, „von den erzielten Vorteilen das Land, „in dem der Kaufmann wohnt, gewöhnlich den größten davon hat . . ."[31]

Die Priorität der Produktion gegenüber der Zirkulation betonend, schreibt Smith bei seiner Attacke gegen die merkantilistischen „außerordentlichen Beschränkungen der Einfuhr": „Es gibt allerdings eine andere Bilanz, . . ., die von der Handelsbilanz sehr verschieden ist und je nachdem, ob sie günstig oder ungünstig steht, notwendigerweise das Gedeihen oder den Verfall jeder Nation hervorruft. Dies ist die Bilanz der jährlichen Produktion und Konsumtion. Wenn der Tauschwert des Jahresprodukts . . . jenen der jährlichen Konsumtion übersteigt, so muß sich das Kapital der Gesellschaft im Verhältnis zu diesem Überschuß Jahr für Jahr erhöhen."[32] Und weiter: „Die Bilanz der Produktion und Konsumtion kann ständig zugunsten einer Nation stehen, auch wenn die sogenannte Handelsbilanz im allgemeinen gegen sie gerichtet ist."[33]

Wenn wir heute alles Unlogische und Überholte in diesen Gedankengängen Adam Smith' beiseite schieben, bleiben über das Verhältnis von Handels- bzw. Zahlungsbilanz und volkswirtschaftlicher Gesamtbilanz durchaus gewisse allgemeine Grundsätze übrig, die, auf der Grundlage der marxistisch-leninistischen politischen Ökonomie, in der sozialistischen Planwirtschaft und in den internationalen wirtschaftlichen Integrationsprozessen sozialistischer Volkswirtschaften Anwendung finden.

Abstrahieren wir von den äußeren Einflüssen, wird die Handelsbilanz eines sozialistischen Staates primär von der volkswirtschaftlichen Gesamtbilanz bestimmt, vor allem von der Proportionierung von Produktion, Akkumulation und Konsumtion. Je reibungsloser, je (langfristig) effektiver die Proportionierung zwischen den Produktionszweigen und überhaupt zwischen den verschiedenen volkswirtschaftlichen Bereichen erfolgt, desto günstiger sind die Wirkungen auf Ausfuhr und Einfuhr. Rückkoppelnd wirkt der geplante Außenhandel förderlich

30 Ebenda, S. 205 f.

31 Ebenda, S. 206.

32 Ebenda, S. 269 f.

33 Ebenda, S. 270.

auf die volkswirtschaftlichen Bilanzen und Proportionen ein, erhöht er, um das Wort von Adam Smith zu gebrauchen, den Tauschwert des Jahresprodukts.

Dabei wird sowohl der komplementäre als auch der substitutive Außenhandel gefördert. Und dieser letztere erlangt im Maße des Ausbaus der Wirtschaftsintegration zwischen sozialistischen Volkswirtschaften zunehmend ein höheres spezifisches Gewicht.

Der komplementäre Außenhandel ist vor allem naturbedingt: Fertigwaren werden exportiert, um im Lande nicht zu erzeugende Lebensmittel und Rohstoffe einzuführen, und umgekehrt. Der substitutive Außenhandel ist das Resultat der internationalen Spezialisierung; komparative Vorteile ausnutzend, verzichtet ein Land auf Antiimportproduktionen und konzentriert seine Kräfte auf Produktionen, die für dieses Land ergiebiger sind. Mit Exporten aus diesen Produktionen werden die Importe von Waren bezahlt, die das Land zwar auch herstellen könnte, aber nicht so effektiv wie das Partnerland.

So hat hier, wie überhaupt, das neuerliche kritische Lesen von Adam Smith nicht nur Bildungs-, sondern auch praktische Funktion. Es wird nicht nur deutlich, wie groß der Sprung von Smith zu Marx war, es zeigt sich auch, welche Potenzen die internationale sozialistische Gesellschaft bietet, um allgemeine humanistische oder auch ökonomische Prinzipien von Smith Wirklichkeit werden zu lassen.

Die Maxime des Freihandels

Die Nutzung der Vorzüge der internationalen Arbeitsteilung soll nach Adam Smith (und auch nach der Meinung vieler heutiger kapitalistisch orientierter Wissenschaftler) im zwar nicht immer gleich großen, aber auf jeden Fall im Interesse aller beteiligten Völker erfolgen. Dies aber könnten nur freie Konkurrenz und internationaler Freihandel gewährleisten.

Als jedoch Marx und Engels ihre Ansichten über Freihandel und Schutzzoll ausgearbeitet und die internationalen Wirtschaftsbeziehungen auf der Grundlage des historischen Materialismus und ihrer Wert- und Mehrwerttheorie untersucht hatten, wurde klar, warum im kapitalistischen System der Weltwirtschaft nicht nur langfristige und einseitige Konkurrenzvorteile und -nachteile entstehen können, sondern vor allem auch internationale Ausbeutungsprozesse vor sich gehen. Lenin hat diese Marxschen Erkenntnisse auf den Imperialismus angewandt.

Smith hingegen sah das so: „In ihren Handelsbeziehungen zu anderen Nationen besteht das Interesse einer Nation darin — ähnlich wie das eines Kaufmanns in bezug auf die verschiedenen Leute, mit denen er Handel treibt —, so billig wie möglich zu kaufen und so teuer wie möglich zu verkaufen. Am wahrscheinlichsten wird man billig kaufen, wenn durch vollkommene Freiheit des Handels alle Nationen ermutigt werden, die Waren heranzubringen, die ein Land zu kaufen beabsichtigt. Aus dem gleichen Grund wird man höchstwahrscheinlich teuer verkaufen, wenn die Märkte eines Landes auf diese Weise mit der größten Zahl an Käufern ausgestattet sind."[34]

Auch diese These hatten vor Smith andere Theoretiker und Praktiker vertreten. Quesnay gehört zu ihnen: „Daß man ja nicht den Außenhandel mit den Produkten aus heimischer Ernte verhindere; *denn wie der Absatz, so die Reproduktion.*"[35] Der Außenhandel solle „beim Export wie beim Import frei und leicht vonstatten" gehen. Reglementierungen und Protektionismus führen nach Quesnay zu Mißbräuchen und Monopolen; die Konkurrenz unter den Händlern dagegen biete Schutz vor dem Monopol, und „das Verbot des Außenhandels (ist) der Grund dafür, daß es oft am Notwendigsten fehlt . . ."[36]

In Smith und Quesnay rebelliert das Manufaktur- und junge Industriekapital gegen Feudalregime und Macht des Handelskapitals. Mit kolonialen Eroberungen und Kriegen um die Vormachtstellung, mit staatlichen Regulierungen nach innen und Protektionismus nach außen, mit Terror im Inneren, auf den Weltmeeren und in den Kolonien waren das junge Kapital und die junge Bourgeoisie in England und zum Teil auch in Frankreich groß geworden oder erstarkt. Nun haben beide gut reden: Bei Freihandel fährt natürlich das stärkste Kapital am besten. Aber erst muß man stark werden. Nicht umsonst rechtfertigt Smith die Navigationsakte von Crowell aus dem Jahre 1651[37], die alle Schiffstransporte von und nach England und seinen Kolonien für England monopolisierte.

Zur Zeit Quesnays und Smith' war der Kampf zwischen den beiden Manufaktur- und Industriemächten Frankreich und England — die alten Handelsnationen Spanien, Portugal und die Niederlande waren schon aus dem Felde geschlagen — noch nicht entschieden. Er wurde auch nicht mit dem Freihandel, sondern in den Napoleonischen Kriegen ausgefochten. Und er endete mit dem Sieg Englands, das sich, so Engels, „am Schlusse des Krieges 1815 im Besitz des tatsächlichen Monopols des Welthandels, wenigstens für alle entscheidenden Industriezweige"[38], befand.

Noch dreißig Jahre sollte es dann allerdings bis zur englischen Freihandelsgesetzgebung dauern. Nicht ohne Grund war Smith so skeptisch (und realistisch): „Jemals die völlige Wiederherstellung der Freiheit von Handel und Gewerbe in Großbritannien zu erwarten ist ebenso absurd wie die Erwartung, daß hier einmal ein Oceana oder Utopia gegründet werden sollte. Dem stehen nicht nur die Vorurteile der Öffentlichkeit, sondern auch, was noch viel weniger zu

34 Ebenda, S. 226 f.

35 F. Quesnay, a. a. O., S. 64.

36 Ebenda, S. 64 f.

37 Vgl. A. Smith, a. a. O., S. 224 ff.

38 F. Engels, Schutzzoll und Freihandel (Vorwort zur amerikanischen Ausgabe von Karl Marx' „Rede über die Frage des Freihandels"), in: MEW, Bd. 21. Berlin 1962, S. 361.

bezwingen ist, die Privatinteressen vieler Individuen unüberwindbar entgegen."[39]

Die nur relative, regional so begrenzte und kurzlebige Freihandelsära in der zweiten Hälfte des 19. Jahrhunderts hatte Macht und Interessen des führenden kapitalistischen Englands zum Unter- und zum Hintergrund. Marx schrieb dazu im „Kapital": „Es wird eine neue, den Hauptsitzen des Maschinenbetriebs entsprechende internationale Teilung der Arbeit geschaffen, die einen Teil des Erdballs in vorzugsweise agrikoles Produktionsfeld für den andern als vorzugsweise industrielles Produktionsfeld umwandelt."[40] Über die dieser internationalen Arbeitsteilung adäquate objektive Funktion der kapitalistischen Freihandelslehre machte Engels folgende Bemerkung: „Die Freihandelstheorie hatte zum Grund die eine Annahme: daß England das einzige große Industriezentrum einer ackerbauenden Welt werden sollte . . ."[41]

Nun entwickelt sich aber der Kapitalismus kraft der ihm immanenten Gesetze ungleichmäßig. Der Ausgang des ersten Weltkrieges brachte mit der Niederlage des imperialistischen Deutschlands auch das Ende der britischen Vormachtstellung in der Welt. Der Sozialismus entstand auf einem Sechstel der Erde. In der Arena des Imperialismus waren die zwanziger und dreißiger Jahre eine Art Zwischenperiode, gekennzeichnet durch den Kampf mehrerer rivalisierender imperialistischer Mächte um die Vormacht, verbunden mit Protektionismus, Handelskrieg und Zerrüttungen der internationalen Valutabeziehungen. Mit dem Ende des zweiten Weltkrieges waren die USA, schon in den zwanziger und dreißiger Jahren der ökonomisch stärkste imperialistische Konkurrent, zur eindeutig bestimmenden imperialistischen Großmacht geworden. Jetzt waren sie es, die im eigenen Großmachtinteresse für relative Liberalisierungen der Weltmärkte eintraten. Die Reduzierungen von Zöllen im Rahmen des GATT, das internationale Währungssystem von Bretton Woods und die vorrangige Entwicklung des internationalen Kapitalverkehrs entsprachen der imperialistischen Führungsrolle der USA. Wichtige restriktive Bedingungen dieser Politik aber waren in dieser neuen Entwicklungsetappe des Imperialismus:

- das Entstehen und Erstarken des sozialistischen Weltsystems,
- die Siege der nationalen und antikolonialen Befreiungsbewegung,
- die staatlich-monopolistische Regulierung der kapitalistischen Wirtschaften, die selbst bei einigem Abbau tarifärer Beschränkungen des Außenhandels zu direkten und oft mehr noch indirekten Handels- und Valutabeschränkungen führte,
- der politische, militärische und wirtschaftliche Kampf gegen sozialistische Staaten, antiimperialistische Befreiungsbewegungen und Entwicklungsländer.

[39] A. Smith, a. a. O., S. 236 f.

[40] K. Marx, Das Kapital, Erster Band, a. a. O., S. 475.

[41] F. Engels, England 1845 und 1885, in: MEW, Bd. 21, Berlin 1962, S. 195.

Schneller als in der zweiten Hälfte des 19. und zu Beginn des 20. Jahrhunderts führt heutzutage die ungleichmäßige Entwicklung des Kapitalismus zu Umschichtungen in den Kräfte- und Machtverhältnissen, mehr und mehr beeinflußt vom Kräftefeld des internationalen Sozialismus und des Kampfes vieler Entwicklungsländer um politische und wirtschaftliche Unabhängigkeit. So zeigt sich Ende der sechziger, Anfang der siebziger Jahre ein merklicher Abbau der Vormachtstellung der USA, besonders auf dem Gebiet der internationalen Wirtschaftsbeziehungen.

Der Kampf rivalisierender imperialistischer Mächte hat an Intensität zugenommen. Diese Rivalitäten sind mit den Interessen mehrerer sich relativ schnell industrialisierender, auf die Weltmächte drängender, zum Teil Monopolstellungen auf wichtigen Rohstoffmärkten innehabender und um Selbständigkeit ringender Entwicklungsländer verflochten. Eine neue Welle bilateraler und interregionaler Wirtschaftsvereinbarungen, staatlich-monopolistischer Steuerungen und Reglementierungen, der Konkurrenz und der Krisen auf den internationalen Waren-, Dienstleistungs-, Valuta- und Kapitalmärkten hat begonnen.

Charles Kindelberger hat diese Prozesse wie folgt dargestellt: „Im letzten Drittel des 19. Jahrhunderts und der ersten Dekade des 20. gelang die Verwendung des Pfund Sterling als internationale Währung durch die ‚Pax Britannica'. Beide waren jedoch verborgen: Die Pax Britannica als Spiel der Balance-of-Power, zu dem sie degenerierte; das Pfund als Goldstandard.

Nach dem Weltkrieg II und bis zu einem jüngeren — von der Geschichtsschreibung noch nicht festgelegten — Datum ging mit der ‚Pax Americana' der Dollarstandard einher. Auch sie wirkten wieder im Verborgenen: Die friedenserhaltende Mission der USA durch die Organisation der UN; der Dollarstandard durch die Bretton-Woods-Institutionen der Weltbank und des Weltwährungsfonds.

Diesmal gelang die Täuschung jedoch nicht so gut wie im britischen Fall: der Friede konnte nicht so sehr durch die UNO ‚eingehalten' werden, als vielmehr durch Interventionen der US-Truppen und militärische Drohungen. Die Bretton-Woods-Organisationen wurden durch amerikanische Initiativen teils ersetzt, teils beherrscht."[42]

Entscheidende Prozesse in der heutigen Welt werden hier übersehen, und so manches wird auf den Kopf gestellt, ja verfälscht. Dennoch schimmert die realistische Aussage durch, daß der kapitalistische Weltmarkt heute weniger denn je ein Spielplatz gleich starker und freier Kräfte ist, sondern von den jeweiligen Großmächten beherrscht wird.

Vor diesem Hintergrund und im Rahmen der oben skizzierten Faktoren sollte bewertet werden, was der Politiker Richard Nixon und der Theoretiker Gottfried Haberler 200 Jahre nach Adam Smith über die angeblich allen zugute kommenden

[42] C. P. Kindleberger, Vorerst weiter stümpern, in: Wirtschaftswoche 17/1974, S. 34.

Vorzüge des internationalen Handels zu verkünden haben. Nixon postulierte in seinem „Economic Report of the President" im Jahre 1973: „Der Handel gestattet nicht nur jedem Lande, das zu produzieren, was seinen Fähigkeiten am besten entspricht, er ruft auch Konkurrenz hervor, die alle anregt, die Güter billiger herzustellen und deren Qualität zu verbessern."[43] Angesichts der großen unterentwickelten Gebiete und Volksmassen der vom Imperialismus früher oder heute noch beherrschten Welt ist die Apologetik dieser These kaum zu übertreffen.

Auf dem Gebiet der heutigen, alles andere als „wertfreien" Freihandelstheorie ist der scharf antikommunistisch und gegen die Entwicklungsländer eingestellte Gottfried Haberler einer der Altmeister. Er sieht die Dinge so: „Sowohl der internationale Güterhandel als auch der internationale Kapitalhandel sind nicht ein Null-Summen-Spiel, bei dem der eine ebensoviel verliert, wie der andere gewinnt. Es ist ein Spiel, bei dem beide gewinnen. Beim Handel ist das ziemlich klar, aber ich glaube, es trifft auch auf den Kapitalverkehr zu." Und: „Von einer Ausbeutung der Entwicklungsländer kann keine Rede sein ... Ich glaube, es ist heute eher umgekehrt."[44]

Welcher Rückfall im Vergleich zu Adam Smith! Dieser repräsentiert als Freihändler den gesellschaftlichen Fortschritt, die heutigen kapitalistischen Freihändler aber rechtfertigen ein überlebte Ordnung.

[43] Economic Report of the President. January 1973, Washington 1973, S. 131.

[44] Interview mit Gottfried Haberler, in: Der Volkswirt, 38/1970, S. 46.

4.3. Adam Smith über produktive und unproduktive Arbeit — Denkanstöße für die politische Ökonomie des Sozialismus —

Marx über Smith' Theorie der produktiven Arbeit

Marx hat seine Auffassung, was produktive Arbeit unter den Bedingungen der kapitalistischen Produktion ist, vor allem in der theoretischen Kritik der Merkantilisten, Physiokraten und der britischen Klassiker von Petty bis Ricardo herausgearbeitet. Von ausschlaggebender Bedeutung für die Formierung seiner Position dürfte jedoch die Auseinandersetzung mit Adam Smith gewesen sein. Das soll keine Unterschätzung anderer Ökonomen bedeuten, die sicher ebenfalls, positiv oder negativ (letzteres ist nicht so entscheidend), zur Herausbildung der Marxschen Konzeption beigetragen haben. Aber in der Regel werden sie bei Marx mit den Gedanken von Smith konfrontiert. Marx kritisiert die Merkantilisten und Quesnay im Hinblick auf ihre Epoche, aber gleichzeitig auch im Hinblick auf das, was Smith sagte. Betrachtungen über die anderen Quellen der Marxschen Auffassung über produktive Arbeit sind also zwangsläufig in die Analyse der Beziehungen zu Smith eingeschlossen, da auch die Studie von Marx über Smith sie einschließt.

Wenn Marx Smith beurteilt, so legt er selbstverständlich als Maßstab seine eigene Auffassung an, wie er sie gleich zu Anfang seiner Analysen über den Begriff der produktiven Arbeit bei Adam Smith definiert hat. Diese Definition findet sich in den „Theorien über den Mehrwert"; sie datiert vom Frühjahr 1862. In diesem Zusammenhang ist es überaus wichtig hervorzuheben, daß Marx diese Ausarbeitung als Teil seiner Analyse des *Prozesses der Produktion des Kapitals* abgefaßt hat. Der Bereich der Zirkulation des Kapitals (Handel, Kredit ...) gehört nicht zu ihrem Untersuchungsfeld. Mit anderen Worten: Die Untersuchung dessen, was produktive Arbeit in den Bereichen der Zirkulation des Kapitals ist, fällt nicht in den Rahmen der Manuskripte von 1861 bis 1863. Viele Auslegungen von Marx und auch die Konstruktion von Widersprüchen zwischen seinen Ausführungen in den „Theorien" und im „Kapital" gehen an dieser wichtigen Tatsache vorbei, weshalb wir sie hier mit Nachdruck erwähnen.

Prüfen wir zunächst Marx' Definition: „Produktive Arbeit im Sinn der kapitalistischen Produktion ist die Lohnarbeit, die im Austausch gegen den variablen Teil des Kapitals (den in Salair ausgelegten Teil des Kapitals) nicht nur diesen Teil des Kapitals reproduziert (oder den Wert ihres eigenen Arbeitsvermögens), sondern außerdem Mehrwert für den Kapitalisten produziert. Nur dadurch wird Ware oder Geld in Kapital verwandelt, als Kapital produziert. Nur die Lohnarbeit ist produktiv, die Kapital produziert. (Dies ist dasselbe, daß sie die in ihr ausgelegte Wertsumme vergrößert reproduziert oder mehr Arbeit zurückgibt, als sie erhält in der Form des Salairs. Also nur das Arbeitsvermögen, dessen Verwertung größer ist als sein Wert.)"[1]

[1] K. Marx, Theorien über den Mehrwert, Erster Teil, in: MEW, Bd. 26/1, Berlin 1965, S. 122.

Der erste Umstand, an welchem ein oberflächlicher Leser zu scheitern Gefahr läuft, liegt in dem ,,. . . im Sinn der kapitalistischen Produktion . . ." Es ist sicher, daß Marx an die produktive Arbeit, wie er das überhaupt ganz allgemein tut, vom Standpunkt der historischen Entwicklung aus herangeht. Und es ist nicht falsch, bürgerliche Ökonomen dafür zu kritisieren, wenn sie Definitionen der produktiven Arbeit in einem absoluten und universellen Sinn vorlegen, d. h., daß diese Definitionen für alle Zeiten und alle Umstände und für jegliches Produktionssystem gültig sein sollen.

Wir werden später sehen, daß der historische Charakter dieser Definitionen jedoch nicht bedeutet, daß alle Elemente dieser Aussagen über die produktive Arbeit *nur* in der kapitalistischen Produktionsweise gültig sind. Es ist daher nicht unmarxistisch, gewisse Elemente dieser Definitionen als über die kapitalistische Produktionsweise hinausgehend aufzufassen.

Ein zweites Element dieser Definitionen wird oftmals falsch interpretiert. Es geht um die Frage, ob jede Lohnarbeit produktiv ist. Die Antwort von Marx ist negativ. Allein die Lohnarbeit, die Kapital produziert, die Erzeuger von Mehrwert ist, ist produktiv. Die Bekräftigung von Marx duldet keine Zweideutigkeit: ,,Nur die Lohnarbeit ist produktiv, die Kapital produziert."

Ein drittes Moment in dieser Definition präzisiert weiter, welche Art von Lohnarbeit produktiv ist, nämlich die Lohnarbeit, die sich gegen variables Kapital austauscht und die Mehrwert für den Kapitalisten erzeugt. Dieser Tatbestand ist nur dann gegeben, wenn der Arbeiter von den Produktionsmitteln getrennt ist, so wie wir es in der kapitalistischen Produktionsweise vorfinden. Hier muß der der Produktionsmittel beraubte Arbeiter dem Eigentümer der Produktionsmittel seine Arbeitskraft verkaufen. Der Eigentümer der Produktionsmittel wird Eigentümer der produzierten Waren, die außer dem Wert der verbrauchten Produktionsmittel und dem Wert der im Produktionsprozeß beschäftigten Arbeitskräfte einen Mehrwert enthalten.

Wie gesagt, in seiner gesamten Auseinandersetzung mit Smith[2] legt Marx diese seine Definition der produktiven Arbeit als Kriterium zugrunde. Eine der wichtigsten Thesen, auf die er an allen Stellen, wo er sich mit der Smithschen Auffassung von der produktiven Arbeit beschäftigt, zurückkommt, ist folgende: ,,Wie wir A. Smith bisher in allem zwieschlächtig gefunden haben, so in der Bestimmung dessen, was er *produktive Arbeit* im Unterschied zu *unproduktiver Arbeit* nennt. Wir finden durcheinanderlaufend bei ihm zwei Bestimmungen von dem, was er produktive Arbeit nennt, . . ."[3]

Nach Marx definiert die erste Auffassung von Smith die produktive Arbeit als Arbeit, die sich gegen Kapital tauscht und die aus diesem Grunde Neuwert schafft, Wert hervorbringt. In dieser Begriffsbestimmung ist produktive Arbeit nur diejenige, die Profit erzeugt. Die zweite Konzeption von Adam Smith betrachtet als

[2] Vgl. hierzu insbesondere K. Marx, ebenda, S. 125—144.

[3] Ebenda, S. 122.

produktiv nur diejenige Arbeit, die sich in einem dauerhaften Gegenstand niederschlägt. Hier hat das Kriterium „Gegenständlichkeit" den Vorrang vor allen anderen.

Um die erste Smithsche Auffassung darzustellen, zitiert Marx folgende Passage: „Es gibt eine Art von Arbeit, die den Wert des Gegenstandes, auf den sie verwendet wird, erhöht; es gibt eine andere, die keine solche Wirkung hat. Die erstere kann, da sie *einen Wert produziert, als produktive*, die letztere *als unproduktive Arbeit* bezeichnet werden. So *fügt* die Arbeit eines Manufakturarbeiters in der Regel dem Wert des von ihm verarbeiteten Materials noch den Wert *seines eigenen Unterhalts und den Profit seines Herrn hinzu.* Dagegen fügt die Arbeit eines Dienstboten keinen Wert hinzu. Obwohl der Manufakturarbeiter seinen Lohn von seinem Herrn *vorgeschossen* erhält, *kostet er ihm in Wirklichkeit nichts*, da der Wert dieses Lohnes gewöhnlich *zusammen mit einem Profit* durch den erhöhten Wert des Gegenstands, auf den er seine Arbeit verwendet hat, zurückerstattet wird. Aber der Unterhalt eines Dienstboten wird nie zurückerstattet. Ein Mann *wird reich* durch die Beschäftigung einer Vielzahl von Manufakturisten; er wird arm durch den Unterhalt einer Vielzahl von Dienstboten."[4] Offensichtlich verteidigt A. Smith hier eine Auffassung von der produktiven Arbeit, die, was das Wesentliche angeht, der von Marx sehr ähnlich ist. Daher wird diese Darstellung von Marx auch sehr positiv gewürdigt. „Hier ganz ausdrücklich productive labourer der, der dem Kapitalisten nicht nur die full value der im Salair enthaltnen Lebensmittel reproduziert, sondern sie ihm reproduziert ‚with a profit'."[5]

Zum ersten schätzt Marx an Smith, und dies im Gegensatz zu einer ganzen Reihe bürgerlicher Ökonomen, die diesen dafür angegriffen haben, daß er von einem historischen Gesichtspunkt ausgeht: Er bestimmt die produktive Arbeit vom Standpunkt der kapitalistischen Produktion. Ein solcher Ausgangspunkt schließt nach Ansicht von Marx die Zurückweisung zweier Kriterien ein, um die produktive Arbeit von der unproduktiven zu unterscheiden. Es sind dies

— das Kriterium der Beschaffenheit des von der Arbeit geschaffenen Produkts (zum Beispiel: Stofflichkeit, Dauerhaftigkeit, Nützlichkeit, Schädlichkeit . . .)
— das Kriterium der Beschaffenheit der Arbeit selbst.

Folglich läßt er, um zu bestimmen, ob die eine oder die andere Arbeit produktiv ist, lediglich eine bestimmte Art von Kriterien gelten: Diese Kriterien sind hergeleitet aus der Arbeit der Beziehungen in der Produktion, aus der sozialen Form der Produktion, in der diese Arbeit vonstatten geht.

Zum zweiten ist Marx bezüglich Smith der Auffassung, daß letzterer gleichermaßen „. . . auch absolut festgesetzt (hat), *was unproduktive Arbeit* ist. Es ist Arbeit, die sich nicht gegen Kapital, sondern *unmittelbar* gegen Revenue austauscht,

[4] Zitiert nach: Ebenda, S. 125, Hervorhebungen von Marx. Vgl. auch A. Smith, Eine Untersuchung über das Wesen und die Ursachen des Reichtums der Nationen, Bd. II, Berlin 1975, S. 73.

[5] K. Marx, Theorien über den Mehrwert, Erster Teil, a. a. O., S. 126.

also gegen Salair oder Profit."[6] Es handelt sich also um die Beziehungen in der Produktion, die darüber entscheiden, ob eine Arbeit produktiv ist oder nicht. So muß ein Schauspieler oder ein Zirkusclown als produktiver Arbeiter betrachtet werden, wenn er im Dienst eines Kapitalisten steht, wenn seine Arbeit dem Unternehmer einen Profit einbringt. Umgekehrt handelt es sich bei einem Schneider, der, als Tagelöhner beschäftigt, im Hause des Kapitalisten dessen Hosen ausbessert, nicht um einen produktiven Arbeiter. Das erste Beispiel weist auf die Tatsache hin, daß auch diejenigen, die „immaterielle Produkte" erzeugen, als produktiv betrachtet werden können. Das zweite zeigt, daß der Arbeiter, der stoffliche Gegenstände hervorbringt, nicht unbedingt produktiv sein muß. Beide Beispiele sollen demonstrieren, daß die Art des Produkts nicht notwendigerweise ein Kriterium dafür ist, produktive und unproduktive Arbeit *unter kapitalistischen Bedingungen* zu unterscheiden.

Drittens: Schließlich zitiert Marx gern jene Passage aus dem „Reichtum der Nationen", wo Smith die von der herrschenden Klasse ausgeübten Arbeiten als unproduktiv betrachtet: „Die Arbeit einiger der angesehensten Stände der Gesellschaft ist ebenso wie die der Dienstboten, nicht wertbildend . . . So sind zum Beispiel der Souverän mit allen seinen Justizbeamten und Offizieren, die unter ihm dienen, die ganze Armee und Flotte unproduktive Arbeiter. Sie sind die Diener der Gesellschaft und werden von einem Teil des jährlichen Produkts des Fleißes anderer Leute erhalten . . . In die gleiche Klasse gehören . . . Geistliche, Juristen, Ärzte, Literaten und Gelehrte aller Art; Schauspieler, Possenreißer, Musiker, Opernsänger, Ballettänzer usw."[7]

Diese drei Aspekte erklären Marx' Wertschätzung für Smith, wenn er feststellt: „Die produktive Arbeit wird hier bestimmt vom Standpunkt der kapitalistischen Produktion aus, und A. Smith hat die Sache selbst begrifflich erschöpft, den Nagel auf den Kopf getroffen — es ist dies eins seiner größten wissenschaftlichen Verdienste . . ."[8]

Marx hat nun herausgearbeitet, daß es bei Smith auch noch eine zweite Auffassung über die produktive Arbeit gibt. Um herauszustellen, daß sich beide Auffassungen bei Smith ineinander verschlingen, zitiert Marx zunächst wiederholend einige Sätze der von uns weiter oben bereits angeführten Stelle aus dem „Reichtum der Nationen": „Ein Mann wird reich durch die Beschäftigung einer Vielzahl von Manufakturarbeitern; er wird arm durch den Unterhalt einer Vielzahl von Dienstboten." Gleich daran anschließend heißt es bei Smith weiter: „Die *Arbeit der letzteren hat jedoch ihren Wert* und verdient ihren Lohn ebenso wie die der ersteren. Aber die Arbeit des Manufakturarbeiters *fixiert und realisiert sich in einem besonderen Gegenstand oder einer verkäuflichen Ware, die wenigstens noch eine Zeitlang fortbesteht, nachdem die Arbeit beendet ist. Es* wird gewissermaßen

6 Ebenda, S. 127.

7 Ebenda, S. 130, S. 273; vgl. A. Smith, a. a. O., S. 74.

8 K. Marx, Theorien über den Mehrwert, Erster Teil, a. a. O., S. 127.

eine bestimmte Menge Arbeit gesammelt und gespeichert, um später, wenn notwendig, verwendet zu werden. Dieser Gegenstand, oder was dasselbe ist, der Preis dieses Gegenstandes, kann später, wenn notwendig, die gleiche Menge Arbeit in Bewegung setzen, die ursprünglich zu seiner Produktion erforderlich war. Die Arbeit der Dienstboten dagegen *fixiert oder realisiert sich nicht in einem besonderen Gegenstand oder einer verkäuflichen Ware. Seine Dienste vergehen gewöhnlich im Augenblick ihrer Leistung* und *hinterlassen selten eine Spur oder einen Wert*, für den *später* eine gleiche Menge von Dienstleistungen beschafft werden könnte ...“[9]

Wenn wir beide Zitate vergleichen und den Absatz in seiner Gesamtheit lesen, sehen wir ganz deutlich, wie sich im Denken von Smith das Gleiten von einer Auffassung in die andere vollzieht. Die erste Auffassung definiert die produktive Arbeit als eine Arbeit, die Mehrwert schafft, oder zumindest als eine Arbeit, die Wert hinzufügt. Die zweite Auffassung hat keine Beziehung mehr zu der entscheidenden Bestimmung dessen, was produktive Arbeit ist — die Hervorbringung von Neuwert. Sie führt eine dem ersten Kriterium gegenüber völlig neuartige Definition ein: den Zeitfaktor, genauer gesagt, den Faktor Dauerhaftigkeit. Dauerhaftigkeit und Stofflichkeit sind übrigens verwandte Begriffe, in dem Sinne nämlich, daß allein die materiellen Gegenstände mit einer gewissen Dauerhaftigkeit ausgestattet sind, während sich Dienste in dem Augenblick verflüchtigen, wo sie geleistet werden.

Ganz offensichtlich ist die Unterscheidung von produktiver und unproduktiver Arbeit nach dem Kriterium der Dauerhaftigkeit oder der Stofflichkeit des geschaffenen Gegenstandes eine Form der Bestimmung, die in jeder Produktionsweise angewendet werden kann. Es handelt sich also hier nicht mehr um ein Kriterium, das an eine ganz bestimmte Produktionsweise gebunden ist, es ist unhistorisch. Daraus ergibt sich die Möglichkeit zu prüfen, ob dieser Gedanke als Ansatz für die Bestimmung dessen, was produktive und unproduktive Arbeit im Sozialismus ist, dienen kann. Aber — und das müssen wir hier betonen — es handelt sich günstigenfalls um einen *Denkansatz*, nicht schon um die *Bestimmung* dessen, was produktive und unproduktive Arbeit im Sozialismus *ist*, denn auch hier geht es nicht um eine allgemeine, unhistorische Bestimmung, sondern um eine Bestimmung unter ganz konkreten historischen Produktionsbedingungen.

Zunächst ist an dieser Stelle festzuhalten, daß Smith auch bei Anwendung seines Kriteriums der Stofflichkeit durchaus nicht nur den Handarbeiter als produktiv gelten läßt. Marx macht darauf aufmerksam, daß Smith im Prinzip einen „Gesamtarbeiter“ vor Augen hat, der das Produkt herstellt. Marx schreibt: „Und die services, soweit sie in die Produktion direkt eingehen, faßt A. Smith als materialisiert im Produkt, die Arbeiter der manuel labourers sowohl wie die des managers, commis, ingenieur und selbst des savant, soweit er Erfinder ... er ist ihre Kooperativarbeit, deren Resultat das Produkt, die Ware ist, ...“[10]

[9] Zitiert ebenda, S. 131, Hervorhebung von Marx, vgl. auch A. Smith, a. a. O., S. 73f.
[10] K. Marx, Theorien über den Mehrwert, Erster Teil, a. a. O., S. 267.

Nun genügt es für Smith allerdings noch nicht, daß sich Arbeit in materiellen Gegenständen verkörpert, um von „produktiver" Arbeit zu sprechen. Es handelt sich hierbei um eine notwendige, aber nicht ausreichende Bedingung. Es ist darüber hinaus erforderlich, daß die materiellen Gegenstände verkäuflich sind, daß sie also die Eigenschaft von Waren haben. Wenn Smith von Dauerhaftigkeit spricht, ist das Schwergewicht nicht auf den Gebrauchswert der Waren gelegt, sondern auf die Tatsache, daß diese veräußerbar, das heißt in Geld verwandelbar sind. Der Gebrauchswert hat keine andere Bedeutung, als Träger des Tauschwerts zu sein. Auf diese Weise ist das Produkt einer produktiven Arbeit, im Hinblick auf seine Dauerhaftigkeit, mehr oder weniger lange austauschbar, das heißt in Geld verwandelbar, während die Dienstleistung, Ergebnis eine unproduktiven Arbeit, dies nicht ist.

Von diesen Überlegungen ausgehend, gelangt Marx zu einer kühnen Analogie zwischen dem „Mann des Monetarsystems" und Adam Smith.[11] Für den Vertreter des Monetarsystems sind Gold und Silber über alle anderen Waren zu stellen, weil sie unzerstörbar und von unbegrenzter Dauerhaftigkeit sind. Der Vertreter des Monetarsystems hat sich auf den Tauschwert festgelegt, das heißt, er beurteilt die Waren hinsichtlich der Größe ihres Tauschwerts und hinsichtlich ihrer Fähigkeit, sich gegen andere Waren auszutauschen.

Von diesem Standpunkt aus sind Gold und Silber weit über alle anderen Waren zu stellen. Sie sind, sagt Marx, die „verselbständigte greifbare" Vergegenständlichung des „Tauschwerts" — „verselbständigt", weil unabhängig von jedem Gebrauchswert, „greifbar", weil mit keiner anderen ökonomischen Qualität als dem Tauschwert selbst ausgerüstet. Dieser Tauschwert, den man auf Anhieb sehen kann, ist unvergänglich, weil Gold und Silber eine unendliche Dauerhaftigkeit besitzen. Diese Dauerhaftigkeit wird also ein Kriterium, um Gold und Silber von den anderen Waren zu unterscheiden. Von einem solchen Standpunkt aus bedeutet sich bereichern, Gold und Silber ansammeln, Schätze aufhäufen.

Smith bedient sich nun in analoger Weise des Kriteriums „Dauerhaftigkeit" ökonomischer Gegenstände, um Dienstleistungen von anderen Waren zu unterscheiden. In diesem Sinne, meint Marx, blickt bei Smith das Monetarsystem durch; denn für den Monetaristen ist letztlich die Arbeit nur dann produktiv, wenn sie Gold oder Silber produziert, und sie ist es bei Smith nur dann, wenn sie sich in einer Ware niederschlägt, die von ihrem Eigentümer gegen Gold oder Silber ausgetauscht werden kann. Der wesentliche Unterschied zwischen beiden liegt in der Tatsache, daß der Vertreter des Monetarsystems die monetäre Eigenschaft nur im Geld sieht — Gold und Silber —, während Smith die monetäre Eigenschaft in jeder Ware wahrnimmt, ungeachtet der sie verbergenden Einkleidung durch den Gebrauchswert.

Wie Marx das Kriterium „Dauerhaftigkeit" beurteilt, wird deutlich, wenn er einen Satz von Nassau Senior kommentiert, der ausruft: „Der Arzt, der durch eine

[11] Vgl. ebenda, S. 275 f.

Verordnung ein krankes Kind heilt und ihm so das Leben für viele Jahre erhält, *produziert* er nicht ein dauerhaftes Resultat?" Marx erwidert: „Fadaise! Wenn das Kind stirbt, ist das Resultat nicht minder durable. Und wenn das Kind ganz beim alten bleibt, muß sein *service* nicht minder bezahlt werden. Nach Nassau müßten die Ärzte nur bezahlt werden, sofern sie kurieren, und die Advokaten, soweit sie Prozesse gewinnen, und die Soldaten, soweit sei siegen."[12]

Marx amüsiert sich gleichermaßen über das Kriterium „Stofflichkeit", weil letzteres in Erwägung zu ziehen bedeutet, einzig und allein dem Gebrauchswert, den Eigenschaften der hergestellten Waren, Bedeutung zuzumessen, ohne dabei den sozialen Beziehungen wie auch dem historischen Rahmen der Produktionsweise Rechnung zu tragen.

Die beiden Auffassungen von Smith laufen ständig durcheinander und greifen in einer Form ineinander über, daß Smith sich wahrscheinlich gar nicht dessen bewußt war, zwei verschiedene Standpunkte vertreten zu haben. Marx ist ohne Zweifel der erste gewesen, der die Verquickung beider Bestimmungen bloßgelegt hat.

So offenkundig es nun ist, daß beide Definitionen sich in theoretischer Hinsicht nicht decken, haben sie dennoch auf der praktischen Ebene viele Gemeinsamkeiten. Vergessen wir nicht, daß zu Ende des 18. Jahrhunderts sehr wenig Dienstleistungen von kapitalistischen Produktionsverhältnissen bestimmt waren. Des weiteren nahm zu dieser Zeit die Hausarbeit einen viel bedeutungsvolleren Platz als gegenwärtig ein.

Wenn Marx von den zwei Auffassungen bei Smith spricht, charakterisiert er erstere als die „tiefere" und die zweite als die „flachere".[13] Von der zweiten Bestimmung der produktiven und unproduktiven Arbeit nach dem Kriterium, ob deren Zweck und Ziel die Produktion von Ware ist oder nicht, sagt Marx, daß die Definition nur „im engren Sinn" vorgenommen werde.[14] Er bewertet die erste Auffassung theoretisch deshalb höher, weil sie historisch verankert ist, während ihm die Kriterien der zweiten Auffassung oberflächlich erscheinen; und zwar vor allem aus folgendem Grund: „*Ware* ist die elementarischste Form des bürgerlichen Reichtums. Die Erklärung von ‚produktiver Arbeit' dahin, daß sie Arbeit ist, die ‚Ware' produziert, entspricht also auch einem viel mehr elementarischen Standpunkt als die, die erklärt, daß produktive Arbeit solche ist, die Kapital produziert."[15]

Die kritische Distanz von Marx speziell gegenüber der zweiten Theorie über die produktive Arbeit darf eine prinzipielle Gemeinsamkeit beider Positionen (die eng an die zweite Smithsche Auffassung angelehnt ist) nicht in Vergessenheit geraten lassen: Es handelt sich um den unproduktiven Charakter des Staates und der geistigen Berufe. Hierbei verteidigt Marx Smith gegen alle Widersacher.

[12] Ebenda, S. 260. [13] Vgl. ebenda, S. 268.

[14] Vgl. ebenda, Dritter Teil, in: MEW, Bd. 26/3, S. 424f.

[15] Ebenda, Teil 1, a. a. O., S. 143.

Bezeichnenderweise liegt das Schwergewicht der Kritik an Smith durch seine Nachfolger nicht bei solchen Begriffen wie Stofflichkeit, Dauerhaftigkeit, Profitschaffung usw. Keiner unter ihnen hat übrigens sein Augenmerk auf den Umstand gelenkt, daß bei Smith gleichzeitig zwei Definitionen der produktiven Arbeit nebeneinander existieren. Dagegen konzentriert sich ihr Augenmerk auf Smith' Aussagen über den produktiven oder unproduktiven Charakter der geistigen Berufe (Pfarrer, Juristen, Gesetzgeber, Schriftsteller, Ärzte etc.). Smith hat in Marx einen Verteidiger von großem Gewicht gefunden, der die Waffen mit all jenen Ökonomen kreuzt, die die Smithsche Ansicht in dieser Frage kritisieren. Die Arbeiter höherer Qualifikation, zu welchen man die Schriftsteller, die Künstler, natürlich auch die Ökonomen rechnen muß, fühlten sich nicht gerade geschmeichelt, mit Spaßmachern, Domestiken und Huren auf eine Stufe gestellt zu werden. Smith' Theorie verletzte sie, zumal sie bis dahin „. . . mit einem Heiligenschein umgeben waren, (und) abergläubische Verehrung genossen."[16]

Marx betrachtete Smith als typischen Vertreter der aufsteigenden Klasse, der „den offenherzig brutalen Bourgeois parvenu auslegte"[17]. Der Staatsapparat und die geistigen Berufe dienen in den Augen der Bourgeoisie dem Klassengegner: dem Adel und dem hohen Klerus. Darüber hinaus hat die Bourgeoisie das unangenehme und stechende Bewußtsein, diese Staatsdiener auch noch zu unterhalten. Daraus folgt die Auffassung, daß die Ausgaben des Staates wie auch die Kosten der geistigen Berufe die industrielle Produktion belasten.

Andererseits, sobald sich die Rolle der Bourgeoisie in der Gesellschaft gewandelt hat. sobald sie von der aufsteigenden zur herrschenden Klasse geworden ist, bemüht sie sich, ihre Vorherrschaft über die ganze Gesellschaft unter anderem dadurch zu sichern, daß sie den Staatsapparat und die Gesamtheit der geistigen Berufe kontrolliert. Die bourgeoisen Ökonomen müssen nun beweisen, darin besteht ihre apologetische Funktion, „daß die bürgerliche Welt die beste aller Welten"[18] ist. In ihrem „Servilismus" ist die bürgerliche Ökonomie genötigt, „alle Funktionen als im Dienst der Produktion des Reichstums . . . darzustellen"[19]. Für alle Smith-Kritiker war es direkt eine Beleidigung, als unproduktiver Arbeiter eingeschätzt zu werden. Marx zitiert Nassau Senior, der festgestellt hatte: „Nach Smith war der Gesetzgeber der Hebräer ein unproduktiver Arbeiter." Und er fährt dann selbst fort: „Diese Menschen sind so unter ihre fixen Bourgeoisideen unterjocht, daß sie glauben würden, den Aristoteles oder Julius Cäsar zu beleidigen, wenn sie dieselben ‚travailleurs improductifs' nennten."[20]

Wie die Bourgeoisie selbst vollziehen also auch die bürgerlichen Ökonomen in bezug auf Smith einen Stellenwechsel. Was dieser als unproduktiv bezeichnete,

[16] Ebenda, S. 145.
[17] Ebenda, S. 260.
[18] Ebenda, S. 262.
[19] Ebenda.
[20] Ebenda, S. 259.

und zwar durchaus mit einem kritischen Akzent, weil unproduktive Arbeit kein Kapital in Bewegung setzt, also keinen Profit hervorbringt, wird später so dargestellt, als ob es doch mehr oder weniger direkt an der Reichtumschaffung beteiligt sei; übrigens bis auf den heutigen Tag. Marx kritisiert diese vulgärökonomische Position immer wieder und stellt anläßlich seiner Auseinandersetzung mit Storch fest, daß deren Inhalt hinausläuft,

„1. daß die verschiedenen Funktionen in der bürgerlichen Gesellschaft sich wechselseitig voraussetzen;

2. daß die Gegensätze in der materiellen Produktion eine Superstruktur ideologischer Stände nötig machen, deren Wirksamkeit — sei sie gut oder schlecht —gut, weil nötig ist;

3. daß alle Funktionen im Dienst des Kapitalisten sind, zu seinem „Guten" auslaufen;

4. daß selbst die höchsten geistigen Produktionen nur anerkannt und von dem Bourgeois *entschuldigt* werden sollen, daß sie als direkte Produzenten von materiellem Reichtum dargestellt und fälschlich nachgewiesen werden."[21]

Während also im bürgerlichen ökonomischen Denken eine Kehrtwendung vollzogen wird, wählt Marx das Lager von Smith (und Ricardo); scharfsinnig verteidigt er die klassische bürgerliche Position zur produktiven Arbeit gegen deren Vulgarisatoren und entwickelt sie auf einer höheren theoretischen Ebene weiter. Die dabei unverkennbar zutage tretende Verwandtschaft zwischen Smith und Marx ist dreifach fundiert.

Zunächst einmal schätzt Marx die erste Smithsche Auffassung im großen und ganzen als richtig ein. Sie ist historisch gesehen richtig. Damit erfaßt sie die gesamte kapitalistische Produktionsweise. Die Ansichten der Nachfolger von Smith sind in Marx' Augen falsch, weil sie durch ideologische Beweggründe bestimmt sind, die von ihm demaskiert und bekämpft werden.

Des weiteren ist hier noch einmal zu unterstreichen, daß Smith' Auffassungen das progressive Klasseninteresse der Bourgeoisie am Ende des 18. Jahrhunderts repräsentierte, womit den Interessen aller nichtfeudaler Schichten, auch der im Entstehen begriffenen Arbeiterklasse, Ausdruck verliehen wurde. Die Kritik, die Smith mit seiner Theorie am Staat, an dessen Beamten, dem Klerus usw., daß heißt an den Werkzeugen der Vorherrschaft der Monarchie und des Adels übt, verbindet ihn selbstverständlich mit Marx. Dieser schreibt daher: „Soweit jene ‚unproduktiven Arbeiter' nicht Genüsse schaffen . . . sofern sie vielmehr teils durch physische Gebrechen (wie Ärzte) oder geistige Schwächen (wie Pfaffen) oder durch den Konflikt der Privatinteressen und der Nationalinteressen (wie Staatsleute, alle lawyers, Polizisten, Soldaten) nötig werden oder sich selbst nötig machen, erscheinen sie dem A. Smith wie dem industriellen Kapitalisten selbst *und der Arbeiter-*

[21] Ebenda.

klasse als faux frais de production, die also möglichst auf das notwendigste Minimum zu reduzieren ... sind."[22]

Noch ein dritter Gedanke drängt sich an dieser Stelle auf. Ein ganzes Jahrhundert trennt Marx von Smith. In diesem Jahrhundert hatte sich die aufsteigende Bourgeoisie in die herrschende Bourgeoisie verwandelt und sich des Staatsapparates bemächtigt. Marx, der Wortführer des aufstrebenden Proletariats, das seiner historischen Mission nach dazu berufen ist, die Macht zu erobern, befindet sich im Hinblick auf den Staatsapparat und die geistigen Berufe in einer Lage, die der von Smith ähnlich ist: Die unproduktiven Arbeiter versperren im 19. Jahrhundert dem Proletariat den Weg zur Macht, so wie sie im 18. Jahrhundert ein Hindernis für die Errichtung der Macht durch die Bourgeoisie bildeten. In beiden Fällen sind diese Berufsgattungen *nützlich* in dem Sinne, daß sie als Werkzeuge der herrschenden Klasse verwendet werden und dieser mehr oder weniger bewußt dienen bzw. gezwungen sind, ihr zu dienen.

Produktive und unproduktive Arbeit im Sozialismus

Wie muß diese Fragestellung nun aber beantwortet werden, wenn sozialistische Produktionsverhältnisse existieren, gesellschaftliche Verhältnisse, in denen die Arbeiterklasse zur machtausübenden Klasse geworden ist? Zweifellos gibt es unter diesen gesellschaftlichen Bedingungen im System der gesellschaftlichen Arbeitsteilung tatsächlich neben der unmittelbar gütererzeugenden Tätigkeit auch gesellschaftlich organisierte Tätigkeit, die sich zwar nicht in materiellen Produkten vergegenständlichen, nichtsdestoweniger aber nützlich und notwendig sind. Das trifft zum Beispiel für solche Bereiche der Bedürfnisbefriedigung wie Gesundheits- und Bildungswesen sowie Kultur zu, aber ebenso für Tätigkeiten der unmittelbaren Machtausübung selbst. Wollten wir diese Arbeiten nur deshalb, weil sie nützlich sind, weil sie irgend etwas hervorbringen, zu produktiven Arbeiten erklären, würden wir uns auf das Niveau der Vulgärökonomie begeben und den ethischen mit dem ökonomischen Gesichtspunkt vermengen.

Um das Problem des Charakters der in der Gesellschaft geleisteten unterschiedlichen Arbeiten wissenschaftlich zu lösen, bieten das Smithsche Begriffspaar materielle Gegenstände/Dienstleistungen, wie er es in seiner zweiten Auffassung aufgeworfen hat, sowie die Marxsche Auseinandersetzung hiermit in gewissem Sinne einen theoretischen Ausgangspunkt. Wenn wir mit Smith nach der Stofflichkeit des Arbeitsergebnisses fragen, sind Dienstleistungen nicht schlechthin Arbeit, die als Tätigkeit selbst verbraucht wird (da Arbeit immer Tätigkeit ist, kann sie auch nur als solche verbraucht werden), sondern Arbeit, die im Prozeß der Konsumtion verbraucht wird, ohne sich in materiellen Dingen vergegenständlicht zu haben. Der sich aus der unterschiedlichen Stellung der Arbeit in der Produktion

[22] Ebenda, S. 145 (Hervorhebung — d. V.).

einerseits bzw. in der durch gesellschaftliche Arbeit vermittelten Konsumtion andererseits ergebende Unterschied zwischen der produktiven und der dienstleistenden Arbeit ist zunächst tatsächlich nur stofflicher Art, indem die produktive Arbeit materielle Güter schafft, während die Dienstleistungen, die neben der produktiven Tätigkeit als gesellschaftlich organisierte Arbeit existieren müssen, sich nicht in materiellen Produkten vergegenständlichen, nichtdestoweniger aber zur Bedürfnisbefriedigung notwendig sind.

Genau im Smithschen Sinne ist diese Stofflichkeit zwar eine notwendige, aber noch nicht hinreichende Bedingung. Entscheidend ist auch hier, daß die Ware als materieller, stofflicher Gebrauchswert zugleich Träger von Wert ist. Als Arbeit im Bereich der Konsumtion verfügt die dienstleistende Arbeit über keine Möglichkeit, den zu ihrer Leistung zweifellos gesellschaftlich notwendigen Aufwand als Wert zu vergegenständlichen. Der Wert ist immer, auch im Sozialismus, ein an materielle Dinge gebundenes gesellschaftliches Verhältnis, das im Vergleich der Waren untereinander als Tauschwert in Erscheinung tritt. Selbst wenn wir die Dienstleistungen in Höhe ihrer realen Kosten in Form des Aufwandes an vergegenständlichter und lebendiger Arbeit „bewerten", messen wir immer nur den tatsächlichen Verbrauch von Ergebnissen der materiellen Produktion, die zu seiner Deckung erforderlich sind.

Der zunächst nur formale Unterschied der in der Gesellschaft geleisteten Arbeiten hinsichtlich ihres Resultats erweist sich als Ausdruck ihrer unterschiedlichen Stellung im System der gesellschaftlichen Teilung der Arbeit und dem sich daraus ergebenden Austausch der Tätigkeiten, der sich über die Wertproduktion und den Warenaustausch realisiert. Von diesem Gesichtspunkt untersucht auch Marx die Frage nach der produktiven oder unproduktiven Arbeit: „Es ist das Charakteristische aller *unproduktiven Arbeiten*, daß sie nur in demselben Verhältnis zu Gebot stehen — wie der Kauf aller anderen Waren zur Konsumtion —, in dem ich *produktive Arbeiter* exploitiere."[23]

Ebenso wie der Verbrauch von materiellen Dingen in der eigentlichen Konsumtion nicht zur Schaffung neuer Gebrauchswerte führt, schafft auch die im Rahmen der Dienstleistungen verausgabte gesellschaftliche Arbeit kein Einkommen als wertmäßige Größe des gesellschaftlichen Produkts, da hier kein Produkt erzeugt wird, das als der Träger dieses Wertes in Erscheinung treten könnte. Dienstleistende Arbeit setzt gütererzeugende Arbeit voraus und verzehrt sie, ohne selbst materielle Gegenstände und damit Werte zu schaffen. Der produktiven Arbeit tritt sie demzufolge im System der Teilung der Arbeit als unproduktive Arbeit gegenüber.

Die Stofflichkeit der produktiven Arbeit ist demzufolge lediglich das sichtbare Resultat der Stellung dieser Arbeit innerhalb der gesellschaftlichen Produktionsverhältnisse; und die dienstleistende Arbeit ist nicht deshalb unproduktive Arbeit, weil sie einen Dienst leistet (das tut, strenggenommen, auch die produktive Arbeit),

[23] Ebenda, S. 381.

sondern weil sie, entsprechend ihrer Funktion innerhalb des Systems der gesellschaftlichen Arbeitsteilung, nicht in der Produktion, sondern in der gesellschaftlich organisierten Konsumtion geleistet wird. Es ist also die Stellung der Arbeit im Reproduktionsprozeß, die ihren Charakter als produktive oder unproduktive Arbeit bestimmt.

Durch die zweite Smithsche Auffassung bis an diesen Punkt der Überlegung geführt, erweist sich, daß zur genaueren Bestimmung der produktiven Arbeit auch im Sozialismus der allgemeine Aspekt der ersten Auffassung von Smith beachtet werden muß. Er besteht darin: Sowenig die Arbeit allein dadurch produktiv wird, daß sie überhaupt etwas produziert, sowenig wird die produktive Arbeit dadurch produktiv, daß sie materielle Werte schlechthin produziert. Was sie erst zur eigentlichen produktiven Arbeit macht, ist die Tatsache, daß sie im Prozeß ihrer Leistung einen größeren Wert produziert, als sie für ihre Existenz verbraucht. Nur mit diesem Überschuß kann sie die materiellen Voraussetzungen der Leistung unproduktiver Arbeit schaffen, die materielle Werte verbraucht, ohne sie zu produzieren. Nur unter diesen Bedingungen ist die produktive Arbeit tatsächlich produktiv, da sie die materiellen Voraussetzungen für die Leistung jeder Arbeit schafft; nur darin besteht ihre (relative) Produktivität gegenüber der unproduktiven Arbeit. Würde jede Arbeit materielle Werte produzieren, dann gäbe es den Unterschied zwischen produktiver und unproduktiver Arbeit nicht.

In gewisser Weise stehen wir hier den Physiokraten sogar näher als der Smithschen Ansicht. Marx charakterisiert deren Position in dieser Frage so: „Der Wert löst sich in bloßen Gebrauchswert, daher Stoff auf. Andererseits interessiert an diesem Stoff bloß die Quantität, der Überschuß der produzierten Gebrauchswerte über die konsumierten, also das bloß quantitative Verhältnis der Gebrauchswerte zueinander, der bloße Tauschwert derselben, der sich schließlich in Arbeitszeit auflöst."[24]

Für den Kapitalismus ist diese Aussage falsch. Das Ziel der kapitalistischen Produktion ist nicht die Vermehrung des Stoffes, der materiellen Gebrauchswerte, sondern die Vermehrung des Wertes. Dessen Quelle ist nicht die konkrete Arbeit, schon gar nicht die konkrete Arbeit in einem bestimmten Bereich, sondern die abstrakte Arbeit, die die Physiokraten nicht kennen. Erst recht können die Physiokraten nicht erkennen, daß es nicht schlechthin auf den Wert ankommt, sondern auf den Wert, der über den Wert des Arbeitsvermögens, der Arbeitskraft, hinaus produziert wird. Smith löst diese Frage mit seiner ersten Auffassung in eindeutig kapitalistischem Sinne — das ist seine Aufgabe und sein Verdienst.

Aber für den Sozialismus ist diese Fragestellung eine ganz andere. Hier ist nicht die Vermehrung des *Wertes* das Ziel der Gesellschaft, sondern die Vermehrung der *Gebrauchswerte*, die geeignet sind, die Bedürfnisse der Gesellschaft und ihrer Mitglieder zu befriedigen. Quelle dieser Gebrauchswerte oder Gebrauchswert selbst ist neben der Natur die Gesamtheit der in der Gesellschaft geleisteten Arbeiten,

[24] Ebenda, S. 22.

der produktiven wie der unproduktiven. Schon daraus geht hervor, daß wir Gebrauchswert und Wert nicht -- wie die Physiokraten — identifizieren; denn Quelle des Wertes ist nicht die Arbeit schlechthin, schon gar nicht die konkrete Arbeit, sondern die in der Produktion (nicht in der Konsumtion!) geleistete abstrakte Arbeit, die sich in materiellen Gebrauchswerten vergegenständlicht hat. Wert ist nicht Arbeit oder Arbeitszeit, sondern ein bestimmtes gesellschaftliches Verhältnis (der verschiedenen Arbeiten untereinander), das an materielle Produkte gebunden ist.

So ist die produktive Arbeit zugleich wertschaffende Arbeit, da sie *materielle* Gebrauchswerte produziert, in denen sie sich als Wert vergegenständlicht. Wert *ist* nicht Stoff, aber Stoff ist der *Träger* des Wertes. Dienstleistende Arbeit ist nicht wertbildend, sie schafft keine materiellen Dinge, die als Träger des Wertes fungieren können. Diese Arbeit verfügt nicht über die Möglichkeit, sich in materiellen Dingen zu vergegenständlichen, sie ist *unproduktiv*. Jedoch: entsprechend dem Ziel der sozialistischen Gesellschaft ist es wiederum nicht die Wertschaffung selbst, die die produktive Arbeit zur produktiven Arbeit macht. Produktiv ist sie erst dann, wenn sie einen „Surplus" an Gebrauchswerten schafft, das heißt ein physisches Volumen an materiellen Gebrauchswerten, das umfangreicher ist als das physische Volumen der materiellen Werte, die sie verzehrt. Was den Wert betrifft, so ist erstens das Ziel nicht die Erhöhung der Summe des Wertes, die sich in den materiellen Gütern vergegenständlicht hat, sondern die Erhöhung des physikalischen Volumens Produkte, die sich hinter dieser Wertsumme verbergen; und zweitens geht es um die *Struktur* des Wertes, die zum Ausdruck bringt, welcher Teil des materiellen Produkts lediglich dazu dient, unmittelbar den laufenden Aufwand der materiellen Produktion an gegenständlichen Bedingungen der einfachen Reproduktion zu decken, und welcher Teil darüber hinausgeht. Nur der zuletzt genannte Teil des materiellen Produkts stellt als Wert Einkommen der Gesellschaft dar, und in dem Maße, wie die produktive Arbeit dieses Einkommen schafft, ist sie die reale *Quelle* des Reichtums der Gesellschaft.

Dienstleistende Arbeit als Arbeit im Bereich der eigentlichen Konsumtion ist selbst Gebrauchswert, dient als solcher der unmittelbaren Bedürfnisbefriedigung der Gesellschaft und ihrer Mitglieder, *verzehrt* Einkommen und steht der Gesellschaft nur in dem Maße zur Verfügung, wie die produktive Arbeit Einkommen zu ihrem Unterhalt schafft. Dienstleistende Arbeit produziert keinen Wert (was nicht heißt, daß sie „nicht produziert"), schafft damit kein Einkommen, sondern verzehrt es, sie ist unproduktiv. Sie ist nicht *Quelle* von Reichtum der sozialistischen Gesellschaft, sondern sie *ist* Reichtum — wie jeder andere Gebrauchswert auch.

Selbst dann, wenn wir unter Reichtum der sozialistischen Gesellschaft nicht nur den materiellen Reichtum, wie er sich in materiellen Dingen darstellt, verstehen, sondern auch geistigen Reichtum, ändert sich nichts an der Richtigkeit dieser Feststellung. Niemand wird auf die Idee kommen, etwa ein wissenschaftliches Buch deshalb als produktiv zu bezeichnen, weil es Erkenntnisse, die der einzelne gewonnen hat, der Allgemeinheit zugänglich macht. Aber der geistige Reichtum einer Gesellschaft wächst zweifellos in dem Maße, wie die Gesamtheit ihrer Mitglieder über größere geistige und kulturelle Kenntnisse und Fähigkeiten verfügt. Es ist der Dienst, den uns der Gebrauchswert Buch leistet, der den geistigen Reichtum der Gesellschaft erhöht. Es besteht absolut kein Grund, die Arbeit des Schauspielers, Lehrers oder Wissenschaftlers, die uns in bezug auf den geistigen Reichtum denselben Dienst leistet wie das Buch, nur deshalb als produktiv bezeichnen zu wollen, weil es sich hier nicht um vergegenständlichte, sondern um lebendige Arbeit handelt. Diese Arbeit ist konkrete Arbeit, aber sie *schafft* nicht Gebrauchswerte, sondern *ist* Gebrauchswert wie das Buch, indem sie unmittelbar ein Bedürfnis (nach kultureller oder wissenschaftlicher Bereicherung) befriedigt.

Selbst wenn wir die Neuschöpfung wissenschaftlicher Erkenntnisse betrachten, so ist zwar unbestreitbar, daß diese Erkenntnisse das Produkt geistiger Arbeit sind, und die geistige Arbeit ist hier die *Quelle* dieser Erkenntnisse, aber dennoch bleibt Tatsache, daß ihre *ökonomische* Quelle die produktive Arbeit bleibt, die ein entsprechendes Einkommen bereitstellt, auf dessen Grundlage überhaupt erst wissenschaftliche Arbeit betrieben werden kann. So mag der Wissenschaftler im landläufigen Sinne dieses Wortes als Wissenschaftler „produktiv" sein oder sich dafür halten, aber darum geht es hier nicht. Hier geht es um die *ökonomische* Einordnung dieser Arbeit in das *gesellschaftliche* System der Teilung der Arbeit, und da ist der „produktive" Wissenschaftler unproduktiv, weil er nur dann den geistigen Reichtum der Gesellschaft erhöhen kann, wenn die produktive Arbeit als Quelle des Reichtums seine Arbeitsbedingungen sichert. Im Grunde ist diese Tatsache nichts weiter als ein anderer Ausdruck dafür, daß die Produktion und mit ihr die produktive Arbeit das Primat gegenüber allen anderen gesellschaftlichen Beziehungen hat.

Diese Feststellung ändert natürlich nichts an der Tatsache daß die Bildung und Wissenschaft die wertbildende Potenz der Arbeit erhöhen; sie schaffen jedoch nicht selbst Wert, sind demzufolge auch nicht selbst produktiv. Für die Wissenschaft ist das nur dann der Fall — und im Zuge der wissenschaftlich-technischen Revolution wächst die Bedeutung dieses Aspektes zweifellos —, wenn sich wissenschaftliche Leistungen direkt in materiellen Produkten vergegenständlichen. So wird auch hier deutlich, daß nicht die Art der Verausgabung von Arbeit oder das Ergebnis der Arbeit an sich die Bestimmung als produktive oder unproduktive Arbeit prägt, sondern die Stellung der Arbeit im Gesamtprozeß der Reproduktion der Gesellschaft.

Mit dieser Abgrenzung zwischen produktiver und unproduktiver Arbeit unter sozialistischen Produktionsverhältnissen wird deutlich, daß die Auffassungen von Adam Smith in ihrer dialektischen Aufhebung bei Marx noch heute der Wissenschaft der politischen Ökonomie etwas geben können, keine fertige Antwort, aber fruchtbare Anregung.

Arbeit als Quelle von Wert und Quelle von Revenue

Die Abgrenzung der produktiven von der unproduktiven Arbeit sagt lediglich darüber etwas aus, an welcher Stelle der Teilung der Arbeit als Bestandteil der Distribution der Produktionsbedingungen die jeweilige konkrete Arbeit geleistet wird. Die Nützlichkeit einer Arbeit wird dagegen bereits dadurch ausgedrückt, daß sie eben *Arbeit* ist, gesellschaftlich organisierte Tätigkeit, die geeignet ist, ein bestimmtes gesellschaftliches oder individuelles Bedürfnis in einer konkreten Form zu befriedigen.

Wenn wir nun die Dienstleistungen als unproduktive Arbeit charakterisieren, dann ist ihre Stellung im System der gesellschaftlichen Teilung der Arbeit zunächst nur insofern bestimmt, als sie gegenüber der produktiven Arbeit abgegrenzt ist. Aber das Problem ist damit noch keineswegs gelöst, sondern fängt eigentlich erst an, wenn es nämlich darum geht, die Gesamtheit der in der Gesellschaft geleisteten Arbeiten in den Reproduktionsprozeß zur Bedürfnisbefriedigung der Gesellschaft und ihrer Mitglieder widerspruchsfrei einzuordnen. Daß für die Konsumtion bestimmte Waren erst produziert werden müssen, ehe sie verbraucht werden können, ist gewissermaßen ökonomisches Axiom. Daß die Gesellschaft zur Befriedigung ihrer Bedürfnisse neben materiellen Gebrauchswerten, Ergebnissen der produktiven Arbeit, auch über Dienstleistungen verfügen muß, ist unbestritten. Und die Dienstleistungen haben mit der Produktion für den Verbrauch bestimmter materieller Dinge zumindest gemeinsam, daß sie erstellt werden müssen, damit sie konsumiert werden können. Wenn auch Erstellung und Verbrauch zeitlich zusammenfallen, weil es sich um den Verbrauch unmittelbar im Prozeß der Konsumtion geleisteter Arbeit handelt, so muß doch die Gesellschaft eben gesellschaftliche Arbeit bereitstellen, um ihren Verzehr zu ermöglichen.

Im „klassischen" Kapitalismus blieb die Leistung von Diensten unmittelbar durch Arbeit im wesentlichen eine Frage der *individuellen* Organisation der Konsumtion und damit außerhalb der eigentlichen Ökonomie. Die ökonomische Betrachtung der Dienste richtete sich dort im Grunde nur auf die Frage, ob zum Zwecke der Konsumtion Waren als Produkte von Kapital oder lebendige Arbeit unmittelbar gekauft oder verkauft wird. Um diese Frage geht es zum Beispiel Smith bei seiner Bestimmung der produktiven Arbeit.

Beim heutigen Stand der Vergesellschaftung der Produktion aber, und erst recht unter sozialistischen gesellschaftlichen Bedingungen, unter denen auch die Konsumtion mehr und mehr gesellschaftlichen Charakter annimmt, wird die Konsumtion und mit ihr die Leistung von Diensten Bestandteil der Ökonomie. Dienstleistende Arbeit wird hier Bestandteil der *gesellschaftlichen organisierten* Arbeit, das heißt, die Gesellschaft als Konsument muß Arbeit aufwenden, die früher der einzelne außerhalb der kapitalistischen Organisation der Arbeit selbst verrichtete oder — entsprechend seinen Mitteln und Möglichkeiten — von anderen in Anspruch nahm.

Wenn damit die Erkenntnis verbunden ist, daß nicht nur die Produktion selbst, sondern auch die Konsumtion als ökonomischer Prozeß zur gesellschaftlichen Organisation der Bedürfnisbefriedigung betrachtet werden muß, dann ergibt sich die zwingende Schlußfolgerung, daß eine Bewertung der Ressourcen und ihr effektiver Einsatz zum Zwecke der Bedürfnisbefriedigung ohne Einordnung der mit der Konsumtion verbundenen ökonomischen Prozesse in den objektiv-materiellen Prozeß der Reproduktion unmöglich sind. Jeder bisherige Versuch der Einordnung des unproduktiven Bereichs in die Reproduktionstheorie scheiterte bis jetzt jedoch daran, daß dieser Bereich lediglich als Verzehr materieller Gebrauchswerte gefaßt wurde.

Nun haben materielle Dinge, die der Arzt zum Beispiel *selbst* verbraucht, um *seine* Bedürfnisse zu befriedigen, mit dem Bedürfnis, das er als *Arzt* befriedigt, nichts zu tun. Das unterscheidet ihn nicht vom Bäcker. Beide befriedigen mit den von ihnen verbrauchten Waren ihre eigenen Bedürfnisse und nicht die ihrer Kunden. In beiden Fällen handelt es sich tatsächlich um individuelle Konsumtion zum Zwecke der unmittelbaren Bedürfnisbefriedigung. Bestandteil eines ökonomischen Prozesses zur Bedürfnisbefriedigung anderer (der Gesellschaft) ist dagegen die von ihnen geleistete *Arbeit*, die sie entsprechend ihrer jeweiligen Stellung im arbeitsteiligen Prozeß leisten und bei deren Leistung ebenfalls ein Verbrauch von Gütern eintritt.

Die eigentliche Schwierigkeit kommt jedoch dadurch hinein: Bäcker wie Arzt betreiben eigentliche Konsumtion, wenn sie *ihre* Bedürfnisse befriedigen; der Akt ihrer Bedürfnisbefriedigung ist Bestandteil der Konsumtion, der Konsumtionsphase des Reproduktionsprozesses. Soweit ist alles klar. Klar ist auch, daß der Bäcker, wenn er nicht als individueller Konsument, sondern als *Bäcker* fungiert, zur produktiven Sphäre zu rechnen ist; seine Tätigkeit wie sein *Verbrauch als Bäcker* bringen neue Waren hervor, er ist hier *produktiver* Arbeiter, und sein Verbrauch von anderen Gebrauchswerten ist produktive Konsumtion. Anders beim Arzt: Ob er seine *eigenen* Bedürfnisse befriedigt oder ob er als *Arzt* arbeitet und dabei die Gesundheit anderer erhält oder wiederherstellt, also die Bedürfnisse anderer befriedigt, er ist *unproduktiver* Arbeiter und damit immer unproduktiver Konsument. Seine *Tätigkeit* wie sein *Verbrauch als Arzt* führen nicht zu neuen materiellen Gegenständen, sie gehören daher genauso wie der Akt seiner eigenen Bedürfnisbefriedigung in die Phase der Konsumtion. Hier ist aber die Konsumtion als Verbrauch von Waren nicht von vornherein identisch mit Bedürfnisbefriedigung unmittelbar, sondern sie ist als unproduktive Konsumtion genauso wie die Produktion Mittel zum Zweck und ökonomischer Prozeß, der mit Aufwand von Arbeit verbunden ist. Die eigentliche Konsumtion zur Befriedigung des Bedürfnisses nach Gesundheit setzt sich demzufolge aus dem unproduktiven Verbrauch bei der Tätigkeit des Arztes als Arzt und aus dem Verbrauch seiner Arbeitsleistung zusammen.

Neben der Natur ist die Arbeit, und nicht nur die produktive, sondern auch die unproduktive Arbeit, die entscheidende Quelle, die uns in die Lage versetzt, unsere Bedürfnisse so gut wie nur irgend möglich zu befriedigen. Und so sind die richtige Verteilung und Nutzung der gesellschaftlichen Arbeit auf und in *allen* Bereichen der gesellschaftlichen Tätigkeit, die zur Bedürfnisbefriedigung erforderlich sind, das ökonomische Grundproblem, das im Interesse der Zielrealisierung des Sozialismus gelöst werden muß.

Da die im Sozialismus geleistete gesellschaftlich organisierte Gesamtarbeit sowohl in der Produktionssphäre als auch in der Konsumtionssphäre existiert und daher im System der gesellschaftlichen Verteilung der Arbeit auf die einzelnen Bereiche der gesellschaftlichen Tätigkeit als produktive und unproduktive Arbeit auftritt, muß tatsächlich in Abhängigkeit von dieser Distribution der Arbeit ein Austausch der Tätigkeiten zwischen dem produktiven Bereich, als *Austausch von Waren* vermittelt, und dem unproduktiven Bereich, als *Austausch von Arbeit* selbst. stattfinden. Da in der sozialistischen Gesellschaft die allein durch die *Art* der Konsumtion erforderliche *zusätzliche* Arbeit als unproduktive Arbeit im Konsumtionsbereich von der Gesellschaft nicht nur bereitgestellt, sondern auch *organisiert* werden muß, ergeben sich hieraus wichtige Konsequenzen für die *Verteilung* der in der Produktion geschaffenen Werte.

Natürlich stimmt es, daß ein Einkommensempfänger aus dem produktiven Bereich in dem Maße auf den Konsum eines materiellen Produkts oder materieller Produkte verzichtet, wie er Dienstleistungen im Austausch gegen Teile seines Einkommens in Anspruch nimmt. Die diese (finanzielle) Einkommen repräsentierende Menge des konsumierbaren Endprodukts steht demnach für die individuelle Konsumtion der im Dienstleistungsbereich Tätigen zur Verfügung. Dessenungeachtet bleibt aber Fakt, daß dieses in der Produktion geschaffene Einkommen erst *gesellschaftliche* Arbeit in der Konsumtionssphäre in Bewegung setzt, ehe es der endgültigen Konsumtion anheimfällt. Was der Einkommensempfänger des produktiven Bereichs verzehrt, ist nicht die hinter diesem Einkommen stehende Summe der materiellen Werte, die er produziert hat, sondern die Arbeit, die der unproduktive Arbeiter für ihn leistet. Die in der Produktion durch die produktive Arbeit geschaffenen materiellen Werte werden demnach in diesem Umfang durch den unproduktiven Arbeiter angeeignet und von ihm verzehrt.

Was also für den Austausch von *Waren* zutrifft, daß nämlich nur geronnene Arbeit getauscht werden kann, trifft offensichtlich nicht in gleichem Maße für die Realisierung von Einkommen zu, da dies nicht nur Akt des Warenaustausches, sondern Bestandteil des gesellschaftlichen Systems des Austausches von *Tätigkeiten* ist, von dem der Warenaustausch nur eine Seite darstellt. Das heißt also, daß jedes Einkommen, das sich nicht unmittelbar gegen materielle Produkte realisiert, in mehr oder weniger großem Umfang gesellschaftliche Arbeit in Bewegung setzt, die aus dem gesellschaftlichen Arbeitszeitfonds bereitzustellen ist. Erst unter Berücksichtigung auch dieser Tatsache kann tatsächlich das notwendige volkswirtschaftliche Gleichgewicht gesichert werden.

Das Problem liegt nun gerade darin, daß Dienstleistungen den einzelnen oder die Gesellschaft *etwas kosten*, nämlich Arbeit, daß sie, von wem auch immer, *bezahlt* werden müssen, da sie als Teil der gesellschaftlichen Gesamtarbeit, als für die Gesellschaft geleistete notwendige Arbeit Anspruch auf die Verteilung nach der Arbeitsleistung haben, obgleich sie *unproduktiv*, also *nicht wertschaffend* sind.

Marx stellt fest: „Für den Produzenten dieser Dienste sind diese Dienstleistungen Waren. Sie haben einen bestimmten Gebrauchswert (eingebildeten oder wirklichen) und einen bestimmten Tauschwert. Für den Käufer aber sind diese Dienste bloße Gebrauchswerte, Gegenstände, worin er seine Revenue konsumiert. Die unproduktiven Arbeiter erhalten ihren Anteil an der Revenue (den Salairen und Profiten) nicht umsonst, ihre copartnership an den von der produktiven Arbeit produzierten Waren; sie müssen ihren share an denselben kaufen; aber sie haben mit der Produktion derselben nichts zu tun."[25]

Aus dieser Tatsache ergibt sich dann logisch die weitere Folgerung von Marx. „In consommablen articles gerechnet besteht jeden Augenblick, neben den in den denrées (Gegenständen) existierenden consommablen Artikeln, ein Quantum als services consommabler Artikel. Die Gesamtsumme der consommablen Artikel ist so in jedem Augenblick größer, als sie ohne die consommablen services wäre. Zweitens ist aber auch der Wert größer; denn er ist gleich dem Wert der services selbst, indem hier, wie bei jedem Austausch Ware gegen Ware, Äquivalent gegeben wird, also derselbe Wert doppelt vorhanden ist, einmal auf der Seite des Käufers und einmal auf der Seite des Verkäufers."[26]

Tatsächlich ist die Summe der konsumierbaren „Genüsse" um die Dienstleistungen größer als das konsumierbare materielle Endprodukt. Auch das in Geld ausgedrückte Volumen der Umsätze erhöht sich um den Betrag der Dienstleistungen, ohne daß sich der produzierte Wert verändert hat.

Die hierin zum Ausdruck kommende Schwierigkeit löst sich dann, wenn man sich daran erinnert, daß Marx bei Smith zwar kritisiert (bezüglich dessen falscher Werttheorie), daß — unter kapitalistischen Bedingungen — Arbeit, Kapital und Grundeigentum tatsächlich nicht die Quellen des *Wertes* sind, wohl aber Quellen von *Revenue*. Sie sind es in dem Sinne, als sie dem Besitzer der Produktionsbedingungen ein entsprechendes Einkommen aus dem von der produktiven Arbeit geschaffenen gesellschaftlichen Produkt sichern.

Welche Konsequenzen ergeben sich für den Sozialismus aus dieser Unterscheidung zwischen der Quelle des Wertes und den Quellen von Revenue? *Quelle des Wertes* ist die produktive Arbeit, die sich in materiellen Produkten vergegenständlicht. *Quelle der Revenue* dagegen ist die Arbeit überhaupt, die im Rahmen der sozialistischen Gesellschaft geleistet wird, unabhängig davon, ob sie produktiv, also wert- und damit *für die Gesellschaft* einkommenschaffend, oder unproduktiv ist, das heißt „nur" einen Teil der gesellschaftlich nützlichen

[25] Ebenda, S. 128.
[26] Ebenda, S. 139.

Arbeit darstellt. Die Arbeit als Quelle der Revenue, das heißt als Grundlage der *Bildung* von Einkommen für diejenigen, die sie leisten, ist damit umfassender als die Arbeit als Quelle des Wertes, das heißt die Arbeit, die das Einkommen für die Gesellschaft *schafft*. Sie umfaßt alle im Rahmen der gesellschaftlichen Gesamtarbeit geleisteten Arbeiten, unabhängig von ihrem produktiven oder unproduktiven Charakter (im Rahmen des privaten Haushalts, das heißt, außerhalb der gesellschaftlich organisierten Arbeitszeit geleistete Arbeiten haben mit der Einteilung in produktive und unproduktive Arbeit nichts zu tun und bilden keine Revenue), denn sie sind alle für diejenigen, die sie leisten, entsprechend dem Gesetz der Verteilung nach der Arbeitsleistung die Quelle ihrer Einkommen.

Die Unterscheidung der Arbeit als Quelle des Wertes und der Arbeit als Quelle von Revenue ist u. E. eine tragfähige theoretische Grundlage, auf der sich weitere Überlegungen hinsichtlich einer Theorie der sozialistischen Distribution anstellen lassen. Obwohl entsprechend ihrer Stellung in den Phasen des Reproduktionsprozesses, Produktion oder Konsumtion, als produktive oder unproduktive Arbeit unterschiedlich, ist die in der Gesellschaft geleistete oder zu leistende Gesamtarbeit hinsichtlich der Distribution der Arbeit auf die einzelnen Bereiche der gesellschaftlichen Tätigkeit, hinsichtlich des sich daraus ergebenden Austausches der Tätigkeiten und schließlich in bezug auf die sich daraus ergebende Verteilung der Einkommen als gesellschaftlich notwendige und nützliche Arbeit gleich. Sie unterliegt, unabhängig von der Sphäre, in der sie geleistet wird, gleichermaßen dem Gesetz der Verteilung nach der Arbeitsleistung und realisiert das ökonomische Grundgesetz des Sozialismus.

Was jedoch vom Standpunkt der *Distribution* der Arbeit und der Einkommen richtig ist, nämlich daß alle im Rahmen der Gesellschaft organisierte Arbeit als revenuebildende Arbeit gleich ist, ist vom Standpunkt der Einkommens*schaffung* nicht richtig, denn hier ist der Unterschied zwischen produktiver und unproduktiver Arbeit zu beachten. Damit grenzen wir uns zugleich eindeutig gegen falsche bürgerliche Auffassungen ab, die sich meist darüber erhaben dünken, überhaupt einen Unterschied zwischen produktiver und unproduktiver Arbeit zu machen.

Das Einkommen stellt als Kategorie des Wertbildungs- und -verteilungsprozesses eine wertmäßige (finanzielle) Größe dar und charakterisiert den durch die *produktive* Arbeit *geschaffenen* Wertteil des gesellschaftlichen Produkts, der nicht unmittelbar den laufenden Aufwand zu decken hat. Das gesellschaftliche Einkommen im Sozialismus oder das Einkommen der sozialistischen Gesellschaft ist das Nationaleinkommen. Die in der sozialistischen Gesellschaft entstehenden oder entstandenen Einkommen dienen letztlich in dieser oder jener Form der Realisierung von Gebrauchswerten, die entweder Ware sind oder als Gebrauchswert einen Preis besitzen, der ihre Realisierbarkeit gegen Einkommen zum Ausdruck bringt.

Während nun die produktive Arbeit Einkommen *schafft*, und zwar nicht nur für den, der sie leistet, sondern auch für die Gesellschaft insgesamt, verschafft die unproduktive Arbeit zwar demjenigen Einkommen, der sie leistet, nicht aber der Gesellschaft; Einkommen für den unproduktiven Arbeiter entsteht nur, weil dafür Einkommen der Gesellschaft in Anspruch genommen wird. Einkommens*schaffung* ist *Wert*schaffung, während die Bildung von Einkommen für den Arbeitenden zwar gleichzeitig Einkommensschaffung sein kann, aber nicht immer tatsächlich ist. Im Interesse der Klarheit der Begriffe scheint es daher angebracht zu sein, nur das Ergebnis der Einkommens*schaffung*, also der *Wert*bildung, als Einkommen zu bezeichnen, während das Einkommen als Ergebnis der *Aneignung geschaffenen Wertes* als Revenue bezeichnet wird.

Lohn- und Reineinkommen des produktiven Bereichs stellen entsprechend dieser Definition Revenuen dar, wie sie im Prozeß der Produktionstätigkeit den in der Produktion beschäftigten Individuen oder der Gesellschaft als Ganzes zufließen. Quellen dieser Revenuen sind das Produkt für sich und das Produkt für die Gesellschaft als Ergebnis der Arbeit der in der Produktion Tätigen. Beide Revenuen sind produktive Einkommen, denn sie entstehen durch die produktive Tätigkeit der Gesellschaft aufgrund der Tatsache, daß die Wertschaffung der produktiven Arbeit größer ist (und sein muß, wenn sie produktiv sein soll), als ihre Anwendung kostet. Der Unterschied zwischen der Arbeit als Quelle des Wertes (abstrakte Arbeit) und Arbeit als Quelle der Revenuen ergibt sich somit hier aus der Stellung der Arbeit in der Produktion einerseits und aus der Rolle der Arbeit im Prozeß der Distribution der Einkommen andererseits. Die Größen Lohn (*L*) und Reineinkommen (*R*) geben als Revenuen immer nur an, wem das in der Produktion geschaffene Einkommen zufließt. Dabei ist klar, daß (*L*) und (*R*) des produktiven Bereichs immer gleich dem in der Produktion geschaffenen Neuwert sein müssen, da es außerhalb der materiellen Produktion keine Einkommensschaffung gibt.

Der Preis einer Dienstleistung ist dagegen weiter nichts als der Ausdruck ihrer unmittelbaren Austauschbarkeit gegen Geld, was nur ein anderer Ausdruck dafür ist, daß die Leistung von Diensten im unproduktiven Bereich einen Anspruch auf Teile des durch die Produktion geschaffenen Einkommens begründet, der durch (Waren-)Austausch realisiert wird. Zum Unterschied von den Einkommen in der Produktion handelt es sich bei der Bezahlung von Dienstleistungen um umverteilte Einkommen, die letztlich aus dem produktiven Bereich mit materiellen Gütern abgedeckt werden müssen. Der Lohn, der an die im Dienstleistungsbereich Beschäftigten entsprechend dem Gesetz der Verteilung nach der Arbeitsteilung gezahlt wird, stellt die Revenue der hier Tätigen dar. Einen Unterschied zwischen der Arbeit als Quelle des Wertes und der Arbeit als Quelle der Revenue wie in der Produktion gibt es hier nicht, da die unproduktive Arbeit keinen Wert schafft, sondern nur Revenue abwirft. Die im Dienstleistungsbereich geleistete Arbeit stellt für diejenigen, die sie leisten, einen Titel auf einen Teil des in der Produktion geschaffenen Wertes dar, der ihnen als Revenue zufließt.

Wenn von der Gesellschaft ihrem Charakter nach unterschiedliche konkrete und in unterschiedlichen Sphären geleistete Arbeiten gleich entlohnt, das heißt auch als gleichwertig anerkannt werden oder, was im Prinzip dasselbe ist, eine unterschiedliche Entlohnung als Ausdruck unterschiedlicher Arbeitsleistung angesehen werden kann — Einhaltung des Gesetzes der Verteilung nach der Arbeitsleistung vorausgesetzt —, dann müssen sie tatsächlich gleich sein oder in *ganz bestimmter Relation* unterschiedlich sein, was ja eben ihre *Vergleichbarkeit* voraussetzt. So gesehen, kann die Entlohnung der im Interesse der Gesellschaft geleisteten und durch die Gesellschaft organisierten Arbeit als Ausdruck ihrer gesellschaftlichen „Wertigkeit" betrachtet werden. Die Kategorie der revenuebildenden Arbeit macht damit unterschiedliche Arbeit qualitativ gleich und über den Lohn quantitativ vergleichbar.

Hier ist eine gewisse Analogie zu jener Werttheorie von Smith unverkennbar, die besagt, daß der Wert einer Ware nicht bestimmt wird durch die in der Ware enthaltene vergegenständlichte Arbeit, sondern — was bei Smith dasselbe ist — durch die Arbeit, die mit einer bestimmten Menge Ware gekauft werden kann. Aber ist das nicht zumindest beim Kauf von Dienstleistungen tatsächlich der Fall? Wird hier nicht mit einer bestimmten Menge an Waren, wenn auch durch das Dazwischentreten des Geldes verschleiert, tatsächlich eine bestimmte Menge lebendiger Arbeit gekauft? Smith kommt zu dieser doppelten Wertbestimmung deshalb, weil er von der einfachen Warenproduktion ausgeht und konsequent den Warenaustausch als Ausdruck des Austausches der Tätigkeiten verschiedener Warenproduzenten ansieht, die gegenseitig Arbeit von verschiedenem Gebrauchswert tauschen. Vom Standpunkt der einfachen Warenproduktion ist die Gleichsetzung beider Werttheorien so falsch nicht, solange es darum geht, die *relativen* Wertverhältnisse der Waren bzw. der Arbeiten untereinander zu erklären. Damit die Wert*substanz* erklären zu wollen ist allerdings sinnlos, da es auf der Grundlage der Arbeitswerttheorie keinen Wert der Arbeit geben kann. Aber wenn Arbeit gekauft wird, und bei Dienstleistungen ist das der Fall, dann hat sie ihren Preis, der sich in der ihr zufallenden Revenue darstellt und sich somit darin ausdrückt, wieviel in der Produktion geschaffener Wert erforderlich ist, um diese Arbeit in Form einer Dienstleistung zu erhalten.

Diesen Zusammenhang richtig erkannt zu haben ist Smith' Verdienst, da er den Warenaustausch nicht als bloßen Austausch von gegenständlichen Dingen betrachtet, sondern die sich dahinter verbergenden gesellschaftlichen Verhältnisse, den Austausch der Tätigkeiten selbst im Auge hat. Aber sein Geschäft ist nicht die Analyse des Austausches der Tätigkeiten allgemein, sondern die Erklärung, woher unter kapitalistischen Bedingungen der Profit, genauer der Mehrwert, stammt. Hier verwickelt er sich gerade wegen dieses Ausgangspunktes in Schwierigkeiten, wird irre an der eigenen richtigen Werttheorie — die er verwirft, weil er den Kauf der Arbeit verwechselt mit dem Kauf und Verkauf der Ware Arbeitskraft, die er nicht kennt —, schleppt die sich daraus ergebenden Widersprüche bis in die Erklärung dessen, was unter kapitalistischen Bedingungen produktive und unproduktive Arbeit ist, wo Richtiges und Falsches miteinander vermengt wird, und nimmt den Schein für das Wesen, wenn er die kapitalistischen Quellen der Revenue zu Quellen des Wertes macht.

Uns den Irrtum Smith' zunutze machend, haben wir auch für den Sozialismus von der Arbeit als Quelle von Revenue gesprochen, und zwar nicht in dem Sinne, als sie überhaupt Quelle aller Revenuen ist — dafür haben wir den Begriff der wertbildenden (produktiven) Arbeit, der nicht durch einen anderen Begriff ersetzt zu werden braucht —, sondern ausdrücklich in dem Sinne, daß sie demjenigen Revenue verschafft, der sie leistet, also im eingeschränkten Smithschen Sinne. Die Einführung dieser Kategorien der revenuebildenden Arbeit war notwendig, um deutlich zu machen, daß es gesellschaftlich organisierte Arbeit gibt, die zwar *keinen* Wert schafft, nichtsdestoweniger aber Einkommen für denjenigen bildet, der sie leistet.

Damit erhält aber die vom Standpunkt der Distribution vorgenommene Charaktersierung der Arbeit als Quelle von Revenue im Sozialismus eine neue Dimension. Den Unterschied zwischen produktiver und unproduktiver Arbeit nicht aufhebend, sondern ausdrücklich voraussetzend, ist die revenuebildende Arbeit zugleich Ausdruck gesellschaftlich organisierter, notwendiger und nützlicher Arbeit schlechthin.

Die Beziehungen zwischen konkreter, abstrakter und revenuebildender Arbeit stellen sich als dialektisches Wechselverhältnis mit vielfältigen Verflechtungen dar. Zunächst muß jede revenuebildende Arbeit zugleich konkrete Arbeit sein, denn nur als solche kann sie ein bestimmtes gesellschaftliches Bedürfnis unmittelbar oder mit Hilfe ihres Produkts befriedigen, ist sie für die Gesellschaft notwendig und nützlich und erhält deshalb einen entsprechenden Anteil des gesellschaftlichen Produktes bzw. Einkommens in Gestalt der ihr zufallenden Revenue. Diese Aussage läßt sich jedoch nicht umkehren; nicht jede konkrete Arbeit ist zugleich revenuebildende Arbeit. Zunächst ist sie dies deshalb nicht, weil es konkrete Arbeiten gibt, die nicht innerhalb des gesellschaftlich organisierten Arbeitszeitfonds geleistet werden (zum Beispiel im individuellen Haushalt) und dadurch keinen Anspruch auf eine Revenue begründen. Aber das ist nur die eine Seite.

Selbst die im Rahmen des gesellschaftlichen Arbeitszeitfonds organisiert geleistete konkrete Arbeit ist nicht im vollen Umfang revenuebildende Arbeit. Die konkrete Arbeit im Bereich der materiellen Produktion ist zwar ihrem vollen Umfang nach — der Einhaltung der gesellschaftlich normalen Bedingungen unterstellt, und nur innerhalb dieses Rahmens ist sie gesellschaftliche Arbeit — zugleich abstrakte Arbeit, aber nur ein Teil dieser abstrakten Arbeit ist revenuebildende Arbeit. Die abstrakte Arbeit ist zwar die Quelle aller Revenuen, nämlich des Wertes, aber revenuebildende Arbeit für denjenigen, der sie leistet, ist sie nur im Umfang des Produktes für sich. Gerade auf diesem Umstand, daß die bezahlte Arbeit hier geringer ist als der Wert, den sie schafft, beruht die Produktivität der produktiven Arbeit, eben ihre *relative* Produktivität gegenüber derjenigen Arbeit, die zwar revenue-, aber nicht wertbildend ist.

Aus dem Bisherigen folgt, daß die Kategorie der revenuebildenden Arbeit ein ganz bestimmtes gesellschaftliches Verhältnis zum Ausdruck bringt, wie es uns in der Distribution der gesellschaftlichen Arbeit und der sich daraus ergebenden Distribution der Einkommen entgegentritt. Die Kategorie der revenuebildenden Arbeit ignoriert oder vermischt deshalb nicht den Unterschied zwischen produktiver und unproduktiver Arbeit, zwischen konkreter und abstrakter Arbeit, sondern ermöglicht, daß die Arbeit bei Beibehaltung dieser Unterschiede dennoch im Prozeß der Distribution und des Austausches gleich und vergleichbar wird.

Als Kategorie der Distribution des Wertes macht es die revenuebildende Arbeit möglich, die Distribution der Einkommen, wie sie im Ergebnis des Wirkens des Gesetzes der Verteilung nach der Arbeitsleistung im Sozialismus zustande kommt, als Ausdruck für die Distribution der Arbeit auf die einzelnen Sphären der gesellschaftlichen Tätigkeit zu nehmen und damit die Reproduktionsbedingungen zur Sicherung der Bedürfnisbefriedigung der Gesellschaft und ihrer Mitglieder in ihrer Gesamtheit exakter zu bestimmen.

Epilog

„Der Autor hat es bei der Bekämpfung überlieferter Meinungen für notwendig erachtet, sich besonders mit jenen Stellen in den Werken Adam Smith' zu beschäftigen, bei denen er glaubt, Gründe für eine abweichende Meinung zu haben. Er hofft jedoch, daß er nicht deswegen verdächtigt wird, er teile nicht gemeinsam mit allen, welche die Bedeutung der Wissenschaft der Politischen Ökonomie anerkennen, die Bewunderung, die das tiefschürfende Werk dieses gefreiten Autors verdienter Weise hervorrief."

David Ricardo (1817)

„Dieses Buch, *(Wealth of Nations)*, das von seinem ersten Erscheinen an zur Bibel des neuen Industriekapitals werden sollte, ist eine der großen zusammenfassenden gesellschaftswissenschaftlichen Schriften, der *Summa theologiae* des Thomas von Aquino vergleichbar und nur vom Marxschen *Kapital* übertroffen. ... Die Ökonomie des *laissez-faire* war für Adam Smith und seine Anhänger die *natürliche Ordnung.* die an die Stelle der göttlichen Vorsehung und der Weisheit der Fürsten getreten war. Trotz ihrer Begrenztheit, die wir heute nur allzu gut kennen, und trotz aller schrecklichen Folgen, die sich daraus ergaben, war sie zu ihrer Zeit eine bedeutende und befreiende Lehre. Und Adam Smith hat mehr getan, als sie zu formulieren. Um sie zu beweisen, schuf er die Grundlagen einer logischen Methode im ökonomischen Denken, die seine eigenen Schlußfolgerungen überdauert hat. Die wichtigste dieser Grundlagen ist seine Erklärung des Wertes eines Produktes, den er unmittelbar auf die zu seiner Herstellung benötigte Arbeit zurückführte."

John D. Bernal (1957)

„Im Gegensatz zu den die Realität mystifizierenden Ideologien sind Ideologien, die die Realität aufdecken, Triebkräfte der wissenschaftlichen Erkenntnis. Mehr noch, die wissenschaftliche Erkenntnis der Realität ist häufig das entscheidende Instrument solcher Ideologien. Zum Beispiel war die bürgerliche Ideologie, beginnend mit der Epoche der Renaissance über die Epoche der Aufklärung bis zum Abschluß der bürgerlichen Revolution, bestrebt, die Realität zu entschleiern und die ideologischen Mystifikationen der vorkapitalistischen Gesellschaftsformation zu demaskieren. Diese Ideologie stützte sich auf die Naturwissenschaften, die die Autorität der kirchlichen Doktrin untergruben, sowie auf die klassische politische Ökonomie, die die feudalen und handwerklichen Verhältnisse als Hemmnis der Wirtschaftsentwicklung bloßstellte und die progressive Rolle der neuen, kapitalistischen ökonomischen Verhältnisse nachwies. Das Werk von Adam Smith ‚*Eine Untersuchung über die Natur und die Ursachen des Reichtums der Nationen*' war nicht nur ein wissenschaftliches Traktat, sondern auch ein Instrument des ideologischen Kampfes."

Oskar Lange (1963)

Namensverzeichnis*

* Sofern Name auf der betreffenden Seite nur in der Fußnote erscheint, wurde Seitenangabe um den Buchstaben „F" ergänzt.

FSC
www.fsc.org
MIX
Papier | Fördert gute Waldnutzung
FSC® C083411

Kolibri 360 GmbH
Ferdinand-Jühlke-Straße 7
99095 Erfurt, Deutschland
produktsicherheit@kolibri360.de